本书出版得到以下基金资助

河海大学中央高校基本科研业务费（编号：2108B34814）

江苏高校哲学社会科学研究重大项目"农村'空心化'：由产业到人口"（编号：2019SJZDA065）

许佳君 罗元华 等 著

水利水电工程移民：
公共政策视野下的研究

南京大学出版社

引 言

水利水电工程移民，又称"水工程移民""征地移民""征迁移民"，水利界习惯称之为"水库移民"，是兴建水利水电工程而进行的建设征地补偿和人口搬迁安置活动，是工程移民中非常具有代表性的移民类型，一些国际机构，尤以世界银行为代表，将之归属于非自愿性移民。本书是在河海大学政治学专业硕士研究生"工程移民政治学"讲稿的基础上修改而成，以水利水电工程移民为研究对象，运用公共政策的相关理论，采用文献法、理论分析法和案例分析法，对其具有的相关公共政策的学理进行了初步探讨。以政府主导的水利水电工程移民工作为公共性背景，本书系统梳理和提炼了与水利水电工程移民工作相关的公共政策的基础理论，对水利水电工程移民工作中的政府行为进行了分析，对水利水电工程移民安置地资源的公平共享情况进行了考察并探究其原因，对在动员水利水电工程移民工作中不可避免的情况进行了梳理，关注了水利水电工程移民工作中的政府角色问题、社会稳定问题和移民参与问题等。

从公共政策视角对水利水电工程移民进行研究，首先要对水利水电工程移民涉及的公共政策理论进行梳理和提炼，主要包括政府领导、政府组织、政府决策、政策体系、政府协调、沟通系统、公平公正、移民动员、监督体系、移民参与和社会稳定等相关的公共政策理论。其次，水利水电工程移民公共政策研究体系的构建需要遵循一定的学术原则和逻辑框架。

改革开放以来，伴随着水利水电工程的快速发展，水利水电工程移民问题引起社会的广泛关注以及党和政府的高度重视。对此，国家相关部委先后出台了一系列政策，覆盖水利水电工程移民工作的各个阶段，形成了水利水电工程移民的政策体系，其中最为核心的无疑是国务院颁布实施的《大中型水利水电工程建设征地补偿和移民安置条例》（国务院令〔2006〕第471号；2013年两次修订；2017年第三次修订，国令第679号）和《国务院关于完善大中型水库移民后期扶持政策的意见》(国发〔2006〕17号)。前者在前期补偿和生产生活安置的基础上，主要就遵循原则、管理体制、移民安置规划、征地补偿、监督管理和法律责任等制定了具体政策。在工作实践中，人们习惯称《国务院关于完善大中型水库移民后期扶持政策的意见》为"国务院17号文件"，其专用于水库移民，不包括其他水利工程移民。为了解决水库移民的贫困问题，文件就水库移民后期扶持政策的指导思想、目标和原则，扶持范围和标准，扶持方式和期限，扶持资金筹集和管理，以及解决水库移民遗留问题等，制定了具体政策，并配套了稽查、绩效评价和政策实施情况监测评估等政策。这对切实维护广大水利水电工程移民的合法权益、促进水利水电工程相关影响区的发展，尤其是移民安置区经济发展和社会稳定具有重要意义。

中国水利水电工程移民工作是由政府主导、移民为主体的，也可以说是在政府的领导下开展和实施的，这是由中国的社会主义制度和水利水电工程移民的高度复杂性所决定的。水利水电工程移民工作建立在强有力的政府领导基础之上，充分发挥各级政府在水利水电工程移民工作中的作用，这是中国水利水电工程移民工作最显著的特点。20世纪80年代，中国的水利水电工程移民政策随着市场经济的兴起而发生了改变。在市场经济条件下，中国的水利水电工程移民工作依然是由政府主导的，政府行为贯穿整个移民工作的全过程，体现为组织行为、协调行为、监督行为和宣传行为。这既体现了国家对水利水电工程移民负责的精神，也体现了水利水电工程移民分享工程效益和改革开放发展成果的原则，对于提高水利水电工程移民生产生活水平和促进和谐社会建设发挥了重要作用。

水利水电工程建设导致大量的征地补偿和移民搬迁安置现象发生，伴随着很多问题的出现，需要政府协调才能使得水利水电工程移民工作顺利进行。在中国，由于水利水电工程移民本身是一项政府主导"包干"的大规模组织活动，所以水利水电工程移民工作中包含很多移民动员活动。分析政府如何开展移民动员工作，以及移民动员工作的载体和机制、动员过程，是很有必要的。

水利水电工程涉及征地补偿与移民搬迁安置，移民参与涉及安置工作的不同阶段。在移民安置实施前，移民在实物指标调查过程及安置规划确定过程中通过参加各种会议及参与安置规划方案制定等方式，在财产及工程安全性等方面表达自身的要求；在安置实施中，移民通过互动与抱怨等各种形式表达关于房屋拆除、重建安置、生产安置及土地补偿费用等方面的要求；在安置实施后，移民一方面要积极融入当地公共生活，另一方面要通过表达反映补偿金额是否达到预期、移民后期扶持等问题。

但长期计划经济体制的影响、水利水电工程移民管理权益的博弈，使得政府的行为具有两面性：一方面政府行为推动着水利水电工程移民工作的进行；另一方面政府行为仍然存在着"越位""错位""缺位"的现象，影响水利水电工程移民工作的顺利进行。因此，正确定位水利水电工程移民工作中的政府角色，成为社会关注的焦点。

有关水利水电工程移民的公平公正问题，国务院颁布实施的《大中型水利水电工程建设征地补偿和移民安置条例》明确规定，水利水电工程移民拥有与移民安置区居民基本相当的土地等农业生产资料，然而中国水利水电工程移民共享安置地资源的状况却不容乐观。水利水电工程移民在共享安置地政治、经济和社会资源方面存在不公。政治资源方面，共享安置地选举权和管理权不公，存在移民的户籍性质、参加选举的人数、原居民的违规操作以及缺乏实质性的村庄管理权等方面的问题。经济资源方面，存在共享原住村民积累的集体经济的不公问题。社会资源方面，存在难以加入村级老年协会、难以公平地共享安置地文化设施和活动以及就业机会不公等问题。造成这种状况的原因并不单一，这是政府、移民、原居民三个主体之间相互影响、相互作用的结果，比如政策制定是否完善以及在政策执行中是否存在偏差，原居民在分配中是否排斥阻碍了移民公平共享安置地的资源，移民在安置地资源分配中的公平感是否缺失，等等。

水利水电工程移民社会冲突问题是困扰中国水电工程开发的一个重要因素。转型时期的中国水利水电工程移民社会冲突具有多种类型和表现形式，并具有诱因的合理性、参与者的从众性和事态的易升级性等特征。水利水电工程移民、非移民、政府三大主体之间存在角色及期望、相互的利益博弈等问题，需要探讨长效调适机制。

本书就相关问题做一些理论和实践方面的探讨，以求教于大方之家！

目　录

第一章　水利水电工程移民与公共政策基础 …………………………… 1
　第一节　水利水电工程移民概述 ……………………………………… 1
　　一、移民、工程移民、水利水电工程移民 …………………………… 1
　　二、水利水电工程移民的特点 ………………………………………… 4
　　三、水利水电工程移民发展的几个阶段 ……………………………… 5
　　四、水库移民后期扶持 ………………………………………………… 8
　第二节　水利水电工程移民嵌合公共政策理论的价值 ……………… 10
　　一、理论上自成相关水利水电工程移民的体系 ……………………… 10
　　二、实践上指导水利水电工程移民工作的顺利开展 ………………… 12

第二章　相关研究文献及评述 ………………………………………… 14
　第一节　水利水电工程移民政策研究 ………………………………… 14
　　一、国内研究情况 ……………………………………………………… 14
　　二、国外研究现状 ……………………………………………………… 16
　　三、研究评述 …………………………………………………………… 19
　第二节　水利水电工程移民参与研究 ………………………………… 19
　　一、国内水利水电工程移民参与研究现状 …………………………… 19
　　二、国外相关国际间流动的志愿性移民参与的研究 ………………… 22
　第三节　水库移民工作的政府角色及政府管理研究 ………………… 24
　　一、水利水电工程移民的政府角色研究 ……………………………… 24
　　二、水利水电工程移民的政府管理研究 ……………………………… 25
　第四节　水库移民与安置地整合方面的研究 ………………………… 28
　　一、水库移民的社会、文化和经济整合研究 ………………………… 28
　　二、水利水电工程移民的社会调适问题 ……………………………… 31

三、水利水电工程移民的适应性研究 …………………………… 32
　第五节　水利水电工程移民社会冲突研究 ……………………………… 34
　第六节　水库移民后期扶持研究 ………………………………………… 36
　　　一、相关水库移民后期扶持政策研究 …………………………… 37
　　　二、水库移民后期扶持资金研究 ………………………………… 38
　　　三、水库移民后期扶持监测评估指标体系研究 ………………… 39
　第七节　水库移民社会保障体系研究 …………………………………… 40

第三章　水利水电工程移民的公共政策理论 …………………………… 41
　第一节　"公共政策理论"及其在本研究中的确定原则 ……………… 41
　　　一、政治学是公共政策理论的基础 ……………………………… 41
　　　二、水利水电工程移民相关公共政策理论确定原则 …………… 43
　第二节　水利水电工程移民的公共政策理论解读 ……………………… 44
　　　一、水利水电工程移民工作的政府领导 ………………………… 44
　　　二、水利水电工程移民工作的政府决策 ………………………… 45
　　　三、水利水电工程移民工作的政府组织 ………………………… 46
　　　四、水利水电工程移民工作的政府协调 ………………………… 46
　　　五、水利水电工程移民的政府沟通系统 ………………………… 47
　　　六、水利水电工程移民工作的政府监督 ………………………… 47
　　　七、水利水电工程移民工作的政府问责 ………………………… 48
　　　八、水利水电工程移民工作的社会监督 ………………………… 48
　　　九、行政人员能力建设与培训 …………………………………… 48
　　　十、水利水电工程移民工作的移民监督 ………………………… 49
　第三节　水利水电工程移民工作的政策要素 …………………………… 49
　　　一、水利水电工程移民政策的主要内容 ………………………… 50
　　　二、水利水电工程移民政策的特点 ……………………………… 51
　　　三、水利水电工程移民政策实施的保障措施 …………………… 52
　第四节　水利水电工程移民的社会稳定 ………………………………… 54
　　　一、水利水电工程移民社会稳定的内涵与意义 ………………… 54
　　　二、水利水电工程移民社会稳定的影响要素 …………………… 56
　　　三、不稳定行为方式 ……………………………………………… 57
　　　四、水利水电工程移民社会稳定的新思路 ……………………… 59

第四章 水利水电工程移民安置地资源的公平共享
——以R市水利水电工程移民为例 ················ 62
- 第一节 个案情况 ·· 63
  - 一、R市社会经济和水利水电工程移民安置及权利保障概况 ······ 63
  - 二、访谈提纲和部分访谈对象的基本资料 ·················· 64
- 第二节 水利水电工程移民公平共享安置地资源的基本理论 ······ 65
  - 一、资源及水利水电工程移民的公平共享 ·················· 65
  - 二、水利水电工程移民公平共享安置地资源的内容 ·········· 66
  - 三、水利水电工程移民安置地资源公平共享的特征 ·········· 68
  - 四、水利水电工程移民安置地资源公平共享的功能 ·········· 69
- 第三节 水利水电工程移民安置地资源的不公共享 ·············· 70
  - 一、政治资源：共享安置地选举权和管理权的不公 ·········· 70
  - 二、经济资源：共享安置地集体经济的不公 ················ 76
  - 三、社会福利资源：共享保障与设施的不公 ················ 79
- 第四节 水利水电工程移民公平共享安置地资源不公的原因 ······ 82
  - 一、政府在移民政策执行中的偏差 ························ 82
  - 二、移民在资源分配中公平感的缺失 ······················ 87
  - 三、原居民在资源分配中的排斥 ·························· 91
  - 四、社会环境的变迁 ···································· 95

第五章 水利水电工程移民工作中的政府角色 ············ 98
- 第一节 相关政府角色的基本理论 ·························· 98
  - 一、政府角色概念的界定 ································ 98
  - 二、基础理论 ·· 99
- 第二节 水利水电工程移民工作的政府应然角色 ·············· 101
  - 一、移民工作主导者 ···································· 101
  - 二、公共利益代表者 ···································· 105
  - 三、移民工作的监督者 ·································· 110
- 第三节 水利水电工程移民工作政府角色存在的问题与成因 ······ 113
  - 一、水利水电工程移民工作政府角色存在的问题 ············ 113
  - 二、水利水电工程移民工作政府角色问题的成因 ············ 115
- 第四节 水利水电工程移民工作的政府角色定位 ·············· 120

一、国外水利水电工程移民工作的政府角色 ………………… 120
　　二、水利水电工程移民工作的政府角色调整 ………………… 122
　　三、水利水电工程移民工作政府角色定位的建议 …………… 123

第六章　水利水电工程移民工作中的政府行为
　　　　——以 Z 省水库移民后期扶持为研究重点 ……………… 131
　第一节　政府行为解读 …………………………………………… 131
　第二节　水利水电工程移民工作的组织行为 …………………… 132
　　一、组织行为和水利水电工程移民工作的组织行为 ………… 133
　　二、建立健全实施后期扶持工作的水库移民管理机构 ……… 135
　　三、确定水库移民后期扶持的范围 …………………………… 136
　第三节　水库移民后期扶持的政府协调行为 …………………… 139
　　一、政府协调及其对水库移民后期扶持的意义 ……………… 139
　　二、政府协调与水库移民后期扶持项目业主之间的利益关系 … 142
　　三、政府协调与水库移民之间的利益关系 …………………… 143
　　四、政府协调项目业主与移民之间的利益关系 ……………… 144
　第四节　水库移民后期扶持的政府监督行为 …………………… 145
　　一、政府监督及其在水利水电工程移民工作中的功能 ……… 146
　　二、水库移民后期扶持政府监督的主要内容 ………………… 148
　第五节　水库移民后期扶持工作中政府行为的优化 …………… 151
　　一、后期扶持工作中政府行为的问题 ………………………… 151
　　二、优化策略 …………………………………………………… 154

第七章　全过程的水利水电工程移民动员 …………………………… 158
　第一节　水利水电工程移民动员的利益相关者分析 …………… 158
　　一、移民动员的利益相关者 …………………………………… 158
　　二、移民动员存在的利益关系 ………………………………… 165
　第二节　水利水电工程移民动员的载体和机制 ………………… 167
　　一、政治动员和水利水电工程移民动员 ……………………… 167
　　二、安置过程中的移民动员载体 ……………………………… 168
　　三、水利水电工程移民动员的机制 …………………………… 170
　第三节　水利水电工程移民工作过程中的移民动员 …………… 175
　　一、安置规划过程的移民动员 ………………………………… 175

二、搬迁安置过程中的移民动员 …………………………………………… 178
　　　三、水库移民后期扶持工作过程中的移民动员 ………………………… 180
　第四节　水利水电工程移民动员存在问题及对策 ……………………………… 182
　　　一、存在问题 ………………………………………………………………… 182
　　　二、对策 ……………………………………………………………………… 184

第八章　水利水电工程移民社会冲突及其调适 …………………………………… 188
　第一节　基本概念 ………………………………………………………………… 188
　　　一、社会冲突 ………………………………………………………………… 188
　　　二、水利水电工程移民社会冲突 …………………………………………… 190
　第二节　中国水利水电工程移民的社会冲突 …………………………………… 191
　　　一、中国水利水电工程移民社会冲突的利益相关者 ……………………… 191
　　　二、中国水利水电工程移民社会冲突的表现形式和分类 ………………… 195
　　　三、中国水利水电工程移民社会冲突的基本特征 ………………………… 197
　第三节　中国水利水电工程移民社会冲突的原因 ……………………………… 198
　　　一、客观层面的原因 ………………………………………………………… 199
　　　二、主观层面的原因 ………………………………………………………… 207
　第四节　中国水利水电工程移民社会冲突的调适 ……………………………… 211
　　　一、加快移民经济发展，消除移民贫困 …………………………………… 212
　　　二、政府发挥主导作用，完善移民工作 …………………………………… 213
　　　三、引入移民心理疏导机制 ………………………………………………… 216
　　　四、非政府组织的介入 ……………………………………………………… 219

第九章　水利水电工程移民的公众参与
　　　——以南水北调工程东线 L 工程征地补偿移民安置为例 ………………… 221
　第一节　水利水电工程移民参与的概念和研究样本 …………………………… 221
　　　一、核心概念 ………………………………………………………………… 221
　　　二、研究样本选取 …………………………………………………………… 224
　第二节　安置实施前的移民参与 ………………………………………………… 224
　　　一、实物指标调查过程中的移民参与 ……………………………………… 224
　　　二、安置规划确定过程中的移民参与 ……………………………………… 225
　　　三、本阶段移民参与的特点 ………………………………………………… 226
　第三节　安置过程中的移民参与——以互动和抱怨为主 ……………………… 227

一、移民安置过程中的互动 …………………………………………… 227
　　　二、移民安置过程中的抱怨 …………………………………………… 229
　　　三、本阶段移民参与的特点 …………………………………………… 231
　　第四节　搬迁安置实施后的移民参与——以社会融入和意见表达为主 …… 232
　　　一、移民融入安置区的困境 …………………………………………… 232
　　　二、移民对于安置结果的表达 ………………………………………… 234
　　　三、移民对于安置结果表达的内容 …………………………………… 235
　　　四、本阶段移民参与的特点 …………………………………………… 236
　　第五节　移民参与存在的问题 …………………………………………… 236
　　　一、移民参与的影响因素 ……………………………………………… 237
　　　二、移民自身存在的问题 ……………………………………………… 238
　　　三、移民参与的渠道不足 ……………………………………………… 241
　　第六节　加强移民参与的对策 …………………………………………… 242
　　　一、提高移民的参与能力 ……………………………………………… 242
　　　二、完善参与渠道，明确移民参与的路径 …………………………… 244
　　　三、保障移民参与的政策环境 ………………………………………… 246

第十章　移民村"空心化"现象及其治理 ……………………………… 249
　　第一节　移民村"空心化"现象调查 …………………………………… 249
　　　一、移民村空心化的基本特征 ………………………………………… 249
　　　二、移民村人口向外流动与移民村村庄变化——基于H村的调研 … 251
　　　三、H村人口向外流动状态下的村庄变化 …………………………… 260
　　第二节　移民村空心化对乡村振兴的影响及化解 ……………………… 265
　　　一、移民村空心化对乡村振兴的影响 ………………………………… 265
　　　二、移民村空心化困境的化解路径 …………………………………… 267

第十一章　结语 …………………………………………………………… 271
　　一、明确了水利水电工程移民公共政策的研究范围 …………………… 271
　　二、丰富水利水电工程移民公共政策理论 ……………………………… 275
　　三、从公共政策角度对水利水电工程移民进行了专业性的探讨 ……… 277

参考文献 …………………………………………………………………… 286

后　记 ……………………………………………………………………… 311

第一章 水利水电工程移民与公共政策基础

曾有热心者建议本书取名为《水利水电工程移民政治学》，然而如何理解这个"学"字？"学"有多种释义，如读书以获得知识、钻研知识、掌握知识；如治学，以知识构建系统的学理而成学说。然而作者既无这个水平，也无这个能力，只是想尽力从公共政策理论角度阐释水利水电工程移民中的相关知识或学理。其既非学界研究的主流，也非大方之家眼中的"学问"，但事实上却在中国的社会发展和经济建设中广为存在。

第一节 水利水电工程移民概述①

一、移民、工程移民、水利水电工程移民

1. 什么是移民、工程移民？

《辞海》对移民的释义有两种：一种是指迁往国外某个地方永久定居的人，英文单词为 immigration；另一种则是指较大数量、有组织的人口迁移，英文单词为 resettlement。《中国移民史》将"移民"称为"具有一定数量、一定距离，在迁入地居住了一定时间的迁移人口"。② 移民一般有自愿移民和非自愿移民两类。

---

① 本节除明确注释外，主要内容可参见：方泉尧，徐和森，施国庆. 工程移民整合通论[M]. 北京：人民出版社，2004：7-11. 许佳君，余文学. 水库移民与安置区原居民的社会整合[J]. 学海，2001，(2)：56-59. 许佳君. 三峡工程农村外迁移民与沿海安置区的经济整合[J]. 现代经济探讨，2001，(11)：3-6. 许佳君，施国庆. 三峡外迁移民与沿海安置区的社会整合[J]. 江海学刊，2002，(6)：94-99. 施国庆. 移民学探讨[C]//中国水利发电工程学会水库经济专业委员会2003年年会论文集，洛阳，2003. 户作亮，陈绍军，张俊生，许佳君. 水库移民安置与管理[M]. 银川：宁夏人民出版社，2004：1-4.

② 葛剑雄. 中国移民史第一卷[M]. 福州：福建人民出版社，1997：10.

工程移民是移民的一种，属于非自愿移民，因工程建设而产生，实质是受工程建设影响而出现的征地补偿和人口搬迁安置。在国际上，移民一词包含的内容更为广泛，通常指受建设项目影响而产生的各类人群及其所在的社会经济系统重建活动。受项目建设直接与间接影响的人群，被称为非自愿移民。改革开放以来，为了经济发展和社会进步，国家进行了大规模的工程建设，包括水利水电、电力、交通、公路铁路、城建、环保、工业、林业、农业、航空等，涉及政治、经济、社会、环境、技术、文化等诸多方面。尤其是长江三峡枢纽工程、南水北调工程、京沪高铁、首都机场等工程，影响深远，意义重大。

在中国，工程移民征地和安置工作复杂，不同行业移民工作的广度和深度不同，存在工作范围和标准等方面的差异，"移民"也因此形成了不同的用词。有关"移民"的用词，水利水电行业经常用水工程移民、水利水电工程移民和水库移民，公路、铁路、电力等行业习惯用征地、征地补偿和搬迁安置，城市建设行业经常用拆迁和房屋拆迁，等等。

有关"移民"的划分，按工程征地的地面形状可分为线形征地移民、带状征地移民、块状征地移民；按征地对居民影响可分为征地移民、拆迁移民、征地补偿和搬迁安置移民；按移民居住地区可分为农村移民、集镇移民、城市移民；按移民生产安置行业可分为农业安置移民、工业安置移民、第三产业安置移民；按安置方式可分为就地后靠移民、集中外迁移民、分散安置移民；按就业安置组织方式可分为二三产业安置移民、自谋职业安置移民、养老保险安置移民；等等。

目前，非志愿移民又增加了环境移民、生态移民、下山脱贫移民、异地搬迁安置移民、灾害移民等种类，尤其是异地搬迁安置移民深得重视，成为国家扶贫战略的重要篇章。①

2. 什么是水利水电工程移民？

水工程，即水利工程（Hydraulic Engineering），常规的词典释义是指为了控制、利用和保护地表及地下的水资源与环境而修建的各项工程建设的总称，是为消除水害和开发利用水资源而修建的工程。按其服务对象可分为防洪工程、农田水利工程、水力发电工程、航道和港口工程、供水和排水工程、环境水利工程、海涂围垦工程等。可同时为防洪、供水、灌溉、发电等多种目标服务的水利工程，被称为综合利用水利工程。在征地补偿和移民安置方面，出现了"大中型水

---

① 黄承伟. 中国农村扶贫自愿移民搬迁的理论与实践[M]. 北京：中国财政经济出版社，2003：19-21.

利水电工程"一词，一般又分为水利工程和水电工程，是以其社会效益和经济效益进行区分的。水利工程更多的是指防洪、灌溉和综合利用等社会效益显著的公益性工程，水电工程则是利用水力发电、具有一定经济效益的准公益性工程。

水利水电工程按规模大小划分，主要包括大中型水利水电工程和小型水利水电工程。《史记·夏本纪》中所提到的大禹"陂九泽"就是中国最原始的水利工程。从古至今，水利水电工程不仅用来防洪，还有农业灌溉及军事目的。中国作为农业大国，水利水电工程建设是农业的命脉，是国家和社会发展的需要。通过水利水电工程建设，不仅增加了农业灌溉面积，提高了农业生产力，还增强了防洪、供水、发电、航运等各方面的作用。水利水电工程的建设不仅给国家带来了巨大的经济社会效益，还使得水资源得到了最大化利用，为国民经济持续健康发展起到了重要的保证作用。因此，在中华人民共和国成立以来的大规模经济建设中，党和政府高度重视水利水电工程的建设。

为了获得水利水电资源而修建水库或为了防止水灾而进行的江河整治，产生了非自愿的水利水电工程移民。[①] 由水利水电工程建设而产生的非自愿移民通常称为水利水电工程移民，习惯简称为"水库移民"。目前，中国水利水电工程移民总人数仍然没有一个权威的官方数字，除长江三峡水利枢纽工程之外，其他大中型水库移民后期扶持人口超过3 000万人。

水利水电工程移民，在实践中不仅包括大中型水利水电工程移民，还包括河（渠）道和闸、站等小型工程移民。在本书中，水利水电工程移民作为名词使用时是为满足国民经济建设和社会发展需要开发水利资源、修建大坝或水库而征收土地、房屋拆迁所引起的搬迁安置人口的总称，是为国家和民族利益做出了一定牺牲的社会群体；作为动词使用时是指国家或政府主导的、多方参与的、有组织的众多人口迁移和相关社会、经济、生活的重建过程，即移民活动及其过程。在中国，水利水电工程一般是由政府或获得政府授权的工程单位规划、设计和实施的，因此水利水电工程移民工作往往是带有强制性的政府行为。水利水电工程移民工作由于涉及面积广，属于经济系统重建和社会整合的复杂性工作，需要对水库淹没区域的人口实施搬迁，工作难度大、遗留问题多，需要政府给予高度重视。其中，尤以长江三峡水利枢纽工程建设为最，其移民超过120万之众，举世瞩目。

---

① 廖蔚. 水库移民经济论[D]. 成都：四川大学，2005.

二、水利水电工程移民的特点[①]

如何定义水利水电工程移民、其性质如何等,至今都存在争议,但水利水电工程移民的特点却很鲜明。水利水电工程移民的搬迁具有破坏性、补偿性、大规模性、社会性、长期性、发展性、一定的强制性、困难性、彻底性和不可逆性等特征。水利水电工程移民工作具有系统性、群体性等特点,涉及众多经济、技术问题,关系到人民的生产、生活和社会安定,工作十分艰巨。水利水电工程规模各有不同,牵动着水利水电工程淹没区、淹没影响区和安置区的环境资源变化,对移民和安置区居民的社会生活系统会产生巨大影响,还会涉及区域发展问题,关乎多个利益主体之间的博弈。[②]

第一,非自愿性。皮特森(Petersen)早在20世纪50年代按迁移力量将移民分为强迫和自愿两种[③],这种分类方法沿用至今。国家为了防治旱涝灾害和获取水利水电资源而进行工程建设,有组织地、大规模地将被征地的民众迁移,移民不以自己的个人意志转移,不能自由选择去留,不能提前规划自己的搬迁区域。

水利水电工程移民具有非自愿性特征,在大中小型水利水电工程建设带来巨大经济社会效益的同时,他们做出了很多牺牲,承受了较大损失和痛苦。水利水电工程建设既涉及永久性征地、房屋拆迁、家庭财产、企事业单位搬迁、城镇及公共基础设施重建等实物型损失,也涉及移民土地资源、经营性资产、就业收入和获得财产机会等经济型损失,还涉及移民因丧失教育、医疗卫生、文化娱乐、商业消费等公共服务机会而导致的人力资本、政治地位、劳动技能、生活环境等社会损失。[④] 移民问题非常复杂,极易引起社会矛盾和冲突,是社会经济发展中的重要问题。

第二,脆弱性。在水利水电工程项目涉及的多个主体中,非自愿性移民无疑是最弱势的一方。就地后靠安置的移民可能面临着良田被征、农田产量骤减、收入锐减的压力;跨市、跨省安置的移民面临着完全陌生的生活环境,茫然和不知所措的情绪使得移民的心理变得非常脆弱,难以融入当地,同时再就业能力差、

[①] 户作亮,陈绍军,张俊生,等. 水库移民安置与管理[M]. 银川:宁夏人民出版社,2004:1-4.
[②] 施国庆. 水库移民安置规划[M]. 南京:河海大学出版社,1996:33-36.
[③] Petersen W. A General Typology of Migration[J]. American Sociological Review, 1958, 23(3): 256-266.
[④] 朱东恺,施国庆. 水利水电移民制度研究——问题分析、制度透视与创新构想[M]. 北京:社会科学文献出版社,2011.

文化素质低成为移民恢复原来生活水平的阻碍。移民群体普遍具有收入低、影响力低、敏感度高的特点，他们是非常脆弱的，仅依靠个人的力量很难抵挡社会风险、维系正常的生活。

在中华人民共和国建立以来相当一段时间里，由于历史和思想观念等方面的原因，国家对移民问题重视不够，处理不到位，对移民的补偿和安置不够公平、不够全面，使得移民的生产和生活秩序受到影响和破坏，生活水平未能提高甚至下降，部分移民陷入次生贫困状态，遗留问题多，社会矛盾凸显，群体性事件时有发生，成为影响社会稳定的重要因素。

第三，高依靠性。移民"等、靠、要"思想比较严重，且这样的思想具有持续性。移民认为自己为国家建设做出了巨大的牺牲，理应从国家和政府层面获得保护，甚至会产生靠征地补偿和搬迁安置来赚钱的念头，完全没有自食其力的思想觉悟。[①] 政府有维护移民权益和帮助移民的责任，但是并不应该成为移民永远的"拐杖"。[②]

三、水利水电工程移民发展的几个阶段

据最新统计，中国目前的水利水电工程移民人数累计已超过3 000万人。中国的水利水电工程移民经历了以下四个阶段。[③]

第一阶段（1950年～1986年），受传统计划经济的影响，这一时期水利水电工程移民主要依靠行政手段，采取一次性补偿政策，即国家对移民的淹没土地损失进行补偿，并进行生活补偿。移民在补偿安置后的生活中所遭遇的困难由自己解决。

第二阶段（1987年～1990年），1986年国务院规定"水库移民工作必须从单纯安置补偿的传统做法中解脱出来，改消极赔偿为积极创业，变救济生活为扶助生产，使移民安置与库区建设和发展结合起来，走开发性移民的路子"。[④] 这是移民政策的重要转变，不仅提高了水利水电工程移民安置补偿费的标准，也提出了"前期补偿补助，后期生产扶持"的开发性移民政策。这里的开发性移民政策是指，把移民的生产生活问题放在首位，开发性地利用当地资源扩展移民的就业途径，并且持续扩充移民的环境容量，从而把对移民的安置同库区及安置区的建设

---

① 徐和森. 中国特色移民之路：水库移民工作研究[M]. 南京：河海大学出版社，1995：130-131.
② 迈克尔·M. 塞尼. 移民与发展——世界银行移民政策与经验研究[M]. 水库移民经济研究中心，编译. 南京：河海大学出版社，1995：54-55.
③ 张绍山. 水利水电工程移民政策法规[M]. 北京：中国水利水电出版社，2007：1-5.
④ 国务院办公厅. 关于抓紧处理水库移民问题的通知[R]. 中华人民共和国国务院，1986.

相结合。与此同时，不放弃对环境的保护以及库区所在地的地方经济发展，使移民与其所在地的经济、环境以及社会协调发展，稳定生活，并为他们的长远经济发展打下坚实的基础。①

第三阶段（1991年～2006年4月），1991年中华人民共和国国务院颁布《大中型水利水电工程建设征地补偿和移民安置条例》，至此，中国的水利水电工程建设征地补偿和移民安置走上法制化的道路。在这之后，国家出台了一系列有关水利水电工程移民的政策，促进了水利水电工程建设的稳定发展。国家对移民的补偿包括经济补偿和政策补偿这两种补偿类型。经济补偿首先包含了资金补偿，指的是实物的折价费和搬迁的费用；其次包含了经济资源方面的补偿，指的是补偿和调节承包的土地（如果园、林地等）以及农业转非农业生产的模式。政策性补偿是指国家的产业政策以及税收减免等形式的补偿。1991年，国家设立专项基金，对移民安置扶持时间做出原则性规定，明确规定了"国家设立库区建设基金，用于大中型水利水电工程库区维护和扶持移民发展生产"，"国家对移民扶持时间为5～10年，自移民安置规划施工完毕之日算起"。1998年，原国家电力工业部关于水电工程报批文件的相关规定，要求必须把水利水电工程移民的"前期补偿，后期扶持"作为一个部分编进安置规划报告，即"后期扶持规划部分"。

第四阶段（2006年5月～2019年），实施水库移民后期扶持政策，其间，国家相关部门下发了系列文件。2006年5月，国务院下发了《国务院关于完善大中型水库移民后期扶持政策的意见》（国发〔2006〕17号），之后这便成为全国各地通过后期扶持改善和提升移民生产生活水平的指导性文件。水库移民后期扶持是指在政府的引导下采取科学的方法，充分利用和开发当地资源发展经济，使安置后的水利水电工程移民尽快恢复生产生活，实现移民安居乐业的目的。水库移民后期扶持工作是以政府为主导的，对移民进行帮扶，涉及各个行业和部门，是不同政府部门间联合行动的过程。2006年7月7日，中华人民共和国国务院公布《大中型水利水电工程建设征地补偿和移民安置条例》（2006年国务院令第471号），工作实践中习惯称"国务院471令"，后于2013年7月、12月，2017年4月进行过三次修订。

第五阶段（2020年～今），根据2019年8月26日第十三届全国人民代表大

---

① 梁福庆. 水利水电工程移民与环保问题研究[M]. 北京：中国三峡出版社，2011：39.

会常务委员会第十二次会议《关于修改〈中华人民共和国土地管理法〉、〈中华人民共和国城市房地产管理法〉的决定》，《中华人民共和国土地管理法》第三次修正，自 2020 年 1 月 1 日起开始执行。这一理论和政策基础对工程建设征地补偿和移民安置产生了巨大影响。国家编制土地利用总体规划，规定土地用途，将土地分为农用地、建设用地和未利用地。严格限制农用地转为建设用地，控制建设用地总量，对耕地实行特殊保护。为了公共利益的需要，有下列情形之一，确需征收农民集体所有的土地的，可以依法实施征收：一，军事和外交需要用地的；二，由政府组织实施的能源、交通、水利、通信、邮政等基础设施建设需要用地的；三，由政府组织实施的科技、教育、文化、卫生、体育、生态环境和资源保护、防灾减灾、文物保护、社区综合服务、社会福利、市政公用、优抚安置、英烈保护等公共事业需要用地的；四，由政府组织实施的扶贫搬迁、保障性安居工程建设需要用地的；五，在土地利用总体规划确定的城镇建设用地范围内，经省级以上人民政府批准由县级以上地方人民政府组织实施的成片开发建设需要用地的；六，法律规定为公共利益需要可以征收农民集体所有的土地的其他情形。征收土地应当给予公平、合理的补偿，保障被征地农民原有生活水平不降低，长远生计有保障。征收土地应当依法及时足额支付土地补偿费、安置补助费以及农村村民住宅、其他地上附着物和青苗等的补偿费用，并安排被征地农民的社会保障费用。征收农用地的土地补偿费、安置补助费标准由省、自治区、直辖市通过制定公布区片综合地价确定。制定区片综合地价应当综合考虑土地原用途、土地资源条件、土地产值、土地区位、土地供求关系、人口以及经济社会发展水平等因素，并至少每三年调整或者重新公布一次。征收农用地以外的其他土地、地上附着物和青苗等的补偿标准，由省、自治区、直辖市制定。对其中的农村村民住宅，应当按照先补偿后搬迁、居住条件有改善的原则，尊重农村村民意愿，采取重新安排宅基地建房、提供安置房或者货币补偿等方式给予公平、合理的补偿，并对因征收造成的搬迁、临时安置等费用予以补偿，保障农村村民居住的权利和合法的住房财产权益。县级以上地方人民政府应当将被征地农民纳入相应的养老等社会保障体系。被征地农民的社会保障费用主要用于符合条件的被征地农民的养老保险等社会保险缴费补贴。被征地农民社会保障费用的筹集、管理和使用办法，由省、自治区、直辖市制定。大中型水利、水电工程建设征收土地的补偿费标准和移民安置办法，由国务院另行规定。

四、水库移民后期扶持

需要特别说明的是，本书主要研究对象为水利水电工程移民，本段或部分其他章节之所以偶用"水库移民"一词，主要源于《国务院关于完善大中型水库移民后期扶持政策的意见》，工作实践中习惯称之为"水库移民后期扶持国务院第17号文"。

水库移民安置后，移民工作并没有结束，移民能否适应安置区的生产生活依然需要关注。鉴于水库移民是非自愿性质的人口迁徙和移动，在搬出原居住地后生活在一个全新的社会环境中，水库移民心理上需要经历一个逐步接纳、熟悉和适应的过程，这是一个新群体与新社会环境相互磨合的过程；在经济上，移民需要在安置地建立新的经济结构，构建新的生产关系，这是一个十分艰难的生产开发过程。对于政府来说，水库移民是因为开发水利水电事业而产生的，淹没土地、背井离乡都是为国家建设做出的牺牲，政府有必要把移民安置好，并为他们的生产生活提供各种必要帮助。

在特殊历史时期，水库移民工作存在政府组织管理不善、补偿滞后、标准偏低、优惠政策不配套、移民的生产生活没有得到妥善解决等问题，极大地损害了移民的切身利益，不仅造成了水库移民贫困问题的恶性循环，更给库区和安置区的稳定带来了隐患，导致移民不断上访，甚至到政府门前静坐。如何解决水库移民的基本生计问题，已成为影响水库移民安置区社会稳定的重要因素。在这种形势下，国务院办公厅于1986年7月转发了原水利电力部《关于抓紧处理水库移民遗留问题的报告》（该文件于2016年6月被宣布取消），要求有关部门和地方人民政府要多渠道筹措资金，千方百计采取措施，变消极补偿为积极创业，变救济生活为扶助生产，扶持移民脱贫致富，从根本上解决移民安置中的遗留问题。

《中华人民共和国水法》规定："国家对水工程建设移民实行开发性移民的方针，按照前期补偿、补助与后期扶持相结合的原则，妥善安排移民的生产和生活，保护移民的合法权益。移民安置应当与工程建设同步进行。建设单位应当根据安置地区的环境容量和可持续发展的原则，因地制宜，编制移民安置规划，经依法批准后，由有关地方人民政府组织实施。所需移民经费列入工程建设投资计划。"[①]《大中型水利水电工程建设征地补偿和移民安置条例》也进行了明确规定，

---

① 全国人大常务委员会. 中华人民共和国水法[R]. 全国人民代表大会常务委员会，2002.

把对移民的补偿补助形式和后期扶持的形式相结合,不仅体现了国家对水库移民的高度重视,更为保护移民合法权益提供了强有力的法律根据。

国家对水库移民实行开发性移民的方针,标志中国的水库移民政策开始了前期补偿与后期扶持有机结合的新时期。进一步扩大了扶持范围,明确对不同类型的水库移民采用不同类型的扶持政策,对全国大中型水库移民实施统一的后期扶持政策,并且明确规定了小型水库的后期扶持问题。《国务院关于完善大中型水库移民后期扶持政策的意见》的出台,标志着水库移民后期扶持工作进入一个新时代。2006年5月17日,国务院17号文件发布,同年,对后期扶持的概念加以解读,在中国水库移民研究和实务工作中首次明确了后期扶持的概念。水库移民后期扶持是对已经安置好的移民给予政策上、经济上以及技术上的帮扶,文件对后期扶持的相关内容做出了明确的规定,包括建立起后期扶持规划的相关制度、规定了后期扶持的对象和范围、规范了后期扶持的具体形式,使得移民能够恢复甚至超越从前的生产生活水平。目前中国的水库移民后期扶持工作重点主要是基于人力资本的重建和社会资本的重建,要求以可持续发展为核心,实现水库移民个体与环境保护、生态建设和经济社会的协调发展。

同时,建立水库移民后期扶持监测评估机制,开展监测评估工作,对后期扶持政策实施情况进行跟踪监测,及时掌握情况,评估实施效果,保障资金使用安全和后期扶持政策顺利实施,对维护水库移民合法权益、促进库区和移民安置区经济发展和社会稳定具有重要意义。监测评估作为一种管理手段,是对项目的过程进行管理,其职能是针对项目从规划和计划到实施过程中存在的问题以及可能产生的后果,结合项目实施的实际情况和效果做出评价,提出存在的问题和解决方案,及时地把信息反馈到管理者手中,以便管理者进行决策,使项目达到最佳效果。一般情况下,监测评估单位应由独立的第三方担任。考虑到一些工程的特点,在监测评估中也会采用联合监测评估的方式,成立监测评估小组。监测评估小组可由高等院校、科研院所、政府部门及相关管理单位、设计单位共同参与。这种监测评估方式便于发现问题、及时沟通,监测评估效果较为显著。监测评估单位受国务院或省级移民管理机构的委托,对大中型水库移民后期扶持政策实施情况及实施效果进行监测评估,可及时、客观、公正地发现后期扶持政策执行过程中存在的问题并提出整改意见和建议,对于保障、促进后期扶持工作的顺利进行具有深远的实践意义。

第二节 水利水电工程移民嵌合公共政策理论的价值

一、理论上自成相关水利水电工程移民的体系

1. 有助于建构水利水电工程移民管理服务型政府的理论体系

水利水电工程移民工作并不是一项简单的征迁安置活动，而是一项由政府组织动员、项目法人建设、移民参与的经济和社会活动，其中包括水利水电工程移民安置前期规划工作、移民搬迁安置工作、移民后期扶持工作三个主要阶段，政府的行为贯穿于整个过程，三个阶段都需要政府作为主体发挥其领导作用，因此研究公共政策基础理论与水利水电工程移民之间的关系对水利水电工程移民工作的开展有着重大的理论意义。

在中国，政府是水利水电工程移民工作的主体，相对而言，移民处于弱势。鉴于中国处于社会主义初级阶段的基本国情，中国的水利水电工程移民工作由中央政府和地方政府出台相关政策作为引导，如现阶段国家实施的大中型水库移民后期扶持政策，政府将现金发放到户的直接补偿方式与项目扶持相结合，在整个后期扶持工作中政府始终处于主导地位，以确保水库移民后期扶持工作始终保持正确的方向，并按照正确的轨道运行。在新的社会发展阶段，客观上要求我们必须总结中国水利水电工程移民工作的经验，探求政府究竟应在水利水电工程移民工作中扮演什么样的角色，并明确其权力和责任范围，这对指导今后水利水电工程移民工作的顺利开展和政府职能的转变具有重大意义。

政府的整体服务理念和价值体系与水利水电工程移民管理所要求的服务型政府尚有较大差距，主要表现为：一，对水利水电工程移民的管理过分强调管理功能的单向作用，对政府为水利水电工程移民提供公共服务的功能和作用重视不够；二，过分强调了政府主体与水利水电工程移民之间关系的不对等性，忽视了水利水电工程移民的参与以及政府行政行为的导向性作用；三，片面地认为政府的功能是对水利水电工程移民进行管治，忽视了社会和水利水电工程移民对政府主体及其行为的制约和监督，表现出各级政府及水利水电工程移民管理机构容易凌驾于水利水电工程移民之上的明显特征。在考虑政府治理和发展问题时，不能一味地创造权威和集中权力，而是要限制权威和分散权力，真正让"大家"服务"小家"。因此，本书的研究有助于规范水利水电工程移民管理机构的政府行为，

在此基础上促进水利水电工程移民管理机构树立为民服务的理念,保障水利水电工程移民的合理诉求和合法权益。

分析水利水电工程移民工作中政府行为的具体表现,重点研究水利水电工程移民工作中政府的组织行为、政府的协调行为以及政府的监督行为,对做好水利水电工程移民工作具有重要的理论价值和实际意义。政府行为在水利水电工程移民工作中直接影响了移民的生产生活水平和水利水电工程移民安置区的社会稳定。

2. 有助于理清水利水电工程移民工作中的一些理论问题

公平问题自古以来就是人们关注的主题。同样,水利水电工程移民公平共享安置地资源问题的研究对水利水电工程移民理论研究和实践发展有着特殊的意义。水利水电工程移民不仅仅是一项经济活动,更是一项政治任务。水利水电工程移民生存状况一直是移民研究的主题之一,水利水电工程移民公平共享安置地资源对于移民的融合和移民生产生活水平的提高起到积极的促进作用。本书之所以把水利水电工程移民公平共享安置地资源问题作为研究主题之一,其目的和原因有二。

从理论层面上来说,关于水利水电工程移民的研究很多,但是关于公平的研究则较少,对于水利水电工程移民公平的讨论能够丰富这一类研究。构建水利水电工程移民公平问题的基本理论,能够为中国水利水电工程移民更好发展提供基本理论基础。研究不仅是为了解决某个阶段或某个具体的问题,更希望通过系统化的研究实现学术上的拓展。从实践层面来说,思考移民公平共享安置地资源问题具有重要的现实意义。一方面,希望通过对水利水电工程移民公平共享安置地资源问题的研究,引起社会对水利水电工程移民不公平问题的广泛关注;另一方面,从国家水库移民后期扶持政策的实施情况来看,存在不足的地方同样亟待完善。通过实践研究与理论研究的相结合,发现后期扶持中存在的不公平问题,可以为政府部门在如何向水利水电工程移民提供公平待遇上提供方向,切实帮助水利水电工程移民解决生产生活中存在的实际困难和问题,真正实现移民经济发展与移民满意度的同步飞跃,从而促进中国水利水电工程移民事业的发展。

3. 有助于构建水利水电工程移民和谐社会的理论基础

2004年,党的十六届四中全会针对新世纪中国所面临的空前的发展机遇和前所未有的严峻挑战,首次提出了建设社会主义和谐社会的战略目标和部署。迄今为止,工程建设仍然不可避免地会引发当地相关民众的生活受到冲击、自然环境遭到破坏等一系列问题。

在水利水电工程移民工作中深入贯彻以人为本的指导思想和价值取向，推进当地社会经济的稳定发展，并对其中的公共政策理论要素进行科学、系统的探析，不仅可为水利水电工程移民工作提供新思路和新视角，也是中央和各级政府以及移民管理机构在移民工作中贯彻落实科学发展观，打造勤政、高效的政府，以及关注民生、构建和谐社会的必然要求，对于提高各级政府的服务能力和服务质量，深化各级政府的改革，直至构建工程移民的和谐社会，具有现实而深远的理论价值和实践意义。

二、实践上指导水利水电工程移民工作的顺利开展

在各类非自愿移民活动中，水利水电工程移民与政府有较大的利益关系，由水利水电工程建设而产生的移民是一个需要重点关注的社会群体。水利水电工程移民是随着中国水利工程的建设而产生的，尤其水库移民是为了国家建设而搬迁并牺牲自身利益的群体，只有妥善安置好这些移民，解决好他们的生产生活问题，才能使社会稳定，为经济发展创造良好的环境。

目前，中国处于社会管理体制创新的重要转型期，传统体制和现代制度在转型过程中还存在诸多矛盾和冲突。在中国大力提倡依法治国的背景下，在移民工作制度化背景下，政府的动员尤为重要。水利水电工程移民工作是在移民政策范围内进行的，机制是健全的，针对中国水利水电工程移民征地补偿和搬迁安置过程中出现的问题，国家明确了相关的沟通和申诉渠道，移民和政府、业主、实施机构间的沟通和反馈是畅通的，尤其是移民投诉和政府反馈一直备受重视。在中国，水利水电工程移民动员工作一直行之有效，目的在于政府和项目建设方进行依法移民，并实现移民的参与和认可，最大限度地维护各方合法权益，本质在于构建一种合法合规的制度化互动途径。

本书结合社会冲突理论，描述了当前中国水利水电工程移民社会冲突的基本状况，分析了水利水电工程移民产生社会冲突的原因，力求探讨出行之有效的调适办法，以应用到水利水电工程移民管理的相关层面，促进移民经济发展，推进移民社会和谐稳定。

水利水电工程移民研究涉及面广，影响复杂。目前的情况是，从事水利水电工程移民可研论证、征地补偿和移民安置规划、水库移民后期扶持、水利水电工程移民管理工作的人员多，队伍相对齐整，而对水利水电工程移民进行系统的理论研究，尤其是进行水利水电工程移民基础理论研究的人员就少了。由于水利水电工程建设以政府为主导,水利水电工程移民通过法制化参与渠道进行互动或维护自身权益的机制还不够健全和成熟,从公共政策基础理论视角对水利水电工程移民进行研究有助于在现存的基本制度框架内维系生产关系,建立和发展新的公共责任机制,解决水利水电工程移民的各种利益冲突和矛盾,构建水利水电工程移民工作相关各方利益表达、利益博弈和参与互动的重要途径与方法,也是在积极探究现代社会发展条件下的政府治理方式。从公共政策基础理论视角研究水利水电工程移民,明晰政府角色和政府职能的定位,提高政府服务质量,改善政府与水利水电工程移民之间的关系,缓解管理者与水利水电工程移民的矛盾,深入水利水电工程移民的普通生活,消除移民工作的紧张被动状况,可使水利水电工程移民工作更有回应性,更有责任心,更富效率。

第二章 相关研究文献及评述

水利水电工程移民是世界性的难题。中华人民共和国成立后,中国的水利水电事业快速成长,极大地推进了我国经济和社会的发展,但也产生了一些移民遗留问题。无论是水利水电工程移民的前期补偿补助,还是后期的生产生活扶持,都直接关系到移民的生产生活,关系到社会的稳定,这引起党和政府、广大移民工作者以及学界的广泛关注,各方对此都展开了相应的研究。

第一节 水利水电工程移民政策研究

为解决水利水电工程移民问题,各级政府制定了一系列移民政策以指导移民工程的实施。水利水电工程移民政策范围广,涉及面宽,主要包括征地补偿政策、搬迁安置政策和后期扶持政策。

一、国内研究情况

国内开展水利水电工程移民政策研究较早,多年来相关各方对水利水电工程移民政策进行了广泛的研究,形成了不少有价值的成果。其中,大部分的研究是针对移民安置区经济发展和社会稳定的,并提出了一些切合实际的政策建议。

从政策层面来讲,张绍山对中国现行后期扶持的各项政策进行了简述,并结合大量实例强调了实施水库移民后期扶持政策对恢复和提高移民生产生活水平、维护社会稳定、促进水利水电事业可持续发展具有重要作用和意义,可达到移民"搬得出、稳得住、逐步能致富"的目的,体现了党和政府对水库移民负责到底的精神。[①] 2007年,张绍山在其主编的《水利水电工程移民政策法规》中对此进

---

① 张绍山. 水库移民后期扶持政策综述[J]. 河北水利水电技术, 2003, (3): 1-3.

行了重申。唐传利在2002年于南京召开的"水库移民研究第一次国际会议"上进行了题为"水利水电工程移民政策与实践"的演讲。许佳君在其博士论文中对水库移民后期扶持路径及政策支持进行了系统阐述。① 朱东恺、施国庆从制度变迁的角度，系统分析了水库移民政策的多样性和多层面性，从国际、国家、项目层面对政策进行评价，对现有政策存在的问题进行分析；在制度变迁分析的基础上，结合识别的问题和可能的制度创新，尝试合理的制度，为妥善解决水库移民问题提供思路和借鉴。② 王家红、陈绍军等将中国移民政策与世界银行非自愿移民政策相比较，发现两者目标一致但实施程序区别较大，它们在政策详细内容上的差别对中国完善移民政策具有重要的启示作用。③ 李振华、王珍义对大中型水库移民后期扶持政策演进的历史轨迹进行了较为详细的描述，认为必须厘清后期扶持的理念及方式，大力实施移民智力工程、健全移民资金的安全运行机制、完善后期扶持政策的移民参与模式、建立多层次的后期扶持监管体系等，以确保政策有效实施。④ 李红、肖翔在"发改农经〔2011〕1033号"文件的基础上，针对大中型水库移民后期扶持政策实施监测评估的现状与问题，提出了补充移民生活现状、问题及解决情况，补充后期扶持规划和项目规划，补充重要单项工程实施效果评价，补充社会稳定风险评价等完善大中型水库移民后期扶持政策实施监测评估大纲的措施，并深入研究了监测评估工作的常态化方案。⑤ 程瑜将世界银行移民安置的一些政策与广东省移民安置的现状进行对比，讨论广东省移民安置中的问题，如政策落实不到位、移民生产和生活中的诸多不适应等，并针对这些问题提出了建立有效完善的监督机制、加大公众参与力度、消除文化分歧等几点建议。⑥ 邱中慧介绍了中国水库移民的概况及特点，分析了水库移民的现状及其存在的问题，认为水库移民过程中的公共政策制定和执行存在缺陷并提出了相应的对策建议。⑦

---

① 许佳君（许加军）. 水库移民后期扶持路径及政策支持系统研究[D]. 南京：河海大学，2008.
② 朱东恺，施国庆. 水利水电移民制度研究——问题分析、制度透视与创新构想[M]. 北京：社会科学文献出版社，2011.
③ 王家红，陈绍军，汤子贵，等. 移民安置政策·实施·管理[M]. 南京：河海大学出版社，2007.
④ 李振华，王珍义. 大中型水库移民后期扶持政策的演变与完善[J]. 经济研究导刊，2011，16(126)：116-185.
⑤ 李红，肖翔. 关于大中型水库移民后期扶持政策实施监测评估的思考[J]. 电网与清洁能源，2015，31(2)：131-134.
⑥ 程瑜. 从世界银行的移民安置政策看广东省三峡移民安置的问题与对策[J]. 西南民族大学学报（人文社科版），2004，(1)：345-348.
⑦ 邱中慧. 水库移民问题中的公共政策研究[J]. 太平洋学报，2008，(9)：50-56+75.

二、国外研究现状

1. 世界银行的规则和惯例

在国际上，世界银行关于水利水电工程移民管理的相关政策已成为世界各国普遍遵守的规则和惯例。世界银行关于移民安置的政策要求集中于世界银行业务政策 OP4.12。该导则详细说明了世界银行移民安置政策的原则、总目标和分目标等。世界银行有关移民安置的政策主要有两条原则：一是尽可能通过多方论证和设计调整，尽量减少大量的移民搬迁；二是要通过财产补偿、生产就业安置等措施，努力使移民尽快恢复到原有的生活水准，最好能够改善和提高。1990 年，随着世界银行的改组，世界银行调整了过去所有的内部政策和运行方针，由此《世界银行 4.30 导则：非自愿移民》发布。4.30 导则的发布再次引起了世界银行内部以及国际上对移民的原则、概念、工作程序和结果的广泛讨论。世界银行建立了一系列非自愿移民的政策，用于指导移民安置工作，这套业务导则总结了过往非自愿移民搬迁安置的工作经验并且进行了三次修订。其遵循的主要原则是做好移民搬迁安置的前期工作，充分考虑规划设计方案的经济、社会、环境等效益；移民获得的补偿金额应该足以支持他们重建家园、开始新生活，至少恢复到以前的生活水平；鼓励移民参与，尊重移民的权益；保证移民能从建设项目中获益。[①]

著名移民学专家、世界银行的迈克尔·M. 塞尼（Michael M. Cernea）教授（1996）在其著作《移民与发展——世界银行移民政策与经验》中介绍了由世界上最大的发展机构——世界银行制定的用以指导不可避免的非自愿移民工作的政策和许多国家所积累的与移民有关的实践经验。他认为中国与世界银行的经验都表明，要使移民工作获得成功，应当具备五个方面的条件：一，制定出合理的政策，以保障移民的合法权利，并使移民的生产生活水平达到或超过搬迁前的水平；二，强化机构能力并使其具有正确实施政策的政治意愿，以执行正确合理的政策；三，安排充足的资金，在为移民提供损失赔偿外，创造开发机会使移民重新走上富裕道路；四，做好预测社会风险工作，制定详细而灵活的计划，将移民风险问题最小化；五，要求移民和所在社区的代表直接参与移民工作的整个过程。迈克尔后在《非自愿移民经济学：问题与挑战》（*The Economics of*

[①] 迈克尔·M. 塞尼. 移民与发展——世界银行移民政策与经验研究[M]. 水库移民经济研究中心，编译. 南京：河海大学出版社，1995.

Involuntary Resettlement：Questions and Challenges）一书中，通过对非自愿移民历史和现状的分析，重点提出了移民搬迁安置工作的目标是保障移民能够恢复到搬迁安置前的生活水平，强调为了实现减少移民和改善移民的生活状况这一移民政策的基本目标，必须加强对移民补偿理论的研究。① 2000 年和 2013 年，迈克尔提出了移民贫困和重建模型（IRR 模型），把工程类移民的贫困原因归结为失去土地、失去工作、失去家园、饮食没有保障、被社会边缘化、生病与死亡率的上升、失去享受公共资源的权利以及原本社会群体解体这八个原因。②③ 其他的世界银行移民专家对此也进行了有益的探讨。Richard C. Manning 在 *The Resettlement Management System* 中，通过分析获得世界银行贷款的四个移民项目，指出一个独立且有效的管理机构有助于移民工作的成功，同时不能忽视科学的政策制定、符合当地实际情况的安置规划和移民的积极参与。Theodore E. Downing 研究了移民成本的计算方法，他建议只要是建设工程带给移民的成本，无论是有形的还是无形的，都应该算作移民成本。④ Rew A. 以印度等国为例，对移民政策执行效果进行分析，探寻研究政策难以实现既定目标的原因。⑤

2. 较早开发水资源的代表性国家的移民管理和政策

美国、日本、法国和苏联都曾研究过水利水电工程移民问题，其重要成果主要包括移民经济学、生态学和宏观社会学等方面，如《大坝经济学》等。

美国的水利水电工程项目因主管部门的不同而分为两类：政府负责项目、业主组织工程建设。政府负责项目带有一定的强制性且预算充足，安置方式通常分为两类：直接划拨补偿金给移民或者由政府统一规划建设好安置区后移民统一搬迁。业主组织工程建设通常由业主购买土地安置移民。来自美国的学者 Ravi Kanbur 对移民后期的风险问题做了研究，指出为了维护其中弱势群体的权益，

---

① Cernea M M. The Economics of Involuntary Resettlement：Questions and Challenges [M]. Washington，D. C. ：World Bank Publications，1999.
② Cernea M M. Risks，Safeguards and Reconstruction：A Model for Population Displacement and Resettlement [J]. Economic and Political Weekly，2000，35(41)：3659 - 3678.
③ Cernea M M. Christopher McDowell. Risks and Reconstruction：Experiences of Resettlers and Refugees [M]. Washington，D. C. ：World Bank Publications，2013.
④ Theodore E. Downing. Mitigating Social Impoverishment when People are Involuntarily Displaced [M] //Christopher McDowell. Understanding Impoverishment. Oxford and Providence：Berghahn，1996.
⑤ Alan Rew，Addressing Policy Constraints Constraints and Improving Outcomes in Development-Induced Displacement and Resettlement Projects[M]. New York：ILO Studies Seried St Martin's press，1995.

政府要提供特定的补偿机制以及最广泛的安全体系。①

日本的水利水电工程移民政策经历了一个逐渐演化的过程，早在1950年代，政府对移民的补偿分为土地补偿和一般补偿两部分，1960年代开始建立库区基金来保证移民恢复原先的生活水平。近些年来，日本政府也在尝试一些新的政策，如移民不是将土地卖给开发机构而是将其出租，移民通过收取租金来补偿损失。日本的水利水电工程移民管理机构人员精简，权责划分明确，制定了科学的移民安置规范，先后制定了《特定多目的坝法》《水源地区特别措施法》《水资源开发促进法》等多部法律来保证水利水电工程移民的顺利进行。在日本，水资源主要由"国土交通省"进行管理，其下属的各常设机构负责开发、利用以及保护等行政管理事务，农业灌溉的水源管理主要由"农林水产省"负责，水力发电等工业用水则由"经济产业省"负责与保障，环境省负责各流域的水质监测与环境保护。②

土耳其政府将水利水电工程建设和移民搬迁安置分开管理，政府下设水利总局进行流域管理、水资源开发、水力发电等，移民的搬迁安置由乡村事务委员会进行统一规划管理，两个部门各司其职又互相合作，安置方式可以分为城镇安置和农村安置两种。土耳其政府为移民恢复搬迁后的生产生活采取了一系列措施，如组织培训、提供贷款、建立最低保障等。

3. 中国和世界银行移民政策的对比研究

方长荣将中国水库移民政策与世界银行非自愿移民政策进行比较，认为两者总体框架基本相同，少量条款有差异，后期扶持的目标不同，另外，中国《水电工程水库淹没处理规划设计规范》中对淹没影响及永久占地的处理范围和标准做了更详细的规定。③中国的水库移民政策更为具体可行，对水库移民管理的实践工作更具实际指导意义，然而在移民工作的前期阶段，编写移民安置规划时应注意加强规划内容的深度和广度；世界银行的移民政策重点关注的是水库移民管理中移民的参与地位和参与程度以及对后期扶持项目的监测水平。④

---

① Kanbur R. Development economics and the compensation principle [J]. International Social Science Journal, 2003, 55(175): 27-35.
② 胡兴球, 赵楠. 世界银行及国外水库移民管理经验总结[J]. 水利规划与设计, 2008(3): 60-64.
③ 方长荣. 世界银行非自愿移民政策与我国水库移民政策的比较分析[J]. 河海大学学报（哲学社会科学版）, 2002, (2): 92-94.
④ 吴宗法, 荀厚平. 我国水库移民政策与世界银行移民政策对比分析[J]. 水利水电科技进展, 1998, (3): 15-19.

三、研究评述

现有的文献资料主要从经济学和社会学等学科角度对水利水电工程移民政策进行研究，从公共政策理论角度出发的研究成果还比较少。黄建明、段跃芳将水库移民政策系统分为水利水电工程移民政策主体、政策客体、政策环境以及政策系统的运行四个方面，对水库移民政策的现状进行总结与展望。[①] 研究指出中国移民政策研究正处在不断完善的过程，还存在着不足，比如在研究方法上以定性为主，缺乏定量研究；在研究内容上，以现象（问题）描述式、经验总结式为主，难以触及问题本质；政策建议缺乏可行性，与实际脱节，不具备现实的指导意义。

第二节 水利水电工程移民参与研究

一、国内水利水电工程移民参与研究现状

1. 国内学者对水利水电工程移民参与制度和政策层面的研究

缺乏必要的公众参与渠道容易引发群体性事件，同时也会对政府与移民的关系造成不利影响，成为干扰社会和谐与稳定的不利因素。就制度研究而言，中国市场经济的发展、传统观念的影响、政府对公众参与的忽视、参与保障制度的不健全导致中国的公众参与存在很多限制性因素。总体而言，国内移民学界关于水库移民参与以及申诉渠道的研究出了不少成果。

2000年代初，施国庆、许佳君等在对小浪底水利枢纽工程移民进行评估工作时，进行了水库移民参与研究。许佳君等在《水利经济》上发表了《移民参与模式及效果分析》一文，并提交给2002年第一届水库移民国际学术研讨会，文章被收入会议论文集。文章以小浪底水利枢纽工程移民为例，对水库移民的参与模式进行了归纳，并分析了移民参与效果。[②]

陈绍军、施国庆等阐述了在移民安置活动中公众参与的必要性，认为公众参

[①] 黄建明，段跃芳. 水库移民政策研究现状综述与展望[J]. 重庆三峡学院学报，2006，(6)：13-17.

[②] 许佳君，施国庆，谈采田，等. 移民参与模式及效果分析[C]//唐传利，施国庆. 移民与社会发展国际研讨会论文集. 南京：河海大学出版社，2002.

与在安抚移民情绪、恢复移民生产生活的权利等方面具有重大意义。[①] 章猛进认为："当前农民参与越来越深入地走进中国的政治社会生活，影响中国的政治决策。农民参与体现了我们党科学执政和中国民主政治发展的要求，应当予以高度重视。"[②] 余文学通过对小浪底移民参与工程效果的实证分析，论证了水库移民参与的必要性和重要性，指出移民参与可以有效减少移民社会问题，并认为移民安置活动中主体的角色错位是阻碍移民参与的关键，提出了适合中国国情的水库移民参与的政策和实现途径。[③] 余文学指出："在农户作为基本安置单元的条件约束下，移民参与可以有效减少移民社会存在的问题，而阻碍移民参与的主要因素是移民参与制度的缺失与移民参与能力的不足。"他结合中国水库移民特点，从发展的角度提出了适合中国国情的水库移民参与制度框架和实现路径。[④]

2004 年，户作亮、陈绍军、张俊生、许佳君等在《水库移民安置与管理》一书中，专门列出了关于水库移民参与及效果研究的内容。[⑤]

石艳红、胡义浪在《水利水电移民参与的制约因素分析》中指出：移民安置的法规和政策是移民参与的根本保证，如果没有具体的移民参与行为规范、移民参与渠道，没有保证参与实施的制度或制度不健全，那么移民参与的目的将不明确，实现的途径更是模糊不清，移民参与最终将会以非制度化的形式出现。[⑥]

钱俊君针对当前中国公民参与实践存在的问题，从民主观念、参与渠道、公众素质、制度供给等方面提出了解决公众参与的相关对策。[⑦]

巨英、嵇雷结合水库移民安置区的特点，提出了从保障移民政治权力、发挥制度绩效、重视移民心理能力建设和充分发挥移民代表的作用等方面扩大移民参与的路径。[⑧] 蔡萌生、蒋力等通过对 A 水库移民的实地调查，认为水库移民参与的开展与实践，有利于规避社会风险。同时还分析了移民参与在移民安置计划编

[①] 陈绍军，施国庆，朱文龙，等. 非自愿移民安置活动中的公众参与[J]. 水利水电科技进展，2003，23(6)：24−26+65.
[②] 章猛进. 当前我国农民政治参与的状况、特点及趋势[J]. 理论前沿，2004，(16)：5−9.
[③] 余文学. 水库移民参与政策与途径[C]//中国水力发电工程学会. 水库经济论文集（2005 年）. 2005.
[④] 余文学. 水库移民引入参与机制的障碍[J]. 水利经济，2006，24(1)：77−80+84.
[⑤] 户作亮，陈绍军，张俊生，等. 水库移民安置与管理[M]. 银川：宁夏人民出版社，2004.
[⑥] 石艳红，胡义浪. 水利水电工程移民参与的制约因素分析[J]. 水利经济，2013，31(03)：61−64+72+76.
[⑦] 钱俊君. 论公众参与理论在我国公共政策制定中的应用[J]. 文史博览（理论），2007，(10)：34−35.
[⑧] 巨英，嵇雷. 论水库移民的政治参与[J]. 经营管理者，2011(1)：55−56.

制过程、搬迁过程、收入恢复过程等阶段所呈现的不同内容与方式，丰富了水库移民参与的理论与实践。[1]

2. 从经济角度对移民参与能力进行研究

张阳和曾建生通过剖析移民面临的风险及移民搬迁的宏观和微观成本收益，揭示出中国水利工程移民实施行业性管理的关键问题，指出要通过移民参与更准确地揭示成本和收益，降低贫困风险，使移民由被动搬迁转为主动搬迁。[2] 蔡萌生、欧辉明和陈绍军提出，水利水电工程移民参与对于库区经济发展和社会良性运行与协调发展有着重要意义，其采用自下而上的视角并借鉴"过程—事件"分析模式，在移民安置计划过程、移民搬迁过程、收入恢复过程三大阶段的公众参与内容、形式等层面描述了A水库昌平县（现为昌平区）移民参与的现状。[3] 针对水利水电工程移民参与的未来发展分析，应完善公众参与的相关法律法规，加强公众参与的制度化、程序化建设，重视并发挥非政府组织在公众参与中的作用，使村民自治与公众参与共同发展，同时合理引导、正确认识移民参与的意识问题。在公众参与移民安置项目的能力研究上，陈绍军、施国庆、朱文龙和许佳君认为移民的参与有利于水利工程项目的顺利进行，其着重分析了影响移民参与的因素，提出了非自愿移民参与能力建设的设想：非自愿移民在移民安置过程中的主动介入，"确定移民安置计划与总目标，参与移民安置实施的前中后期，并且分享发展的利益和成果是维护移民的基本权益的根本措施"。[4] 董铭讨论了公众参与法的内涵、特点和作用，公众参与在非自愿移民项目的不同阶段适宜采取不同的措施与方法，并进一步阐述了如何在非自愿移民安置中增强公众参与的效率。[5]

3. 关于公众参与移民的心理特征研究

在移民参与的心理研究上，陈乐、常全利和郭盛强对移民心理状况进行分析，认为征地移民是一个特殊的群体，其心理变化不同于一般人群，也不同于自愿性移民，因而影响征地移民的因素是多样的。从移民的角度看，其心理变化经历了几个阶段：首先是对国家移民政策的理解与认可，继而是当面临搬迁时对未

---

[1] 蔡萌生，蒋力，曹志杰. 水库移民安置不同阶段的公众参与研究——以A水库昌平县移民参与为例[J]. 河海大学学报（哲学社会科学版），2013，15(1)：26-29+90.
[2] 张阳，曾建生. 工程移民管理中的贫困风险控制[J]. 统计与决策，2007，(8)：42-44.
[3] 蔡萌生，欧辉明，陈绍军. 水库移民公众参与研究[J]. 人民黄河，2012，34(3)：145-148.
[4] 陈绍军，施国庆，朱文龙，等. 我国非自愿移民安置过程中公众参与的能力建设[C]//中国水力发电工程学会. 水库经济论文集（2003年）. 2003.
[5] 董铭. 试论公众参与法在非自愿移民安置中的应用[J]. 河海大学学报（哲学社会科学版），2002，4(2)：66-68.

知情况产生的顾虑及担忧心理,然后是搬迁后对故土的留恋心理以及未能达到期望值的失落和补偿心理,最后是对政策落实的期望心理以及对陌生环境不适应而带来的焦虑心理。文章针对移民的心理特征及其影响因素,提出了应发展多种生产、经营,提高移民经济收入的防治措施。①

4. 关于移民参与渠道和方式的研究

2002年,许佳君、吴业苗等在河南孟津、孟州、温县和山西垣曲等地对小浪底水利枢纽工程移民进行调查,关注了水库移民参与问题,在《水利经济》和第一届水库移民国际会议上发表了论文,介绍水库移民的多种参与方式。②

在参与主体结构上,政府主导着移民参与的权责分配、资源分配及话语权,因此在缺乏一定的激励、信息、资源和组织平台等有效支撑的情况下,民众和非政府组织的参与积极性并不高,参与效果也不理想。刘洪波认为参与不足或参与不当的原因可以从宏观、中观和微观三个方面进行分析,并在此基础上提出了完善水利工程公众参与机制的具体对策。③ 龙腾飞、张峻荣和施国庆研究了水利工程移民安置后期移民参与的重要性,提出了公众参与的三种交互式模式,并在此基础上提出构建大中型水库移民后期扶持规划的交互式公众参与框架。④ 在移民参与的渠道研究上,巨英和嵇雷在研究水利水电工程移民参与时认为,公众参与有助于协调水利水电工程移民安置区的利益分配格局、培育移民群体的公共精神,进而促进安置地的政治安全和社会稳定。⑤

在此基础上,结合水利水电工程移民安置区的特点,本书提出了扩大公众参与的路径:一,促进移民安置区的经济与社会发展;二,改善社会环境;三,保障移民的政治权利;四,发挥制度绩效;五,重视移民心理能力的建设;六,充分发挥移民代表的作用。

二、国外相关国际间流动的志愿性移民参与的研究

1. 关于移民参与政策的研究

国外公众参与概念的内涵及外延的界定与划分并不统一,原因是研究者对公

---

① 陈乐,常全利,郭盛强. 影响移民心理状况的因素及因子分析[J]. 人民黄河,2005,27(4):23-27.
② 许佳君,吴业苗,谈采田,等. 移民参与模式及效果分析[C]//唐传利,施国庆. 移民与社会发展国际研讨会论文集. 南京:河海大学出版社,2002.
③ 刘洪波. 公众参与水利工程的参与机制研究[J]. 安徽农业科学,2009,37(11):5180-5181.
④ 龙腾飞,张峻荣,施国庆. 水库移民后期扶持规划的交互式公众参与模式[J]. 人民长江,2008,(5):86-88.
⑤ 巨英,嵇雷. 论水库移民的政治参与[J]. 经营管理者,2011,(1):55-56.

众参与的研究在关注的侧重点、研究对象及研究目的等方面存在差异。随着工业化、全球化的兴起，西方社会的移民潮也随之而来，在第二次世界大战后，较大规模的跨国流动成为国际移民一个较为主要的特征。① 在这种背景下，移民对迁出地和迁入地的就业、教育、医疗卫生、养老和社会保障等方面都产生了一定的影响，为了分析研究移民的迁移和安置过程对社会、经济、文化等方面造成的影响，探寻移民参与社会公共活动的动因和方式，移民参与问题开始受到国外学者的广泛关注。

2. 关于移民参与认识的能力研究

以艾林森（W. Ellingsen）与金斯奇（B. Jentsch）为代表的一些公共行政学者认为，移民在参与技能方面存在明显的差别。有的移民能够提出并分析问题，逐渐成为组织中的活跃分子，有的移民能够向组织提供实际的帮助。与此相反，有的移民既不能在组织中扮演一定的角色，也不能在组织中发挥相应的作用。他们由于不能运用一种组织机能而无法有效地参与社会活动。② 威廉姆·伯纳德认为，移民参与能力的参差不齐很大一部分的原因是移民所接受的教育程度存在差异，受教育程度高的移民与受教育程度低的移民之间的参与能力差距较大。受教育程度高的移民有着较为清晰的参与意识，也有着较强施加影响的能力以及有号召和组织他人参与的才能；相反，受教育程度低的移民缺乏一定的参与意识，因而不可能也没有足够能力影响社会。③

3. 关于信息环境和社会文化研究

项目征地补偿和搬迁安置移民参与涉及的方面有地区的社会结构、社会等级的划分、权利的划分及教育水平等。沃纳（Warner）与斯罗尔（Srole）认为，优势群体对移民安置活动的参与拥有控制权，而软式群体如妇女、老人、外来移民等往往缺少发言权，因此也难以实现平等的社会参与。与此同时，政府掌握着最权威、最全面、最准确的信息，同时也是移民政策、安置、补偿等相关信息的发布者及主导者，然而信息发布时缺乏规范化，随意性与不及时性较大，使得移民

---

① Heisler B S. The Future of Immigrant Incorporation: Which Models? Which Concepts?[J]. International Migration Review, 1992, 26(2): 623-645.

② Jentsch B. Migrant Integration in Rural and Urban Areas of New Settlement Countries: Thematic Introduction[J]. International Journal of Multicultural Societies, 2007, 9(1): 1.

③ Bernard W S. The Integration of Immigrants in the United States[J]. International Migration Review, 1967, 1(2): 23-33.

对信息的掌握具有片面性，绝大多数情况下移民只掌握着一部分与其生活相关的信息。① 虽然移民群体一直力图了解与移民等众多相关的信息与政策，但是由于信息传输渠道不完整，再加上很多信息都是道听途说，甚至以讹传讹，所以移民掌握信息的有限与不足在很大程度上影响着移民的公众参与。

第三节 水库移民工作的政府角色及政府管理研究

一、水利水电工程移民的政府角色研究

彭澎认为，中国政府的基本角色为服务型政府角色、有限的政府角色、调控型政府角色和"双廉"政府角色（指"廉洁＋廉价"）。② 麻宝斌认为政府扮演着"裁判者""服务者""管理者"和"协调者"的角色，政府公共职能主要体现在维护公共秩序、促进经济发展、提供公益产品、管理公共事务和实现社会公正五个方面。③ 陈振明提出，在现代市场经济中，中国政府有五大角色，即公共物品的提供者角色、宏观经济的调控者角色、外在效应的消除者角色、收入及财产的再分配者角色和市场秩序的维护者角色。④ 陈毅、芦刚指出了一种角色的混淆，其认为人们往往把政府等同于国家，用政府代理人的角色取代国家委托人的身份，致使政府以国家利益掩饰其自身追求利益的偏好，责任其实不在国家，而在国家的代理人——政府。政府常以高高在上的姿态来制定和实施政策，其作为规则的制定者却又参与其中，那么谁来监督规则制定者、谁来监督监督者这样的难题无法解决。政府是国家的代理人，应克服自利倾向，代表公共利益，提供公共服务。⑤

施国庆、邵东国认为，在水利水电工程移民权益保障过程中，政府承担安置、补偿、后期扶持的直接责任，要与时俱进，把移民管理与社会管理、经济管

---

① Warner W L, Srole L. The social systems of American ethnic groups[M]. New Haven: Yale University Press, 1945.
② 彭澎. 政府角色论[M]. 北京：中国社会科学出版社，2003：25-27.
③ 麻宝斌. 公共利益与政府职能[J]. 公共管理学报，2004，(01)：86-92+96.
④ 陈振明. 公共管理学——一种不同于传统行政学的研究途径（第二版）[M]. 北京：中国人民大学出版社，2003：34-40.
⑤ 陈毅，芦刚. 政府角色重塑——一种政治过程博弈分析的视角[J]. 黑龙江社会科学，2007，(01)：170-172.

理有机结合起来，不断提高政府管理的成效。① 郑瑞强、张平指出，政府作为水库移民后期扶持工作的主体，有必要拓展人才开发的思路，健全水利水电工程移民人才培育的机制。② 冯金宝对水利水电工程移民管理过程中政府角色的定位做了相关研究，除了详细分析了现阶段政府角色的"缺位"和"越位"问题及成因，还探讨了正确的角色定位及实现途径。其中，冯金宝把水利水电工程移民的概念定义为国家因为调节江河的径流而建设大坝或修建水库引起的征用土地所导致的人群迁移的活动。③ 汪群、胡青青认为，中国水利水电工程移民管理实行的是政府负责制，政府扮演水利水电工程移民管理的角色，但各级政府、移民机构与移民群体应当以平等的身份参与移民管理，他们都应具有参与议事、决策、监督、制衡的权力和责任。④ 陈晓楠等对水利水电工程移民工作中政府的干预形式、干预传导途径和干预效果等政府干预模式内容进行了研究，认为政府干预对移民脱贫具有重大作用。⑤ 王文超从政治学角度出发，指出移民搬迁安置及后期扶持过程中存在一些问题的原因主要在于政府的角色错位。⑥

现有对水利水电工程移民政府角色的研究大多采用理论性推理的方法，深入的实证研究还比较缺乏。

二、水利水电工程移民的政府管理研究

水利水电工程移民是一项有多个行动主体（政府、移民、业主）的联合行动。水利水电工程移民管理体制是一种宏观的管理结构，确定了多个行动主体之间的权、责、利，协调各主体协同合作⑦。在改革开放之前，水利水电工程没有移民安置规划也没有条例或者法规可以遵循。改革开放后，国务院于 1991 年 2 月 15 日发布的《大中型水利水电工程建设征地补偿和移民安置条例》是中华人民共和国成立以来实施移民搬迁安置的专门性法规。当时，中国对外开放程度并不高，经济体制改革与政治体制改革都处在起步阶段，因此，制定的条例也有一定的局限性。20 世纪 90 年代以前建设的水利水电工程项目存在大量的遗

---

① 施国庆，邵东国. 从保障水库移民权益看政府"角色"的转变[N]. 中国水利报，2006-10-26(1).
② 郑瑞强，张平. 水库移民中人才开发工作的政府角色定位[J]. 甘肃农业，2007，(03)：15-16.
③ 冯金宝. 水库移民管理中的政府角色定位研究[D]. 南京：河海大学，2007.
④ 汪群，胡青青. 基于公共治理理论的水库移民管理体制初探[J]. 水利规划与设计，2008，(03)：17-19+40.
⑤ 陈晓楠，施国庆，余庆年. 水库移民后期扶持政策的政府干预及实施研究[J]. 人民长江，2009，40(9)：83-85+106.
⑥ 王文超. 水库移民搬迁安置问题中政府角色研究[D]. 太原：山西大学，2015.
⑦ 施祖留. 水利工程移民管理体制研究[J]. 中国农村水利水电，2003，(01)：82-84.

留问题,即使是 90 年代以后修建的水利水电工程项目也存在着一些遗留问题。方长荣认为出现这些问题的根本原因是移民政策科学性、全面性、执行性不足,移民管理体制不健全。①

1995 年,徐和森在其《中国特色的移民之路:水库移民工作研究》中探讨了水库移民的政府管理工作,论述了建立移民领导系统的必要性,主张建立合理的移民组织系统,专章讨论了移民管理和干部队伍优化,并以新安江水库移民为例进行实证研究。② 2001 年,庞道沐在其主编的《水库移民指南》中以一节内容探讨了水库移民的政府管理。③ 2002~2003 年,户作亮、陈绍军、张俊生等接受水利部海河水利委员会的委托对潘家口水库和大黑汀水库移民遗留问题进行研究,研究成果于 2004 年以图书的形式(书名为《水库移民安置与管理》)公开出版,专列了水库移民管理组织运行机制的内容。④

施祖留在《水利工程移民管理体制研究》一文中,以三峡工程、小浪底水利枢纽工程、尼尔基水利枢纽工程为例,对水利工程移民管理体制中各行动主体之间的关系进行了分析。文章认为,水利部及移民机构与各级政府是层级控制与协调的关系,业主与各级政府、业主与移民监理单位、移民规划单位等是层级协调和分散竞争并存的关系,移民群体与安置地原居民之间是组织协商、自然团结的关系,债权人与业主之间是分散竞争的关系。⑤

水利水电工程移民管理体制是指移民管理机构设置、属关系和管理权限划分等方面的体系、制度、方法和形式的总称。水利水电工程移民管理体制的核心是移民管理机构性质定位,重点是处理好水利水电工程建设中涉及的政府、项目法人和移民三者之间的关系。⑥ 张华忠、李军朝阐述了建立新型水利水电工程管理体制的必要性并提出了可行性建议:第一,建立独立的水利水电工程移民管理机构,明确管理机构的使命,即推动水利工程建设顺利实施和保障移民顺利搬迁安置,明晰管理机构的职能和作用,即对移民安置全过程的管理;第二,创新移民安置管理制度,即移民事务代理制和移民长效管理机制。⑦ 方长荣将移民管理体

---

① 方长荣. 世界银行非自愿移民政策与我国水库移民政策的比较分析[J]. 河海大学学报(哲学社会科学版),2002,(2):92-94.
② 徐和森. 中国特色的移民之路:水库移民工作研究[M]. 南京:河海大学出版社,1995.
③ 庞道沐. 水库移民指南[M]. 长沙:湖南人民出版社,2001.
④ 户作亮,陈绍军,张俊生,等. 水库移民安置与管理[M]. 银川:宁夏人民出版社,2004.
⑤ 施祖留. 水利工程移民管理体制研究[J]. 中国农村水利水电,2003,(01):82-84.
⑥ 张华忠,李军朝. 浅谈水利水电工程移民管理体制[J]. 人民长江,2007,(12):76-78.
⑦ 同④.

制分成了三类（表 2-1）。他指出，水利水电工程移民管理中各种管理制度并存且缺乏监督和制度制衡，不利于移民工作的健康发展，所以建立统一的移民管理制度迫在眉睫。方长荣提出了一个全国统一的管理体制，即"行业管理、业主参与、政府承包、技术归口、移民监理、各负其责"。[①]

表 2-1 三类移民管理体制的比较

管理模式	特点	不足	典型代表
国家领导、业主管理、分省负责、县为基础	在国家的领导下，由项目建设业主管理移民的资金、计划、进度；同时对地方各级政府的职责进行了规定和说明。该模式包含的内容和单位比较全面		长江三峡工程
政府领导、行业管理、业主参与、设计配合、县负责实施	由省政府领导，各级移民部门管理，业主和设计单位参与其中	忽视了建设业主和监理的重要性，缺乏监督和制约机制	二滩水电站
省移民局（办）代表省政府管理、县政府实施	该模式业主不参与，不搞移民监理，不搞竣工验收，从规划设计到实施，完全由地方负责	缺乏监督和制约机制	五强溪水电站

2008 年，国务院三峡工程建设委员会组织全国范围内的专家开展三峡工程完成初步设计建设任务阶段后的"三峡工程建设总结性研究"，其中第 11 分课题为"三峡工程体制创新和政策体系总结性研究"，下设"移民工程体制创新和政策体系总结性研究"等三个子课题，由童崇德、王理平、许佳君负责。项目于 2014 年 9 月通过国务院三峡工程建设委员会办公室的验收。该研究通过对水利水电工程移民体制和政策的研究，总结了三峡移民工程体制及其创新，分析研究了三峡移民工程政策体系。该研究主要内容包括三峡移民工程体制机制、三峡移民工程体制创新的必要性和重要性，从制度架构、组织设计及其职能和运行机制方面，系统论述了三峡移民工程体制创新对三峡百万移民妥善安置的重大贡献，并对三峡移民工程体制的成效进行了评价。

---

① 方长荣. 大中型水电工程移民管理体制现状及发展探讨[J]. 人民长江，2003，(12)：42-43+46-55.

第四节 水库移民与安置地整合方面的研究

与安置地整合方面的研究主要集中在水利水电工程中的水库移民。水库移民与安置地的整合，主要从水库移民的政治组织、经济系统和社会系统三个层面展开。一方面关注的是水库移民的社会整合问题，由于水库移民与安置地居民间存在着社会和文化差异，有着适应及融合的问题，需要关注移民社会角色转变、文化差异和社区融合与认同等内容；另一方面关注的是水利水电工程移民社会经济系统的问题，主要是从社会适应性、社会经济整合和移民社会福利保障体系等方面入手。通过梳理移民与安置地整合方面的成果发现，国内学者的研究多是从移民是否融入当地社会经济系统的角度出发，涉及移民文化融合、移民社会经济整合、移民的角色转变以及移民社会福利保障等方面。

一、水库移民的社会、文化和经济整合研究

1. 水库移民与安置区的整合研究

2001年，许佳君、余文学在《水库移民与安置区原居民的社会整合——以小浪底水库移民为例》中认为，影响水库移民与安置区原住居民融合的直接因素主要是水库移民安置时间长短、移民安置模式、近迁远迁等，影响异地安置移民整合的因素包括语言、民族、宗教信仰、风俗习惯、生产方式等，文章还探讨了远迁移民在自然环境适应性和社群关系适应性上的表现。[1]《三峡外迁移民与沿海安置区的经济整合》一文从经济角度研究了水库移民同安置区的整合问题。[2] 在《三峡外迁移民与沿海安置区社会整合的难点探析》中，许佳君和施国庆主张以移民与安置区的双向互动整合方式来代替移民融入安置区的单向整合，并提出水利水电工程移民整合的难点主要是自然环境、生产方式、生产技能和经济水平的差异。他们认为要实现移民与安置区的彻底整合，更重要的是进行移民文化、社会心理上的整合。[3] 许佳君和施国庆在《三峡外迁移民与沿海安置区的社会整合》

---

[1] 许佳君，余文学. 水库移民与安置区原居民的社会整合——以小浪底水库移民为例[J]. 学海，2001，(2)：56-59.
[2] 许佳君，施国庆. 三峡外迁移民与沿海安置区的经济整合[J]. 现代经济探讨，2001，(11)：5-6.
[3] 许佳君，施国庆. 三峡外迁移民与沿海安置区社会整合的难点探析[J]. 河海大学学报（哲学社会科学版），2002，(01)：17-19+78.

中对三峡移民外迁沿海发达地区安置后的社会整合问题进行了系统探讨，对移民安置目标的认同差异、安置地选择、安置模式选择、生产安置方式、群体社会差异与社会整合进行了深入分析，并据此提出了相应的对策和建议。① 许佳君等在《三峡外迁移民与浙江安置区的社会整合现状研究》指出，在语言、风俗习惯、社会心理等方面的整合，对移民适应当地的社会生活环境、促进自身的可持续发展有着十分重要的意义和作用，但是文化和心理的整合具有历史性和相对性，需要有一个较长的历史过程，需要在尊重和保持移民传统生活习俗、社会心理的基础上，增强移民社会生活的适应性，要在移民和当地居民相互吸收有益于共同发展的文化、心理因素的基础上，促进积极的文化和心理整合。② 在《三峡外迁移民与沿海安置区的社会整合——以浙江安置区为例》中，许佳君等以浙江安置区为案例，针对三峡移民搬迁后在社会、经济、文化、自然等方面存在的问题，描述了移民的住房、基础设施建设情况以及移民在生产生活各方面的适应性，利用社会学统计分析的方法对三峡移民外迁浙江的整合现状进行了分析，并提出了多项促进社会整合的措施。③

许佳君和施国庆认为，水利水电工程移民经济整合是三峡外迁移民与沿海安置区社会整合的基础。经济整合包括自然环境、生产条件、经济发展水平以及社会文化等方面的整合，应当从生产方式、生产技能、就业方式和发展资金等方面来促进经济的整合。④ 外迁移民虽然与原住地居民同属于一个业缘群体，但由于心理感受反差大，思乡情结难解，对新环境缺乏认同，因此移民与安置区原有社区尚未融合为统一完整的地缘群体。⑤ 对这一特殊群体与其他群体尤其是与安置区原住地群体进行社会整合的研究，本质上是相同的，即认为水库外迁移民与安置区的原居民存在一定的整合问题。

关于水利水电工程移民社会整合的具体类型划分及其程度的研究。陈阿江等

---

① 许佳君，施国庆. 三峡外迁移民与沿海安置区的社会整合[J]. 江海学刊，2002，(06)：94-99+206-207.
② 许佳君，彭娟，施国庆. 三峡外迁移民与浙江安置区的社会整合现状研究[J]. 西南民族大学学报（人文社科版），2006，(07)：35-40.
③ 许佳君，彭娟，施国庆. 三峡外迁移民与沿海安置区的社会整合——以浙江安置区为例[J]. 水利经济，2006，(05)：73-76+84.
④ 许佳君，施国庆. 三峡外迁移民与沿海安置区的经济整合[J]. 现代经济探讨，2001，(11)：5-6.
⑤ 许佳君，彭娟，施国庆. 三峡外迁移民与浙江安置区的社会整合现状研究[J]. 西南民族大学学报（人文社科版），2006，(07)：35-40.

在《非志愿移民的社会整合研究》一文中，首先对社会整合进行了清晰的界定，然后在对非自愿移民社会整合进行分析时，指出非自愿移民的社会整合分为利益整合和社会文化的整合。同时，陈阿江等又对这两个类型进行了细化，如将利益整合分为宏观利益整合、土地调整中的利益整合、基础设施及其他方面的利益协调问题。①

2. 水利水电工程移民与安置地文化融合研究

非自愿移民是一个特殊的群体，他们安土重迁，却从一个熟悉的生产生活环境迁移到不熟悉、不了解甚至十分陌生的环境。在这一转变过程中，不仅仅要进行生产生活方面的适应，更重要的是要进行心理的转变以及与当地居民的融合。有学者从广义的"文化"层面（包含经济、语言、社会生活以及文化心理）出发，描述了三峡移民与迁入地居民的各种矛盾，并且从深层次的文化差异进行分析，认为消除文化差异能够增加移民的融合。② 王非、许佳君则从狭义的"文化"层面出发，以杭州市青田村为案例，从生活习惯、社会关系、社会心理等方面介绍了水利水电工程移民与青田村的文化差异，并且从经济文化的角度出发来解释造成这种差异的原因。③

3. 水利水电工程移民在安置地的社会经济状况

有学者从宏观的角度出发，分析了三峡工程外迁移民文化融合的影响因素，提出了促进移民文化融合的三个措施：塑造共同心理，缩小经济差异，提高移民的物质、文化水平。也有学者利用问卷进行实证分析，通过分析发现影响移民安置区归属的主要因素是移民对未来生活预期的高低，水利水电工程移民对安置区的认同感与他们对未来生活预期的好坏密切相关。④

也有学者通过纵向比较法深入地分析了不同区域之间的文化融合，迁居地文化经历了文化间的相拒、相斥、相容终至相安、相适的过程，最终能够达到在耕

---

① 陈阿江，施国庆，吴宗法. 非志愿移民的社会整合研究[J]. 江苏社会科学，2000，(06)：81-85.
② 何泽仪，彭婷. 入湘三峡移民与当地居民的文化融合探析[J]. 三峡大学学报（人文社会科学版），2006，(01)：47-51.
③ 王非，许佳君. 社会冲突视角下农村水库移民的社会融合问题研究——以杭州市青田村为例[J]. 湖南农业科学，2012，(23)：125-127.
④ 汪雁，风笑天，朱玲怡. 三峡外迁移民的社区归属感研究[J]. 上海社会科学院学术季刊，2001，(02)：129-136.

作、饮食、语言、政治、习俗、服饰、娱乐、婚姻等诸方文化上的融合。①

有学者从政策的角度对水利水电工程移民的经济状况进行解读。许佳君、刘艳在《水库移民经济研究综述》一文中指出，就现有的文献来看，政策性的研究以对移民政策的解读为主，其中跟水利水电工程移民经济紧密联系的是对后期扶持政策的研究，主要包括移民后期扶持的必要性，扶持内容及途径，扶持的对象、目标，扶持基金的筹措及存在的问题等。②

二、水利水电工程移民的社会调适问题

20世纪90年代，人们在水利水电工程移民工作中开始充分重视和考虑移民的社会调适问题。很大一部分研究者注重通过分析影响水利水电工程移民社会整合和适应性的因素及重点、难点来阐述水利水电工程移民社会冲突。

1. 社会学角度

廖蔚在《当前我国水库移民的社会冲突与整合研究》中从社会学的角度分析了水利水电工程移民的社会过程，认为水利水电工程移民既是一个移民和政府互动的过程，又是一个原有社区解体、新的社区整合的过程。这两个过程都充斥着水利水电工程移民社会冲突。冲突的根源呈多样化，利益冲突是根本冲突，文化冲突也是重要因素。基于此，其提出移民社会整合的策略，即政策性社会整合、制度性社会整合、管理性社会整合和教育性社会整合相结合的对策。③

2. 社会心理学角度

包晓霞在《"落地生根"还是"落叶归根"——移民的社区意识探析》中通过对社区意识内涵的界定，分析社区意识的形成，探讨了移民社区意识的特质及其成因、实质与去向，阐释了研究移民社区意识的意义和学科领域。④汪雁、风笑天、朱玲怡在《三峡外迁移民的社区归属感研究》中从社会认同角度研究移民的社会适应，其以问卷调查为获取资料的手段，用数据来支撑分析结论，认为归属感的高低将决定移民成败。文章认为三峡外迁移民中有的移民对安置区的认同感较低，有返迁或再迁的可能性；"移民对未来生活的预期"对移民社区归属感的影响最为显著，"移民政策落实情况"则直接与移民的现实利益相关，利于移

---

① 陈建林. 外迁型移民与移民文化融合——丹江口水库之淅川县移民迁置荆门研究[J]. 中南民族学院学报（人文社会科学版），2000，(03)：53-56.
② 许佳君，刘艳. 水库移民经济研究综述[J]. 水利经济，2009，27(01)：71-74+78.
③ 廖蔚. 当前我国水库移民的社会冲突与整合研究[J]. 农村经济，2004，(11)：71-73.
④ 包晓霞. "落地生根"还是"落叶归根"——移民的社区意识探析[J]. 甘肃社会科学，1997，(06)：55-57.

民解决暂时的生活困难,故其作用也不可忽视。他们的研究结论认为,提高三峡移民社区归属感的关键在于,一方面要拓展移民的经济发展之路,另一方面要完善移民政策的落实情况,兑现对移民的承诺。① 杜健梅、风笑天在《人际关系适应性:三峡农村移民的研究》中描述了三峡移民人际关系的适应现状,分析了移民人际关系主观适应性的影响因素,着重关注移民进入新的社区后能否适应和重新建立人际关系网的问题,并提出了相关建议。② 刘成斌、雷洪在《三峡移民的角色行为障碍》中从社会化角度对三峡移民适应过程中存在的种种角色行为障碍进行了原因分析,发现其既有主观方面的原因也有客观原因,他们认为三峡移民在安置区遇到的种种问题都与其角色行为障碍有关,应该深入考察这些移民的实际情况并采取有效的措施。③

三、水利水电工程移民的适应性研究

宋悦华、雷洪的《三峡移民安居住宅对其社会适应性的意义》一文通过考察湖北省部分首批三峡移民对迁后安居住宅的需求,描述了他们迁后安居住宅的基本状况,并着重分析了移民的安居住宅状况对其劳动生产和经济发展、日常生活、社会心态三个方面的影响,进而对三峡移民的安居住宅提出了相关意见和建议。④ 苗艳梅、雷洪在《对三峡移民社区环境适应性状况的考察》中,通过对湖北省首批三峡移民的调查,将移民适应具体到生活环境、经济与生产劳动以及人际关系等操作层面,结论认为移民的年龄差异、受教育程度、搬迁模式、就近安置与外迁的差异因素对移民的适应状况都有影响。⑤ 习涓、风笑天在《三峡移民对新生活环境的适应性分析》中,对移民生活方式、居住环境、治安环境、人际环境四个方面的适应性进行了调查分析。文章通过比较移民搬迁前后这四个方面的情况,考察移民在新的生活环境中各方面的适应状况、存在问题及原因,并提出了提高移民生活环境适应性的建议。⑥ 唐利平、马德峰在《三峡水库外迁农村移民社会适应的社会学解读》中,运用现象社会学的理论观点,利用个案访谈法

---

① 汪雁,风笑天,朱玲怡. 三峡外迁移民的社区归属感研究[J]. 上海社会科学院学术季刊,2001,(02):129-136.
② 杜健梅,风笑天. 人际关系适应性:三峡农村移民的研究[J]. 社会,2000,(08):23-24+19.
③ 刘成斌,雷洪. 三峡移民的角色行为障碍[J]. 社会,2001,(08):13-16.
④ 宋悦华,雷洪. 三峡移民安居住宅对其社会适应性的意义[J]. 华中科技大学学报(人文社会科学版),2000,(01):55-59.
⑤ 苗艳梅,雷洪. 对三峡移民社区环境适应性状况的考察[J]. 华中科技大学学报(社会科学版),2001,(01):76-80.
⑥ 习涓,风笑天. 三峡移民对新生活环境的适应性分析[J]. 统计与决策,2001,(02):20-22.

收集到的资料，通过对一系列细微生活事件的描述和刻画，从情境的陌生化、手头知识库的拓展和生平情境的制约等方面诠释了三峡水库外迁移民正在经历的社会适应过程。①

在三峡水库外迁农村移民适应状况研究中一个最核心的概念就是"适应性"。移民由原居民住地搬迁到一个陌生的安置地，从不熟悉、不习惯、不认同到熟悉、习惯及认同，最终融入当地的生产生活中。这一过程诸多因素交织、掺杂在一起，既有个人因素，也有社会因素；既有主观因素，也有客观因素；既有制度因素，也有环境因素。马德峰在《影响三峡外迁农村移民社区适应性的客观因素——来自江苏省大丰市首批三峡移民的调查》一文中认为，移民社区适应性是一个艰难的调适过程。他详细地分析了以下五个客观因素：土地和三峡外迁农村移民社区适应性、住房和三峡外迁农村移民社区适应性、社区整合和三峡外迁农村移民社区适应性、移民代表制度与三峡外迁农村移民社区适应性、帮扶制度与三峡外迁农村移民社区适应。② 从社会心理角度出发，刘震、雷洪认为三峡移民的社会适应或社会化过程中主要有两个方面发挥着重要的作用，一是自身的主观能动性，二是社会心态，并指出这两个方面是移民适应安置地的基础。③ 缑元有、王君华指出，处理非自愿移民搬迁安置的方法能够显著地影响移民社会适应能力，在移民搬迁安置的过程中，对于他们的关心和支持能够使得他们较快适应社会，对于恢复和发展移民社区的生产、生活、社区文化和社区网络结构都有重要的意义。他们认为，移民非自愿搬迁到安置区安居乐业、发展致富，是移民长期进行社会适应性调整的过程。移民工程规划影响移民的社会适应性调整，安置环境和安置方法影响移民的社会适应性调整过程，应该高度关注和重视移民的社会适应性调整。④ 游爱军、苏莹荣的《三峡移民社区整合与社会适应性研究》一文通过对安置区移民与原住居民之间社会整合的状况进行较全面的分析，揭示了社区整合与移民的社会适应性、稳定性之间的关系。⑤ 李华、蒋华林在《论三峡工程移民的社会融合与社会稳定》中通过对三峡工程外迁移民安置的调研，探讨了

---

① 唐利平，马德峰. 三峡水库外迁农村移民社会适应的社会学解读[J]. 水利发展研究，2007，(12)：21-24.

② 马德峰. 影响三峡外迁农村移民社区适应性的客观因素——来自江苏省大丰市首批三峡移民的调查[J]. 管理世界，2002，(10)：43-50.

③ 刘震，雷洪. 三峡移民在社会适应性中的社会心态[J]. 人口研究，1999，(02)：18-23.

④ 缑元有，王君华. 论水库移民的社会适应性调整[J]. 华北水利水电学院学报（社科版），2000，(03)：77-79.

⑤ 游爱军，苏莹荣. 三峡移民社区整合与社会适应性研究[J]. 统计与决策，2000，(12)：23-26.

移民的社会融合过程所具有的一般规律，分析了影响社会融合的主要因素以及社会融合的主要标志，并主张移民的社会融合是三峡工程安全移民与社会稳定的主要内容。① 风笑天在其《生活的移植——跨省外迁三峡移民的社会适应》一文中，依据对苏、浙两省跨省外迁三峡移民的问卷调查资料，定量考察了影响移民社会适应的主要因素。他的研究结果表明，安置地政府和居民对移民的接纳状况、移民住房状况、与安置区居民的交往状况、移民对当地语言的熟悉程度以及两地习俗方面的差别等因素都对移民的社会适应造成影响。其中，安置地政府和居民的接纳是最重要的因素。② 马德峰的《三峡外迁农村移民社区适应现状研究——来自江苏省大丰市移民安置点的调查》通过对江苏省大丰市（现为大丰区）移民安置点的考察，从社区环境、人际关系、劳动方式、风俗习惯等角度描述了外迁移民社区的适应状况，分析了影响移民社区适应的主体因素，提出了具有针对性的建议。③

第五节　水利水电工程移民社会冲突研究

现时社会存在各种各样的社会冲突，水利水电工程移民过程也是研究者近距离考察社会冲突的一个切入点。水利水电工程移民社会冲突是一个涉及特定经验领域的社会冲突，更微观、更具体。中国学者和水利水电工程移民工作者2000年前后开始进行水利水电工程移民社会冲突研究，分别从公共政策、社会学、政治学、移民学等角度对其进行了探讨，其中也有一些技术性的建议。

应星教授有关"大河移民上访"的研究，从人类学角度大胆探讨了水利水电工程移民落户以后，其与地方官员所发生的冲突和双方采取的对策措施。应星在其《大河移民上访的故事——从"讨个说法"到"摆平理顺"》一书中，以20世纪70年代末和80年代山阳乡建造大河电站为例，用纪实的方法讲述了山阳乡大河电站移民为争取移民补偿的落实不断上访、与地方官员不断进行冲突和抗争的一个又一个故事。通过讲述这些故事，应星归纳了移民所运用的"缠""绕"

---

① 李华，蒋华林. 论三峡工程移民的社会融合与社会稳定[J]. 重庆大学学报（社会科学版），2003，(02)：37-40.
② 风笑天. 生活的移植——跨省外迁三峡移民的社会适应[J]. 江苏社会科学，2006，(03)：78-82.
③ 马德峰. 三峡外迁农村移民社区适应现状研究——来自江苏省大丰市移民安置点的调查[J]. 市场与人口分析，2005，(02)：62-68.

"闹"等策略,揭示了弱者的反抗艺术,并通过各级地方官员应对移民上访的办法以及协调矛盾、解决问题的方法,分析了地方政府的"摆平术"。① 许佳君等在河海大学中国移民研究中心的小浪底移民研究报告中,于"社会调整"章节对有关移民冲突内容进行了典型调查研究,研究成果提交在 2002 年水库移民第一届国际会议。② 施国庆在《非自愿移民:冲突与和谐》中以非自愿移民(包括水利水电工程移民)为研究对象,从冲突产生的动因和新冲突孕育的风险角度进行分析,探讨了如何创建和谐社会的移民机制。③

翁定军的《冲突的策略》一书则以安置在上海的三峡工程外迁移民的生活适应为切入点,从上层社会与底层社会的视角探讨移入地政府与移民在面对冲突时相互博弈的策略。上层社会和底层社会既有抵制也有迎合,冲突不仅出自经济利益,还有超出利益的象征性成分,即通过冲突来形成有利于自己的态势。作为移民而言,正是在各种冲突以及冲突的解决中,逐渐适应移入地的生活,最终融入移入地社会。④ 马德峰基于江苏省大丰市三峡工程移民安置点的调查分析,阐述了三峡工程外迁移民社区在安置过程中的冲突及其解决办法,详细论述了由三峡工程外迁移民安置产生的冲突以及移民和政府在面对冲突时分别采取的应对策略。⑤

崔广平在《三峡移民不稳定事件探究》中探讨了三峡移民不稳定事件的原因、特征和预防对策。他认为三峡移民不稳定事件可能基于移民搬迁安置条件、政府及工作人员的违法失职行为损害了移民利益、淹没损失得不到合理补偿等原因而发生。移民不稳定事件具有感染性、非理智性和组织松散等特征。要预防三峡移民不稳定事件,政府方面应该在农村移民安置工作、移民资金使用管理、移民干部素质以及移民淹没损失补偿方面加强社会控制,做到公平合理,消减移民的相对剥夺感。⑥

2007 年,施国庆、余文学、许佳君、陈绍军等承担了国家社会科学基金重点

---

① 应星. 大河移民上访的故事——从"讨个说法"到"摆平理顺"[M]. 北京:生活·读书·新知三联书店,2001.
② 许佳君,吴业苗,谈采田,等. 移民参与模式及效果分析[C]//唐传利,施国庆. 移民与社会发展国际研讨会论文集. 南京:河海大学出版社,2002.
③ 施国庆. 非自愿移民:冲突与和谐[J]. 江苏社会科学,2005,(05):22-25.
④ 翁定军. 冲突的策略[M]. 上海:上海大学出版社,2005,112-136.
⑤ 马德峰. 中国工程外迁移民社区安置中的冲突及其解决——基于江苏省大丰市移民安置点的调查分析[J]. 调研世界,2007,(02):22-24+31.
⑥ 崔广平. 三峡移民不稳定事件探究[J]. 四川三峡学院学报,1999,(05):1-4.

项目"征地拆迁移民社会稳定与社会管理的机制研究",系统研究了水利水电工程移民社会冲突及其稳定的问题,研究成果被鉴定为优秀。

多年以来,河海大学多名相关专业的硕士研究生以水库移民社会冲突为题展开研究,取得了系列成果,如徐利民、张书贵等人的硕士研究生毕业论文。其他高校的同学也有不错的研究成果。刘梅在其硕士学位论文《论人文资源与水库移民的适应障碍——屏山县城整体搬迁案例研究》中,以四川宜宾市整体搬迁的屏山县水库移民为研究对象,探讨了人文资源的断裂和缺失如何造成了移民的文化和心理冲突,进而导致移民适应性障碍,这种断裂和缺失又给移民带来了怎样的影响。研究指出,人文传统资源的断裂和缺失作为一种应激源,必然会导致移民的适应障碍,这些适应障碍体现在有形文化物质载体的丧失、移民传统熟人社会和乡土归属感的解体、信仰生活的失效三方面。刘梅通过论证人文资源丧失与适应障碍的关系,提出通过调整刺激应激源,全方位保护各种传统人文资源,改善移民的心理反应帮助其适应障碍。[①]

目前,有些学者将水利水电工程移民社会冲突放在水利水电工程移民社会整合和适应性框架中研究,无论是水利水电工程移民整合与社会适应性研究,还是对水利水电工程移民社会冲突进行专题研究,都是对移民发展策略的探求,具有重要的现实指导意义。再者,现有对水利水电工程移民社会冲突事件的研究大多是从冲突事件具有破坏作用、不利于社会稳定的角度进行分析,这导致不能辩证地、全面地认识和分析中国水利水电工程移民的社会冲突。因此本书以社会冲突理论为指导,试图对中国水利水电工程移民社会冲突做出较为客观的分析与探讨。

第六节 水库移民后期扶持研究

后期扶持,是水库移民的专属术语。1991年,国家出台了有关水利水电工程征地补偿以及针对移民搬迁安置的条例,以法规形式提出了水利水电工程移民后期扶持一词,指出在实施开发性移民方针时,应采取前期补偿和后期生产扶持相

---

① 刘梅.论人文资源与水库移民的适应障碍——屏山县城整体搬迁案例研究[D].成都:四川大学,2006.

结合的方针。[①] 到了2006年，国务院颁布了有关完善水库移民后期扶持的政策，明确规定了后期扶持的时间、对象、范围以及方式。[②]

一、相关水库移民后期扶持政策研究

李杰富依据国家相关政策规定，圈定出后期扶持的范围以及对象，并且提出要给予弱势群体特殊照应的建议。[③] 柯明星结合小浪底水利枢纽工程的后期扶持实践，探讨了水库移民后期扶持的原因，并指出做好水库移民后期扶持工作首先需要加强对前期补偿资金的管理，同时还要合理规划资金的使用，重视对移民群众生产技能的培养。[④] 梁福庆结合长江三峡水利枢纽工程的实践，指出三峡工程移民后期扶持政策的要点应当落在开发基金、建设产业经营以及加强社会保障机制上。[⑤] 舒金扬探索了水库移民后期扶持的有效途径，指出后期扶持工作是一项复杂的系统工程，需要做到以移民为中心，重视移民后期扶持的工作管理和资金管理，重视对移民的教育培训。[⑥] 陈建西、何明章研究了关于农村移民后期扶持库区资源的开发利用对策，提出了有利于移民经济发展的对策，如提高移民的素质，提升移民安置区资源开发的科技含量，改善移民区产业结构，开发土地资源、水面资源，等等。[⑦] 金莹、宋玉波以重庆市的三峡移民为例，研究了现阶段三峡移民的心理特点，提出后期扶持的发展政策应当注意要用整体上的发展来满足差异化需求，并建立移民政策的跟踪监测系统以及建立全移民社会的心理支持系统。[⑧] 曾贺指出，后期扶持政策是水库移民发展非常重要的一个环节，纵观中国后期扶持政策的建立与发展，这是一个对水库移民工作不断深化认识以及不断总结经验的过程，在未来应当规范后期扶持的具体形式以保证可持续的发展。[⑨]

---

① 国务院办公厅. 大中型水利水电工程建设征地补偿和移民安置条例[R]. 中华人民共和国国务院，1991.
② 国务院办公厅. 国务院关于完善大中型水库移民后期扶持政策的意见[R]. 中华人民共和国国务院，2006.
③ 李杰富. 水库移民后期生产扶持规划初步探讨[J]. 云南水力发电，2001，(01): 30-32.
④ 柯明星. 论我国水库移民后期扶持政策[J]. 河海大学学报（哲学社会科学版），2002，(02): 75-78.
⑤ 梁福庆. 三峡库区移民后期扶持政策研究[J]. 三峡大学学报（人文社会科学版），2003，(02): 41-42.
⑥ 舒金扬. 积极探索水库移民后期扶持的有效途径[J]. 水利发展研究，2002，(02): 38-40.
⑦ 陈建西, 何明章. 大型水库后靠安置农村移民后期扶持的库区资源开发利用对策[J]. 西昌学院学报（自然科学版），2006，(03): 110-112+119.
⑧ 金莹, 宋玉波. 移民心态特征与三峡库区后期扶持对策——以重庆市为例[J]. 农业现代化研究，2010, 31(04): 416-420.
⑨ 曾贺. 水库移民后期扶持与可持续发展研究[D]. 郑州: 华北水利水电大学，2007.

范治晖认为坚持开发性的移民方针才是搞好水库移民后期扶持的关键，依照中国的国情以及多年的水库移民实践，只有坚持开发性的移民方针政策才能做好后期扶持的工作，因此，中国还需要进一步提高后期扶持工作的管理水平，完善水库移民的后期扶持政策。① 赵彪等界定了后期扶持的范围及对象，包括后期扶持的内容和标准，并提出后期扶持的范围应当包括其他也受到水库建设影响的群体。② 许佳君对水库移民后期扶持的系统政策和方式方法进行了研究。③

二、水库移民后期扶持资金研究

云露等人以小浪底水库为案例，从资金补偿等方面对其移民安置后期的情况进行了调查，指出后期扶持资金应当达到"基础设施和公益设施无偿使用，生产开发扶持有偿使用，农业开发贷款利率低于工业贷款"的标准。④ 何铁生讨论了后期扶持政策、后期扶持资金的来源以及后期扶持的范围和目的等内容，并探讨完善了应对其中问题的策略，指出在使用后期扶持资金时，要注意轻重缓急，要加入民营资本的力量来发展。⑤ 苏雨艳对水库移民后期扶持资金管理进行了专门研究，结合Y市的实际案例，为中国水库移民后期扶持资金的管理提出了优化的路径，以达到使移民群众致富的目的。⑥ 毋义波、张建国、王合喜对水库移民的周转金进行了分析，认为虽然周转金给移民的生产生活带来了改善，但依然存在扶持项目受益面积不大、有些移民未能充分享受到其带来的效益这类问题。⑦ 沈顺生、王炳菊认为实施后期扶持的移民的生产开发方式应该是多样性的，比如结合无息贷款和股份制方式以提高移民生产收入。⑧ 冯建敏、冉云霞从小浪底水库移民的心理角度进行分析，指出为了激发移民的积极心态，必须要保证原来有地的农村移民依然有地，保证非农移民收入高于从前，也就是要从土地和资金两个方面入手，保证移民的安稳。⑨ 宋慧对青海省水库移民后期扶持资金的问题进行了研究，发现了现阶段青海省在使用后期扶持资金时存在的问题，并提出拓宽资

---

① 范治晖. 坚持开发性移民方针搞好水库移民后期扶持[J]. 中国水利，1999，(04)：24-25.
② 赵彪，段跃芳，梁福庆. 基于影响程度的水库移民后期扶持研究[J]. 三峡大学学报（人文社会科学版），2008，(04)：13-17.
③ 许加军（许佳君）. 水库移民后期扶持路径及政策支持系统研究[D]. 南京：河海大学，2008.
④ 云露，宋广生，赵焕娥，等. 浅谈小浪底移民后期扶持[J]. 人民黄河，2001，(12)：49-50.
⑤ 何铁生. 水库移民后期扶持政策研究[J]. 水利经济，2004，(03)：52-54.
⑥ 苏雨艳. 水库移民后期扶持资金管理研究[D]. 郑州：华北水利水电大学，2013.
⑦ 毋义波，张建国，王合喜. 水库移民周转金的运行分析[J]. 山西水利，1997，(06)：30-31.
⑧ 沈顺生，王炳菊. 扶持移民生产开发项目资金管理的几点思考[J]. 中国水利，2000，(01)：49.
⑨ 冯建敏，冉云霞. 对小浪底工程征地移民心理需要的分析[J]. 人民黄河，2005，(04)：40-42.

金来源渠道以及规范使用资金的措施。① 程冬梅、胡田田、李苗研究了宁阳县水库移民后期扶持资金管理模式，指出整合全部门力量，建立长效的管理机制，使资金得到安全有效的利用，才能让移民群众充分享受后期扶持政策的优惠。② 曾贺研究了水库移民后期扶持的可持续发展，为了保证后期扶持的可持续发展，结论认为必须要拓展后期扶持资金的筹集渠道，同时加强对资金的监督管理。③ 邵慧敏与肖圣飞探讨了后期扶持工作中资金使用效益的影响因素和对策，得出影响资金使用的因素有管理机制、资金运行方式、国家的政策、当地经济发展水平等，并由此提出了相关的建议。④

三、水库移民后期扶持监测评估指标体系研究

杨涛等根据水库移民收入水平和移民生产生活条件变化情况、库区和移民安置区基础设施建设和经济发展情况、社会稳定情况、移民权益保障情况等内容，构建了水库移民后期扶持政策实施监测评估指标体系，设立了后期扶持项目实施效果、移民收入水平变化、移民生产生活条件变化、基础设施建设和经济发展情况、移民社会稳定效果、移民权益保障和综合评价效果7个一级指标，下设19个二级指标和36个三级指标，分析了监测评估的关键点和难点，并提出了相应的对策和建议。⑤ 刘合耀等从社会指标、经济指标、资源指标入手，构建了水库移民安置项目实施后的效果评价指标体系。⑥ 张家荣研究了水库移民后期扶持评估的方法，构建了水库移民后期扶持效果监测评估的指标体系，包括资金的发放、项目的实施、后期扶持保障体系、后期扶持政策的实施效果4个一级指标，下设16个二级指标和13个三级指标。⑦

---

① 宋慧. 青海省大中型水库移民后期扶持资金问题研究[D]. 西宁：青海民族大学，2010.
② 程冬梅，胡田田，李苗. 宁阳县水库移民后期扶持资金管理模式[J]. 山东水利，2016，(05)：16-17.
③ 曾贺. 水库移民后期扶持与可持续发展研究[D]. 郑州：华北水利水电大学，2007.
④ 邵慧敏，肖圣飞. 水库移民后期扶持资金使用效益影响因素分析及对策[J]. 水利经济，2010，28(01)：67-70+78.
⑤ 杨涛，左萍，常全利. 水库移民后期扶持政策效果监测评估[J]. 人民黄河，2015，37(12)：118-121.
⑥ 刘合耀，翟蔚，杨卉. 浅谈移民安置项目实施效果后评价指标体系[J]. 城市建设理论研究，2013，(2)：7-9.
⑦ 张家荣. 工程移民后扶持监测评估指标体系及评估方法[J]. 项目管理技术，2015，13(12)：85-88.

第七节 水库移民社会保障体系研究

对水库移民社会保障概念的界定大多是参照现代社会保障的概念,结合水库移民的特点加以表述。陈绍军等对这一概念进行了界定:"移民社会保障是国家、地方及社会对移民,特别是对暂时或永久丧失劳动能力、失去土地和工作机会或遭受灾祸的移民,在经济和社会生活方面提供帮助、救助、照顾、保护和保证,以调节社会化关系、促进社会公平和稳定的社会制度。从当前的情况看,除了给予移民生活困难救助外,移民的基本要求和愿望是实现生有所靠、病有所医、老有所养。"[①] 因而,在移民社会保障的各项制度建设中,要做到农村水库移民的社会救济、最低生活保障制度、医疗保险制度和养老保险制度的同步建设。在水库移民社会保障研究的必要性方面,她还指出,社会保障作为一种工具和手段,在保持社会稳定、促进区域经济社会发展方面发挥着重要的作用。在水库移民保障的问题方面,陈绍军等还认为,在当前的背景下,中国水库移民的社会保障研究处于空白状态,制度的建设滞后于移民实际的保障需求,存在不对称性。由于移民群体的脆弱性,我们就更加需要在水库移民群体中建立社会保障,使得移民群体能够平稳渡过转型期。这是一个很迫切的现实问题。[②] 也有学者认为:"水库移民社会保障是在中国农村还没有建立起普遍的社会保障制度前适度超前的过渡性制度,它为当代移民提供近中期的保障,是一项过渡性的制度设计,最终要向全国统一的社会保障制度演进。"[③]

虽然国内对水库移民的研究比较丰富,但是以往的研究很少从公共政策的角度系统地研究中国水库移民的问题。

[①] 陈绍军,高渭文,周魁. 水库移民社会保障问题研究[J]. 河海大学学报(哲学社会科学版),2001,3(02):20-23.

[②] 同①.

[③] 苏尔波,付占娟. 关于水库移民社会保障的文献综述[J]. 企业家天地(理论版),2011,(07):207.

第三章 水利水电工程移民的公共政策理论

所谓要素，是指构成一个事物的存在并维持其运动的基本元素，是组成系统的基本单元。水利水电工程移民公共政策理论的研究对在水利水电工程移民实践中保持政治稳定、发现问题所在并揭示其中的规律，对中国的水利水电工程移民工作具有重要的理论和现实指导意义。

第一节 "公共政策理论"及其在本研究中的确定原则

一、政治学是公共政策理论的基础

在中国古代，政治在很大程度上是一种充满道德色彩的行政活动。在这种道德化的标准之下，政治活动所体现的主要是一种神授的自然秩序，缺乏人为的制度设计来规范权力的运行。[1] 到了近代，英语 politics 第一次传入中国，中国现代政治接收了现代西方国家把政治功能视为实现大众利益的工具的观点，而当代政治在经济学、社会学、法学等学科视角下又被赋予了更多的内涵。由于政治内涵在中西方不同的时代都在不断演变，所以在不同时代和不同阶段，政治要素也就不尽相同。美国著名政治学者加布里埃尔·A. 阿尔蒙德指出，政治学要有效地解释各类社会中的政治现象，就需要提出一个更加综合的分析框架。[2] 他对政策分析和政治评价的方法提出了新构想，将国家看作一个处于动态发展的政治体系，并与不断变化着的社会环境保持互动关系。他认为，对政治体系实际运行情

---

[1] 孙关宏，胡雨春. 政治学（第二版）[M]. 上海：复旦大学出版社，2010.
[2] 夏美武. 当代中国政治生态建设研究——基于结构功能分析视角[D]. 苏州：苏州大学，2014.

况进行评价是政治分析家难以回避的问题。①

因此，结合中国水利水电工程移民经济社会发展的总目标，水利水电工程移民与公共政策理论的切合要素可以从以下几个方面来认识，即移民政策、公平公正、政府角色、政府组织、政策要素、移民动员、政府协调、社会冲突、社会稳定、政府行为和移民参与等。只有重视这些公共政策理论，才能有效地进行水利水电工程移民工作。这些公共政策理论并非是水利水电工程移民最终的发展理想，而是现实的必然要求。

如果我们将非自愿移民迁移放在整个社会政治经济发展的宏大场域中考察，而不仅仅只关注财产补偿本身，就会发现现行补偿机制及其补偿实践的不足。所以，在确立水利水电工程移民工作各个环节的过程中，始终都要把库区人民群众的利益、公众的需求放在各项工作的首要位置，这样才能真正地让移民参与对政府业绩和贡献的认定、对政府提供公共产品和公共服务质量的评估，使水利水电工程移民工作真正满足社会和移民的需求，从而保证移民的稳定、经济的健康与发展、社会的公正与平等，实现移民生活的富裕和安居乐业，从而为全面解决水利水电工程移民问题提供保障。

本书旨在揭示水利水电工程移民工作中公共政策理论的功能、特征和保障机制，从宏观的视角探索优化政府及移民管理的组织结构、过程和作为，维护水利水电工程移民的社会稳定，提高移民的参与度，从而为水利水电工程移民发展实践提供理论参考。根据对水利水电工程移民公共政策理论内涵与特征的研究和界定，以政治学原理为理论基础，针对中国水利水电工程移民工作中涉及政治范畴的相关内容，提炼出水利水电工程移民工作中的公共政策理论。

当代中国的水利水电工程移民工作面临着许多挑战，深层次上是对中国能否迈向新的非自愿移民集体行动模式的挑战，本质上是对国家治理能力的挑战。②对水利水电工程移民工作中的公共政策理论的研究，主要是分析政府管理、政策能否持续实施和持续发挥效益，能否解决社会中的各种仍未解决的历史遗留问题或引发的新问题。对影响库区与安置区和谐稳定发展的各种政治、社会因素等进行研究，以保证移民工作的持续性和发展性。

---

① 加布里埃尔·A. 阿尔蒙德，小 G. 宾厄姆·鲍威尔. 比较政治学——体系、过程和政策[M]. 曹沛霖，郑世平，公婷，陈峰，译. 北京：东方出版社，2007.
② 黄东东. 发展、迁移与治理——工程性非自愿移民法研究[M]. 北京：法律出版社，2013.

二、水利水电工程移民相关公共政策理论确定原则

水利水电工程移民工作中的公共政策理论除了具有政治体系的普遍性外，也具有其特殊性。为了使公共政策理论能够为水利水电工程移民工作服务，全面、客观、准确地反映水利水电工程移民工作层面的实际状况，公共政策理论不是一些元素简单组成的集合，而是根据某些原则建立起来的。因此，中国水利水电工程移民工作公共政策理论的确定应该遵守以下基本原则。

1. 坚持科学性原则

水利水电工程移民工作公共政策理论构建在科学的基础上，选择的要素要符合社会发展的客观事实标准，能够为研究提供有效的科学依据。具体的公共政策理论的归纳、分析要建立在充分认识、动态研究的基础上，使移民政治、移民政策、政治稳定、政治参与等构成要素均在其中得到反映。

2. 坚持系统性原则

水利水电工程移民是一个复杂的系统，它涉及多个要素及其子要素。水利水电工程移民工作的目的是引导、帮助水利水电工程移民实现其近期和中长期目标以及检验其目标实现的程度。总目标的实现是通过多个相互联系、又各自独立的不同的子目标系统及其各层级目标的实现来保证的。系统性原则意味着所选取的要素从样本户、村、乡（镇）、县到整个水库库区及移民安置区形成了一个完整的系统，充分反映水利水电工程移民工作层面的发展程度。

3. 坚持适用性原则

水利水电工程公共政策理论不能是空中楼阁，一定要符合中国国情，使理论和实践相统一。首先，适用性原则要求公共政策理论具有针对性，因地制宜，以满足中国水利水电工程移民工作的实际需要。其次，公共政策理论要分别从政府和移民两个角度出发，不能"厚此薄彼"，要让双方都认可。最后，公共政策理论的选取要与时俱进，把握好时代发展的节奏，体现其灵活性。

4. 坚持时效性原则

水利水电工程移民工作公共政策理论时效性是指政府发布的政策、指令等信息的新旧程度、最新动态及其效率。公共政策理论的时效性在很大程度上制约着水利水电工程移民工作的客观效果。在水利水电工程移民工作中，由于战线长、任务重、时间紧迫，中央和各级地方人民政府对水利水电工程移民工作格外重视，时效性要求突出。中国在筛选水利水电工程移民工作公共政策理论时，在以民生和科学发展观为视角的基础上兼顾时效性，通过严密的分析构建

水利水电工程移民工作公共政策理论体系，以便更加科学地进行水利水电工程移民工作。

第二节　水利水电工程移民的公共政策理论解读

中国的水利水电工程移民问题不仅是经济问题，而且是重要的公共政策问题。水利水电工程移民工作是一项包含自然科学和社会科学在内的复杂系统工程。根据中国的国情，移民工作不能完全依靠市场机制来解决，它需要借助政府强有力的领导和管理，以保证移民工作在整个国家发展进程中顺利进行。水利水电工程移民工作中公共政策理论的发展建设需要在发掘相关理论的基础上界定其内涵，把握水利水电工程移民管理发展历程和现实状况，进而探寻水利水电工程移民管理的道路。

一、水利水电工程移民工作的政府领导

水利水电工程移民数量大，分布集中，大中型水利水电工程移民少则几百上千人，多则数万数十万乃至上百万人，往往涉及城镇、工矿企业、交通设施、社会文化、人际关系等领域，影响面很广，情况十分复杂。水利水电工程移民还牵涉到政府、移民、业主、规划设计单位、安置地居民等各方利益，需要具有公共职能的政府机构来主导，同时又需要多方参与。[①]

水利水电工程移民的政府领导作用主要表现为发现水利水电工程移民的需求并引导移民实现发展目标、实现移民安置目的。政府领导具有特殊的权威性和强制性，利用自己的权力引导移民管理机构执行法规政策，并及时解决出现的问题。

政府管理活动中的政府领导是指，政府运用自己的权力和影响力来确定水利水电工程移民活动的基本方向、基本任务和主要内容。水利水电工程移民的政府领导活动需要具有全局意识、眼界开阔。尤其是水利水电工程移民的征地补偿、搬迁安置阶段，这两个阶段是整个水利水电工程移民工作的主要阶段，体现了水利水电工程移民工作的价值、方向、目标和基本原则。

---

① 李红，左萍，杨涛，唐贵忠. 大中型水库移民后期扶持监测评估[M]. 郑州：黄河水利出版社，2010.

在中国，政府作为责任主体，将水利水电工程移民工作作为政府行为，移民搬迁安置由地方政府具体负责组织实施。如长江三峡水利枢纽工程的移民安置工作实行国务院统一领导、分省负责、县为基础；黄河小浪底水利枢纽工程移民由水利部宏观协调，河南、山西两省负责，县为基础。在移民搬迁安置过程中，各级政府各司其事、各负其责，责任明确。

水利水电工程移民对政府有较大的依赖性，其迁移力量主要来自政府的宣传和引导。中国实行的是社会主义制度，这一基本国情决定了中国的水利水电工程移民工作不可能摆脱政府由项目业主或法人单独完成，它需要各级政府强力介入和推动，并承担重要的角色。[①] 政府负责水利水电工程移民的征地补偿，搬迁安置规划的制定、实施以及移民政策的落实，移民过程中各种问题的处理，移民生产生活水平的恢复和提高等多种事务。大多时候这些需要政府采取行政手段进行干预。

在现实的政治活动中，政府领导活动主要表现为发现群众的深层动机和需求，并说服追随者为实现这些动机和需求而奋斗的过程。[②] 在水利水电工程移民工作中，前期规划奠定了整个移民工作的基调，确定了移民工作的价值、方向、目标和基本原则。政府领导活动具有特殊的权威性和强制性。政府领导通过自己的判断力，利用自己的权利来引导各级政府和移民管理机构执行法规政策，并及时纠正出现的问题。政府领导群体结构的优化整合比政治领导者的个体素质更重要。[③] 当一个政府领导群体里的个体都较为优秀且具备领导者的品质时，该群体结构所发挥的效能往往不如预期。在一个政府领导群体中，整合每个政府领导个体能力、性格等，调和各方关系，才能够充分发挥团队优势。

二、水利水电工程移民工作的政府决策

科学合理的政府决策是公共管理的基石。水利水电工程移民的政府决策一般都是建立在发现问题、确立目标、设计多样化方案、筛选出最佳方案、落实方案、反馈和评估方案这一系列程序的基础上。政府决策具有在上述每一个环节中都涉及价值负载和权利冲突的特殊性。所以，移民管理机构和移民的政府支持是水利水电工程移民工作政府决策过程中所关注的核心问题。水利水电工程移民工作决策包括确定决策目标、拟定备选方案、从备选方案中选择最终方案和执行方

---

① 徐和森. 中国特色的移民之路——工程移民工作研究[M]. 南京：河海大学出版社，1995.
② 詹姆斯·麦格雷戈·伯恩斯. 领袖论[M]. 刘李胜，等译. 北京：中国社会科学出版社，1996.
③ 徐全忠. 政府组织行为学[M]. 北京：对外经济贸易大学出版社，2010.

案四个重要环节。其中拟定备选方案和从中选择方案往往容易被忽视，其实这两个步骤在水利水电工程移民决策中同样具有重要价值，四个环节缺一不可。

三、水利水电工程移民工作的政府组织

水利水电工程移民政策的执行和实施需要强有力的领导和组织保障。妥善解决水利水电工程移民问题，关系到党和政府的威信，是对各级政府执政能力和各级干部工作能力的考验和检验。应切实加强对水利水电工程移民工作的领导，精心组织，明确责任，确保各项水利水电工程移民政策落到实处。

目前，在中国，从中央到地方，绝大部分省、市、县级政府都设置了水利水电工程移民管理机构，对水利水电工程移民工作实行了全过程的管理。从宏观视角探索优化政府及水利水电工程移民管理机构的组织结构、过程、作为，维护水利水电工程移民的社会稳定，提高水利水电工程移民的政治参与度，可为水利水电工程移民的发展实践提供理论参考。

属地管理是水利水电工程移民工作实行的基本原则，各级人民政府和水利水电工程移民管理部门对本地区水利水电工程移民工作和社会稳定负总责，主要领导是第一责任人，分管领导具体负责。同时，各级政府还需要建立统一高效的水利水电工程移民管理组织和机构，具体负责当地水利水电工程移民工作的开展。政府水利水电工程移民工作组织效能的提升关键在于：一，要进一步完善水利水电工程移民工作的体制和机制，加强各部门之间的沟通协调，按照统一领导、归口管理、分级负责、协调配合的原则，完善水利水电工程移民工作的管理体制，加强对水利水电工程移民工作的统筹协调和科学管理，根据部门职责严格按照相关政策开展工作；二，继续强化地方政府和水利水电工程移民管理机构对水利水电工程移民工作的领导职责，继续把水利水电工程移民工作纳入重要议事议程，研究解决水利水电工程移民工作中的重大问题，统筹做好水利水电工程移民工作。[①]

四、水利水电工程移民工作的政府协调

当社会政治生活中出现矛盾和冲突时就需要政府管理主体进行协调或调解，使社会政治状态和谐有序。可见，社会政治冲突的发生衍生出了政府协调，而及时有效的政府协调又能够防微杜渐，防止冲突愈演愈烈。当然，适度的冲突并不一定是一件坏事，一些冲突的存在甚至可以促进管理体系凝聚力和运作效率的提

---

① 黄莉，柯娜. 贵州水库移民与移民安置型城镇建设[M]. 南京：河海大学出版社，2013.

升。在水利水电工程移民的政府管理过程中要注重政府协调的艺术，不能将冲突一概而论，针对那些功能失常的、不利于实现社会经济发展目标的矛盾，要采取特别、必要的协调方式。政府干预、权威仲裁、协商妥协、协同合作是政府协调解决矛盾和冲突的主要方式。

五、水利水电工程移民的政府沟通系统

政治学家很早就意识到政治对沟通交流具有依赖性。一个完备的政府沟通体系又可以分为四个基本要素：一，政府信息的输送者或沟通者，这一角色在水利水电工程移民项目中主要是由各级政府和水利水电工程移民机构扮演的；二，政府决策的基本内容；三，政府信息的处理，一般较为正式；四，政府信息的沟通渠道，政府信息的沟通渠道常常是多元化的，但通常情况下需要政府许可并加以制度化，而面对面的直接交流方式永远是最有效的，因为其互动性最强，且较之其他方式更具有真实性。政府信息传播需要更新以下三个理念，即尊重网络传播规律、顺势而为，保持开放包容的传播心态，传播技巧转向对线下治理的重视。[①]如今，互联网已经成为一个虚拟社区，人们可以任意时间、地点进行公众讨论，人们在这个虚拟社区编织了一张信息网。新媒体的蓬勃发展使政治沟通更加便捷，政府可以针对不同移民广泛选择沟通渠道，让不同的水利水电工程移民人群都能及时有效地获得信息。新媒体在过去大众媒体的基础上，增加了互动环节，水利水电工程移民可以通过在线评论来表达自己的观点，政府部门也可以通过这些信息的及时反馈修改或完善政策法规。

六、水利水电工程移民工作的政府监督

当水利水电工程移民与政府的地位不对等时，移民会越来越对政府服务的公平性和透明性感到失望，无论是在征地补偿和搬迁安置过程中，还是在水库移民后期扶持工作中，都存在问题。各级政府要做到执政为民，层层夯实党风廉政建设，加强纪检监察力量，完善廉政风险防控体系，充分发挥巡视检查的作用，严肃查处各类违纪行为。

20世纪90年代以来，中国开始实行水利水电工程移民监理和监测制度（或称"监督评估"），这对维护和保障中国水利水电事业的有序发展具有十分重要和深远的意义。政策及效能是水利水电工程移民监督评估工作中浓墨重彩的一笔。

---

① Herbert A. Simon. Administrative Behavior: A Study of Decision Making Processes in Administrative Organization [M]. New York: The Free Press. London: Collier Macmillan Publishers, 1947.

七、水利水电工程移民工作的政府问责

行政问责是指一级政府对现任该级政府负责人、该级政府所属各工作部门和下级政府主要负责人在其所管辖的部门和工作范围内，由于故意或者过失，不履行或者未正确履行法定职责，以致影响行政秩序和行政效率，贻误行政工作，或者损害行政管理相对人的合法权益，给行政机关造成不良影响和后果的行为，进行内部监督和责任追究的制度。行政问责制度有效地保障了政府管理有序进行。反腐倡廉不应只是走形式，而需从根本上发现问题、分析问题，从而解决问题。

行政部门人员从某种角度来讲就是国家政治清廉形象的门面，一旦行政部门人员存在贪污、腐败行为，就会对国家政治清廉形象造成极大的损害。因此，一旦发现行政部门人员存在贪污、腐败行为，有关部门必须严肃处理，控制事态的发展。长期对违纪违规行为睁一只眼闭一只眼，会对整个社会造成极坏的影响。因此，水利水电工程移民工作中的政府管理必须确立牢固的廉洁价值基础，保证政府管理主体始终执政为民、清正廉洁，绝不能以权谋私、腐化堕落。而进一步加强水利水电工程移民对反腐倡廉满意度的调查，是水利水电工程移民工作持续且良性开展的保障。

八、水利水电工程移民工作的社会监督

社会监督为水利水电工程移民参与和监督政府管理工作提供了便利，有助于水利水电工程移民与政府间的良性互动、对话与合作。在新媒体渗透到人类生活各个领域的今天，社会舆论的影响较过去更加不容小觑。各种新闻在短时间内曝光在人们的视野中，被信息接收者热烈地评论、转发，水利水电工程移民问题牵动着各方人士的心，形成巨大的社会舆论压力。社会舆论的监督力量让水利水电工程移民管理不仅仅局限于内部监督和移民监督，它能让更多双眼睛进行外部监督，使水利水电工程移民的管理工作在社会舆论的监督下进行得更加透明、公平、公正。社会舆论的监督有助于维护水利水电工程移民的合法权益，强化以人为本的政府管理价值核心，对水利水电工程移民工作的政府管理有着积极作用。

九、行政人员能力建设与培训

在深刻领会水利水电工程移民政策的精神实质、准确把握政策界限、掌握正确工作方法的基础上，各级政府应针对水利水电工程移民政策和配套文件加强对省、市、乡、村移民工作业务骨干的培训。促进水利水电工程移民工作的开展，最主要的是加强政府行政人员的内化环节，即把政府管理价值理念真正转化为全体行政人员的自觉价值追求和行为导向，使行政人员的自我价值实现和人格塑造

过程与政府价值目标实现过程内在统一起来。根据机构设置和各乡镇、街道水利水电工程移民工作任务的轻重，选拔一批懂政策、懂经济、懂管理的干部，充实到水利水电工程移民工作机构，以提高干部队伍的业务素质和理论水平。各乡镇、街道人员配备应该根据实际情况而定。行政人员的责任意识和管理水平直接影响到水利水电工程移民的规范管理。目前，水利水电工程移民管理制度已经较为完备，主要问题是相关行政人员的认识水平和业务能力。所以，增强各个岗位上行政人员的法律意识、责任意识，使具体的工作人员都能熟悉政策、精通业务、按程序规范操作，减少工作的随意性和盲目性，加强水利水电工程移民的各种有效管理。

十、水利水电工程移民工作的移民监督

水利水电工程移民工作质量的保障建立在健全的水利水电工程移民监督管理体系之上。监督管理体系应由上级管理机构牵头，各机关派出精干力量组成监督小组，对水利水电工程移民的资金流动情况、项目实施情况进行监督检查并提交督查情况报告。除此之外，还应加强对相关水利水电工程移民干部的监督工作。在水利水电工程移民资金发放的管理和监督方面，各地应建立县级督查制度，尤其应对大中型水库移民后期扶持直补资金发放的整个过程实施严格的监督，坚决避免任何拖欠、挪用、违规操作水库移民直补资金等情况的发生。水利水电工程移民干部的个人清廉情况和决策正确与否，对水利水电工程移民工作的顺利实施有着重要的影响。

此外，水利水电工程移民工作政府管理的价值取向应该是公开和透明的。政府公开的价值取向是指政府把公共管理活动的依据、内容、过程和结果等向社会全面开放，让水利水电工程移民知悉，以便于移民的监督。在监督检查中发现的问题，应及时总结并反映在报告中，以保障移民各项工作的监督检查质量。

第三节 水利水电工程移民工作的政策要素

政策（policy）是指国家政权机关或政党为实现一定历史阶段的路线而制定的行动准则，来自人类反复、理性的探索。政策是一种与人类生存和发展紧密联系的综合现象，它反映了执政者对社会政治、经济、文化等领域的统治、管理、调控和引导。一个国家的运行和发展，离不开系统性、权威性的政策的支撑。

一、水利水电工程移民政策的主要内容

水利水电工程移民具有涉及范围广、人数多、影响大等特点，是一项政策性极强的工作。政策的制定和实施对于做好移民工作具有极为重要的作用。正如著名社会学家、移民学家、前世界银行高级顾问迈克尔·M. 塞尼先生所说，要成功地进行移民，首先要具备的一个条件就是要有一个保证移民合法权利并使他们生活水平等同或超过以前水平的良好政策。[①]

中国现行的水利水电工程移民政策主要包括征地补偿政策、搬迁安置政策和后期扶持政策等，包括政府组织、征地补偿、协调发展、优惠照顾、多方支持等具体内容。在中国，对水利水电工程移民采取前期补偿补助与后期生产扶持相结合、解决温饱问题与解决长远发展问题相结合、坚持国家帮扶与移民自谋生计相结合的原则和办法。世界银行关于工程移民管理的相关政策已成为世界各国在工程移民管理方面普遍遵守的规则和惯例。

经过多年发展，中国逐步形成了富有特色的自上而下的移民法律法规和政策体系。根据国情，中国工程移民政策的总体原则是尽可能避免和减少移民。移民政策的制定和实施，均依据中国现行《中华人民共和国宪法》和有关法律法规，如《中华人民共和国土地管理法》《中华人民共和国水法》《中华人民共和国土地管理法实施条例》《大中型水利水电工程建设征地补偿和移民安置条例》和国务院国发〔2006〕17号《关于完善大中型水库移民后期扶持政策的意见》等法律和行政法规，以及相关的行政规章及地方性法规和规章。

这里有必要重点介绍一下大中型水库移民后期扶持政策，这是自2006年以来全国范围内普遍实施的一项惠及广大水库移民的国家政策。国务院发布的《关于完善大中型水库移民后期扶持政策的意见》是开展水库移民后期扶持工作的政策依据，该文件对水库移民的具体扶持标准、期限和资金的筹集、使用管理做出了详细规定。这是中国新时期水库移民工作的纲领性文件，也是中国水库移民政策发展的里程碑，标志着中国水库移民管理工作从此更加法制化、人性化、科学化。

水库移民后期扶持政策是中国政府及有关部门从中国的国情出发，在前期补助补偿政策的基础上，为了妥善处理水库工程中所产生的移民生产生活的可持续

---

① 迈克尔·M. 塞尼. 移民与发展——世界银行移民政策与经验研究[M]. 水库移民经济研究中心，编译. 南京：河海大学出版社，1995.

发展问题而实施的政策。水库移民后期扶持政策一方面体现了中国政府以人为本、对移民负责到底的精神，另一方面也体现了移民分享工程效益的原则。后期扶持是对移民前期生活安置、生产开发的一种保障、补充和完善，其根本目的是妥善安排移民的生产和生活，保护移民的合法权益，使移民能够"搬得出、稳得住、逐步能致富"。后期扶持政策有利于移民的稳定和长治久安，促进库区和安置区移民经济发展。

自20世纪90年代以来，中国开始实行水库移民监理和监测评估制度（也称"监督评估"），并对水库移民后期扶持政策实施情况监测评估，工作的重中之重就是检验政策实施的情况。完善水库移民后期扶持政策对于帮助水库移民脱贫致富、维护库区和移民安置区的和谐稳定以及保障中国水利水电事业的有序发展，具有十分重要而深远的意义。

二、水利水电工程移民政策的特点

1. 从国家层面，统一水利水电工程移民政策，规范移民工作标准

从宏观角度看，水利水电工程移民政策统筹兼顾水利工程和水电工程移民、新水库和老水库移民、中央水库和地方水库移民，使政策和标准全方位统一。从微观角度看，水利水电工程移民政策已从过去没有规划和总体计划的局面，转变为科学规划、近期规划和长远规划相结合、加强后期扶持的新态势。从国家高度进行顶层设计，统一水利水电工程移民政策和标准，监督和评估移民工作的成效，规范移民工作行为，避免移民部门既是"参赛者"又是"裁判员"的双重角色，从而为移民工作创造良好的政策法规环境。

2. 自主创业，脱贫致富，达到不断发展和社会稳定的目标

相对于生存，发展是一个更高层次的概念，同时也是一项基本的人权。水利水电工程移民工作强调政策制定和执行要重视移民、库区和安置区的政治、经济、社会等多方面的综合发展，且政策实施规范了组织保障、政策保障和资金保障体系。在家庭收入和地方经济指标中，着重要求脱贫指标的考察，同时社会稳定、移民参与也被列入实施效果进行考察。移民不仅要脱贫，还要在解决温饱问题的基础上自主创业，力争致富。以社会稳定为主线，水利水电工程移民政策以扶贫攻坚为目的，致力于库区和安置区的经济发展、移民政治生活和社会生活目标的实现，实现共赢。

3. 公开透明，科学引导，服务为民

水利水电工程移民政策充分尊重移民的意愿，鼓励移民发出自己的声音，对

移民所提出的问题给予重视和解答。在新时期，移民虽然不直接参与政策的制定，但是可以通过正规的方式和渠道，以理性和积极的方式影响政策制定和实施。政府不应用行政命令强制决策，应做好引导和服务，从多个方面入手，工程建设尽量不给或减轻给移民带来的损失，缓解政府与移民之间的矛盾和冲突。如多个地方政府通过向移民发放《移民信息册》，明确向移民传达了项目基本情况、移民补偿政策和移民享有的权利和义务等信息，使政策透明化。

4. 多方参与，注重权益保护

权益保护是指在水利水电工程移民政策实施过程中，对各参与方如管理机构、项目单位、移民和原居民等应有权益的保护，尤其是对移民合法权益的保护。政策的制定不应成为特定阶层的神秘特权。水利水电工程移民依照国家或地方有关法律法规，享有知情权、参与权、选择权、发展权、申诉权等。

三、水利水电工程移民政策实施的保障措施

1. 完善和优化水利水电工程移民的政策法规

中华人民共和国成立以来，我国逐步形成了自上而下的水利水电工程移民法律法规体系和一系列相关政策。对比世界银行非自愿移民政策和中国现行水利水电工程移民相关政策，二者的目标基本一致。然而由于制定背景、适用范围等方面的不同，在移民生产生活恢复程度上，世界银行政策更强调移民生产生活水平较项目建设之前"有所提高"，而中国水利水电工程移民政策则侧重"逐步达到"或超过原有生产生活水平。可以看出，世界银行和中国现行非自愿移民政策在移民生产生活恢复问题上都只是做出了静态要求，对生产生活水平的动态考虑还比较欠缺。除此之外，世界银行非自愿移民政策还非常重视移民的公众参与和资金保障问题，而中国现行的非自愿移民政策并没有对此做出明确规定。在今天，移民的文化水平和认知能力较之前逐渐提高，水利水电工程移民政策的质量将受到更多的关注。在水利水电工程移民工作实践中暴露出现有政策方针的不足之处，需要不断地调整、完善和优化，以提高政策的效能。

2. 政策法规与水利水电工程移民的实际情况相匹配

水利水电工程移民政策法规的制定应该兼顾所有的相关利益方，是否与地域实际情况相匹配至关重要，如果片面追求尽善尽美则会出现政策法规与实际情况不相匹配的问题。政策的保障首先是开拓并熟练掌握能够推动地域特征、地域综合、地域先导的法律法规，并设计相关政策。水利水电工程移民政策法规在制定前应进行可行性研究，政策目标不应过分高于可达到的实际情况，也不能看不到

社会的发展而墨守成规，应尽量细化各项政策法规，实事求是、因地制宜地制定与移民现状相配套且具有可操作性的政策文件。同时，水利水电工程移民政策不应偏袒某一阶层或集团的利益，而应保护绝大多数移民群众的切实利益，保障库区和安置区的和谐发展。移民政策改进的最终目标是移民政策的科学性，表现为政策制定过程程序化、政策分析方法科学化、信息系统规范化以及信息系统内部各机构之间与决策、执行系统之间的协调、配合与统一。①

3. 确保各项水利水电工程移民政策法规的落实

千里之行，始于足下，政策法规重在执行和落实。没有落实的政策法规就犹如镜花水月，丧失了政策法规的效能。在对大中型水库移民后期扶持政策实施情况调研的走访过程中，我们发现各个库区与安置区的现状差异较大，扶持力度参差不齐。在典型示范村，移民安居乐业，除基本生活设施齐全外，当地移民部门十分注重移民的生活环境和精神文明建设，在移民村建设社区公园、图书借阅室、移民村历史陈列馆。典型示范村的移民大多在移民村的集体创业项目就业且接受过就业培训，收入有来源，生活有保障。非典型示范移民村的现状则令人有些许担忧，受地理环境约束，这些地方大多交通不便，移民生活条件艰苦。由于丧失耕地并且缺乏集体创业项目和创业资金，青壮年移民为了维持生计大多外出打工，移民村留守儿童和空巢老人现象严重。在落实水利水电工程移民政策法规的过程中，各级政府和移民管理机构落实程度的不同也影响着政策法规效能的大小。因此，各级政府和移民管理机构要充分认识水利水电工程移民工作的重要意义及其艰巨性，增强执行和落实水利水电工程移民政策的责任感和使命感。

在国务院及国家部委等制定的有关水利水电工程移民政策法规的基础上，各省、市、县（区）人民政府和移民管理部门还结合本地区实际情况制定了相应的条例、通知、办法、规定等。地方配套文件的制定以国家政策法规为根本指导，树立"以人为本"的政策理念，从当地移民工作的实际情况出发，制定解决具体问题的实施方案和措施，发布相应配套文件。如浙江除了省人民政府出台了移民后期扶持政策的实施意见（浙政发〔2007〕1号）外，相关市、县也出台了一系列配套文件。这些配套政策主要可以分为两大类，一类政策是针对水库移民后期扶持资金审批、管理和使用的规范，另一类政策则是为了更好地指导水库移民后

---

① 吴宗法，黄良勇，张建华，等. 淮河入海水道工程移民实践与研究[M]. 南京：河海大学出版社，2012.

期扶持政策中项目扶持的开展。

配套文件的落实是政策保障的重要环节，各级政府和移民管理部门制定配套文件，再通过配套文件下发、组织学习，贯彻执行相关政策的内容和要求。同时，水利水电工程移民工作注重考察配套文件的执行进展情况，主要形式为水库移民后期扶持政策实施情况监测评估、建设项目征地补偿和移民安置监督评估（监理监测）、各种稽查和审计，必要时应对违法违规行为做出处理。

4. 加强水利水电工程移民政策宣传

加强水利水电工程移民政策宣传与信息公开，转变政府工作方式，增强移民权益保护的意识和能力，维护移民切身利益。一方面，移民工作者在宣传政策的同时可以加深对政府移民政策内涵和精神实质的领会，改善工作方法，把握政策界限，提高做好移民工作的能力和水平；另一方面，政策宣传工作的加强可以使移民和社会各界正确理解政府政策，全面了解移民政策实施工作的重要意义，为移民政策的顺利实施营造良好的环境和氛围，为维护库区和安置区政治、社会稳定提供舆论支持。在实施水利水电工程移民政策过程中，可以通过政府公告、开辟宣传栏、发放资料、召开村民会议以及应用各种媒体的方式，多渠道、多途径宣传国家有关水利水电工程移民政策和信息，提高政策的透明度。

第四节　水利水电工程移民的社会稳定

一、水利水电工程移民社会稳定的内涵与意义

1. 社会稳定的内涵

在分析社会稳定问题时，必须把社会稳定放入社会发展的总体进程中，这样才能真正揭示社会稳定的内涵。发展是科学发展观的第一要义，是社会体系的基本活动和基本现象之一，是社会发展在社会生活领域中的表现和趋势。从广义上讲，社会发展是社会体系向更高级形态变迁的过程；从狭义上讲，社会发展是指社会体系内部结构、体制、功能和运作的科学化、合理化转变。由于社会发展的概念本身包含着变革性和多样性，是以一系列的社会无序为代价的，所以社会稳定是伴随社会发展而出现的现实目标。

社会稳定的理论原理同政治稳定是相似的。塞缪尔·P. 亨廷顿在政治稳定研究方面颇有建树，他在《变化社会中的政治秩序》一书中将政治稳定作为研究

的主题和目标进行了深入的研究。亨廷顿认为,政治稳定有两个基本要素,一是秩序性,二是继承性。秩序意味着政治体系相对不存在暴力、高压政治和分裂等,持续性意味着政治体系的关键部分相对来说不发生变化、政治发展不中断、不存在根本改变政治体系的重要社会力量和政治运动。他指出,没有任何一个实际的政治体系能正好符合某种理论事先定好的标准。他还认为,政治稳定与合法性研究一样,当其不存在时才更容易分辨。[1] 所以,对稳定的研究一般都采用不稳定的指标来衡量政治稳定。

社会稳定要求政府面对来自社会矛盾的压力,要运用科学的调节手段,在缓解社会矛盾和危机的过程中有效地化解社会张力,消除不安定因素,防止动乱和暴力事件的发生,保持固有的基本社会结构和基本制度,维持社会生活的秩序和连续性。从当前中国的现实情况来看,社会稳定问题兼有现实性冲突与非现实性冲突的特点,人格的冲突、情绪的对抗是集体上访和群体性事件得以发生和持续的动能。20世纪90年代,各级地方政府所推行的很多维稳政策存在着"开口子"和"拔钉子"的张力、运动式治理与制度式治理的矛盾、行政主导与法律治理的对立。缓解社会稳定问题的新思路在于破除传统僵硬的维稳机制,形成以利益均衡为主导的社会矛盾化解模式。[2]

2. 水利水电工程移民社会稳定的意义

维护水利水电工程移民社会稳定是移民工作中的重要问题。发展与稳定是中国社会转型过程中的两大主题。在新的发展形势下,与发展有关的社会不稳定因素主要包括工程移民问题等,表现为征地补偿和拆迁安置中的矛盾和冲突。这些社会不稳定因素若得不到及时和妥善的处理,将在相当程度上影响区域乃至国家的政治和社会稳定。水利水电工程移民涉及人口、资源、环境和政治、经济、社会、文化、工程技术等诸多领域,融政策性、社会性、经济性及技术性于一体,是一项庞大而复杂的社会系统工程。水利水电工程移民征地和安置的难度最大,引发的社会关系调整也最为复杂,遗留问题也最多,最为突出。由于水利水电工程移民具有强制性和非自愿特点,移民本身多处于被动地位,在水利水电工程移民过程中容易产生抵触心理。加之很多水库在最初建设时没有及时妥善处理和解决征地补偿与移民安置问题,造成很多历史遗留问题,极易引起移民与迁入地居

---

[1] 塞缪尔·P. 亨廷顿. 变化社会中的政治秩序[M]. 北京:生活·读书·新知三联书店,1989.
[2] 应星. 超越"维稳的政治学"——分析和缓解社会稳定问题的新思路[J]. 人民论坛·学术前沿,2012,(07):34-39.

民的矛盾和冲突，甚至会引发一些地区的社会动荡。因此，在水利水电工程移民工作中，各级政府和部门以及广大移民工作者应当高度重视，树立高度的责任意识和责任感，积极化解和消除移民过程中出现的矛盾和对立，维护移民的社会稳定，它不仅直接关系到相关工程的顺利进行和地区经济、社会的健康发展，更关系到广大移民的长远发展和社会的长治久安，对全面建设小康社会、构建和谐社会、促进社会主义现代化建设、实现中华民族伟大复兴和中国梦具有重大的现实意义。

二、水利水电工程移民社会稳定的影响要素

由于水利水电工程移民特有的复杂性，中国水利水电工程移民的社会不稳定性依然存在，其来源主要包括以下几个方面。

1. 社会信任

在水利水电工程移民工作中，移民对国家、各级政府以及媒体的信任程度至关重要。移民的一切活动都处于社会关系的大网之中，这张网是联结移民相互之间、移民与政府之间的纽带。中国政府每年投入在社会稳定工作的人力和财力都十分可观，全国各地都成立"维稳办公室"，设立"维稳专项基金"，然而依旧难以从根本上消除矛盾和冲突，这归根结底是缺乏社会信任。在移民与中央政府、中央政府与地方政府［省、市、县、乡（镇）］、村互动的过程中，社会信任可以消除不同信任主体间的隔阂和误会、减少主体间的矛盾与冲突，为水利水电工程移民工作井然有序的开展提供良好的社会环境。

政府信息公开可使移民对公共服务感到公平，加强对政府的信任程度。大众媒介充当信任关系的中介人，人们信任它们的判断。莫里斯·迪韦尔热认为，包含信任的行动是多种风险行动中的一种，个人在此类行动中承担的风险程度取决于其他行动者完成交易的情况。[①] 美国经济学家弗兰西斯·福山曾强调人与人之间信任的极端重要性，他认为最高的经济效益不一定能由理性的利己主义行为来达成，反而通过由个体所组成的群体共同努力才容易达成，因为这些社会成员之间存在着共同的道德观，这使他们合作起来更显效率。[②] 在各级政府和移民管理机构单方面落实宣传教育唤起移民对党和政府的信心的同时，也需要移民与政府、上下级政府之间相互坦诚、相互配合、相互信任，这样可以减少不稳定因素。

---

① 莫里斯·迪韦尔热. 政治社会学——政治学要素[M]. 杨祖功，王大东，译. 北京：东方出版社，2007.
② 弗兰西斯·福山. 信任——社会道德与繁荣的创造[M]. 李宛蓉，译. 呼和浩特：远方出版社，1998.

2. 移民听证程序的缺失

通过一定的听证程序，移民可向政府和移民管理部门表达自己的意愿，供政府决策时参考，以达到从程序上对公共利益边界界定的目的。譬如，面对水库移民后期扶持工作中存在的大量矛盾和问题，移民有权表达自己的诉求与态度，这是社会追求公平正义的要求，是中国建设"法治政府"的要求。但目前国家并没有对移民听证程序做出明确的要求，在一些地方，移民的意见往往找不到表达诉求的方式和机制。长此以往，为中国水利水电工程移民工作系统中的社会稳定留下了一些隐患。

3. 利益分配体系的不完善

由于没有明确的文件规定移民是否享有项目收益的权利，也就是说，移民可以参与到工程项目中来，但收益与其付出是否相匹配无从得知。一般情况下，移民工程项目所得收益由地方政府分配，而移民的收益一般比较少。移民从工程的直接受益人变成了工程项目建设中的打工者，工程项目的大部分收益何去何从，移民甚至没有过问的权利，且地方政府没有对收益情况进行必要的公示。移民工程项目利益分配体系的不完善，导致了一系列不公平、不公正的现象产生。

4. 第三方评估单位不中立

在水利水电工程移民监督评估过程中，第三方评估机构由当地政府和移民管理机构招标选出，由于各方面的原因，第三方评估单位并不能完全保持中立，或多或少地会在报告中为当地政府和移民管理机构"说好话"。在走访移民村过程中，第三方评估单位对移民群众的意见会经过筛选再呈现在报告中，而移民管理部门可能还会对这些意见进行二次筛选，移民群众的呼声就这样被消音了。当第三方评估单位受限于政府，监督评估工作往往很难达到预期目标，所以移民越级上访、集体事件等试图通过非正常渠道解决矛盾的不和谐现象时有发生。

三、不稳定行为方式

在中国的工程移民工作中，社会不信任等社会要素直接导致不稳定行为的产生，如上访、示威游行、打砸抢以示抗议等。宋传博对民众表达意见和不满的行动方式进行了归纳，其成果同样适用于水利水电工程移民，详见表3-1。①

表3-1中罗列的种种移民表达意见和不满的行为方式为我们演示了一个个生

---

① 宋传博. 三峡库区政治稳定状况及影响因素探讨——一个多维测量与解释框架的建构与验证[D]. 重庆：西南政法大学，2010.

动而又严峻的不稳定场景，其中很多过激行为是真实存在的，是急需解决的。在《国务院关于完善大中型水库移民后期扶持政策的意见》中，后期扶持范围为大中型水库的农村移民。其中，2006年6月30日前搬迁的水库移民为现状人口，2006年7月1日以后搬迁的水库移民为原迁人口。在扶持期内，中央对各省、自治区、直辖市2006年6月30日前已搬迁的水库移民现状人口一次核定，不再调整；对移民人口的自然变化采取何种具体政策，由各省、自治区、直辖市自行决定，转为非农业户口的农村移民不再纳入后期扶持范围。"意见"将受大坝以及其他水利配套设施建设影响、为移民安置调出生产资源和为安置农村移民调出土地等的民众排除在外，这导致非移民群众出现心理上的不平衡，使库区稳定受到了较大的影响。

传统的"维稳"思维通常都是将不稳定行为"一棍子打死"。部分基层政府为了完成绩效考核中的"零指标"，往往忽视移民正当的利益表达，使"维稳"工作陷入了误区。移民无法通过正当的途径和方式表达自己的诉求，部分移民就会采取极端方式表达不满，导致社会矛盾越发激烈，"维稳"被强化和不稳定行为的恶性循环也因此加深。除此之外，中国处在社会结构分化阶段，不同阶层维护自身利益的能力明显存在差异，强势群体善于"摆平"问题，弱势群体的正当权益却很难得到保障。这一系列不平等现象带来的后果加重了"维稳"工作的压力。

表3-1 22种民众表达意见和不满的行动方式

序号	表达方式	序号	表达方式
1	直接向村（社区）干部反映或求助	12	到省市级党委或政府上访
2	找负责人的朋友或熟人说情	13	到中央政府上访
3	找政府对口部门反映或求助	14	通过不交摊派、税来表示不满
4	找移民局反映或求助	15	示威游行
5	找新闻媒体曝光	16	阻拦交通
6	打热线电话反映或求助	17	故意破坏公物以示抗议
7	向上级领导检举	18	羞辱、殴打领导干部
8	通过举报信箱举报	19	冲击政府机关
9	通过各级人大代表反映意见	20	动员大家共同行动
10	去领导干部家软磨硬泡	21	到法院起诉
11	到县乡级党委或政府上访	22	忍气吞声

资料来源：宋传博. 三峡库区政治稳定状况及影响因素探讨——一个多维测量与解释框架的建构与验证[D]. 重庆：西南政法大学，2010.

四、水利水电工程移民社会稳定的新思路

1. 形成理性"维稳"思维

各级政府及移民管理机构不应将移民维护自己权益的行为与社会稳定对立起来，不应将移民正当的利益表达视为不稳定因素。"维稳"新思维的关键是让维权和"维稳"相互依托，建立科学的利益均衡机制，包括信息获取机制、利益凝聚机制、诉求表达机制、施加压力机制、利益协商机制、调解与仲裁机制等①。同时，由于完善水利水电工程移民政策可能会涉及除移民以外其他人群的连带影响，各级政府及移民管理机构应充分估计移民政策实施后对相关群体的影响和可能引发的群体性突发事件，提高对突发事件的应对能力。在此基础上，对其他人群给予高度重视、密切关注，采取多种措施妥善处理矛盾，维护社会稳定。马克思认为，一个群体的生活状况变坏时，会引发这个群体的不满甚至叛乱。如果当一个群体的生活状况得到改善，同时发现另一个群体生活改善的速度更快，也会引发这个群体的不满和叛乱。②"维稳"要真正做到维护每一个移民的合法权利，有权利的保障才能使利益相对均衡，利益的均衡分配有利于健康的政治稳定态势。

2. 建立制度化矛盾调处模式

传统的维稳模式主要表现为成立"维稳办公室"，设立"维稳专项基金"，从机构设置和资源安排上增强政府的"维稳"能力；强调"领导包案""属地管理"，推行干部绩效考核中的"零指标"，从激励机制上提高领导干部的"维稳"动力。上述做法都是水利水电工程移民工作中体制化的表现。历史经验表明，这些方法无法有效地消除移民矛盾和冲突，应当建立制度化的矛盾调处模式。

制度化矛盾调处模式的核心是法治。与体制化矛盾调处模式相比较，制度化矛盾调处模式更具有容纳、解决矛盾和冲突的能力。体制化矛盾调处模式和制度化矛盾调处模式的分析对比如表3-2所示。③

---

① 杨玲. 论预防和化解广州社会矛盾的法治途径[J]. 探求，2014，(02)：63-67.
② Geschwender J A. Social Structure and the Negro Revolt: An Examination of Some Hypotheses [J]. Social Forces, 1964, 43(2): 248-256.
③ 清华大学社会学系社会发展研究课题组. "维稳"新思路：利益表达制度化，实现长治久安 [N]. 南方周末，2010-4-15(E31).

表 3-2 体制化矛盾调处模式和制度化矛盾调处模式的对比

	体制化（或运动式）	制度化
社会背景	传统体制，利益分化程度低	转型体制，利益分化程度高
对矛盾基本看法	静态稳定	动态稳定
适用矛盾类型	突发冲突、遗留问题、危机管理	社会矛盾、利益冲突、常规治理
工作方式特点	行政主导、属地管理、刚性体制、行政命令、手段单一、强制性、不计成本、"一刀切"	公共治理、法制化、谈判协商、追踪问责、弹性体制、积极疏导、具体问题具体分析
政府角色	统包统揽、直接卷入、成为矛盾焦点	多元参与、搭建平台、作为调处中间人
社会角色	社会组织薄弱、缺乏自我调解能力、过度依靠政府	作为合作主体之一、凝聚利益、表达诉求
效果评估	弱化法律威信、助长投机心理、治标不治本、成本高昂、社会冲突呈现爆发式特点	培育法制精神与公民意识、降低成本、标本兼治、对社会冲突有较强可预期性和可控性、体制具有对矛盾冲突的容纳能力

资料来源：清华大学社会学系社会发展研究课题组．"维稳"新思路：利益表达制度化，实现长治久安［N］．南方周末，2010-4-15（E31）．

制度化矛盾调处模式的目标并不是消灭不稳定行为，而是能容纳不稳定行为和用制度化的方式缓解矛盾和冲突。社会稳定应该以法治建设为中心，建立在规则和规范的基础上，将矛盾分门别类、对症下药，形成一套行之有效的科学体系。总之，重建社会资本、建构政府与移民间的信任关系、以普遍主义人文关怀为核心的稳定，应当成为当前水利水电工程移民制度建设中的重要问题。

3. 健全机构，制定预案

因工程建设征地和搬迁安置而失去家园，会给水利水电工程移民带来强烈的社会剥夺感，降低了移民的安全感和幸福感，进而会诱发一系列群体事件。中国各级政府及移民管理机构非常重视和谐库区和移民安置区的建设，重视解决移民的民生问题，制定了专门的水利水电工程移民应急管理预案，颁布了相关规定，落实了相应的责任制。在制定专门的水利水电工程移民工作规划和政策的过程中，与移民和安置区的居民进行广泛的接触和协商，充分听取移民和安置区居民的意见，可以最大程度地减少政策实施过程中出现的问题。为了当移民的合法权益受到侵犯时，他们能通过正常渠道与政府及移民管理机构进行沟通和交涉并得到重视，能够督促属地政府保护移民的正当权益，中国相关机构都成立了信访接待室，移民管理部门也安排了专人接待移民群众。尤其是针对水库移民后期扶持政策刚实施时库区和移民安置区群众情绪不稳的情况，移民工作者耐心讲解国家有关移民政策，引导移民以合理合法的方式表达利益诉求，正确处理好移民与当地居民的关系，使群众充分了解移民政策，自觉支持和积极参与移民的各项工作。为了方便移民群众咨询和反映问题，相关省、市及各乡镇还设定专门的咨询或举报电话，对移民群众电话诉求及政策咨询均给予耐心细致的答复。在移民工作实施过程中，结合排查出来的移民热点难点问题，有针对性地选择后期扶持项目建设，促进移民历史遗留问题和发展中出现问题的解决。

面对一系列的移民不稳定行为方式，各级政府首先要高度重视"维稳"工作，认真排查工作中存在的各种不稳定因素，采取监控措施及时化解矛盾。首先，水利水电工程移民工作必须在库区和移民安置区的移民和非移民之间进行利益均衡，既要将重点放在移民的生产生活条件改善上，也要保障当地非移民群体的合法权益，这就要求要与移民和非移民进行充分的沟通和协商，实现库区和安置区的安定、和谐；其次，要耐心细致地做好移民的思想政治工作，引导移民采取合理合法的表达利益诉求的方式，降低不稳定行为发生的频率，缓解不稳定行为方式对社会系统的冲击；最后，将不稳定行为归类分析，总结经验和教训，为后续工作提供宝贵的参考和借鉴。

第四章 水利水电工程移民安置地资源的公平共享——以 R 市水利水电工程移民为例

公平是一种被预设或认定的并需通过公共实践（主要是国家与社会的实践）表现出来的合理性状态与水平。所谓的公平共享主要包括人们在社会资源分配中的权利公平、机会公平、过程公平以及分配结果公平。水利水电工程移民共享安置地资源权利公平，是实现移民公平共享安置地资源的前提；水利水电工程移民共享安置地资源机会公平，力求移民能与当地居民享有平等的公共资源的参与机会；水利水电工程移民共享安置地资源过程公平是指移民在共享安置地公共资源的过程中能够得到公平的对待；水利水电工程移民共享安置地资源结果公平是指移民在参与安置的社会经济系统后都能达到一个最低的标准，获得与安置地居民同等的待遇。臧肖等以新公共行政理论对向家坝水利水电工程移民过程中的政策制定所导致的社会不公平进行分析，指出作为水利水电工程移民执行主体的政府必须以移民为中心、以社会公平为指导来解决移民公平问题。[①] 世界著名移民与社会学家迈克尔·M. 塞尼在水资源开发项目导致的移民群体所承受的贫困风险中明确地指出，移民失去公共资源享有权：经验表明库区农村中，薪炭林、用材林和牧场等公共资源在移民经济生活中的地位同等重要。搬迁后，移民虽然拥有一定的耕地资源，却被排斥在安置点的公共资源之外。[②]

---

① 臧肖，陈娟. 新公共行政理论视野下的水库移民公平问题研究——以宜宾向家坝水库移民为例[J]. 科技资讯，2008，(05)：237+239.
② 迈克尔·M. 塞尼. 移民·重建·发展——世界银行移民政策与经验研究（二）[M]. 水库移民经济研究中心，编译. 南京：河海大学出版社，1998：29-51.

第一节 个案情况

一、R市社会经济和水利水电工程移民安置及权利保障概况

1. R市社会经济概况

R市地处Z省南部，是Z省重要的现代工贸城市和历史文化名城，是W市下的一个县级市，被称为W市的大都市南翼中心。R市陆域面积1 271 m²，海域面积3 060 m²，辖12个镇、19个乡、6个街道。改革开放以来，R市的城市、农村都发生了翻天覆地的变化，城市发展迅速、经济繁荣，农村生产发展、生活富裕、生态良好，城镇居民人均可支配收入、农村居民人均纯收入均大大高于全国、全省的平均水平，城乡发展态势强劲、前景广阔。R市的产业结构优化，汽摩配、机械电子、高分子合成材料及制品三大主导产业规模进一步壮大，服务业聚集区建设推进有力，农业产业化步伐加快。

2. 水利水电工程移民安置及权利保障

R市大中型水库移民后期扶持对象共24 441人，其中核定到人的有20 278人，不能核定到人的有4 163人；涉及水库22座，其中坐落在R市的有两座，分别为SX水库和LX水库。其中来自SX水库的有16 124人，来自LX水库的有10 124人，来自外省市水库的有93人，他们分别居住在R市33个乡镇（街道）、194个村（居委会）。

在保障移民公平共享安置地资源权利方面，R市坚持公平公正地维护移民的合法权益，整合现有移民工作力量，加强移民机构和干部队伍建设，建立统一的业务归口移民管理机构；安置移民在500人以上的乡镇（街道），由专管干部负责移民管理工作，安置移民在500人以下的乡镇（街道），配备了兼管移民工作干部。《W市人民政府关于完善大中型水库移民后期扶持政策的实施意见》（W政发〔2007〕30号）推出移民"四大工程""十大扶持项目""123移民新村建设"等移民扶持项目，缩小水利水电工程移民与当地居民之间的差距，增强了移民与当地居民的融合，在一定程度上提高了移民的生产生活水平，保障了移民共享安置地资源的权利。但是，由于水利水电工程移民工作的复杂性，在实践中，移民在公平共享安置地政治、经济、文化和社会福利等方面存在着一定的困难，与当地居民相比存在诸多的不公平，直接影响到后期扶持的效果，影响到安置区的社

会稳定与发展。

二、访谈提纲和部分访谈对象的基本资料

1. 访谈提纲

访谈的主要任务有：搜集 W 市水利水电工程移民与原居民在资源共享中典型的不公案例；水利水电工程移民在安置地参与选举、享受集体经济和公共设施的情况；通过调查，尽可能多地了解水利水电工程移民在安置地的生产生活状况；了解原居民对移民的认识和看法；了解移民对原居民的认识和看法；了解原居民与水利水电工程移民的日常交往情况；了解水利水电工程移民是否参与安置地原居民的传统重大节日；原居民是否在心理上更有优越感；移民在当地无法公平共享安置地资源的具体原因。

2. 部分访谈对象的基本资料

姓名	性别	年龄		移民/原居民	职务/工作
WSQ	男	48	TP 镇 PX 村	移民	移民代表
YSW	男	43	TX 镇 HL 村	移民	—
WQ	男	45	R 市	原居民	R 市移民办副科长
ZSR	男	42	FY 镇 STJ 村	移民	村副主任
LY	男	46	P 镇 XX 村	原居民	村集体经济负责人
ZS	女	42	TX 镇 TS 村	原居民	—
HHY	男	46	TX 镇 TS 村	原居民	村主任
HML	男	46	TX 镇 DB 村	原居民	村支书
ZW	男	48	TX 镇 HL 村	原居民	副书记
LLW	女	42	TX 镇 HD 村	移民	—
ZSQ	男	37	LH 镇 SH 村	移民	—
ZSM	男	37	LH 镇 SH 村	移民	—
HKL	男	39	AJ 镇 JY 村	移民	—
ZR	男	40	AJ 镇 JY 村	移民	—
HL	男	41	AJ 镇 JY 村	原居民	—

第二节 水利水电工程移民公平共享安置地资源的基本理论

一、资源及水利水电工程移民的公平共享

所谓资源，原意是指人们生产和生活所需的一切天然来源。在社会的发展进程中，这个概念发生了改变，其范围也不断拓展，凡是人们在生产生活中所需要的都可以被归入资源的范畴。陆学艺在《当代中国社会阶层研究报告》中采用了社会资源的概念，并将其分成组织资源、经济资源、文化资源三类。[①] 本书中资源这一概念具体指的是水利水电工程移民安置地的社会资源，包括政治资源、经济资源、教育资源和社会福利保障资源。换言之，资源是水利水电工程移民在与当地居民互动的过程中，占有的那些对个人经济或者社会地位的提升有价值的事物。

水利水电工程移民受到公平的对待一直是政府制定政策考虑的核心因素之一，《大中型水利水电工程建设征地补偿和移民安置条例》中第二章第十三条明确规定：农村移民安置后，应当使移民拥有与移民安置区居民基本相当的土地等农业生产资料。水库的建设征地不同于其他工程，往往会造成较大规模的人口迁移，带来一系列的社会问题。如移民与安置区居民之间的矛盾纠纷、文化不适应、社会边缘化、生活水平下降等。水利水电工程移民搬迁到安置地后，尽管有相关的法律和政策保障移民的权利，但是涉及原居民的利益问题，水利水电工程移民的加入在一定程度上加剧了安置地资源的紧张程度，会导致移民与当地居民共享安置地资源时出现权利不公平的情况，这些会使得移民失去公平待遇，影响到水利水电工程移民的生产和生活水平，并对安置地的经济发展和社会稳定产生深远影响。移民公平共享安置地资源问题应当受到更大的关注。

与当地居民相比，水利水电工程移民处于村庄经济、政治、文化资源的边缘，存在着严重的享用资源不公平的现象。有些地区的水利水电工程移民甚至被当地居民贴上某种颇具价值判断色彩的标签，如"外来者""弱势群体"等。水利水电工程移民不但成为一种政治名称，更成为一种身份，与落后、愚昧相关。在这种情况下，水利水电工程移民甚至难以融入当地的文化、政治和经济生活

[①] 陆学艺. 当代中国社会阶层研究报告[M]. 北京：社会科学文献出版社，2002.

圈。尽管国家在政策和资金上给予了水利水电工程移民很多优惠，但安置地资源共享的不公平对移民的生产生活影响很大。为什么在法律和移民政策规定一律平等的情况下，水利水电工程移民在安置地资源的共享中却存在这么多的不公平？水利水电工程移民共享安置地资源中不公平的现状是什么？隐藏在不公平背后的因素是哪些？这些隐藏的不公平给水利水电工程移民带来了什么样的影响？这些问题都是值得我们思考的。

二、水利水电工程移民公平共享安置地资源的内容

社会资源公平共享理念分为三个层次：自然资源、基础服务设施和信息资源。社会资源公平共享是任何一个公民，无论民族、种族、性别、职业、地区、社会出身、宗教信仰、居住期限、财产状况、政治态度、阶层等，都应该享有的公平享受整个社会资源的权利和机会。具体到水利水电工程移民公平共享安置地资源，主要包含水利水电工程移民参与经济、政治和社会其他生活的机会公平、过程公平和结果分配公平。

1. 移民共享安置地资源的权利公平

水利水电工程移民共享安置地资源权利公平，是实现移民公平共享安置地资源的前提，这样的公平才能保障移民的起点公平。宪法赋予了人们民主、自由、平等的权利，水利水电工程移民能否公平共享安置地资源取决于能否得到法律和规章制度的保障。共享的权利不应以是否为本地人而有所差别，移民应当与当地居民享有共同的权利，主要包括政治上的选举权与管理权、公共设施的公平享有权利、社会福利保障力的享有权利。

针对1986年以前开工建设的大中型水库，国家采用的是"一平二调"安置方式，土地联产承包责任制使移民与原住村民同等条件、同等标准分得土地，使移民和安置地居民共同享有安置地的生产资料。随着社会发展和经济形势的变化，国家采取了多种水利水电工程移民安置方式：集中安置的水利水电工程移民、分散安置的水利水电工程移民、政府安置的水利水电工程移民和自谋职业的水利水电工程移民。为此，国家明确提出移民共享改革发展成果，实现移民安置区社会经济的可持续发展，加强安置区基础设施和生态环境建设，提高移民的收入水平，改善移民的生产生活条件，使移民生活逐渐达到当地农村平均水平。[①]

---

① 国务院办公厅. 国务院关于完善大中型水库移民后期扶持政策的意见[R]. 中华人民共和国国务院, 2006.

2. 移民共享安置地资源的机会公平

水利水电工程移民公平共享安置地资源的机会，是从生存发展的基本权利的角度出发来考察的。参与机会均等作为现代政治基本理念，具有鲜明的价值指向，主要是对安置地处于不利地位的移民参与权利的关切和补偿，力求使移民能与当地居民具有平等的参与享有资源的机会。国家为水利水电工程移民赋予法制和制度的权利公平，但还不能确保移民能有均等的机会参与到安置地的社会经济系统中，因而必须保障移民共享安置地资源的机会均等。水利水电工程移民应当与当地居民一样，享有平等的参与机会，不受移民身份的影响、不受教育水平以及思想觉悟的影响，具有均等的机会参与到安置地的社会经济系统中。

3. 移民共享安置地资源的过程公平

水利水电工程移民共享安置地资源的过程公平是指移民在共享安置地公共资源的过程中，能够得到公平的对待，即在政治参与、文化设施、经济活动、社会保障的过程中受到公平公正的对待，不受移民身份的影响，得到平等的待遇。移民共享安置地资源的过程公平具体包括以下几个方面：一，政治方面，能够公平公正地同时参与当地的选举，在参与选举的过程中不受安置地居民的排斥，与当地居民公平公正地同时进行投票，参与到村庄的治理和管理决策中，维护移民的政治参与权；二，文化方面，能够共享安置地的文化活动设施，不受安置地居民的不满和排斥；三，思想觉悟方面，安置地居民在对待移民的态度和期望上体现平等，水利水电工程移民为国家建设付出了很多，应当受到公平的待遇，安置地居民应当对此作出公正的评价，不能将其当作"外来者"。

4. 移民共享安置地资源的结果公平

水利水电工程移民共享安置地资源的结果公平是指移民在进入安置地的社会经济系统后，都能获得与安置地居民同等的待遇。然而，移民共享安置地资源的结果不是孤立的，一方面，移民能否共享安置地的资源受到自身思想觉悟、经济水平的影响，这些因素需要一个长期的过程才能解决；另一方面，移民共享安置地资源不公是移民共享安置地资源权利不公、移民共享安置地资源机会不公、移民共享安置地资源过程不公的延续和发展，要实现移民共享安置地资源结果公平，就必须注意移民政策的调整，为促进移民共享安置地资源结果公平创造良好的制度与政策环境。

三、水利水电工程移民安置地资源公平共享的特征

1. 政策法规的规定性

水利水电工程移民是国家工程建设的产物，水库建设使移民失去了他们原有的土地等生产生活资源，那么水利水电工程移民进入安置地后必然要分享当地的资源以维持他们的生产生活及发展，这涉及安置地资源的再分配过程。这种资源的再分配活动在西方国家往往是通过市场的手段解决的，政府不直接参与。但是在中国，国家在其中充当着重要的角色，政府组织了水利水电工程移民的搬迁、安置及后期扶持工作，对于失去土地的水利水电工程移民来说，国家必须在安置地给予他们土地等生产生活资料。因此，为了确保水利水电工程移民能够公平地共享安置地的资源，国家通过制定法律法规和相关政策，以某种强制性的形式规定下来。国务院颁布实施的《大中型水利水电工程建设征地补偿和移民安置条例》规定：农村移民安置后，应当使移民拥有与移民安置区居民基本相当的土地等农业生产资料。

2. 弱势群体的关注

水利水电工程移民失去家园后来到一个陌生的地方开始新的生活，为了国家的水利水电工程建设付出了很多。在搬迁到安置地后，水利水电工程移民面临着各种困难：移民社会关系的重建、经济活动的重构、资源的再分配。其中，安置地资源共享的权利对水利水电工程移民在安置地的生存以及发展来说是必需的，他们应当受到社会的同情与关心，水利水电工程移民安置地资源分配的制度和政策应当充满关怀。诚然，同情与关心不属于公平的范畴，如果我们能从整个社会的视角来解释的话，那么同情与关心便有很强的公平蕴涵与特征。因为水利水电工程移民是国家政策的产物，是由社会政策造成的，对移民而言是一种不可抗拒的因素，对移民的生产生活产生了巨大的影响。从另一个层面来说，水利水电工程移民无论付出多大的个人努力，其能否公平共享安置地资源都将受到国家移民政策、安置地的经济状况以及安置地居民思想觉悟的影响，并且这些因素产生的影响远远大于个人努力产生的结果。也可以说，水利水电工程移民作为弱势群体属于制度性的产物，这个群体的弱势状态是由国家的政策所形成的。正因如此，在公平的意义上，国家应该在安置地资源分配的过程中给予水利水电工程移民一定的关注与补偿。

3. 较强的社会性

水利水电工程移民公平共享安置地资源是以人为中心的活动，这就决定着其

具有较强的社会性。移民安置地资源公平共享不是一个孤立的产物,它涉及安置地政府、安置地的原居民、移民等多个利益主体,是各方共同参与资源分配及共享的活动,这就决定了移民资源共享问题的社会性。另外,水利水电工程移民安置地资源公平共享不是一个单纯的经济问题,它涉及安置地的政治、经济、文化等方方面面,是一个复杂的社会问题。这就要求我们在分析水利水电工程移民安置地资源公平共享的过程中,必须要充分考虑到政府、原居民和移民三个主体之间的关系,并且要考虑政治、经济、文化等多个方面。

四、水利水电工程移民安置地资源公平共享的功能

功能主义是现代西方社会科学的一个理论流派,它认为社会是一个具有一定结构的系统,社会的各个组成部分以有序的方式相互关联,并对社会整体发挥必要的功能。帕森斯从单位行动出发构建他的社会行动系统[①],默顿则在反思帕森斯宏大理论的基础上,把经验分析引入结构功能主义,提出了"中层理论"[②]。人们可以对许多社会现象进行功能分析,也给出了进行功能分析的方法和应该注意的问题。[③] 移民共享安置地资源对于安置地的社会稳定和移民公平权利的维护起到积极的作用,其具体有以下三个正功能。

第一,移民公平共享安置地资源能够有力地促进移民安置点的社会稳定和移民经济发展。移民公平共享安置地资源能够有效改善移民与原住村民的关系,促进移民与安置地居民的融合,有利于提升移民的社区归属感和认同感,从而有效地实现移民与安置地居民的良性互动。与此同时,移民公平共享安置地资源可以为移民提供生产发展中所需要的资源,有利于移民安置点的生产发展,有利于移民生活水平的提高,为移民的发展注入新的活力,保障移民安置区的社会稳定。

第二,移民公平共享安置地资源在一定程度上能够降低移民群体性事件发生的可能性。移民共享安置地资源涉及移民的直接利益,是移民在安置地"新身份"得到认同的重要部分。如果移民不能公平地共享安置区的资源,有可能会加大移民的心理落差,在与安置地原住民比较的过程中,移民会觉得安置地的原住民享有各方面的权利,而自身却没享受到权利,容易导致移民认为这是一种特权制度,从而产生"相对剥夺感"。"相对剥夺感"作为一种负面的心理性体验,可

---

① 塔尔科特·帕森斯. 社会行动的结构[M]. 张明德,夏翼南,彭刚,译. 南京:译林出版社,2003:305-315.
② 罗伯特·K. 默顿. 社会理论和社会结构[M]. 唐少杰,齐心,等译. 南京:译林出版社,2008.
③ 贾春增. 外国社会学史[M]. 北京:中国人民大学出版社,2000:242-246.

能会引发移民为了满足自身利益诉求的群体性事件,如群体上访、与安置区原住村民的群体冲突,这就会形成地区发展中的不稳定因素,影响地区的和谐稳定与发展。

第三,根据相关的移民安置政策和移民后期扶持政策,移民应当享受安置地资源共享的权利。在实践中,真正做到政策的设计与政策的执行结果相一致,有利于维护政府的权威和公信力。反之,如果依据政策规定移民应当享有的资源却无法获得和共享,不仅侵犯了移民应得的权益,违背了国家的政策规定,更是在一定程度上损害了政府的公信力和权威。

第三节 水利水电工程移民安置地资源的不公共享

水利水电工程移民安置地资源的不公共享,主要是移民在共享安置地政治、经济和社会福利等资源的过程中存在不公。在政治资源方面,共享安置地选举权和管理权不公,包括移民的户籍性质、参加选举人数的多少、原居民的违规操作以及缺乏实质性的管理权等问题。在经济资源方面,共享安置地集体经济的不公:移民被排斥在集体经济之外,或者只能通过附加调价"折扣"地共享。在社会福利资源方面,安置地的文化设施和就业机会难以公平地共享。国家在法律和政策上规定了水利水电工程移民公平共享安置地资源的合法性,加大了对水利水电工程移民安置地资源的投入,在一定程度上缓解了安置地资源不足的问题。

一、政治资源:共享安置地选举权和管理权的不公

政治资源这一术语最早出现在 20 世纪 40 年代,西方行为主义政治学家的推动使之规范化并被广泛使用。[①] 通常的政治资源是指一国国民运用其合法政治权利所能获取和享用的政治待遇和政治机会,是政治权利实施所取得的结果。政治资源可概括为两类:一类是法定政治资源,一类是派生政治资源。法定政治资源一般指各国以宪法及其他法律形式明确赋予公民的政治待遇;派生政治资源是指公民权行使过程中所获得的政治机会,如一个团体组织进入一些特定场合、参与各种有政治作用的活动等。[②] 在市场经济条件下,政治资源的使用首先要服务于

---

① 徐秀虎. 政治资源的均衡化路径研究[J]. 天府新论,2011,(01):11-13.
② 李春明,李新,张文刚. 略论义务本位行政文化[J]. 山东大学学报(哲学社会科学版),2006,(06):134-141.

人们对自身福利的获取、处置、追索和保护的全过程,所以政治资源同样也是现代社会中人们生存、发展所必不可少的保障条件和有效资源。①

安置地共享政治资源公平主要包括移民在政治参与中选举权和管理权的公平两个方面。选举权是公民的基本政治权利之一,包括选举和被选举的权利。保障移民的选举权,是移民融入当地政治参与的重要内容,是实现基层社区民主管理的先决条件。移民参与所在社区的管理,是移民表达自己利益诉求的主要渠道。R市移民共享政治参与中选举权和管理权的不公主要表现在以下四个方面。

1."尴尬"的户籍性质:自谋出路的移民政治参与的不公

户籍本来是国家主管户政的行政机关所制作的,用以记载和留存住户人口的基本信息的法律文书。传统户籍制度是一种以家庭为本位的人口管理方式,是与土地直接联系的。现在的户籍制度是一种以个人为本位的人口管理方式,主要是国家依法收集、确认、登记公民出生、死亡、亲属关系、法定地址等公民人口基本信息的法律制度,以保障公民在就业、教育、社会福利等方面的权益。中国现行的户籍制度往往也与政治资源、文化资源、经济资源和保障资源的权利密切相关。《中华人民共和国村民委员会组织法》明确规定,只有具备农村户籍的本村村民才能参与本村村委会选举。在水利水电工程移民工作中,自谋出路的移民的户籍存在较多难题,有些移民的户口挂靠在乡镇派出所,有些移民被安置在城中村,成为非农业户口的户籍身份。这使得一些自谋出路的移民丧失了政治上的选举权,而选举权的丧失不仅仅是他们政治话语权的丧失,更重要的是他们无法参与到安置地的资源分配中。与原居民相比,他们明显受到了不公平的对待。

"无处安放"的户籍

R市200多名自谋出路的SX水库移民安置十多年户口不能落实,一直挂靠在SX派出所,原因是自谋出路的移民属农转非安置,移民居住分散,其居住地一般为农村,没有居委会,非农户口不能迁入村委会,故其户口只能挂靠所属乡镇派出所非农集体户,移民根本无法参与当地的选举。此前十多年一直没有妥善的解决办法,直到2008年年初,才在县移民办的协调下,将这批自谋出路的移民的户口落实到SX镇P

---

① 何深思. 论我国政治资源的公平分配与合理共享[J]. 中国特色社会主义研究, 2005, (02): 68-72.

村居委会。(来自R市移民典型案例介绍的材料汇报,这种公文主要用于向上一级移民部门汇报移民工作中难以解决的问题及所做过的努力,希望得到上级的支持)

根据《中华人民共和国选举法》的相关规定,选民一般是在户籍所在地行使选举权和被选举权,户籍成为参与选举的一个限定性因素。户籍不仅仅是一个户籍身份的象征,更重要的是承载着权利的行使,只有移民户口落实到村后,移民才能依法享有选举权和被选举权资格。L村村民选举办法第四条规定:本村村民具备选举权利,具有本村户籍的人为本村村民。户籍的落实不到位,使移民失去了选举权,无法参与到安置地的选举中,政治权利公平更是无从谈起,处于"真空"的状态。

"户权分离"的户籍

R市自谋出路的移民共计567户1 657人,其中进城自谋出路的移民300户1 012人,分布情况大致为YH街道122户387人、AY街道76户281人、JH街道86户296人、DS街道16户48人。户口未落实的DS街道戴某、徐某为代表的32户移民主要生活在城郊接合部一些"城中村",户口由农业性质转变为非农性质,结果不能参加当地村委会的选举。(来自R市移民典型案例介绍的材料汇报)

案例中移民的户口属非农性质,根据现行法律和各街道村的实际情况,只可依法参加人大代表等选举,不能参加村民委员会选举,除非在当地村民代表大会上得到通过。自谋出路安置的移民,因为多是安置在城中村,其所在的安置点在性质上属于农村村委会,户口未能落实到村,户籍身份发生变化,由原来的农业户口转为非农户口。由于其非农户口的户籍身份,自谋出路的移民无法参与安置地的选举活动,甚至有的移民也无法参与其搬迁前所在村委会的选举,移民的选举权成为空话,出现"户权分离"的现象。户籍上的尴尬身份,使得部分自谋出路安置的移民难以真正享有选举权与被选举权,移民行使不了法律赋予的应有权利。移民基本的选举与被选举权都难以充分享有,更谈不上公平地参与安置地的管理权。

2."寡不敌众":插花安置移民人数影响政治权利公平

选举中参与人数的多少与选举的结果以及政治的话语权息息相关,在民主选举中,人数的多少往往能够决定最终的选举结果。事实上,不但在选举过程中人数可以决定选票的数量,在日常管理权的行使中,人数的多少往往也能够对村委会选举起到决定性作用。与原居民相比,水利水电工程移民代表的人数所占的比例比较低,这样移民作为候选人被选中的概率与原居民相比存在着不平等。

> 老王是笔者在 TP 镇 PX 村做调查时认识的,与他一起安置到该村的一共有 15 户人家,他是该村的移民代表,该村是当地出了名的贫困村。老王搬迁之前一直担任村支部书记,当年响应国家政策,他带头搬迁到该村。在安置到该村后,老王在移民中的威望仍然很高,充当着移民中的领导者,每当移民有什么问题,总是想到找老王,而不是到当地村委会。
>
> 在与其聊天中,老王透露出其当选村副主任的辛酸。刚到安置地时,政府明确让我们参与到安置地的管理中,正好那年赶上新一届村委会的选举。当时移民那个高兴啊,你想想刚到这个地方,大伙都想着要推选出一个人来,人熟悉,以后也方便办事情啊。于是大伙满怀希望地参与到选举中。到了当天的选举,大家懵了。一看都是本地的人,都不怎么认识,给了选票,移民都推荐我,但是你想想啊,我们一共就这点人,人家本地人根本就不会选我。结果肯定是我落选了,当时那个感觉真难受,谁让我们是外来者呢。再后来,国家明确出了政策,必须在安置地的村委会中有一个移民代表的名额,这样我才当上现在这个职位,但是想进村委会那就难了,能够成现在的这种情况其实已经很满足了,至少我们移民有了能够向政府反映问题的代表。(来自对 TP 镇 PX 村 WSQ 的访谈,2011)

TP 镇 PX 村,虽然移民与原居民一样享受参与基层选举活动的权利,但是由于移民人数少,再加上原住村民的排斥,缺乏足够的融合和了解,甚至有的移民与原住民的矛盾比较严重,这使得移民即使参与了选举活动,也很少有机会在选举中获胜。能够当选的要么是当地大的家族成员,要么就是先富裕起来的那批人。这在一定程度上说明,安置点移民人数的多少影响着移民是否能够公平地共享安置地的政治选举权,保障自己的政治权利公平。

3. "孤独的选票箱":原居民在选举中的违规操作

政策的公平不仅体现在政治权利本身,还与其执行过程中是否公平公正息息相关。选举过程是实现政治权利公平的一个十分重要的环节,选举过程的公平是水利水电工程移民能够公平共享政治资源的保障。在政策的具体操作过程中,往往涉及各种利益之间的博弈,利益冲突者会采取各种可能的行为去维护自己的利益。移民与原居民本该是利益的共同体,维护的是本村的利益,但实际上在一些安置地中,原居民一直把自己与移民区分开来,这在移民搬迁到安置地的最初几年情况十分明显,他们似乎害怕移民当选会损害原居民的利益。在实际的选举操作中,原居民往往会考虑到自身利益,通过具体过程的违规操作,影响移民的正常选举,造成水利水电工程移民难以公平地参加选举。

> HL村有200来人的移民,整个HL村的村民有1000多人,候选人都是本地的(原居民),分别为王某和李某,他们都是本村的大姓,家族势力很大且比较均衡,每年的选举代表都在这两家产生,并且基本都是轮流当权。在选举的时候,村里会为移民设立一个单独的选举箱,专门供移民投票,本地人有本地人的选举箱,这样选举对我们移民是不公平的。把移民单拎出去设立选举箱,那就不要选了,弃权,得罪人啊。我岳父是党员,他就带头硬是不选,我岳父说这样的选举是不合法的。移民的票不放在移民票箱里,就放在本地票箱里,他们(村里组织选举的人)不肯,硬要我岳父放在移民那个票箱。最终我岳父决定不参与选举,用他的话就是不能这么公开地得罪人啊,我们搬迁到此地,关系不是很熟,不能得罪任何一方。(来自对TX镇HL村移民YSW的访谈,2011)

与原居民的选票箱分开,单独设立选箱,看似简单,实则不然,背后隐藏着诸多的不公平。中国经历了几千年的封建社会,传统文化根深蒂固,人情世故具有重要的意义。人情在中国不仅仅是人情现象本身,更有其内涵。人情是个体的心理特征和行为模式,更重要的是,在中国人的观念中,人情往往与关系、面子联系在一起,日常办事情往往都是通过人情关系来达成,与人交往和办事过程中人情占据很大的一部分。相对于水利水电工程移民的选举而言,对于备选人的考虑不仅仅局限于经济因素和利己因素，选谁不选谁不只是一个单纯的理性行动，中国是一个熟人社会，有更多的人情世故考虑。HL村的选举将选票箱分开单独设立，使得这种人情曝光在公共场合之下，很明显，选举王某就是当面得罪李某，选举李某就会当面得罪王某。显然，面对这种两难的伦理困境，最好的选择就是不参与选举，放弃自己的选举权。水利水电工程移民的加入使得HL村的候选人害怕这个未知的因素会打破多年来势均力敌的格局，于是HL村选举负责人便通过这样的方式干预移民正常的政治选举，移民只能"被迫"于人情放弃了法律赋予自己的政治权利。

4."虚化的权利"：移民被排斥在实质性的管理权之外

农村的公共权利是以村委会为载体来实施的，村委会成为村民主要的利益诉求和表达的渠道，当然也是安置地资源分配的重要实施主体。村委会掌握着根据不同的治理事项、事务和问题来配置不同的资源的权利，而权利作为一种稀缺资源是非常有限的。安置地居民占据大部分政治权利，那么移民能够享受到的权利就相应的减少，权利少会出现"虚化现象"，使移民难以公平地享受政治权利。

移民权利虚化的现象主要有两种：一，农村中其他组织或势力的影响致使移民无法进入安置地权利中心；二，移民代表由于被其他组织或势力通过各种途径竞争侵入甚至实质控制造成的移民自身权利空壳化，从而使移民难以公平地行使其政治权利。"虚化现象"的出现，一方面使得移民在村庄管理权利上享受不到公平，造成移民自身权利的丧失；另一方面也削弱了移民在安置地的影响力，难以真正公平地实现移民自身的利益。

> 从我2001年到移民办工作以来，仅有FY镇STJ村和TP镇PX村的移民安置点有移民担任村领导，而且这两个移民安置村的移民都是担任村副主任，在村子里说话不算（不管用）（来自对R市移民办后期扶持办公室副科长WQ的访谈，2011）
>
> 村委会开会有的时候就不喊你参加会议，说是忘了通知，或者有时候也会说这事跟你们关系不大，所以就没通知你们（来自对FY镇STJ村村副主任ZSR的访谈，2011）

调查中发现，部分移民安置地的移民虽然能够按照选举法的程序和规定成功当选村干部或村民代表，但是这些移民干部和代表不能享有应得的待遇，在涉及安置地利益决策和分配时,移民干部和移民代表就被排除在外,他们多是参与一些无实际意义的会议,移民村干部和代表难以真正融入安置地,难以充分享有参与村庄发展的管理权,这使得移民的参与管理权有名无实,移民难以表达自己的心声。

二、经济资源:共享安置地集体经济的不公

经济资源是指一个国家或地区范围内,人们在物质资料的生产过程中对自然资源开发利用的环境、方法、手段及其全部成果。就经济资源存在形态而言,既包括传统意义上的自然资源,也包括现代社会历史条件下存在并发挥着重大作用的社会资源和人文资源。[①] 农村集体经济主要是指农村集体中的资金、资产、资源。农村集体经济组织,产生于20世纪50年代初的农业合作化运动,在自然乡村范围内,由农民自愿联合,将其各自所有的生产资料(土地、较大型农具、耕畜)投入集体所有,由集体组织农业生产经营,农民进行集体劳动,各尽所能,按劳分配。实践证明,农村集体经济的发展能够为农民提供全面的就业机会和社会福利,起到了重要的作用,集体经济的发展为村民致富提供了一个很好的平台和机遇。

安置地最重要的经济资源是集体经济,与移民的生产生活密切相关,水利水电工程移民公平共享安置地资源与否直接关系到移民的经济生活水平,关系到社会的稳定和持续发展。作为"外来者"的移民,如果想与安置地居民共享集体经济分配,存在诸多的不公平。R市移民共享原住村民积累的集体经济的问题主要表现在两个方面。

1."一村两制"的困境

尽管国务院颁布实施的《大中型水利水电工程建设征地补偿和移民安置条例》中第二章第十三条规定"农村移民安置后,应当使移民拥有与移民安置区居民基本相当的土地等农业生产资料"。但是在实际执行中却出现一些问题,调查中发现:移民在共享集体经济中享受不到应有的权利,甚至连生产用地都没有完全落实,与当地村民相比存在很大的不公,这使得移民生产发展、生活改善无从实现,在政策的实施中背离相关政策条例的规定甚至违规的操作损害了移民的利益。在问及村民时,大家一致认为移民作为外来者不能共享他们辛苦积攒的集体

---

① 邵从清. 从政治资源与经济资源的关系谈社会正义的实现[J]. 长春工业大学学报(社会科学版),2006,(04):39-41.

经济。这从情理层面可以理解，但却使得移民丧失安置地宝贵的集体经济资源的享有权。

在与移民代表张某的访谈中，笔者了解到在 PD 镇××村，虽然大家共同生活在一个村庄中，但是却出现两种截然不同的现象。针对移民是一套政策制度与办法，而针对原住村民则是另外一套政策制度与办法，移民在村庄里仍被视为"外人"，难以实现真正的集体经济共享。

> 他们都把我们当作外人，每年村集体分红时总会以各种理由克扣我们的福利，甚至给我们设置人为的障碍，要我们达到一个生产的标准才能参与分红。（来自对 PD 镇××村村民 ZS 的访谈）
>
> 我们不可能把我们自己几代人这么辛苦积攒下来的经济就这么白白地与别人分享啊，你想想啊，他们搬到这边来，占了我们的地，还要分享我们辛辛苦苦积攒多年的成果，我们可不干，必须得给我们补偿才能让他们进入。（来自对 PD 镇××村的村集体负责人 LY 的访谈）

调查中发现，SX 镇的 FQC 村，SW 镇的 HTT 村、DX 村和 XQT 村，由于种种特定的原因，移民除了政府安置建房用地以外，移民安置地连基本的生产用地都没有落实，没有任何其他生产用地。众所周知，在移民共享安置地资源中存在着两大利益相关主体，一方是以原居民为代表的"利益保护者"，另一方则是被称为"入侵者""外乡人"的水库移民。短期看，水利水电工程移民要与当地居民共享安置地资源必然会损害到原居民的利益，作为既得利益的原居民当然不能轻易地将资源与别人共享。与原居民相比，处于弱势一方的移民群体，很难依靠自己的力量维护共享安置地集体经济的公平权利。

2."折扣"的集体经济共享权

与移民无法共享安置地集体经济不同，调查中也发现即使移民能够获得安置地集体经济共享的权利，也同样存在不公平的现象，这些问题都会影响到移民的公平权利。

> TX 镇 TS 村，由于集体经济资产较大，移民安置点的原住村民不愿与移民共享原住村民积累的集体经济，他们找出各种理由和设置各种障碍阻挠移民共享他们创造的集体成果，各个部门历时 1 年多的调解仍然

无效，最终通过法院判决移民获得原住村民积累的集体经济分配额度70%的折扣共享。(来自对TX镇TS村的村主任HHY的访谈，2011)

> TX镇DB村，我们可以接受SX水库移民成为我们集体经济中的社员，他们也可以享受我们集体经济的全额待遇，但是必须给予我们村集体经济项目补助。你想想啊，如果不给我们村进行扶持，我们跟村民的工作也不好做啊，大家都不同意，我们也没办法啊。(来自对TX镇DB村的村支书HML的访谈，2011)

按照规定，移民与村民应该同等享受村集体经济资产分配，但移民安置村不愿移民全额、无条件共享安置地集体经济的相关政策，而是通过有折扣的方式执行移民共享安置地集体经济的相关政策，即使移民享受原住村民积累的集体经济的全额待遇，也是在给予安置地项目补助的基础上才做到的。这些人为设置的不平等条件，使得移民在集体经济的共享中处于弱势地位，自己的合法权益受到不公的对待，在一定程度上影响到移民的社会经济发展。

调查中，笔者曾经多次询问移民不能共享安置地资源的原因，大多数人的说法是"他们没有付出怎么能享有？""要是与他们共享了我们的利益不就受到损害了？"其实这样的说法有待商榷，从长期看，国家对移民的扶持能够在一定程度上促进村集体经济的发展。

> 2006年以来，TX镇TS村共接受移民扶持资金200多万，这些资金用于改水、修路、修建护坡等工程，同时还修建了移民活动中心、健身活动场所等配套设施，同时还获得移民扶持资金48万元用于集体经济中专业合作社的开展，建成杨梅基地500多亩、茶叶基地180亩，扩大了该村集体经济的规模，加快了发展速度。(来自R市移民办2011年的后期扶持方案)

调查中，笔者深刻地感受到移民为国家水利水电事业的建设付出了很多，背井离乡，安置地居民作为工程建设的受益者理应同样支持国家的建设。同时，作为安置区，移民的加入在短期可能会损害到村民集体经济的利益，但仅仅是这样的吗？笔者从《R市大中型水库库区和移民安置区基础设施建设和经济发展规划

(2011—2015年)》①中了解到,R市对安置地集体经济的扶持项目涉及4个乡镇6个行政村,规划生产开发项目6个,总投资139万元,直接受益总人口4 758人,其中移民人口579人。在实际的操作中,条件是有移民加入的村集体经济才可以获得后期扶持的资金。同时,交通项目规划涉及11个乡镇39个村,规划主要是公路和机耕路,共投资2 218.01万元,其中移民村总投资1 914.54万元,调出土地的村总投资303.47万元,这些投资能够完善安置地的交通设施。交通的改善可以促进安置地集体经济的发展。

这样看来,不能简单地把移民的集体经济共享看作是一种对自身利益的损害。从长远看,国家水库移民后期扶持政策对安置地集体经济在资金、技术和政策上的支持会在一定程度上促进安置地集体经济的发展。此外,移民的加入为村集体经济注入了充足的劳动力资源,村民集体经济也得到一次良好的发展机遇。

三、社会福利资源:共享保障与设施的不公

社会福利制度是以保障和改善民生为宗旨的社会制度,在没有完善社会保障体系的农村地区,社会福利显得尤为重要。关于"社会福利"的定义,中国争论颇多,本书在对移民共享社会福利的分析中,采用"大福利"②的概念,即以全体社会成员为对象的社会福利。大福利概念以社会成员的基本福利需求为中心,主要包括教育福利需求、工作福利需求、健康福利需求、养老福利需求和居住福利需求。大福利概念中的福利内容(项目)主要包括教育福利、就业(工作)福利、健康福利、养老福利和住房(居住)福利等。③移民也迫切希望共享均等的社会福利。在社会福利方面,移民共享保障与发展的不公主要表现在以下几个方面。

1. 移民无法参与安置地的老年协会

农村老年协会是农村老年人的互助组织,其宗旨是维护老年人的合法权益,提高老年人的社会福利水平。老年协会遍布中国各地,在福利供给不足的农村社会作用尤为显著。在R市,不少村庄的老年协会管理未承包的集体资产,通过市场化运作获得了很大的经济回报。R市H村的老年协会仅通过管理市场,每年就

---

① R市为促进库区和安置区移民生产生活及其社会稳定,利用国家出台的专项资金进行扶持,扶持范围主要为安置地所在的农村移民所在的村(组)和调出土地的村(组)。

② "大福利"的概念等同于我国现行的社会保障体系,但是考虑到农村社会保障制度的"真空化",此处用"社会福利"的概念来表达研究的具体内容。

③ 景天魁,毕天云. 从小福利迈向大福利:中国特色福利制度的新阶段[J]. 理论前沿,2009,(11):5-9.

有十余万元的收入。另外,老年协会能够广纳社会捐助,收取会员会费,紧缩行政开支,通常在提供会员基本福利之后仍有剩余。甚至个别村庄在兴办乡村集体事业时,村"两委"还需向老年协会借款。[①]

在 R 市,村老年协会主要由村委会领导,其活动场所与经费由村委会或自己解决。由于 R 市经济比较发达,老年协会获得社会资源的渠道较多,开展的老人互助与社会公益活动也较多,因而成为 R 市农村老年人实现保障和获得福利的重要组织形式。移民被排斥在老年协会之外,不被安置点的老年协会接纳,移民无法享受相关的尊老政策和老年活动设施。特别是在经济发达地区,由老年协会成立的老年帮运队是增加村里老年人收入的主要来源,是提高老年人生活水平的重要举措,无法加入老年协会的移民难以获得均等的社会福利保障,尤其是处于弱势地位的移民群体,原居民往往会把他们排斥在外。

> 老年组织是我们自己辛苦经营的,这是我们的合作性的非正式组织,相当于我们的私产吧,我们不可能让他们平白享受啊。除非交出相当的会费,不然不可能加入我们自己的组织中。(来自对 R 市 H 村副书记 ZW 的访谈,2011)

2. 移民共享安置地文化设施及活动的不公

> R 市 H 村读书室有一张开放须知张贴在墙壁上。该通知写明,服务对象为本村村民,村里移民经常会被拦在村民读书室外,因此,移民多次与村委会发生争执。村委会的副书记表示村委会对移民很照顾,在村里还有两处活动场所可供移民使用。很多移民不爱护村读书室的卫生,村民意见很大,并且由于空间很小,怕移民与本地人闹矛盾。因此才禁止移民入内。(来自对 R 市 H 村副书记 ZW 的访谈,2011)

移民无法共享文化活动场所,这明显是对水利水电工程移民的不公。如果移民不能公平地共享安置点的公共设施,有可能会加大移民的心理落差,产生"相

[①] 邓燕华,阮横俯. 农村银色力量何以可能?——以浙江老年协会为例[J]. 社会学研究,2008,(06):131-154+245.

对剥夺感"。在 R 市 TX 镇 HH 移民安置村，笔者也发现村里的老年活动中心、村委会活动中心和村读书室等文化设施名义上对原住村民和移民开放，但是却通过对村里文化活动设施的管理将移民排斥在外。

"总是以种种借口不给移民使用文化活动室，活动室的钥匙都是由本村人保管。"（来自访谈 4，2011）

此外，移民往往也很难参与到安置地的文化活动中。

"这是我们自己人组织的，又没规定必须让他们来，再说让他们来干吗，他们跟我们的想法都不一样，我们这边都喜欢扭秧歌，到了晚上我们都会自发地到村活动中心进行比赛，他们都不会，并且还听到人家背后说我们不务正业，让他们来不是给我们自己找不自在嘛。"（来自对 TX 镇 TS 村的村民 ZSW 的访谈，2011）

案例中，由于文化背景的不同，安置地的移民与原居民无法进行良好的沟通，导致他们被排斥在村里最热闹的活动中心之外，无法共享移民安置地的文化活动。但是移民参与当地文化活动具有积极的作用，它能够有效改善移民与原住村民的关系，促进移民与安置地居民的融合。如果移民共享安置地文化活动的诉求得不到满足，很难从生活方式、风俗观念和社会文化心理等层面缩小他们之间的差异，这影响到移民与安置地原住村民的和谐相处。

3."标签化"：移民无法获得公平的就业机会

标签理论（Labeling Theory）是以社会学家莱默特（Edwin M. Lement）和贝克尔（Howard Becker）的理论为基础而形成的一种社会工作理论。标签理论认为，当某个人的"越轨"行为被发现并被周围社会中有一定"意义"的他人贴上了一种"标签"，并且它有积极和消极之分，不同的标签能够反映出不同的价值倾向，这对自己的发展产生了不同的影响。这样看来，水利水电工程移民被贴上什么性质的"标签"对他们的生产生活是有较大影响的。

R 市村集体经济发达，村办企业比较多。在 R 市，有些移民安置点兴办了自己的村办企业，成功地转移了当地的富余劳动力，促进了经济增长，增加了农民的收入。但是在调查中发现，有的村庄在村办企业招聘的过程中排斥移民，使得移民无法获得均等的就业机会，影响了移民收入的增加，阻碍了移民生活水平的提高与安置点的社会稳定，移民无法共享村庄发展的丰硕成果。移民"观念比较落后""技术不高"，这些标签贴在移民的身上，给当地企业招聘人员留下了不好的印象。移民标签形象的形成是由当地人对移民的不了解以及自身的心理所勾画出的刻板印象。这些嵌套在移民群体中的标签形象对移民就业产生了消极的影响，在某种程度上导致了移民就业的不公平。

R 市移民办公室一个工作人员聊到，现在 R 市的很多企业都对移民不是很欢迎。

> 一是同外省民工比，移民难照顾，要求高，又无一技之长；二是有些移民去企业打工后，学到技术就跳槽，企业无法用对待外省民工的办法进行管理，管不牢；三是有些移民认为自己是移民部门推荐的，不同于外省民工，应该多照顾点，加大了企业管理压力。（来自对 R 市移民后期扶持办公室科员的访谈，2011）

第四节　水利水电工程移民公平共享安置地资源不公的原因

第三节内容描述了移民共享安置地资源不公的现状，其中对原因也有零散的分析，但并不能充分地解释造成这种不公的原因。本节将从实践层面具体分析这种不公是如何产生的。造成这种不公的现状并不是某个单一因素所致，水利水电工程移民共享安置地资源不公问题是多种因素相互影响、相互作用的产物，并形成了一种特殊的环境。政府、移民、原居民这三个主体对移民安置地资源公平共享起到重要的影响：政府在移民政策执行中的偏差、移民在资源分配中公平感的缺失、原居民在资源分配中的排斥等多种因素共同造成了不公的现状。当然，作为一个社会现象，它的存在离不开社会环境及其变迁的影响。

一、政府在移民政策执行中的偏差

政府对水利水电工程移民政策的执行情况影响到移民共享安置地资源。政府是移民政策的主体，在资源的分配中处于主导地位，从某种程度上可以说政策的完善以及执行情况对于移民共享安置地资源起着基础性的作用。这里的政府是一个统称,对于 R 市水库来说,国家、R 市政府以及移民主管部门制定了移民政策,而基层政府则具体执行。在政策层面,移民应当享有基本相当的安置地资源,"基本相当"究竟是什么概念,政策的模糊使其难以量化操作,这为政策执行者增加了更多的主观性和随意性。在政策执行的过程中,移民工作是一项综合性工作,需要政府加强各部门之间的综合协调,仅仅依靠一个移民部门很难全面地维护移民的权利,政策的执行力度会被削弱。美国政策学者托马斯·R. 戴伊(Thomas R. Dye)认为凡是政府决定做或不做某件事的行为就是公共政策。① 公共政策是公共权力机关经由政治过程所选择和制定的,为解决公共问题、达成公共目标,以实现公共利益的方案,公共政策系统的运行有其自身的逻辑流程,这就决定了政府制定公共政策的初衷并不在于制定出政策本身,与公共政策有关的过程也不会因制定出了政策而宣告结束。② 一般来说,一套完整的政策执行包括政策制定、政策执行和政策反馈三个过程,其中能够影响到政策目标的主要有政策本身、政策的执行主体、政策对象以及政策环境四个方面。基于移民共享安置地资源不公的问题考察,本书从政策本身和执行过程中存在的问题两方面分析政府在水利水电工程移民政策执行中的偏差。

1."模糊性":政策本身的缺陷

(1) 政策本身一般概念化的描述,执行比较模糊

许多政策不能达到预期效果,执行中困难重重,在很大程度上与政策本身的缺陷有关。③ 水利水电工程移民资源共享不公的困境一部分是政策本身的不完善造成的。由国务院颁布实施的《大中型水利水电工程建设征地补偿和移民安置条例》规定:农村移民安置后,应当使移民拥有与移民安置区居民基本相当的土地等农业生产资料。在这其中,"基本相当"在实际操作过程中大多采用的是合理范围内的数量最低、质量较劣。况且,从融合与发展的角度来看,仅靠"土地等农业生产资料"的获取就可以实现安置地身份的获得吗?其他相关的社会、经济、福利等方面如何共享?这些在规定中没有给予明确的界定。

> TX 镇 HD 村,他们倒是按照政策的规定分给了我们土地,但土地

---

① 托马斯·R. 戴伊. 理解公共政策[M]. 彭勃,等译. 北京:华夏出版社,2004.
② 魏若溪. 政府公信力问题研究[D]. 西安:长安大学,2013.
③ 陈振明. 从公共行政学、新公共行政学到公共管理学——西方政府管理研究领域的"范式"变化[J]. 政治学研究,1999,(1):82-91.

的质量明显没有他们当地人的好。他们的接近水源，并且路程还近。我们找他们，他们说是按照规定给我们的，他们也没有办法。（来自对TX镇HD村移民LLW的访谈，2011）

TX镇TS村集体经济发达，我们当然也想加入啊，那我们当然要找移民办啊，他们会把文件拿出来说文件上没有规定我们必须享有当地的集体经济啊，他们也没办法啊，具体怎么操作他们也不知道啊，他们也想为我们解决困难啊。（来自对TX镇TS村移民代表LYT的访谈，2011）

移民政策不明确，无论是针对移民生活水平的目标，还是安置区资源分配的问题，都只是做了一般概念化的描述，具有很大的模糊性。这必然影响相应的政策措施的执行和贯彻，也无法对目标进行有效控制。调查发现，政策执行存在较大的随意性，大部分基层政府往往按照规定只是给予移民基本的土地资料作为生产保障，至于其他社会福利因为没有明确的规定，则声称不在他们的职责范围内。

调查中，笔者发现一个让人十分无奈的现象，在政策不完善的情况下，移民的权利实际上便由政策执行者依据自身对政策的理解和其"官德"来决定，如此，政策便具有很大的操作空间，但这往往造成难以预料的结果。一些地方，移民如果想与当地居民取得同等的安置地资源的共享权，必须要上访甚至是"闹"，移民权利的大小在于"闹"与否和"闹"的程度。

以DS街道戴某、徐某为代表的32户移民主要生活在城郊接合部一些"城中村"，自动迁以来，一直未能真正融入当地社会，户口未能落实到村，移民应有的权利得不到维护。主要面临着以下几个问题：一，户口落实问题；二，政治权利问题；三，学生就学问题；四，村集体资产分配问题；五，医疗保险问题。他们曾经多次寻求移民部门和当地基层政府的帮助，但总被以没有具体政策规定为理由拒绝。大家没有其他办法，只好凑出7万元，在2007年前后多次到市政府进行上访，甚至赴省进京上访，最终引起了市政府的高度重视，并出台专门的文件解决移民选举、就学、参军、党组织关系落实、卫生费及治安费缴纳、出具相关证明等诸多问题，但村集体财产分配这一较大利益的要求仍无法实现。

由于政策的模糊性和不完善，自谋出路的移民无法公平地与安置地居民享有应有的政治、经济和社会福利的权利。在政治上，户口未解决使得他们不能按照规定参加选举；在经济上，由于没有相关的共享安置地集体经济的政策，他们无法共享安置地集体经济；在社会福利上，他们被排斥在城乡合作医疗之外。从上面的案例可以看出，移民能不能共享安置地资源与政策的完善与否具有很大的联系。在政策不完善的情况下，移民似乎也只能通过所谓的"闹"来督促政府去解决相关的问题。当然，发生这样事情的主要原因不在于基层工作人员的不务实，调查中发现在维持稳定方面，移民与政策执行者具有共同的利益，政策执行者会力尽所能地去帮助解决移民的问题，从而保证辖区的稳定。

> 我们当然想帮他们啊，但是我们也必须按照政策的规定啊，那些模糊的概念我们也不知道怎么处理，只能根据实际情况，但是我们又不敢过高地去按照文件规定去做，只能从最低的要求出发。你想想文件没有详细规定，要是我们做的出了事情怎么办。但是不做吧我们怕他们闹啊，闹大了我们就吃亏了，但是我们也是真的很难啊。（来自对 R 市移民办后期扶持科室科长的访谈）

政策本身的缺陷使得移民应当享有的资源无法获得，这不仅是对移民应得利益的侵犯，更是在一定程度上损害了政府的公信力和权威。水利水电工程移民的政策完善与否是移民能否公平共享安置地资源的一个基础，不仅会影响移民的安置及后期扶持的开展，而且还对移民生产生活水平的提高有着重要的作用，这就需要我们在政策制定中必须明确、贴近实际。

（2）新旧政策的衔接

自国务院 17 号文件颁布以后，如何开展水库移民的后期扶持有了明确的依据，即资金直补和项目扶持的方式。资金直补是一项容易操作的扶持方式，每年根据后期扶持人口直补到人。而项目扶持并没有现成的模板可依，需要基层的移民工作者在实践中不断摸索。但是在开展项目扶持的过程中，往往会遇到新旧政策叠加冲击的问题，特别是针对同一问题，不同部门可能会有不同的政策出台，或是旧的政策还没执行，新的政策又提了出来，这就造成了实际工作的进退两难，以至无法开展工作。新旧政策的衔接不当造成政策之间的叠加冲击，会影响政策的公信力，影响到政策的实施，使其无法达到政策的设计效果。在具体的执行中政策具有很大的操作空间，这样难免会损害到移民的权利。

2."局部性"：政策执行中的偏差

从本质上说，公共政策的执行是政策执行者遵循公共政策指令所进行的变革，是为了实现公共政策目标而重新调整公共行为模式的过程。也就是说，公共政策的执行者可以根据实际情况和政策的意图与目标，不拘一格地实现政策目标，政策执行者客观上拥有较大的自主权。政策偏差一般可以理解为一项公共政策的执行结果与既定目标发生了不一致。如果出现了这种情况，不仅会违背政策制定的初衷，也不符公共利益。在政策执行中，政策目标的实现最终会受到各种各样因素的影响。根据相关的移民安置和后期扶持政策，移民应当享受一些权力和利益，政策执行者在实践中真正做到政策设计与政策执行结果相一致，有利于维护政府的权威和公信力。

《大中型水利水电工程建设征地补偿和移民安置条例》明确规定，农村移民安置后，应当使移民拥有与移民安置区居民基本相当的土地等农业生产资料。此外，按照R市移民工作的要求，R市移民工作坚持属地管理的原则，各级政府切实担负起管理职责，把移民纳入当地的社会管理范畴，使之与当地居民享有同等的政治、经济待遇，努力使移民遗留的不公问题得到妥善解决。这些政策均提出了移民共享安置点资源的措施，但在政策实际实施中出现了偏差。国家的政策法规虽然已经规定了移民的相关权利，但是在基层实践中并不能完全按照国家的"文本"规定执行，这影响到移民公平共享安置地的资源。在调查中发现政策偏差的主要类型是政策执行者由于各种原因有选择地执行国家的政策，导致政策不能完全落实。当然，导致政策执行不完善的因素有很多，在R市的调查中，笔者发现政府之间的协调配合困难对于政策执行中的偏差也有很大的影响。

> LS村是SX水利枢纽工程移民行政村，全村135户565人，共有移民房222间。1997年动迁安置时，R市把该村作为全市移民安置的试点，采用了征地和旧村置换相结合的方式，征用QL村14.7亩土地建造移民安置房98间（该98间已办理国有土地使用权证和房屋产权证）。同时用移民安置建房指标36亩调换QL村下村自然村旧房52间，占地面积42.25亩。10多年来，调换给LS村的房屋两证办理一直困扰着LS移民。"两证难"的问题涉及WZ市国土局、省国土厅以及乡镇府和LS村委会，一直未能解决，移民享受不到应有的权利，移民上访不断。

2010年1月，在相关省级领导的带领下，省信访局、公安厅、国土资源厅等相关单位的负责人进行调研，明确具体解决方案，LS村移民"两证难"的问题才得以解决。（来自R市移民典型案例介绍的材料汇报）

一项政策的执行不是独立的，在社会系统中，移民工作是一项综合性的工作，需要党、政府加强领导，需要各部门之间综合协调，仅仅依靠一个移民部门很难全面地去维护移民的权利。在移民权利维护过程中，移民部门扮演着一个比较特殊的角色，他们不是移民政策的制定者，而是移民政策的直接执行者，被赋予解决移民困难的责任。然而尴尬的是，一方面，作为移民利益代表的他们本身的权利范围较小；另一方面，移民工作涉及的是一项复杂的社会工程，涉及各个部门甚至更高层次的领导机构，单单一个移民部门不能解决所有的问题。很明显，个案中的"两证难"问题涉及办理国有划拨土地和对危旧房的改造，这不是R市移民办甚至不是上级移民部门所能办到的，必须依靠各个部门之间的协调才能解决。

我们是按照相关的规定给予使用者土地使用证，我们是为全县人民服务的，他们移民有自己专门的移民部门办理，再说他们的一些具体扶持政策我们也不是很懂，只有在我们的范畴内我们才会管。（来自对LL村所在HH县的土地管理部门工作人员ZWS的访谈，2011）

调查发现这样的情况不止在一个地方出现，一些部门认为移民工作原本就属移民系统分内的工作，工作协调难，容易造成移民系统"单兵作战"的现象，这就更容易导致移民共享安置地资源的问题难以解决。

二、移民在资源分配中公平感的缺失

一方面，公平感与水利水电工程移民在安置地资源享有权的多少有关，享有安置地资源的多少直接关系到他们的切身利益，享有的资源越多越会感到满意。反之，如果比安置地的原居民少则会产生不公的感觉。另一方面，公平感也与水利水电工程移民主观上的期望有关，移民对安置地生活的期望与现实中的差距的大小影响着他们对于公平的理解。主观期望越高而现实分配中收入越少，就越容易产生不公感。人们通过选择社会比较标准创造着自己的主观世界。① 分配公平感可以界定为人们对社会资源分配状况的主观判断评价和态度②，它又可以进一步地被区分为基于社会分配的宏观分配公平感和基于个体收入分配的微观公平感③。也可以说，公平与人的主观感受有关，与人的主观期望有关。与过去的生活状况相比或是与周围的人相比，如果人们对目前的状况比较满意，那么会更加认同目前的状态，自然而然公平感便比较强；反之，如果目前的生活状况与周围人相比较差的话，那么人们便会普遍地感觉到不公平，尤其是在资源占有或者政策不利于自己一方的情况下。

1. 不平等的资源享有权

世界著名移民与社会学家迈克尔·M. 塞尼认为在水资源开发项目中，水利水电工程移民面临着边缘化的风险。搬迁后，他们虽然能够在安置地拥有一定的土地资源，但是却被排斥在安置地的公共资源之外，即移民搬迁会面临着失去公共资源的公平享有权。④ 一方面，R 市为"七山二水一分田"的资源背景，多是丘陵山地，平原很少，资源匮乏。与搬迁前相比，移民可获得的资源相对较少，但是生活的负担与在原居地的时候相比却大得多。移民搬迁到安置地后并不能获得同质量的土地资源，资源较少而生活风险大，移民对目前的生活状况不是很满意，这自然使得移民感觉到不公正。另一方面，与安置地居民多年的积累相比，移民刚进入这个群体面临着各种贫困风险。移民外迁到安置地后，传统的社会关系网络被打破，社会地位下降，加上新分土地的低产率和失去传统的非农收入机会，扩大了移民群体与安置地居民的差异。搬迁后，移民虽然拥有一定的耕地资源，却被排斥在安置点的公共资源之外，失去公共资源享有权。从选举权和管理权的困境到安置地村集体经济难以共享，再到社会福利保障资源的难以共享，移民不仅仅要面临尽快恢复和发展的艰巨任务，同时还面临着公共资源分配不公的困境。公共资源享有权的不平等使得他们缺失了公平感，尤其是与原居民相比，不管是生产资源还是生活水平，都存在较大差距，更容易产生不公平心理。

---

① Taylor S E, Lobel M. Social Comparison Activity under Threat: Downward Evaluation and Upward Contacts [J]. Psychological Review, 1989, 96(4): 569 - 75.

② Jasso G, Wegener B. Methods for Empirical Justice Analysis: Part 1. Framework, Models, and Quantities [J]. Social Justice Research, 1997, 10: 393 - 430.

③ Wegener B. Relative Deprivation and Social Mobility: Structural Constraints on Distributive Justice Judgments [J]. European Sociological Review, 1991, 7(1): 3 - 18.

④ 迈克尔·M. 塞尼. 移民·重建·发展——世界银行移民政策与经验研究（二）[M]. 水库移民经济研究中心, 编译. 南京：河海大学出版社, 1998.

凭什么他们的地就比我们多，你们把我们搬迁到这里，你看看周围的人他们都很富裕，我们这么穷，也不知道在政策上给予我们优惠，让我们能够占有一定的公共资源。他们享有的我们也必须享有啊，我们付出的可比他们多，我们背井离乡的，这对我们太不公平了。（来自对 R 市 LH 镇 SH 村移民 ZWA 的访谈，2012）

2. 个人期望与现实的收入差距

我们以前在山里种植些经济作物，在河里捞些沙子和石头卖，也可以赚到不少的钱。如今到了安置地，生活的成本增加了，吃的用的都要靠买，但是我们的收入又增加不多。我们的土地资源很少，靠种植和养殖那点收入根本养不活我们。我们又没有什么技能，即使有技能也不好找工作，都是靠人家介绍的，自己找都无从下手。政府也给我们组织过一些培训，但还是不能包给工作，要是自己想做生意又没那么多钱。（来自对 LH 镇 SH 村移民 ZSM 的访谈，2011）

水利水电工程移民来到安置地以后，原有的经济系统被打破，在新的经济系统中又无法找到自己的位置，失去传统的非农收入机会，直接的后果是移民收入的减少。收入的减少，生活支出的增加，伴随着的是负面情绪的产生。

我们在这边人生地不熟。当年镇里那些人说我们搬到这里能给我们安排工作，不过我们这些人来到这里发现并没安排什么像样子的工作，给镇里某些单位打扫卫生，竟然还要我们扫大街。我们都不满意，只有自己找活了。移民办组织的技术培训也比较少，而且透明度不高，我们希望能多些培训机会，多一些职业介绍。据说政策规定找工作时移民优先，但是实际上，我们移民不但没有享受任何优惠，而且找工作时压力比非移民大多了。（来自对 AJ 镇 JY 村移民 HKL 的访谈，2012）

由于移民扶持政策和政府搬迁时的大力宣传——安置地土地资源充足、基础设施完善、集体经济发达、就业机会多，移民对于个体收入的提高具有较高的期望，但在实际生活中却出现另外一番现象，即安置地资源紧张、强势的原居民，移民在与当地居民的资源争夺中处于弱势。

> 他们说那里资源丰富，我们能够获得更好的条件，但来了才发现根本不是那么回事，土地质量没法跟原居民的比，我们的福利也远远不如当地人，生活的开销又这么大，到了年底发现今年一年白忙活了，压根一毛钱都没剩下。（来自对 R 市 AJ 镇 JY 村移民 XLM 的访谈）

安置前与安置后个体收入情况的对比，安置后移民与原居民收入的对比，使得他们明显地感受到自己个人收入相对较少，没有达到他们期望中的收入水平，很容易产生不公的感受。

这里，仅仅从期望的角度考虑个体的收入情况，个体收入的期望越大越容易觉得个人的现实收入越少。水利水电工程移民对安置后的个体收入产生了较高的期望，而移民带着这种期望搬迁安置后，却发现与现实之间存在较大的差距。正是这种过高的期望造成了移民心态上的失衡，而这种心态上的失衡所带来的是移民强烈的挫折感。当享受不到安置地资源的时候，不管什么情况和原因，移民总会产生一种不公的感觉，这对移民的认知产生了很大的影响。在调查中发现，很少有移民把不公的原因归结为自身素质、生活技能与当地人的差距导致的财富、政治权利等方面的不平等，人们往往把生活中的不公现象归咎于政策不公，甚至是命运不公，很少从自身角度去分析这种状况的产生。

实际上，调查发现移民自身的劳动力素质和落后的思想观念影响着移民与安置地居民之间关于资源的竞争力，竞争力缺乏导致个人在资源分配中处于弱势地位。一方面，R 市水利水电工程移民大都来自偏远落后的山区，移民自身的生产技能和知识比较贫乏，与当地居民相比缺乏竞争力；另一方面，一部分移民在迁移安置后仍然延续从前的生产生活方式，不能根据环境条件的变化积极学习各种技能、参与市场竞争、适应市场要求。[1] R 市水利水电工程移民在迁移前多生活在偏僻的山村，经济发展落后，受教育程度低，生活技能缺乏，观念比较落后，缺乏竞争意识，导致搬迁到安置地后移民的收入水平与原居民相比存在较大差距。这些都导致移民在与原居民进行各种资源的竞争中处于弱势地位。

---

[1] 韩振燕，韦永生，杨柳. 民生关注下的工程移民发展研究[J]. 广西社会科学，2009，(11)：96-99.

有不少的移民来到这边以后，总感觉国家应该要负责他们的生活，没什么技能，也不想出去找工作，尤其是妇女，根本不出去找工作，全家靠房租生活，看到别人富起来了，就会觉得自己得到的太少，抱怨政府给予的少，感慨生活的不公。（来自XC镇YC居民座谈会上负责人的发言）

三、原居民在资源分配中的排斥

原居民在安置地分配中的排斥阻碍了移民公平地共享安置地的资源。原居民在经历各种与水利水电工程移民的文化差异、资源分配中的冲突和矛盾之后，逐渐将水利水电工程移民定位为"外来者"与"受益者"，把自己定位为"自家人"与"受损者"，这在某种程度上会增加"圈内"原居民在资源分配中对移民的排斥，他们能够利用自身力量影响到移民政策的执行，进而影响水利水电工程移民公平共享安置地资源。

1. "外来者"与"自家人"

费孝通用其著名的"差序格局"理论来形容中国传统社会的人际关系："我们的格局好像把一块石头丢在水面上所发生的一圈圈推出去的波纹。每个人都是他社会影响所推出去的圈子的中心。被圈子的波纹所推及的就发生了联系。每个人在某一时间某一地点所动用的圈子是不一定相同的。"[①] 王询则进一步指出"'圈内'的是'自己人'，'圈外'的则是外人，'自己人'相互信任，易于合作，交往频繁；对'外人'则充满疑虑，不易合作，交往较少，并且认为人们总是为了对付共同的敌人而团结起来"[②]。移民的出现使得安置区增加了一个新的群体，并且他们与原居民的生活习惯、文化心理等方面可能存在着差异，与原有的生活生产圈相比，便有了"圈内"和"圈外"的区分。从而，原居民产生了"我们"与"他们"的区分，这种身份的区分使得移民难以融入当地居民生活生产的圈内，他们之间没有能够建立起良好的社会关系，进而没有能够形成认同、产生融合，并且容易使原居民产生排斥的心理。

> 我们这个村有好多年的历史，大家彼此都很熟悉，甚至都能搭上点

---

① 费孝通. 乡土中国[M]. 北京：生活·读书·新知三联书店，1985.
② 王询. 人际关系与经济交易[J]. 求是学刊，1997，(05)：42-46.

> 亲属关系，大家平时的生活都差不多，每个人都很了解彼此的情况，他们来到这里我们总感觉怪怪的，有时候他们的家乡话我们都听不懂，生活的习惯也与我们不同，所以我们也不怎么来往。（来自对 AJ 镇 HH 安置村村民 ZR 的访谈，2011）

在原居民的眼中，移民作为外来者，与原居民相比存在着很大的差距，他们有着不同于原居民的诸多方面：风俗习惯的不同、生活习惯的不同、文化心理的不同。这些不同使得他们彼此之间不自觉地建立起不同的身份识别，从而形成了不同的"圈子"：移民的"外来者"圈子和原居民的"自家人"圈子。

> 在我们村委会的选举中，投票当然是给我们本村的人了，我们是一个家族的嘛，怎么也不能给那些外乡来的人吧。自家的人我放心，肯定会代表我们自己人的利益，也更可能在将来帮上忙。再说我要是不投给自家的人，以后怎么在村中说话，会被其他本村人认为我胳膊向外拐。（来自对 HL 村原居民 HL 的访谈，2011）。

在 R 市农村的大部分地区，风俗习惯、宗族教条和村规民约等"自然法"依然十分盛行，甚至对问题的决策和处理还发挥着支配作用，村民在投票时往往更多的是考虑家族的势力、人情关系以及传统的风俗习俗。在安置区基层政策的运作中，这种身份的区分成为居民在选举中投票的最主要考虑因素。更深层次的，在移民没有来之前，安置地的资源分配格局已经形成，原居民在这个格局中持续着世代相传的资源分配及占有格局，这种资源的分配方式对于已经习以为常的原居民来说是公平的，没有"受损者"和"受益者"之分。但是移民进入安置地后，国家对移民给予了很多的政策优惠，如每个移民在搬迁之后的 20 年内每年会得到 600 元补助，在 2 年以内享受国家的生产资料购置补助费、过渡期和生活困难户补助费，以及免征农业税和农业特产税等，而同样为水利水电工程移民调配出本村土地资源和公共资源的原居民却不能享受到这种政策的优惠。

> 人家跟我们不一样，我们可没那么好的政策。

这种身份的区别影响到居民和移民的融合问题，进而在一定程度上对移民在安置地的资源公平共享产生很大的消极影响。

当然,两种身份的区分不仅仅是原居民自身的盲目排外,移民的消极融合也在一定程度上加剧了原居民这种排斥的心理。移民被安置在新的社会之中,他们原有的社会结构被彻底改变,进入安置地以后,除了要尽快恢复生产活动,还要接受新的安置地的文化、思想观念、风俗习惯等,而能否很快接受这些新的要素,都关系到他们与原居民之间的关系。

有些移民在安置区融合遇到的问题也使他们刻意去保持这种身份,虽然移民在形式上已经是安置区的居民,但是却由于没有相应的地域文化而缺乏对这片土地的感情,这使得部分移民需要很长时间才能从心理上和思想上走出对故乡的认同感,去重新塑造现在的身份,进而融入当地。

> 我们为了国家的水电事业付出了巨大的牺牲,你想想啊,我们也很不容易,背井离乡,失去了我们原有的土地,国家把我们搬迁之前就已经答应过我们会让我们公平地享受安置区的资源,我们是按照规定得到我们的东西,我们不用求他们什么。再说,你看我们之间的差距真的很大的,他们都太精明,太不重感情了,不能理解他们的这种思维。有时候能感觉到他们看我们的眼光怪怪的,好像很不屑与我们交往,我们才不热脸去贴人家冷屁股呢。(来自对 HL 村移民 HL 的访谈,2011)

移民认为自身已经为水利工程的建设付出了巨大牺牲,存在着一定的心理依赖,抱着"等、靠、要"的思想,盲目地只顾自身利益,再加上搬迁后的心理落差,希望能够共享安置点的所有资源。国家对于水利水电工程移民在安置区的生产生活发展给予了很大的政策优惠,这使得部分移民"等、靠、要"的思想严重,甚至会以特殊居民的心态自居。这影响到他们与原居民之间的融合关系,在很大程度上阻碍着移民共享资源的可能性。

2."受损者"与"受益者"

在移民搬迁之前,安置地的原居民已经是一个亲近有序的圈子,社会关系网络比较稳定,这个时候原居民自身形成的是一个世代相传的群体圈子,大家都是这个群体中的一员,群体的关系相对稳定。但是当水利水电工程移民进入安置地后,必然会打破安置地原有的传统格局,资源的分配格局也会相应发生变化。在新的一轮资源分配中,原居民与移民根据各自原有的圈子形成新的群体圈子。在移民的眼中，原居民充当着"自家人"的角色，他们维护的是他们本村的利益；而在原居民的眼中，移民是"外来者"，在国家政策的规定下，他们进入自己的家园，与他们共享本来就已经十分缺乏的自然资源和世世代代辛苦创造的集体财富。这种身份的区分导致了他们对于移民安置地资源的公平共享出现心理上的不接纳，对资源分配活动产生很大的影响。

> 在移民搬来之前，我们每一户人家占有的耕地都是早已定好的，平均每人可以分到 0.8 亩。按照国家的规定，我们村接受了 50 个移民。他们搬迁来了之后，我们村从 3、6 和 8 小组中调出水田 18 亩，旱田 29 亩和园地 8.9 亩。本来说好是由国家给予我们村民重新划拨邻村的 30 亩土地过来补偿给我们，后来隔壁村不愿意，闹了好久最后反而不了了之了。结果呢，现在我们村每个村民只能分到 0.68 亩的土地，你说大家心里能高兴嘛。再后来他们竟然又提出要参与我们的村集体经济，这我们不干了。我们花了那么多的时间和精力，经历了多少代的辛苦积攒才得来这点集体经济，凭什么让我们白白地分给他们？国家给他们的补助是不是我们也能分到啊？（来自对 TX 镇 TS 村村主任 ZSR 的访谈，2011）

原居民把自己看作是利益的"受损者"，把水利水电工程移民看作是"受益者"，他们对这两种身份进行了清晰的界定。相当部分的原居民认为，接纳移民已经是自身为移民安置稳定与发展做出了贡献，再把原本就已经十分有限的资源与移民共享就会损害自己的利益。在原居民的眼中，集体经济是他们创造的私有品，在政策执行中，必须要对原有积累的集体经济区别对待，不能让移民无条件分享原有的集体经济，移民应当参照原有公共资源投入比例，按折价比例返现才能共享资源。同时，由于移民安置点的路面建设、自来水管道铺设的标准高，而政府对移民安置点的建设投入少，移民安置已经使得安置点负担沉重，还要让移民共享公共资源，这就造成安置点原居民的心理不平衡，导致安置点原居民与移民的利益冲突，使得政策的规定与安置点群众的利益产生分歧。事实上，对于水利水电工程移民来说，他们同样为水利水电工程建设付出了巨大的牺牲，失去家园，来到一个陌生的环境重新开始一种新的生活，"舍小家、顾大家"，他们迫切希望能够与当地居民公平地共享资源。

由于原居民自我定位为"受损者"，或者更准确地说，他们的既得利益由于水利水电工程移民的到来受到了损失，再加上如果移民与原居民的关系不融洽，那么原居民便会用种种手段来保护自己的既得利益。同时，这种"受损者"和"受益者"身份的区分，容易加深两个群体之间的矛盾，这使得安置点的原住村民很难主动与移民共享自己的公共资源。

四、社会环境的变迁

社会环境的变迁在一定程度上影响移民安置地资源的公平共享。任何一项社会政策的执行都离不开其所在的环境。由于移民生活环境的变化，在迁移、安置过程中必然会出现一些急需解决而又因为客观条件限制难以解决的问题，如资源分配、安置地经济条件等不能满足部分移民的要求等，从而导致一些移民不满，产生不公平的心态。近几年 R 市土地资源的升值使得本来就紧张的土地资源成为资源竞争的重点，经济发展的不平衡在一定程度上也对移民的心理产生了影响，容易产生心理的落差，使移民产生不公平的心理。

1. 土地价值的升值

土地价值的升值是中国城市化、工业化和现代化进程的结果。R 市"七山二水一分田"，土地紧缺，人们对土地十分渴望。土地的升值、房价的上涨等因素使得即使是在安置水利水电工程移民的农村地区，土地资源的争夺也很激烈。原住地居民的自身用地已经成了问题，更别谈对于移民生产、生活（宅基地）用地的分配了。

> 我们这边寸土寸金，安置的时候说好的，我们村接受了这批移民，会帮我们再划分出一块集体土地，但由于周边村庄的土地价格飞涨，最后也不了了之。这样我们的土地自己都不够用，怎么给他们用嘛。（来自对 R 市 LH 镇 SH 村村支书 ZYY 的访谈，2011）

土地资源的升值使得本来就竞争激烈的土地资源显得越发珍贵。在这种情况下，处于弱势群体的移民很难公平地与安置地的原居民共享安置地的土地资源。

R 市水利水电工程移民共享安置地资源公平与否，除了与政策有关，也与 R 市社会环境的变迁有很大的关系。R 市土地资源的升值、经济发展的不平衡、搬迁后生活成本的增加等外在环境的变迁都对其产生着重要的影响。特别是近几年来社会经济的发展，R 市土地资源升值较快，对于资源的争夺现象越来越严重。这些外在的社会环境变迁也在一定程度上影响移民安置地资源的公平共享。

2. 经济发展的不平衡

一方面，R 市经济发展迅速，居民收入增长迅速，但是经济发展极不平衡，特别是村集体经济的差异很大，有的村集体经济十分发达，有的村则相对薄弱，使得同一水库的移民安置在不同的村所获得的资源也不同。

> 我弟弟他们家就被分配在隔壁村，他们每年都可以从村集体企业中分到好几千块钱呢，我现在的地方却只分到几百块，我知道是他们村集体经济效益好点，但是怎么也感觉心里有点不舒服。（来自对 R 市 LH 镇 SH 村移民 ZSQ 的访谈，2012）

一个家的人，又同样是水利水电工程移民，只是由于安置地经济情况的不同，导致收益的不同，他们虽然能够明白其中的原因，但难免会与他人对比，形成差距，容易产生所谓"命运"不公的心理，这会影响到他们的公平感。

另一方面，移民的收入与当地居民相比仍然存在较大的差距。在笔者进行的 R 市"四大工程"绩效评估中，将对移民工作最重要的 2007~2011 年移民的收入情况与当地村民进行了对比，具体情况如表 4-1。

表 4-1　R 市移民人均年收入与农村居民人均年收入对比表（单位：元）

年份（年）	类别 移民	村民
2007	3 904	6 875
2008	4 987	8 213
2009	6 231	8 920
2010	7 564	9 456
2011	8 675	10 212

从收入水平来看，在 2007~2011 年，R 市水利水电工程移民收入逐步提高，从 2007 年的人均年收入 3 904 元到 2011 年的人均年收入 8 675 元，人均年收入增加了一倍多，但与当地居民相比仍然存在较大的差距。纵向上，水利水电工程移民 2011 年的人均年收入仅相当于当地居民 2009 年的人均年收入水平；横向上，2011 年水利水电工程移民与当地村民的人均年收入相差 1 537 元。横向和纵向的比较，在一定程度上对移民的心理产生了影响，容易使移民产生心理的落差。

3. 生活成本的增加

R市的水利水电工程移民多来自山区,搬迁到安置地后,在日常的生活中出现了许多在原来山区生活中没有的生活支出项目。如移民在安置地必须购买自来水用于日常的生活,而在山区却可以使用免费的山水,自谋职业安置方式的水利水电工程移民必须要买菜买粮食,而在原来的山区可以自给自足,交通、通讯以及燃气的使用方便了移民的生产生活,但增加了生活的成本。一方面,由于移民自身的素质较差,技能比较单一,找工作比较困难,且工资往往较低,收入减少;另一方面,他们在安置地的生活开支却不断增加。尤其近几年房价的上涨速度是他们在搬迁前不曾预料到的。在R市TX镇TC居民区的座谈会上,笔者感受到移民对于房价居高的感慨,这个镇的房价升值很快,从1999年的每间12万,到现在已经达到每间百万。"移民二代"婚房的需求很大,但高额的房价导致移民购房上的经济困难。水利水电工程移民本身的经济条件有限,无法与原居民相比,再加上生活支出上的增加,面对家庭人口增加,出现了住房紧张的情况。这种状况是由社会环境的变迁所导致的,而移民往往将这种状况发生的原因统统归结到政府和原居民的身上。

第五章　水利水电工程移民工作中的政府角色

水利水电工程移民对政府有较大的依赖性，其迁移力量主要来自政府的宣传和引导。中国实行的是社会主义制度，这一基本国情决定了中国的水利水电工程移民工作不可能摆脱政府而由项目业主或法人单独完成，它需要各级政府的强力介入和推动，并担当重要的角色。[①] 政府负责移民的搬迁安置规划制定、实施以及移民政策的落实，处理移民过程中的各种问题，帮助移民恢复和提高生产生活水平，很多时候需要采取行政手段进行干预。

第一节　相关政府角色的基本理论

一、政府角色概念的界定

广义的政府指国家的立法、行政、司法等各种国家机关，其目的是维护一个国家的公共秩序，并按其特定的区划原则进行组织，是以国家机器的暴力作为支撑的政治体系和社会管理组织。狭义的政府专门用于指代国家行政，其各个分支部门共同组成了国家机构，能够作为统治阶级的工具实施其政策。政府角色则是将其所具有的功能和作用进行了人格化。[②]

政府的角色经历了一个纷繁复杂的变迁过程，从最初单纯作为制定政策的权威，到后来将制定政策分享给人民作为权利与义务的权威，再到只是一个为社会提供公众服务的权利集团。我们对政府角色的调整过程进行分析与回顾，不难发现，在西方各主要国家，政府角色正在从自由主义的"守夜人"到凯恩斯主义的

[①] 徐和森. 中国特色的移民之路——工程移民工作研究[M]. 南京：河海大学出版社，1995.
[②] 陈建平. 试论政府角色定位之理论范式的变迁及启示[J]. 云南行政学院学报，2005，(05)：45-47.

"道德人"再到新自由主义的"经济人"的道路上不断变化,并未有优劣高下之分。"汝之蜜糖,彼之砒霜",角色的不同恰恰是因为当时的经济、社会、文化、科学发展情况不同,政府角色并不是一成不变的。中国从计划经济向市场经济体制逐步转变,政府为了适应不断变化的国情,也需要不断自我更新。

政府角色描述的是拥有国家最高管理权威的政府,在日常行政管理与处理公共事务中所显现出的身份与功能,是对政府地位、职责、作用人格化表现形式的概括。"政府角色"在本书中特指政府在水利水电工程移民管理领域中,依据现实需要行使相应权力承担责任、履行社会职责时的身份、地位和作用的一系列行为模式。

二、基础理论

1. 政府角色理论

政府因其组织规模、权威性以及领导地位,无可争议地成为所有公共组织中的核心和主导。政府作为公共组织的特点体现在公共性、权威性、行政性、非营利性和分级管理。政府在社会生活中发挥着各种各样的作用,提供国防、立法、司法、行政管理、道路、桥梁、城市基础设施等纯公共物品以及基础教育、环境保护等具有较大外部效益的准公共物品;稳定经济,保护竞争;调节收入分配,以缩小贫富差距,缓解社会矛盾,实现社会公平;等等。政府的职能和作用似乎无法穷尽罗列,那么政府究竟扮演什么样的角色?长久以来,这个话题一直在被关注和研究。政府角色的理论流派主要分为自由放任国家阶段(18世纪中下叶~19世纪末)的自由主义政府论、福利国家阶段(19世纪末20世纪初~20世纪70年代末)的凯恩斯主义政府论、新自由主义国家阶段(20世纪70年代末80年代初~今)的新自由主义政府论。[①]

(1)自由主义政府论

1776年,亚当·斯密发表的《国富论》主张个人主义、财产私有制、经济自由、有限政府。他认为,政府的角色相当于"守夜人",存在的目的在于保护个人的自由,整个社会利益会随着个人追求私利自然而然地增长。在亚当·斯密看来,只有对内、对外的商业不受任何限制,自由竞争促使资源配置最优化,才能使一个国家得到充分的发展与繁荣。自由主义政治理论是以人本位价值观为基础,政府的职能是消极服务型,政府是人民的委托物和实现其利益、保障其权利的

---

① 文馨. 群体性事件中地方政府角色分析[D]. 上海:上海交通大学,2010.

工具。亚当·斯密将政府的职责列为对外抵御外敌、对内执行司法、创造经营公共工程三个方面。[①] 自由主义主张政府应当在保证社会基本经济制度的前提下对经济采取自由放任的态度，反对政府对经济的直接干预，强调充分发挥市场这只"看不见的手"的作用。自由主义政府论的产生和发展顺应了当时英国资本主义迅速发展的情况。

（2）凯恩斯主义政府论

面对1929～1933年西方资本主义国家爆发的严重经济危机，自由主义再也无法挽救局面，人们渐渐开始怀疑自由主义政府论是不是有效的理论指导，对新的指导理论翘首企盼。1936年凯恩斯撰写的《就业、利息和货币通论》顺应了时代的要求，他指出了市场失灵的可能性，需要政府这只"看得见的手"来进行干预。罗斯福借鉴了凯恩斯主义国家干预经济的模式，以医治资本主义自发机制所带来的生产过剩和供过于求。在凯恩斯时期，政府已不满足于扮演"守夜人"的角色，渐渐将职能渗透进经济、生活中的方方面面，进而扮演了"全能政府"的角色。

（3）新自由主义政府论

20世纪70年代主要资本主义社会出现"滞胀"现象，即生产停滞和通货膨胀同时发生。作为西方经济主流的凯恩斯主义，面临难以解决滞胀经济的严重危机。人们开始反思国家干预政策的某些弊端，发现不仅市场会出现失灵，政府也存在着失灵，因此新自由主义应运而生。如果说资本主义国家垄断阶段需要的是凯恩斯主义，那么新自由主义的勃兴适应了当代国际垄断资本主义发展的需要。新自由主义相对于自由主义，它主张有限度的自由市场经济，即政府需要对市场经济进行一定的干预，最大程度地克服市场失灵，不能让市场自由无序地发展，否则会损害社会正义、公平。[②] 此外，政府还有一种为全体居民服务的责任，对外防御外敌、对内保护私有财产与个人权利不受伤害。新自由主义对政府与市场、社会关系重新进行梳理，推崇"小政府，大社会"。此时兴起政府再造和重塑政府运动，戴维·奥斯本和特德·盖布勒认为政府的作用是掌舵而不是划桨，它的使命在于满足人民的需求，并以市场为导向，成为一个追求效率和效果的组织。[③]

---

① 亚当·斯密. 国民财富的性质和原因的研究（下卷）[M]. 郭大力，王亚南，译. 北京：商务印书馆，1974：252-253.
② 陈建平. 试论政府角色定位之理论范式的变迁及启示[J]. 云南行政学院学报，2005，(5)：45-47.
③ 戴维·奥斯本，特德·盖布勒. 改革政府——企业精神如何改革着公营部门[M]. 上海市政协编译组，东方编译所，编译. 上海：上海译文出版社，1996：55-57.

中国的水利水电工程移民项目事实上是政府行政权力主导型的，其角色正确的定位，对于水利水电工程移民项目的顺利实施和库区的稳定发展起着决定性的作用。当前，中国经济体制深刻变革，社会结构深刻变动，利益格局深刻调整，思想观念深刻变化，中国政府的行政效率和形象也正在接受着巨大的考验。所以在水利水电工程移民项目中，政府的角色不是凭空出现，它存在的合理性在于规范水利水电工程移民管理活动并促进区域经济发展，保障移民的权益和社会的稳定和谐。但是，政府不恰当的行为会损害水利水电工程移民管理工作的有效性、公正性、公平性。由此可见，政府究竟在水利水电工程移民项目中扮演着什么样的角色，需要结合项目的发展具体分析。

第二节　水利水电工程移民工作的政府应然角色

中国工程移民管理实行的是政府负责制，政府是工程移民工作的主体，承担着工程移民管理的角色，在工程移民工作中担负征地补偿、搬迁安置和后期扶持的直接责任。政府作为责任主体，将工程移民工作作为政府行为，移民征地补偿、搬迁安置由各地地方政府具体负责组织实施。如长江三峡水利枢纽工程的移民安置工作实行国务院统一领导、分省负责、县为基础；黄河小浪底枢纽工程移民由水利部宏观协调，河南、山西两省负责，县为基础。在移民工作中，各级政府各司其事，各负其责，责任明确。各级政府、移民机构与移民群体应当以平等的身份参与移民管理，他们都应具有参与议事、决策、监督、制衡的权利和责任。[①] 应研究政府对工程移民的领导形式、组织途径和政策效果等，尤其是政府应主导移民脱贫[②]，同时要避免政府的角色错位。

一、移民工作主导者

1. 宏观指导

根据2017年4月14日《国务院关于修改〈大中型水利水电工程建设征地补偿和移民安置条例〉的决定》（第三次修订），移民安置工作实行政府领导、分级

[①] 汪群，胡青青. 基于公共治理理论的水库移民管理体制初探[J]. 水利规划与设计，2008，(03)：17－19＋40.
[②] 陈晓楠，施国庆，余庆年. 水库移民后期扶持政策的政府干预及实施研究[J]. 人民长江，2009，40(9)：83－85＋106.

负责、县为基础、项目法人参与的管理体制。国务院水利水电工程移民行政管理机构（以下简称国务院移民管理机构）负责全国大中型水利水电工程移民安置工作的管理和监督。县级以上地方人民政府负责本行政区域内大中型水利水电工程移民安置工作的组织和领导；省、自治区、直辖市人民政府规定的移民管理机构，负责本行政区域内大中型水利水电工程移民安置工作的管理和监督。

在计划经济时代，水利水电工程移民作为一种工程性移民，其安置任务被视为政治任务，带有强制性，移民只有被迫接受政府的搬迁安置安排。改革开放以后，水利水电工程移民工作实行政府领导、分级负责、县为基础、项目法人参与的管理体制，省级人民政府是政策的实施主体和责任主体。政策的贯彻与落实必须依靠政府的力量。移民管理体制的核心为谁是管理者、怎样实施管理。从实践来看，中国水利水电工程移民主要由移民局（移民办）和地方各级政府管理。现行移民管理机构组织见图 5-1。政府协调各方利益主体，改革法律制度和管理制度，保障移民的利益，促进移民工作的开展，为建设和谐的移民社区而努力。①

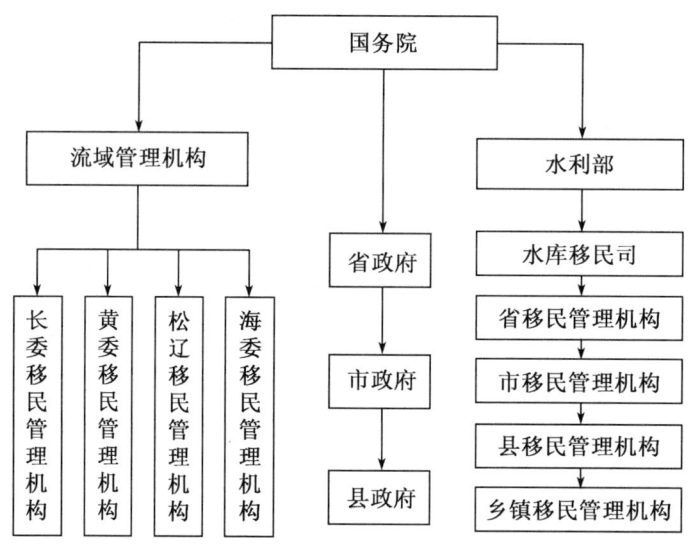

图 5-1 现行移民管理机构组织图

---

① 徐俊新，施国庆，郑瑞强. 水库移民和谐管理模式探讨[J]. 湖北社会科学，2008，(05)：66-69.

水利水电工程移民管理坚持中央政府统一制定的政策、省级人民政府负总责的原则,[①] 明确划分水利水电工程移民管理工作的权责范围[②]。地方人民政府派专门人员管理移民工作,可结合本地实际,适当调整移民工作机构的职能,因地制宜;端正行政人员为人民服务的态度,提高他们的素质和办事能力。政府应站在宏观的角度,认真思考如何普及开发性移民的理念,如何逐级贯彻开发性移民的方针,如何整合水利水电工程移民管理工作可利用的资源,如何高效推行政策,以科学严谨的态度进行探索,实事求是,与时俱进,及时调整和完善,结合移民管理工作的实践,丰富和发展开发性移民理论。

2. 政策制定

水利水电工程移民问题的核心是移民政策问题,它直接关系到移民的补偿、安置和发展。水利水电工程移民的政策性非常强,如果没有全国统一的政策,势必造成不同地区、不同水利水电工程移民的攀比,所以制定统一的移民政策是十分必要的。政府必须加强移民政策研究,建立移民政策体系,使得移民工作有法可依。目前中国的水利水电工程移民政策,主要涉及水库移民方面。水库移民专门政策主要包括《大中型水利水电工程建设征地补偿和移民安置条例》、《关于完善大中型水库移民后期扶持政策的意见》、各种水利水电工程移民规范和规程等。与移民直接相关的核心政策主要是征地补偿政策、搬迁安置政策和后期扶持政策。

中国现行的水利水电工程移民法律法规体系可以分为四个组成部分,详见表5-1。[③]

表5-1 中国现行水利水电工程移民法律法规体系

颁发部门	法律法规类别	具体法律法规
全国人民代表大会	基本通用法律	《中华人民共和国宪法》《中华人民共和国土地管理法》《中华人民共和国水法》《中华人民共和国森林法》《中华人民共和国草原法》《中华人民共和国水土保持法》等

---

① 许加军(许佳君). 水库移民后期扶持路径及政策支持系统研究[D]. 南京:河海大学,2008:34-36.
② 周汉华. 地方政府负总责制度评析[J]. 国家行政学院学报,2009,(03):17-20.
③ 张绍山. 我国水库移民法规体系建设[J]. 中国水利,2001,(06):52.

(续表)

颁发部门	法律法规类别	具体法律法规
国务院	专项法规	《大中型水利水电工程建设征地补偿和移民安置条例》《长江三峡工程建设移民条例》《南水北调工程建设移民条例》《国务院关于完善大中型水库移民后期扶持政策的意见》
国务院、水利部	专门规范	《水利水电工程水库淹没处理设计规范》《水库库底清理办法》《水利水电工程移民安置规划编制规程》《水库淹没处理补偿投资概算编制规定》等
地方人民政府	地方政策	《湖南省大中型水利水电工程移民条例》《建德市水利水电工程移民安置优惠政策规定》等

3. 规划审批

水利水电工程移民的规划堪比社会经济发展规划，移民工作大多是问题导向，因此其规划更具操作性和实践性。移民管理部门除了制定统一的移民政策之外，还需要审批移民规划、确定移民安置目标。移民规划是移民安置工作的重点，要全面评估水库移民安置的难度，科学分析可预见到的有利条件和不利因素，实事求是地研究移民安置存在的问题，需经过深入细致的调查研究，从淹没实物指标、库区移民安置环境容量、移民安置方案、移民迁建补偿标准和投资估算以及实施组织等多个方面对水利水电工程移民安置的可行性进行论证，并提出相应的政策建议。

审批规划应该做到科学合理、公开透明、强化审批的管理，杜绝审批走形式的现象，遵循统一的审批程序。因此，应当制定统一的水利行政审批程序，明确规定行政审批事项的名称、设定依据、收费标准及依据、办理程序、收费标准、承诺时限、办理地点及备注，规范与细化行政审批事项，并进行政务信息的进一步公开，做到内容、条件、办事程序的"三公开"；加强行风效能检查，对窗口工作人员进行监督管理；对于重大水利审批事项，必须由审批机关集体研究决定，杜绝个别人独断专行。[①] 另外，跟踪监督审批通过的水利项目是否按通过审批时确定的条件、程序进行工程施工也是监管的重点。简化程序、提高效率，明确各部门之间的权责关系，减少内部消耗，可有效控制审批成本。

根据 2017 年 4 月 14 日《国务院关于修改〈大中型水利水电工程建设征地补偿和移民安置条例〉的决定》（第三次修订），已经成立项目法人的大中型水利水

---

① 张伟国. 推进水利行政审批制度改革保障水资源可持续利用[J]. 水利发展研究，2003，(09)：34−36＋39.

电工程，由项目法人编制移民安置规划大纲，按照审批权限报省、自治区、直辖市人民政府或者国务院移民管理机构审批；省、自治区、直辖市人民政府或者国务院移民管理机构在审批前应当征求移民区和移民安置区县级以上地方人民政府的意见。没有成立项目法人的大中型水利水电工程，项目主管部门应当会同移民区和移民安置区县级以上地方人民政府编制移民安置规划大纲，按照审批权限报省、自治区、直辖市人民政府或者国务院移民管理机构审批。移民安置规划大纲应当根据工程占地和淹没区实物调查结果以及移民区、移民安置区经济社会情况和资源环境承载能力编制。工程占地和淹没区实物调查，由项目主管部门或者项目法人会同工程占地和淹没区所在地的地方人民政府实施；实物调查应当全面准确，调查结果经调查者和被调查者签字认可并公示后，由有关地方人民政府签署意见。实物调查工作开始前，工程占地和淹没区所在地的省级人民政府应当发布通告，禁止在工程占地和淹没区新增建设项目和迁入人口，并对实物调查工作做出安排。移民安置规划大纲应当主要包括移民安置的任务、去向、标准，农村移民安置方式，移民生活水平评价，搬迁后生活水平预测，水库移民后期扶持政策，淹没线以上受影响范围的划定原则，移民安置规划编制原则等内容。编制移民安置规划大纲应当广泛听取移民和移民安置区居民的意见，必要时，应当采取听证的方式。经批准的移民安置规划大纲是编制移民安置规划的基本依据，应当严格执行，不得随意调整或者修改；确需调整或者修改的，应当报原批准机关批准。已经成立项目法人的，由项目法人根据经批准的移民安置规划大纲编制移民安置规划；没有成立项目法人的，项目主管部门应当会同移民区和移民安置区县级以上地方人民政府，根据经批准的移民安置规划大纲编制移民安置规划。大中型水利水电工程的移民安置规划，按照审批权限经省、自治区、直辖市人民政府移民管理机构或者国务院移民管理机构审核后，由项目法人或者项目主管部门报项目审批或者核准部门，与可行性研究报告或者项目申请报告一并审批或者核准。省、自治区、直辖市人民政府移民管理机构或者国务院移民管理机构审核移民安置规划，应当征求本级人民政府有关部门以及移民区和移民安置区县级以上地方人民政府的意见。

二、公共利益代表者

1. 保护移民权益

1997年世界银行在《世界发展报告》中提出政府有五项基础性任务，处于政府使命的核心地位，其中一项是保护承受力差的阶层。① 可见政府的使命之一在于解决或消弭社会中的各种冲突，以维持正义、秩序和稳定。

一个国家总会出现强势、弱势的群体，为了保障弱势群体的权益不被强势群体侵占和剥削，政府需要保护弱势群体的利益。弱势群体指经济上贫困、心理上脆弱、易被操控的社会群体。② 水利水电工程移民，尤其是水库移民工作中的弱势群体自然是被迫迁离家乡的移民群体。他们普遍具有收入低、影响力低、敏感度高的特点，所以他们是非常脆弱的，仅依靠个人的力量很难抵挡社会风险，维系正常的生活，此时就需要政府、社会团体等的扶持和救助。我们将工程移民弱势群体定义为由于工程项目建设，在搬迁安置过程中和安置后，因为社会性原因（政治、经济、文化、环境等）和自身因素（文化素质低、年老疾病等）导致生活水平下降，无法保障合法权益，无法融入安置区生活的特殊移民群体。③ 但社会保障的主体是政府，应当在扶助弱势群体方面扮演好主导角色。为弱势群体提供什么样的服务，取决于弱势群体的意愿和要求，而非服务提供者——政府的意志。政府应该要有前瞻性的眼光，杜绝想当然"恩赐"式地提供扶持，应根据弱势群体的实际需求来决定扶持的方式和内容，防止出现"善因结恶果"的局面。扶持弱势群体是一项系统工程，需要调动与整合多方力量，具体来说，可以有以下措施。

一，经济上的弱势是最直接的表现，所以要加大扶贫力度，拓宽就业渠道，改善移民弱势群体的生存现状。充分发挥移民的主观能动性，在健全社会保障体系的基础上，进行开发式扶贫。引导贫困移民因地制宜，发挥区域比较优势，合理使用有限的土地，宜农则农，宜渔则渔，宜工则工，优化产业结构。因第三产业进入门槛低，资金投入少，对从业人员的需求大，故应鼓励移民投入第三产业，例如餐饮娱乐、家政服务、医疗保健等，这有利于解决移民就业难题。世界经验表明，一个人创业，尤其创业一年以上，可以带动 3～5 人以上就业。促进多元化的激励手段，加大对移民增收致富典型的宣传力度，培育致富带头人，发挥榜样的带动作用；举行致富经验交流会，分享致富经，可以激发其他移民增收致富的愿望，获取优秀典型增收致富的经验，增强移民增收致富的信心。

---

① 张成福，党秀云. 公共管理学[M]. 北京：中国人民大学出版社，2001：58-59.
② 毛浩然. 弱势群体话语反操控策略研究——以《自然》致歉叶诗文事件为例[J]. 福建师范大学学报（哲学社会科学版），2014，(3)：103-112.
③ 徐孝昶，刘永飞，许佳君. 工程移民弱势群体的社会工作干预：赋权视角的应用[J]. 华东理工大学学报（社会科学版），2013，(06)：10-17.

二，提高移民弱势群体的素质，发展其创业致富的能力。多数移民文化素质不高，小农意识浓厚，市场竞争意识淡薄，接受新事物的能力较差，面对突如其来的变化，很难转变个人想法或因能力不足而脱贫致富无门。从现在的移民培训情况看，培训时间短、培训内容简单且不成体系。大多数培训停留在传统的课堂教育，偏重理论性，与市场需求存在一定的脱节。移民抱着想要获得就业新技能的态度来参加培训，往往带回家的只有一张张文件、报告。培训结束之后，移民的收获较少，根本无法依靠培训学习来的技能开展新的工作，移民培训的效果亟待提高。政府一般将培训的任务委托给培训机构，培训机构本着盈利目的来安排培训项目和内容，未做充分的市场调查，在不了解现在市场上各行各业的就业形势和所需人才类型的情况下盲目进行培训，势必收效甚微。部分政府委托的培训机构不了解移民想学什么，只管按计划招生，培训的工种、课程不符合市场需要。建立起一套完善的移民教育培训机制是提高移民就业、创业能力的基础。可以利用职业培训机构和中介机构对移民提供职业咨询与指导服务，帮助他们进行科学的职业选择。加大培训人员、资金的投入，结合本地区的实际和移民的需求加强培训力度，丰富培训的形式，创新培训的模式，改变多头、分散、低效的培训方式，提供多层次、宽领域的再就业服务，进一步健全移民培训机制。同时利用网络的流通性和信息获取的便利性，让移民学会利用网络来了解劳务市场的需求。坚持短期培训与长期教育相结合，提高培训的质量，对移民的培训成果进行跟踪考察。[①]

三，政府应建立和完善与移民弱势群体有关的法规政策体系，保障水利工程建设项目的所有利益相关者尤其是移民弱势群体的基本权益，并积极为弱势群体提供法律援助。随着移民工作的推进，因搬迁安置、补偿补贴等一系列问题会产生各种各样的纠纷，甚至是诉讼案件。移民群体因缺乏法律知识，害怕承担高额的诉讼费用和律师费用，往往在自己的合法权益受到侵害时仍然选择忍气吞声、默默承受。但是这势必给移民群体带来更大的生存压力与心理压力，非常不利于库区移民"稳得住"这一工作目标的实现，所以政府应提供相应的法律援助。第一，可利用一切宣传手段，如报纸、杂志、电视、村内广播，向移民宣传法律法规政策，加深移民对政策的理解，充分了解自己应该享有的权利和该履行的义

---

① 郁颢. 城乡统筹下农民增收致富新模式研究——以杭州为例[J]. 江西农业学报（哲学社会科学版），2013，(1)：137-139+144.

务；第二，设立法律咨询办公室，免费解答移民的各类维权问题。移民案件的审理可以在移民安置区设立派出法庭公开审理，扩大影响力度，保证司法的公正、公平，将侵犯移民群体权益的行为诉诸法律，为弱势群体提供表达个人诉求争取个人利益的渠道。这不仅能够加强对移民群体合法权益的保护，还能够有效抚平移民的不满、抵抗情绪，有力维护库区的社会稳定。①

四，补偿政策不能"一刀切"，应适度地倾斜。水利水电工程移民补偿政策的"三原"原则（《大中型水利水电工程建设征地补偿和移民安置条例》第二十二条第二十四款）规定工程涉及工矿和企事业单位的土地补偿和搬迁安置按照其原规模、原标准和恢复原功能的原则进行补偿和安置。然而在实际工作中，相对于现代发展而言，很多企事业单位存在房屋标准低、面积小、功能落后的情况，如果依然按照原规模、原标准和原功能来补偿和安置的话，就无法达到搬迁后企事业单位重建的需求，所以针对这类情况，应当给予适当的补助，以便他们能够完成重建工作。对于被征门面房等补偿应该以市场规则决定，因为这些门面实物本是移民重要的生产资料，搬迁后部分移民将完全失去这一部分固定收入，应该予以适当补偿。同时，在市场竞争中政府要给予移民弱势群体资金、信息、技术、人才及其他必要资源的支持，让他们摆脱贫困走向富裕。在水库移民后期扶持工作中，建立健全库区和安置区的基础设施建设项目择优机制，把项目安排的重点向移民最迫切需要的方向倾斜，将移民后期扶持政策与惠农政策结合在一起，确保项目的安排能集中反映民情民意，更好地解决弱势群体的突出问题。在后期扶持工作中，要采取以奖代补的方式，对移民重点乡镇、重点村、重点户进行重点帮扶，形成示范效应，对移民贫困村、贫困户采取直接补助和以物代资等形式，提供必要的资金或物资支持，促进他们尽快地增收致富。

2. 协调相关利益主体

移民工作涉及多个相关主体，政府、项目法人、移民管理机构、移民、设计单位、监督评估（监理监测）单位等都在追求自身的利益最大化，因此它们之间存在着博弈行为。移民工作中的每一个博弈者在最大化自己偏好的同时也需要互相合作，然而在合作的过程中会产生各种各样的冲突，为了促进合作、解决矛盾、追求共赢，需要建立规则和制度约束移民工作中博弈各方的行为。②

---

① 潘勇. 论三峡库区移民弱势群体及其法律保护[J]. 河北法学，2004，(5)：69-72.
② 郑伟林. 博弈论与制度创新[J]. 云南财贸学院学报，2002，(3)：7-10.

项目法人追求投资效益最大化，最理想的情况是降低补偿标准，缩小补偿范围，降低和移民户协商的成本，工程尽快开工，减少资金利息，即以最低的成本、最短的时间完成项目，实现利润最大化。但是另一方面，项目法人还应该承担一定的社会责任，如环境保护、企业形象维护、促进地方经济发展等。

移民的心理比较复杂。第一，自身权利意识的觉醒，物质生活的日渐丰富带来了精神世界的丰满，人们的维权意识苏醒，有了自己对待工程建设征地补偿的想法和行动。第二，排斥心理，故土难离是中国人固有的情节，让移民放弃世代生活的故土、多年建立起来的人脉和资源，去重新适应一个全新的环境，难免会产生强烈的排斥心理。第三，求偿心理，移民是理性人，只有在移民后得到的利益大于现有利益，才会选择配合政府的工作，甚至移民会虚报人口、加盖楼房、加种树木来获取更多的补偿金额。第四，不安全感和不信任感，移民最关心和最担心的是补偿标准和范围，关心自己可以得到多少补偿，又担心政策不公平，自己吃亏。政策宣传不到位和移民对政策的理解存在差异，很容易引起互相之间的比较、攀比，严重的甚至引发群体性事件。例如东部T水电站工程正式开工不久，就遭到了库区部分群众的抗议，发生了群体性事件：2003年6月中旬，库区部分移民打砸了电站导流洞施工现场；在之后的两个月中，连续发生了移民冲击镇政府等多起大规模群体性事件。这些群体性事件发生的原因就是工程已经启动了，政府却还没有出台相应的移民安置政策，也不了解移民的利益诉求，移民对搬迁的地点、补偿的标准、补偿的范围一无所知，引起了移民群众的普遍不满，一时之间，矛盾激化，T水电站工程被迫停工，移民组织机构瘫痪。

地方政府是移民工作的具体实施者，也是进行移民管理的单位。一方面为了吸引投资，尽早开工，项目业主可能会以牺牲移民的部分利益为代价选择降低补偿标准，缩小补偿范围，但是这可能带来移民上访、群体性事件等后果，会增加额外的成本且严重影响移民安置工作；另一方面政府又希望兴修水利促进当地经济发展，提高人民生活水平，希望提高补偿标准、扩大补偿范围，以利于工程的顺利实施。

政府是移民工作的中间环节，应该致力于平衡各方权益。政府在移民工作中的深度介入甚至越俎代庖，很有可能会与民争利。然而这种深度参与的背后也有被动和无奈，因为中国农村的小农格局，若要满足每一个移民的要求，势必要付出高昂的协商成本，甚至根本无法完成协商，工程建设也将无法动工，此时政府的介入便是一种必需，只有靠这只"看得见的手"才能实现移民顺利搬迁，工程按时动工。政府在保护弱势群体利益的同时,也要注意控制移民行为的随意性。另一方面,因为项目法人和政府具有同样的经济利益偏好,政府更容易倾向于项目法人,因此政府要自觉注意项目法人对政府角色的影响,始终站在为人民服务的角度规范行为。总而言之,政府应该减少各方在博弈中的利益冲突,达到平衡。

三、移民工作的监督者

1. 设立监管机构

大中型水利水电工程建设项目工程量大、移民工作面广、政策性强、时间跨度长,国务院水利水电工程移民行政管理机构(以下简称国务院移民管理机构)负责全国大中型水利水电工程移民安置工作的管理和监督。提高效率,明确各部门之间的权责关系,减少内部消耗,可有效控制审批成本。[1]

根据《国务院关于修改〈大中型水利水电工程建设征地补偿和移民安置条例〉的决定》(第三次修订),国家对移民安置和水库移民后期扶持实行全过程监督。省、自治区、直辖市人民政府和国务院移民管理机构加强对移民安置和水库移民后期扶持的监督,发现问题及时采取措施。国家对征地补偿和移民安置资金、水库移民后期扶持资金的拨付、使用和管理实行稽查制度,对拨付、使用和管理征地补偿和移民安置资金、水库移民后期扶持资金的有关地方人民政府及其有关部门的负责人依法实行任期经济责任审计。

县级以上人民政府应当加强对下级人民政府及其财政、发展改革、移民等有关部门或者机构拨付、使用和管理征地补偿和移民安置资金、水库移民后期扶持资金的监督。县级以上地方人民政府或者其移民管理机构应当加强对征地补偿和移民安置资金、水库移民后期扶持资金的管理,定期向上一级人民政府或者其移民管理机构报告,并向项目法人通报有关资金拨付、使用和管理情况。

各级审计、监察机关应当依法加强对征地补偿和移民安置资金、水库移民后期扶持资金拨付、使用和管理情况的审计和监察。县级以上人民政府财政部门应当加强对征地补偿和移民安置资金、水库移民后期扶持资金拨付、使用和管理情况的监督。审计、监察机关和财政部门进行审计、监察和监督时,有关单位和个人应当予以配合,及时提供有关资料。

---

[1] 徐俊新,施国庆,郑瑞强. 水库移民和谐管理模式探讨[J]. 湖北社会科学,2008,(05):66-69.

国家对移民安置实行全过程监督评估。签订移民安置协议的地方人民政府和项目法人应当采取招标的方式，共同委托移民安置监督评估单位对移民搬迁进度、移民安置质量、移民资金的拨付和使用情况以及移民生活水平的恢复情况进行监督评估；被委托方应当将监督评估的情况及时向委托方报告。

移民区和移民安置区县级人民政府，应当以村为单位将大中型水利水电工程征收的土地数量、土地种类和实物调查结果、补偿范围、补偿标准和金额以及安置方案等向群众公布。群众提出异议的，县级人民政府应当及时核查，并对统计调查结果不准确的事项进行改正；经核查无误的，应当及时向群众解释。

有移民安置任务的乡（镇）、村应当建立健全征地补偿和移民安置资金的财务管理制度，并将征地补偿和移民安置资金收支情况张榜公布，接受群众监督；土地补偿费和集体财产补偿费的使用方案应当经村民会议或者村民代表会议讨论通过。

移民安置区乡（镇）人民政府、村（居）民委员会应当采取有效措施帮助移民适应当地的生产、生活，及时调处矛盾纠纷。

县级以上地方人民政府或者其移民管理机构以及项目法人应当建立移民工作档案，并按照国家有关规定进行管理。

2. 规范监督管理

中国传统的水利水电工程移民搬迁安置过程缺乏有效的监督和服务，做好移民监督管理工作是政府一项重要而紧迫的任务，实施移民监督评估（监理监测）制度是完善移民安置管理体制、克服"轻移民，重搬迁"行为弊端的重要制度安排。面对繁重的移民安置和后期扶持工作，面对大量资金和项目，政府应努力实现监督管理的制度化、规范化。资金的安全管理和合理利用直接关系到移民安置和后期扶持政策的有效落实，因此加强监督管理、保障资金合理运用牵动着移民的心，关系到移民的权益。在进行移民工作经验教训总结的同时，要提高效率，改进具体运作模式，并且对具体实施中的各项监管规定进行细分。无论是对移民安置和后期扶持全过程的监管，还是对单个项目的监管，需全部进行管理流程的细化。例如，每个操作环节包括哪些步骤，其中的主要步骤与次要步骤各是哪些，都应尽可能地进行定义、细化与落实，真正实现监管环节的标准化以及监管流程的规范化，使得监管过程更具操作性，最终形成具体有效、运作规范的规章制度。实施移民安置监督管理制度，对移民工作的全过程进行监督，有效保证移民的利益不受侵犯。如果在监督的过程中发现有不符合移民安置规划的行为出现，可以及时纠正调整。健全切实可行的移民安置监督评估和移民后期扶持监测评估制度，既是对移民工作的有效监督管理手段，又是监督管理工作的深化，也是对监督管理工作成效的评估，必须扎实推进这两项工作。

具体组织领导移民工作的是县、乡（镇）等行政组织，他们的工作对象是本区域内的移民。就现实情况来看，一些乡镇干部自身对政策缺乏了解，工作手段简单，为移民服务的意识淡薄，致使移民工作不到位，引起移民不满，甚至引发上访或群体性事件。因此，移民监管工作引入专业化、社会化的单位是必要的，且具有重要意义，有利于规范乡镇工作人员的行为，有利于推进移民工作的顺利进行。它的必要性体现在以下几点。

一，是消除传统水利水电工程移民管理体制弊端的重要途径之一。以前，地方政府负责全部的水利水电工程移民工作，既是政策的制定者又是政策的执行者。政策目标的实现在于执行，而执行效率的高低取决于监督机制是否完善[1]，所以加强移民政策执行监督势在必行。有时部分地方政府对水利水电工程移民问题的艰巨性与复杂性存在认识问题，有一些不到位、不合理、让移民户不满意的行为出现，既是裁判员又是运动员的身份，使得移民工作产生了许多遗留问题，这也是传统水利水电工程移民管理体制的弊端之一，所以设立独立的监管机构是非常必要的。

二，是提高水利水电工程建设项目管理水平的重要途径之一。以前，项目法人需要自筹资金，完成设计、施工、管理、监督等任务，需要大量的技术和管理人员，一些大型的跨行政区域的工程，往往由地方政府牵头组成工程建设指挥部，需要临时抽调技术和管理人员对工程进行监管，技术力量和管理能力比较薄弱，并不能很好地发挥监督管理的作用。此时引入独立完整且专业的监管机构，可以发挥其专业的能力和水平，实践先进的管理，提高整个水利水电工程项目的管理水平。

三，是深化改革、与国际接轨的重要途径之一。随着社会主义市场经济的建立，中国的项目建设与国际交往日益增多，工程建设管理制度逐渐完善，推行了项目业主负责制、招投标制等管理制度，加强了工程建设各参与方的独立性，也使得各参与方都在追求自身利益的最大化。招标投标制的推行，滋生了一些违反

---

[1] 丁煌. 提高政策执行效率的关键在于完善监督机制[J]. 云南行政学院学报，2002，(05)：33-36.

规范的现象，例如明招暗定、标价过低、层层转包。在项目施工过程中，缺乏有力的监管会导致投资、进度、质量等失控的出现。引入独立的监管机构，其作为独立的第三方，可以公开、公正、透明地平衡政府、项目业主、承包商、移民户多方的合法利益，规范多方行为，有利于促成多方共赢的局面。另外，很多使用国际金融组织贷款或由外商投资的项目，其要求必须执行国际通行的建设监理制度，所以我们必须在了解和熟悉国际通用的建设监理制度的基础上，建立监管机构，完善中国的建设监理制度。

第三节 水利水电工程移民工作政府角色存在的问题与成因

一、水利水电工程移民工作政府角色存在的问题

1. 前期工作不到位

水利水电工程移民管理的前期工作可以分为可行性研究、立项审批、安置规划审批三个阶段。水利水电工程移民前期规划阶段的核心是编制移民安置规划，它不仅是移民安置顺利进行的基础，还是促进区域经济发展的关键。

如×水库移民的安置工作缺乏统一、科学的规划，基本靠行政命令在执行，移民补偿标准较低，缺乏优惠政策，同时没有对移民安置地环境容量做出充分估算，土地产量低下且移民新的技能缺乏，致使移民缺乏生产生活的出路，不能迅速地适应新的环境。移民经济发展乏力，存在很多困难，直接导致移民收入低、生活水平下降、基础设施配套落后、交通不便、移民信息闭塞、劳动技能缺乏、就业门路狭窄。搬迁后，移民的生活水平很难恢复到搬迁之前的水平，并且随着教育、医疗、社会保障等一系列问题的发生，大量移民返迁、转迁。同时，各级政府基本未对库区移民村的基础设施进行专门投入，其基础设施配套只是随着安置地的发展而有所改善。后期扶持工作不系统，出现什么问题解决什么问题，缺乏解决移民问题的相关政策，缺乏对库区移民生产生活的长远规划。

科学地编制水利水电工程移民安置规划决定了移民工作的成败。合理的移民安置规划流程如图5-2所示。从JD市的移民情况可以看出，政府在水利水电工程移民管理的前期工作中扮演着非常重要的角色，发挥着不可替代的作用。

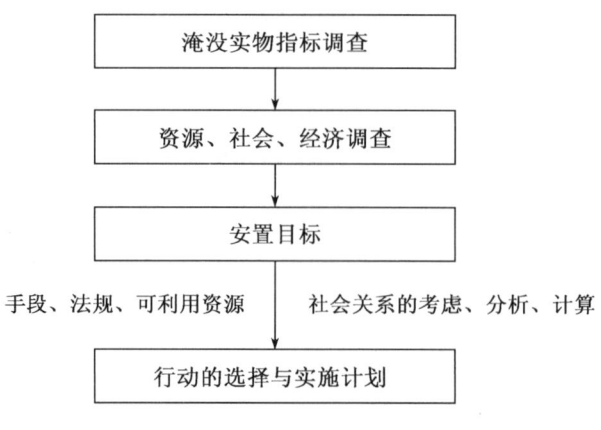

图 5-2 合理的移民安置规划

2. 依靠行政命令办理移民事务

水利水电工程移民项目的实施牵动着政治、经济、社会、环境的方方面面，水利水电工程移民项目的可行性研究是保证项目以最小的投入换来最大收益的基础。对项目可行性研究报告的审批，为政府审批核准项目提供了必要的科学依据，对水利水电工程移民项目的投资决策具有十分重要的作用。在一些水利水电工程移民项目中，县级以上地方人民政府为了工程尽快上马，往往忽视可行性研究的重要性，利用行政命令，让"可行性研究"变成走形式、编结论。而走形式的可行性研究不能使政府对移民项目进行科学、客观的评价，无法正确判断该项目对全社会的影响。同时，忽视水利水电工程移民项目受影响人群的意见，也是不尊重移民的知情权与参与权的表现。

政府委托有资质的单位进行移民安置规划设计，并对其进行初审，而评审的标准一般是投资概算情况。为了符合国家预期的投资规模，如果规划设计中投资过多，就相应减少移民投资比例，比如房屋面积、果树棵数、复建项目等。部分地方政府没有对水库淹没影响实物量进行复查和核实，也没有听取移民的意见，不理会移民的诉求，代替了移民和其他社会组织的作用和功能，根据投资概算情况更改移民安置规划设计，利用行政命令来执行移民安置规划，这样既不科学又违背了移民的意愿。[①] 部分地方政府会以发展地方经济这一名正言顺的理由，利用行政权力介入土地征迁过程。在政府主导征地和补偿的部分案例中，被征地农

---

① 吴秀芹，余文学，石艳红. 水库移民前期规划阶段地方政府角色定位[J]. 水利经济，2010，28(04)：72-74+78.

民虽然得到了一定的补偿，但是这笔补偿款不足以支持他们在失去土地的情况下另谋出路并恢复到原来的生活水平。①

3. 移民政策宣传不充分

在安置××水利水电工程移民时，征地补偿和搬迁安置前宣传动员不充分，政策宣传工作不到位。仅仅通过张贴告示和村民代表大会的形式来宣传是远远不够的，这是造成移民认为征地补偿和搬迁安置政策不透明的原因。征地补偿和搬迁安置工作是水库建设项目推进的难点②，需要耗费大量的时间和精力，往往要求村干部挨家挨户宣传移民征地补偿和搬迁安置政策，做移民的思想工作。然而村干部的宣传态度会直接影响到移民对政策的理解，移民容易将对搬离故土的怨气撒在村干部的头上，这容易加大其对移民拆迁政策的不满。再加上当时经济落后，政治情况复杂，使得移民思想更加混乱，情绪不稳定。移民普遍担心的问题是日后生活水平不如现在，怕亲戚、邻居拆散，怕东西带不走，怕吃苦，怕受到歧视和欺负。大部分人了解政策的途径主要是村民之间的互相讨论和村干部的解释，部分人对补偿标准抱有更大的期望，认为自己为国家利益做出了牺牲，应该获得更高的补偿，存在拖延搬迁、渴望调高补偿标准的情况，这也是因为部分干部对移民工作艰巨性、复杂性认识不足，不重视移民的思想宣传和动员。所以，村干部必须要坚持说服教育，思想工作做深做透，反对草率从事和强迫命令。同时应该全面贯彻地方移民政策，实事求是地介绍安置区的情况，既讲有利条件，也讲存在的困难。而且，在规定的期限内完成征地补偿和搬迁安置成为考核当地政府行政能力的重要指标，导致部分政府官员为了个人升迁，不断催促基层干部加快征地补偿和搬迁安置，欲速则不达，在追求快的过程中，移民的满意度便得不到保障。③

二、水利水电工程移民工作政府角色问题的成因

1. 行政全能主义作怪

水利水电工程移民建设项目中，政府调配自然、经济、社会资源，是资源配置的主体。因为占据着主导地位，政府往往对社会事务进行大包大揽，扩张自己的职能，以"家长"的姿态来管制水利水电工程移民建设项目中的方方面面。政

---

① 吴毅. 农地征用中基层政府的角色[J]. 读书，2004，(7)：144-150.
② 张学昌，朱冠余，王强. 大中型水利工程征地补偿和移民安置工作监管的重点环节初探[J]. 江苏水利，2009，(09)：11-12.
③ 何思妤. 浅论水库移民安置中移民与政府的权和利关系[J]. 农村经济，2012，(01)：86-88.

府职能的扩张，挤占了个人和社会组织应该负责的空间，管了许多本来不该管的事，损害了个人和社会组织的权益。这是政府的行政全能主义思想导致的。

行政全能主义描述的是一种国家与社会之间的关系，认为国家的权利无所不能，强调行政权力的绝对地位，排斥社会组织和个人发挥作用。中国几千年传统文化的积淀，使得政府受习惯性的行政全能主义思想影响，政府有效性下降。在行政全能主义思想的影响下，支持国家建设更多的是依靠全民动员。在水利水电工程移民项目的建设中，政府没有把移民作为参与的主体，忽视移民的主体作用，对移民开展动员和教育，用个人利益服从集体利益来说服移民被动接受征地补偿和搬迁安置。动员和说服教育在一定程度上是合理的也是必需的，但是不应该成为强制和唯一的手段。① 如果政府过度强制介入社会，民众会对政府产生过高的期望，政府成为焦点，一旦达不到期望，就会产生强烈的批判，激发社会矛盾。政府的越俎代庖会导致社会功能萎缩，使其无法发挥相应的作用，其也不能在政府和民众之间扮演缓冲器的角色。②

2. 政策执行低效

美国学者艾丽森认为，在政策目标实现的过程中，方案确定的功能只占10%，其余90%都取决于有效的执行。③ 政策执行是一个将抽象政策具体化的复杂动态过程，通过政策解释、政策宣传、全面控制等各种方法来实现政策目标。因此，需要一个强有力的管理组织来执行移民政策，如长江三峡水利枢纽工程建设中的国务院三峡工程建设委员会三峡工程移民开发局、主管三峡工程移民事务的国务院三峡工程建设委员会办公室，同时各省、市、县设有相应的移民管理机构，移民管理机构合理完善，上下联动，相互协调，大大提高了政策执行的效果，圆满地完成了三峡工程移民搬迁安置任务。

如果存在权责不清、职能模糊的问题，水利水电工程移民政策在执行过程中容易出现以下三种情况：一，敷衍性执行，持"上有政策下有对策"的态度，上级领导认真解读移民政策，部署移民工作安排，设定移民工作的目标，但基层执行者敷衍了事，应付上级领导检查；二，机械性执行，水利水电工程移民政策具有宏观指导的特点，各地移民政策的执行者应该主动结合地方经济、社会、人

---

① 席晓勤，郭坚刚. 全能主义政治与后全能主义社会的国家构建[J]. 中共浙江省委党校学报，2003，(04)：15-20.
② 覃敏健. "强国家、大社会"：现代国家构建之理想形态——基于国家与社会关系之分析进路[J]. 长白学刊，2010，(1)：42-47.
③ 胡国军. 公共政策执行力初探[J]. 中国电子商务，2010，(5)：208-209.

文、环境条件，具体问题具体分析，做到因地制宜，而不是搞"一刀切"；三，选择性执行，部分别有用心的政策执行者从个人利益或部门利益出发，只选择政策中对自己有利的部分执行，对政策断章取义，大大降低政策执行的效果。

水利水电工程移民政策是一个庞大的政策系统，从人到物、从自然到社会、从历史到文化，涵盖政治、经济、地理等诸多因素，这要求政策的执行者需要重视各种因素之间的关联性，否则将导致政策互相冲突，降低政策运行的效果。政策执行者的个人素质、对政策的理解以及执行政策的艺术性都将对移民政策的落实产生影响。水利水电工程移民政策的对象是移民，这个群体既特殊又脆弱，他们为了集体的利益牺牲了部分个人利益，不得不面对故土难离的痛苦。这要求政策的执行者需要考虑移民的特殊处境，提高个人工作的能力，端正个人为人民服务的工作态度，避免在移民工作中因为行政人员的政策解释而导致移民对政策的误读，引发移民的不满情绪。对移民政策的宣传不到位也是政策执行低效的原因之一。我们对政策的宣传还停留在文字性或口头性的宣传，既不全面也不深入，宣传手段比较单一，低估了群众的政治敏锐性和对事物的判断力。①

政策目标的实现，不是政策制定者决定的，也不是政策执行者可以完全左右的，它还取决于政策的实施对象——移民。移民面对移民政策时普遍存在两种心理状态：一是故土难离的传统思想，几千年的传统文化使得移民极不愿意离开，认为"金窝银窝不如自己的狗窝"，对于搬迁到一个完全陌生的安置区充满了对未知的恐惧和不安，对如何开始新生活产生困惑，因而产生极大的抵触情绪；二是对征地搬迁可能带来的经济利益抱有不切实际的幻想，由于移民普遍受教育程度不高，他们所能看到的只有实实在在的经济利益，不会考虑自身生活环境的改变、子女受教育条件的改善、社会保障和医疗水平的提高，一旦补偿到个人的费用没有达到移民的预期，移民就会对政策抱有排斥的心理，并会提出不合理的要求。这样的抵触情绪一旦被别有用心的人利用和煽动，便会引发群体性事件，影响移民政策的顺利进行。

3. 行政行为失范

在水利水电工程移民政策执行过程中，部分地区的政府和移民管理机构不严格按照水利水电工程移民相关政策开展工作，将部门利益和地方利益放在首位，抱有"上有政策下有对策"的想法。

---

① 邱中慧. 水库移民问题中的公共政策研究[J]. 太平洋学报，2008，(9)：50-56+75.

水利水电工程移民政策执行人员首先是普通的个体，有自己的动机、愿望和行动；其次，作为行政主体，其必须有行政人员的职业道德和职业能力。行政人员的权力来源于民也应该用之于民，在行使行政权力的时候，行政人员必须抛弃自己的个人利益，以职业道德的标准来要求、督促自己。然而，因为部分行政人员素质不高、工作态度不端正，导致水利水电工程移民政策执行效果不佳。在水利水电工程移民管理中，部分村干部受官本位思想的影响，沉淀一定的心理优势，贪恋权力和金钱，在面对移民的时候，缺乏耐心，态度恶劣，没有以人民公仆的标准要求自己，导致与移民切身利益相关的问题被搁置；在征地补偿和搬迁安置的过程中，不屑与被征地移民沟通，使用暴力手段直接进行拆迁。同时，因为部分村干部知识有限，对移民政策一知半解，无法掌握政策精神，甚至错误理解政策，无法向移民详细解释移民政策，造成移民对政策的误读。[①] 部分追名逐利的官员，早已将为人民服务的宗旨抛之脑后，公然利用权力为个人牟利，将征地补偿和搬迁安置中的部分"边角地"拆迁补偿金纳入个人囊中。然而，由于对行政人员的行为规范和监督不到位，即使这些违法乱纪的行为被发现，这些行政人员也没有得到应有的惩罚。这样的行为侵犯了移民的利益，在移民的眼中，村干部被视为自己的对立面，这无疑会产生很多逆反情绪，增加了村干部推行水库移民政策实施难度。[②]

4. 缺乏移民参与

在水利水电工程移民工作中，移民是最直接的利益相关者，他们结成网络，对自己生活环境的改变发出声音，但在实际情况中，政府往往是搬迁安置政策单方面话语权的拥有者，公民参与在政策制定和实施环节中不能真正实现。有些移民认为政策制定和项目实施是移民部门的事情，与自身是否参与没有很大关系。有部分村干部认为没有必要让移民参与到水库移民工作中，认为移民的文化素质较低，移民的参与与否都不重要，他们无法提出一些有益的建议，只会一味地索取个人利益，甚至单方面误认为移民的参加会导致管理环节增多，协调难度变大，这无疑会给项目实施带来不必要的成本和难度。[③] 虽然在移民安

[①] 杨勇. 水库移民政策执行中的问题及其完善路径选择——基于政策执行过程模式的分析[J]. 辽宁行政学院学报，2011，(3)：21-22+25.

[②] 李燕，张晓琼. 城市房屋拆迁过程中政府行为分析——以山西太原孟福贵事件为样本[J]. 天水行政学院学报，2011，12(05)：77-80.

[③] 石艳红，胡义浪. 水利水电工程移民参与的制约因素分析[J]. 水利经济，2013，31(3)：61-64+72+76.

置规划的前期，设计单位在进行实地调研时会进行较为深入的群众走访，获得第一手的移民诉求，但是移民仍然处在被动了解的位置；在编制安置规划设计方案时，完全是由科研组织、移民专家、政府部门共同合作完成的，没有移民的参与；在安置规划设计通过审核并在库区进行公示时，移民处在被动告知的地位；在安置规划实施阶段，移民的参与更多的是针对个人情况的上访。在大多数的水库移民项目中，移民最多的是通过街谈巷说形式来表达诉求，缺乏有效、直接的渠道对水库移民安置规划提出自己的意见，参与程度低。在水利水电工程移民管理的全过程中，移民都处在被动参与的状态，没有做到真正意义上的主动参与。

事实上，《大中型水利水电工程建设征地补偿和移民安置条例》对水利水电工程建设项目的公示制度、告知制度、听证制度都有明确的规定。然而，在真正落实到水利水电工程移民管理工作中的很多时候，这些规定又变成了一纸空文。移民参不参与，参与哪些过程，参与的形式如何，相关规定对这些内容还没有具体标准，因此移民的参与取决于政府的态度。部分地区将听证制度变成走形式、走过场，与其说是邀请移民参与听证，不如说是现场通知移民补偿标准。部分执行部门为了省事、图方便，采取消极拖沓的态度来应对移民的利益诉求①，忽略、搪塞移民的参与诉求。以追求部门利益为目标，忽视移民的公共利益，这些都是移民参与管理时缺乏法律和制度保障造成的。

5. 长效管理机制不健全

在移民管理方面，动迁安置结束后，部分乡镇街道产生了"移民工作已经结束"的错误观念，或是认为移民工作"不好管"而不想管、不愿管。对移民工作实行属地管理的责任意识不强，甚至片面认为移民工作是移民部门的事情，出现了移民工作管理"缺位"、移民干部力量配备不到位等现象。尤其是基层乡镇无专管移民干部，没有真正地把移民的发展和稳定纳入当地经济社会发展规划，这使得个别遗留问题久拖不决，矛盾激化，一些新生的矛盾纠纷也因为得不到及时有效的处置而演变成新的不稳定因素。

在移民帮扶方面，目前实施的是水库移民后期扶持政策，自2006年7月1日始，至今已近20年，大部分移民经济空壳村现象得以改观，基础设施得以改善，

---

① 曹静晖. 非自愿移民安置中的移民参与[J]. 内蒙古社会科学（汉文版），2010，31(5)：138-141.

移民困难群体的生产生活水平得以显著提高。不过，水库移民后期扶持政策即将到期，以后如何尚无系统的长效机制。

第四节　水利水电工程移民工作的政府角色定位

一、国外水利水电工程移民工作的政府角色

1. 美国水利水电工程移民工作的政府角色

以田纳西流域治理为例，美国联邦政府建立强有力的管理体制以确保正确地开发和管理。1933年美国成立了田纳西河流域管理局（Tennessee Valley Authority，简称TVA），代表联邦政府管理流域内的全部资源，接受国会监督和总统领导，治理水灾、改善航运、保护环境、提供电力，解决田纳西流域开发中的一切问题。

美国政府为田纳西流域治理提供了法律、政策和财政税收的支持。在统一领导的前提下，鼓励私人资本进入，有利于发挥市场对资源配置的作用。TVA以建立水坝为重点，同时注重综合开发利用水资源和土地资源，因地制宜地发展农、林、牧、渔业，获得了经济上的成功。但是值得注意的是，在田纳西流域开发的过程中没有重视对环境的保护，造成了一定的损失。

2. 日本水利水电工程移民工作的政府角色

第二次世界大战后，在经济复苏过程中，日本通过对水库的建设促进水资源的开发，为城市的生活和生产用水提供保障。日本先后制定了《特定多目的坝法》《水源地区特别措施法》《水资源开发促进法》《征用公共土地的损失补偿标准纲要》等法律。为了重建移民搬迁后的生活，促进区域经济的发展，政府对库区的建设和施工进行投资，设立了基金会。因为这些法律和规定的科学与规范，日本的水利水电工程移民问题解决得比较顺利，保证了搬迁后移民的生活水平和区域经济的发展与稳定。

在日本，由项目业主来做移民动员，与被征地移民共同商讨移民安置的方案、补偿的标准，这是一个非常漫长的谈判过程，但是移民的参与度高，搬迁后的满意度也比较高，减少了移民遗留问题。

日本对移民的安置补偿可以分为三个部分（图5-3），首先是由项目业主对移民的损失进行补偿，包括失地损失、房屋迁建等。其次是根据1973年通过的

专项法，为库区生态环境的恢复、移民生活条件的改善实施工程措施，包括植树造林、交通基础设施建设等。最后是建立库区基金，帮助移民重建家园，兴修公共工程，缓解上下游地区的利益矛盾。

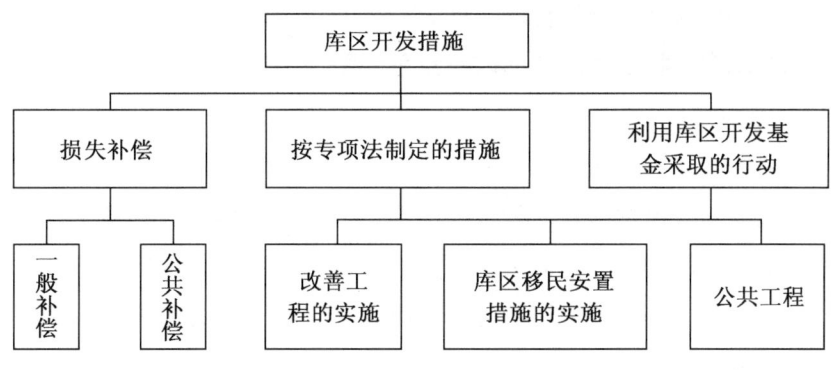

图 5-3 日本库区移民安置策略图

3. 土耳其水利水电工程移民工作的政府角色

各国政府都很重视移民立法工作，积极推进移民法制化进程。以土耳其政府为例，早在 20 世纪 30 年代，土耳其政府就制定了《征地法》和《移民法》，通过法律形式规定了操作性极强的征地移民工作内容和程序，并且明确了其管理机构。

土耳其法律首先明确了其政府对移民工作实行统一的行政管理。根据土耳其的法律规定，移民实施工作由国家乡村事务委员会负责，并在全国实行统一的行政管理，各个地区根据工作需要设立相应的乡村事务委员会，负责本行政区域的移民管理工作和移民安置的实施工作。

土耳其开展实施的各项水资源项目中，相当一部分是按照 BOT（build-operate-transfer）方式来建设和运营管理的。土耳其将枢纽工程建设和征地移民工作分开进行，其中水利水电枢纽工程的建设由项目法人独立负责，征地移民工作则完全由政府承担。在这种运作模式下，项目法人的义务与责任得到了极大减轻，进而减少了地方政府同项目法人之间的矛盾与摩擦。实践证明，土耳其的管理体制基本符合移民工作的需求和规律，能够切实保障移民得到妥善安置。

4. 国外水利水电工程移民工作的经验

虽然中国与美国、日本、土耳其在政治、经济、法律等方面存在很大的差异，但是这三国政府在水利水电工程移民管理中的经验可以为我们提供一些启示。上述三个国家在水利水电工程移民管理中，科学制定了移民政策，完善了移民法律，通过建立独立管理机构实施水利水电工程移民管理，建立了水利建设工程的投融资机制和优惠税制；结合地方实际经济、社会条件，更新移民安置方式，探索更多为移民创收的渠道；限制政府行为。以上这些措施，都是这些国家水利水电工程移民管理顺利进行的保证。

二、水利水电工程移民工作的政府角色调整

1. 避免越位

水利水电工程移民工作是一个多元主体博弈的过程，毫无疑问，政府在其中的地位非常重要，其也发挥着多种多样的作用。但是，如果政府管了许多不应该管的事情，那么市场和社会将无法发挥自己的作用。水库移民后期扶持项目承包给业主后，政府不应该干涉市场的运行，应留给市场进行资源配置的空间和社会组织发展的空间。

2. 弥补缺位

（1）多方协调，移民参与，科学制定水利水电工程移民政策

政策的民主化是指政策涉及的相关主体能够参与到公共政策的制定过程中，表达合理的诉求，保证政策符合人民的利益。加强水利水电工程移民政策的民主化，让移民更加清楚地了解水利水电工程移民政策，在征地搬迁安置时能够得到移民的理解和认同，提高政策执行力和执行效果。

科学制定水利水电工程移民政策，既要求内容的公正，也要求程序的公正，按照客观规律办事，协调集体利益和个人利益，最大限度地追求公平、公正。

（2）严谨论证，细致规划，重视水利水电工程移民前期工作

水利水电工程移民前期工作包括的内容繁多，如项目的可行性研究、确定征地补偿标准、制定移民安置规划等。水利水电工程建设需委托相关单位完成项目可研报告及相关专题报告，所以需要考察选定具有水利水电勘测设计资质、技术力量强、资金实力雄厚、业绩突出的设计单位；水利主管部门出具对可研报告的审查意见以及水土保持、水资源论证、防洪影响评价等专题报告的审查意见；国土资源主管部门出具用地预审意见；环保主管部门出具环境影响评价意见；城乡建设主管部门出具建设用地选址意见；移民主管部门出具移民安置规划审查意见；发改委出具节能评估意见。水利水电工程移民的前期工作与主体工程具有平等且独立的地位，不应将它作为主体工程的附带，切忌犯"重工程，轻移民"的错误。

3. 纠正错位

(1) 转变思想观念

在水利水电工程移民工作中不再用行政命令领导一切，应该充分发挥起市场、公民、民间组织的实际作用，让政府从一些不该管的领域退出来，把一些权力交给市场和社会。政府的理念在不断更新，但是长期的计划经济仍然对政府的治理理念有着一定的影响。政府应该鼓励市民社会的发展，让合法的社会组织进入政府不应当过多介入的经济和社会领域。让社会组织与政府一起分担管理社会事务的责任，政府将一部分社会管理职能交给社会组织执行，可以促进社会组织的发展。①

(2) 调整管理职能

公共服务是社会矛盾的"缓冲器"，是维护社会公平的基础，完善公共服务有利于逐步引导政府树立以公共服务为中心的政府职能观和政绩观。随着信息化水平的提高，移民对公共服务的需求不断变大，也越来越关心地区之间公共服务存在的差异。移民已经不再仅仅满足于知道政府为公共服务投入的资金总额，他们更关心这些资金的去向，取得了哪些成果，对移民生活的重建有什么切切实实的改变。移民生活的重建依赖于政府的公共服务效果，政府对安置区的公共基础设施建设、社会保障、环境卫生等方面的投入，将切实保障移民的权益，提高移民的生活水平和其对政府的满意度。②

三、水利水电工程移民工作政府角色定位的建议

1. 探索利益共赢

在移民安置过程中，政府部门、移民、工程业主、咨询机构、监督（监理监测）机构各具不同的利益目标，在行为博弈中，这几方都在追求自身利益的最大化。政府部门力求促进区域经济发展、社会稳定和人民生活水平的提高；移民渴望得到合理的补偿，维持原有的生活水平和质量；工程业主的目标是顺利完成水利水电工程的建设施工；监督评估（监理监测）机构的目标是在水利水电工程移民管理的全过程中发挥监督管理的作用。因此，我们要在各个主体间找到互相制约、互相平衡的点，探索利益的共赢。很多时候，移民在水利水电工程移民管理中都是被动方，被迫接受安置规划中的补偿金额、安置方式等。他们作为这几个

---

① 付念. 后全能主义国家的民主转型分析[J]. 湘潮（下半月），2014，(06)：55.
② 王百峰. 我国政府职能转变问题研究[D]. 青岛：中国海洋大学，2008：18-20.

主体中最为弱势的一方,更迫切地需要化被动为主动,要求参与到移民管理的活动中去,要求分享水利水电工程带来的积极效益。在这场多方的博弈中,我们不仅要严格按照移民安置规划来实施,更要在基层操作上尊重、听取移民的诉求,拓展倾听移民意见的途径,灵活应用协商说服的方法,降低移民行为的随意性和群众性,力图构建各个主体之间的平等地位,实现合理的权利与义务的分配,分享相应的权益。各个主体之间相互信任、相互合作,可以降低实施移民政策的难度和成本,使得移民政策的实施更加高效和到位。

多方主体各司其职。政府在移民工程管理中担负决策、计划、组织实施和监督的职责。项目业主参与水利水电工程移民管理是社会主义市场经济体制下的探索,其管理职能主要有:依据移民工程进度拨付移民资金;监督移民工程建设进展;组织开展移民监督评估(监理监测)工作;对移民单项工程和阶段性移民搬迁安置工作进行预验收。移民参与移民管理已取得实质性进步,如参与安置规划,提出意向性建议或意见。除受淹的公共工程(如农村、城集镇的基础设施等)由政府负责组织实施迁建外,受淹的移民户、企事业单位、行政单位分别以自然人和法人为迁建责任主体,在取得合理补偿后,应按照建设程序规定实施迁建。[①]

2. 严格履行监管职责

设立独立完整的监管机构、加强监管力度是提高水利工程建设项目管理水平的重要途径之一。以前,水利水电工程的项目法人需要自筹资金完成设计、施工、管理、监督评估(监理监测)等任务,需要大量的技术和管理人员。一些大型的跨行政区域的工程,往往由地方政府牵头组成工程建设指挥部,临时抽调技术和管理人员对工程进行监管,不能很好地发挥监督管理的作用。而独立完整且专业的监管机构,可以发挥专业性的技术,实践先进的管理经验,从而提高整个水利水电工程项目的管理水平。

(1) 严格落实责任主体

大中型水利水电建设项目工程量大、移民工作面广、政策性强、时间跨度长。国务院水利水电工程移民管理机构负责全国大中型水利水电工程移民安置工作的管理和监督;省、市级人民政府组织领导大中型水利水电工程管理监督工作;县级地方人民政府管理监督水利水电工程移民安置工作。《大中型水利水电

---

① 王丽婷. 移民安置过程中参与主体的行为博弈分析[J]. 绥化学院学报, 2006, (05): 9-10.

工程建设征地补偿和移民安置条例》指出，具体组织领导移民工作的是县、乡（镇）、村等组织，他们的工作对象是本区域内的移民。就现实情况来看，一些乡镇干部工作手段简单，对政策缺乏理解，为移民服务的意识淡薄，移民工作不到位，引起移民不满甚至发生集体上访或群体性事件。因此，移民监督评估（监理监测）工作引入专业化、社会化的建设监理单位是必要且具有重要意义的。规范移民工作人员的行为，明确权责范围，用考核制度督促监督管理工作的落实，责任到人，依法追究责任，有利于推进移民工作的顺利进行。

（2）规范操作程序

无规矩不成方圆，水利水电工程移民征地程序应严格执行。征地程序分征地批准程序和征地实施程序。建设项目需经市、县政府土地部门审查批准后拟定征地方案，经市、县政府同意后层层上报上级人民政府，经批准后进入具体的实施程序。应发布征地公告，明确发布范围和公告内容，确定每个移民都清楚公告内容；办理征地补偿登记，被征地的移民户应该在征地公告规定的期限内带上登记所需的土地权属证书、地上附着物产权证明等文件办理登记，逾期不办理登记则不列入补偿范围；拟定征地补偿方案并进行公告，内容包括各项具体补偿、补助费的标准，方案公告需听取被征用土地的集体经济组织和移民户的意见，再报由上级部门批准备案；实施征地补偿方案，收到补偿费用后，被征地单位和个人应当按照规定的期限交付土地；补偿费用应按照规定的方式妥善处理，土地补偿费、依法应支付给集体的安置补助费、集体所在的青苗补偿费和附着物补偿费由被征地单位管理和使用，青苗补偿费和附着物补偿费归青苗和附着物的所有者管理，安置补助费支付给农村集体经济组织或个人。严格规范移民征地工作的流程、加强监督管理是政府阳光行政的一部分，更是水利水电工程移民管理顺利实施的重要保证。

（3）移民安置实施的全过程需要监督、咨询

在前期阶段，主要是初步设计阶段（根据深度的要求不同，也可能是可行性研究阶段）和技术实施设计阶段（或招标设计阶段），由于移民安置规划设计工作与广大移民、淹没区和安置区的政府、勘测设计单位相关联，牵一发而动全身，因此规划设计的进度、质量等都会影响到移民安置搬迁工作。规划设计方案的科学性、合理性是移民安置搬迁工作取得积极效果的保障。设计阶段是移民投资控制的主要阶段，对移民投资的控制，将保证移民乃至国家的利益不受损害。在安置实施阶段，加强对项目施工的进度、安全、质量的监督，防止和减少安全

事故的发生，严格执行国家标准，保证工程质量与施工进度。

在水库移民后期扶持项目施工过程中，有一些项目没有要求法人对该项目负责，或者出现多头领导，移民不知道该听从政府的指挥还是遵照项目法人的意见。还有一些项目，监管力度不到位，施工进度远远超过监管进度，使得后期扶持项目不能及时发挥效益。想要做好项目管理实施中的监管工作，就需要项目相关的审计、会计、稽查等每个部门都发挥其职能[①]，帮助移民尽早恢复和提高生产生活水平。

3. 创新社会管理能力

党的十八大明确提出"加强和创新社会管理，推动社会主义和谐社会建设"的目标任务。坚持以人为本、科学发展观和建设移民和谐社会为指导思想，厘清政府职能，规范政府行为，创新社会管理，保障移民的权益和基本的生活质量，实现移民社区的安定团结，建设社会主义和谐社会，这不仅是广大水利水电工程移民的心愿和目标，还是政府努力争取实现的任务。进一步贯彻落实科学发展观，坚持以人为本，构建和谐社会，为水利水电工程移民管理注入更多的社会力量，可以促进移民的可持续发展，帮助移民安定生活，推动安置区的区域经济、社会协调发展，推进稳定团结的新库区的建设。移民工作需要依靠政府的力量来保障整体的公共利益，维护社会的稳定与团结，提供社会安全网和解决社会危机等。

（1）创新社会服务管理

许多省市的移民社区成立物业公司，为移民社区提供社会化、专业化的社会管理服务。应梳理社区服务的实际运行情况，探索街道直接管理、全委托管理和部分委托管理三种模式，夯实社区服务管理的基础工作；研究制定社区服务社会化、专业化的管理工作方案，结合社区特点，推进移民主体参与其中，提高社会化参与程度，不断完善社区服务管理的功能；规范社区服务管理的服务标准和监督办法，力图达到与社会发展水平相应的管理水平。

面对新问题，关键在于如何创新社会服务管理，某中部水利水电工程移民大省对此提供了成功的范例与参考经验。首先，他们推出政策鼓励省内物业公司为移民社区提供服务。其次，丰富服务类型，将移民的衣、食、住、行、文化教育

---

① 周莹. 浅议政府项目管理存在的问题以及解决的措施[J]. 中小企业管理与科技（上旬刊），2010，(11)：67.

和医疗卫生等各个方面都纳入服务范围，如对失修建筑物的维修与管护、保障公共安全及秩序、对道路交通的监督维护和管理、对火灾隐患的排查、兴建和维护公共基础设施、社区绿化与社区清洁、举办社区活动和其他便民服务。这些服务的提供在保障移民生活环境的同时，也提升了社区移民的生活质量。

创新的社会服务管理，给移民社区带来了明显的变化：通过加强社会管理，提高了移民的安全感；通过加强社会服务，提高了移民的幸福感；通过加强社区治理，提高了移民对社区事务管理的参与度，为移民融入当地生活提供了便捷的途径。将改善民生和创新社会服务管理紧密结合，从政府一元管理向公众多元管理转变，公共服务供给能力全面提升，有助于构建和谐社会。

(2) 网格化管理

JD市某镇作为水库农村移民网格标准化示范村，先行试点，建设标准网格化体系，实现移民网格化服务全覆盖。按照"因地制宜、规模适度、无缝覆盖、动态调整、方便群众、便于管理"的原则，按区位和产业科学划分网格。一般以村民小组为基础，按一组一格标准划分网格。整合各职能部门网格资源、管理资源和服务资源，优化农村水利水电工程移民服务流程，细化管理单元，建立精确、敏捷、高效、透明、全方位覆盖的水库农村移民网格化社会服务管理体系，实现水库农村移民服务管理系统对移民村（社区）进行精细指导、长效指导和科学指导的目标，全面提升了移民社区社会服务管理的工作水平。

4. 推进移民创业致富

(1) 树立典型示范，带动移民致富

在扶持移民创业致富过程中，紧紧围绕政府的中心工作和工作重点，通过典型示范，带动移民共同致富。扶持的重点是村级集体经济、对移民创业致富有直接或间接带动作用的市级以上农业龙头企业、规范农民专业合作社及各类科技培训等。在项目安排上，始终坚持"先试点后推广，先重点后一般，先小后大"的工作方法，围绕本地区农业主导产业和特色产业，优先考虑发展壮大村级集体经济、使移民直接受益、对移民创业致富有较强带动作用的项目，既壮大了集体经济，又促进了移民增收。

(2) 做好移民的技能培训、就业工作指导

为了开展好移民的技能培训和就业工作指导，政府应首先注重调研，尊重民意。做好移民培训意向的调研工作，了解移民的劳动力状况和培训意向；通过对工商、人事等部门的座谈了解各行各业的就业形势，指导培训工作的规划。其

次，根据调研情况制定培训计划，培训计划应包括培训的项目、内容、方法等。最后，政府应对培训工作的实施效果进行监督检查与评估。根据部分移民"忙来务农、闲来务工"的实际情况，注重发展"家门口经济"，如来料加工、石雕创作等。鼓励企业在招工时，尽量多招收移民及其子女，达到一定数量的给予税收优惠。此外，移民部门也可以为移民提供就业信息。

注重学以致用，鼓励受训移民自主创业，推动移民培训工作稳步前进，形成良性循环。鼓励个体经营，灵活就业。政府应对自主创业的移民给予税收、贷款政策上的优惠。

5. 加强移民资金管理

（1）监管集体资金使用

移民管理中的资金管理历来是水利水电工程移民管理中的重中之重。水利水电工程移民资金是移民安置的命脉，关系到移民的切身利益，其管理水平决定着移民安置的水平。移民资金应该根据各地的移民资金管理办法和实施细则有关规定，按核准、登记、公示、发放的程序进行。若资金管理过程中出现纰漏，部分移民干部不按规定程序进行，钻政策空子为自己谋利，侵占移民的利益，极易激起民愤。因此加强对移民资金的监督管理是水利水电工程移民管理中的重点和难点。

针对移民资金，应制定一系列资金使用的管理细则，完善监测评估、审计、稽查、统计等工作机制，切实把各项工作纳入规范化、制度化轨道。很多地区出台了有关"加强水利水电工程移民专项资金管理"文件，对移民专项资金的拨付及核算进行了规范，并要求"村财乡管"，记录移民项目资金出入账情况，弥补了报账环节上的缺陷。针对后期扶持资金，按照后期扶持基金管理有关规定，严肃财经纪律，对后期扶持基金设立专户管理、专款专用、按时拨付，不得冒领，不得挪用，不得拖延扣减。针对土地补偿款，不得由任何单位和个人占用、挪用。针对后期扶持项目的建设和移民安置区的基础工程建设，建立项目规划计划制度、项目预算管理制度、项目招投标制度、项目可行性研究制度、质量效益评估制度、项目变更报批制度、项目检查验收制度等。

进一步规范移民资金的监督检查。一是加强内部监督，专项资金与行政运行资金分别建账、独立核算，同时建立内部审计制度，对项目验收坚持一票否决，防止出现不合格工程；二是加强部门监督，及时发现问题、处理问题，各个部门要相互配合；三是加强社会监督，移民项目必须进行公示，邀请监督人员对移民工作进行全方位的监督，提高移民资金管理透明度。

另外，村被征土地补偿的总量与移民被征土地总量的差额，也应该进行公示，做到信息的公开透明，这样才不会被别有用心的人占有属于集体的利益，也利于移民进行监督。

（2）严格执行公示制度与政务公开制度

移民管理中的公示制度，应公示以下两点：土地数量、种类和实物调查结果，补偿范围标准和金额；移民资金直补和后期扶持资金的使用情况。公示制度有利于群众进行监督，增加工作的公开性和透明性，也易获取人民群众的信任。

6. 提高移民参与成效

（1）加强村务民主管理

随着中国协商民主的发展，民主议事会成为新型的村务管理模式，保障了居民充分行使"话语权"。民主议事会以居民代表、社区党员和志愿者为主体，按照民主议事有关的程序和规则，商议民众提出的问题和诉求。对于民众提出的要求要立即做出回应，并承诺在固定的期限内一定予以解决。民主议事会不但增强了工作的透明性、提高了办事效率，还加强了民众的参与，推动了村务民主管理。[1] 民主监事会实际上扮演的是一个监督的角色，村民代表会是决策机构，村民委员会是执行机构，民主监事会行使的监督权力与前两者形成了"决策、执行、监督"分设的局面，促进了村级组织之间的协调、高效运转，推进了农村基层民主的制度化、规范化、程序化，切实保障了农村群众实施监督权，发展了基层民主，密切了干群关系。自从有了民主监事会，对村务公开进行全程监督，老百姓说话分量足了。民主监事会是组织运行的"润滑剂"，也是干群关系的"嵌合剂"。落实群众的监督权，增加村务透明度，维护公平、公正、公开，让群众安心、放心，凝聚民心，实现社区的和谐发展。

（2）提高移民参与意识和能力

移民作为独立的主体，依法享有参与权。移民有权参与移民安置区（点）的选址，有权参与移民村的规划设计，有权参与移民耕地、园地、林地、生产用地、生活用地等分配方案的制定和土地分配活动。有权参与移民集体财产补偿费使用计划的制定并有权行使其监督权。项目法人、移民实施机构、乡级政府和村级组织凡涉及移民各种活动，特别是涉及移民生产生活的，均应要求移民积极参

---

[1] 蔡琳. 论中国协商民主的发展[D]. 保定：河北大学，2013：33-35.

与，充分调动移民的积极性，为移民安置工作顺利实施奠定扎实的基础。

现阶段，移民的参与意识和能力还存在一定不足。一方面，他们渴望作为独立的主体参与到移民管理中，从前期的规划设计到中期的搬迁安置再到后期的扶持阶段，都希望可以表达自己的意见和建议；另一方面，又在实际行动中无所作为，缺乏主动参与的责任意识。还有部分移民存在投机取巧的心理，试图钻政策的空子，这完全是出于私利，而不是将集体利益放在第一位。

移民参与管理的能力还亟待提高。随着社会的进步，中国已经进入了一个信息化的时代。同样，移民接收信息的渠道变得更加多元化，逐渐改变了"等、靠、要"这样陈旧的思想观念，他们渴望化被动接受为主动参与，但是意识的觉醒与行动之间仍然存在着一定的落差，移民的参与能力、参与程度仍然是现今水利水电工程移民管理过程中的一个问题。在移民安置规划设计阶段应该与移民对接，移民可以在实地的调查研究中了解区域状况，理解移民政策，这更有助于移民主体意识的觉醒，认清自己的权利、义务与责任，以主人翁的精神参与到移民管理中。

让移民参与到政策的制定和执行中，可加强政策认同感，提升政策实施执行的效率，降低政策执行的成本，对于政府和移民双方来说都是一种有效的约束和监督。移民的直接参与，可以顺畅地表达自身的诉求，有利于政府采纳移民的建议，使得安置规划政策更加公开、透明、民主，进而提升安置绩效。

第六章　水利水电工程移民工作中的政府行为
——以 Z 省水库移民后期扶持为研究重点

中国的水利水电工程移民工作是由政府主导的大型人口搬迁活动，水库移民的后期扶持也是以中央和各级地方人民政府为领导机构，结合社会各界的力量进行的帮助移民群众恢复和提高生产生活水平的行为。水利水电工程移民工作需要政府发挥主导作用。

第一节　政府行为解读

政府行为概念的涵盖范围极其广泛，要明确其概念需要界定政府的含义。现代政府的含义有广义和狭义之分。广义的政府涵盖一切的国家权力机构，包括立法机构、司法机构和行政机构。也可以说，"政府就是国家的权威表现形式"。[①] 狭义上的"政府"则是指国家的行政机构，包括中央行政机构以及地方行政机构。在内阁制的国家中，狭义的政府甚至指代的就是中央最高行政机构的核心部分，即"内阁"。本书所阐述的"政府行为"当中的"政府"是指狭义的政府，即包括中央和地方行政机构的国家行政机构。政府职能与政府行为之间有着密切的联系。政府职能是指政府在一定时期内依据国家、社会的发展目标而承担的职责和功能。[②] 政府行为的基本定向标是政府职能，政府行为是政府行使政府职能的动态过程。

由此，本书中的政府行为可以定义为国家行政机构在法律范围内履行其行政

[①] 戴维·米勒，韦农·波格丹诺. 布莱克维尔政治学百科全书[M]. 邓正来，译. 北京：中国政法大学出版社，1992.

[②] 陈启星. 新型城镇化中的地方政府行为优化研究——以河南六市为例[D]. 郑州：河南农业大学，2015.

职能进行的所有行政活动的总称。既然政府行为是政府职能的具体运作，所以本书从政府职能作用的方式和政府职能的管理运行两方面来阐述政府行为。从政府职能作用的方式看，政府有立法、行政、司法、监察四项职能。所以，政府的行为就涵盖了以下四类。一，立法行为。在中国，立法行为是各级人民代表大会及其常务委员会集中全体人民的意志和要求，并将其转变为国家法律和政策的行为。二，行政行为，即行政机构执行和操作国家法律和政策的行为。三，司法行为。在中国，人民检察院和人民法院不但在政府之间起制约作用，而且参与行政权力对人民群众做出的强制性支配的行为。四，监察行为，即国家监察机构对行政机构及其工作人员的行政活动进行的监督检查行为。

从政府职能的管理运行上来看，政府有计划决策职能、组织指挥职能、沟通协调职能、控制监督职能。所以，对应的政府行为就涵盖了以下四类：一，政府的计划决策行为，即政府确立目标以及为实现这个目标而设计和确立的最佳程序和方法的行为；二，政府的组织指挥行为，即设立与实现目标相关的政府机构、划分内部责权、分配资金和人员的行为；三，政府的沟通协调行为，即平衡政府系统内部各种关系以及调节政府与公众之间关系的行为；四，政府的控制监督行为，即政府在实现目标的行为过程中，对行政机构及工作人员是否遵守法律法规实施监督行为。

中华人民共和国成立以来，为了发展水利水电事业，中国政府建设了一大批水利水电工程。水利水电工程的建设在防洪、农田水利灌溉、居民供水以及发电等方面均起到了巨大的作用，同时也为国家带来了经济发展的持续动力和社会发展的稳定因素。然而，伴随水利水电工程成功建设的是移民的大量产生，解决移民问题成了政府的重要工作之一。

根据政府在水利水电工程移民工作中行使的职能不同，水利水电工程移民工作的政府行为大体上可以分为四大类：组织行为、协调行为、监督行为和宣传发动行为。

第二节　水利水电工程移民工作的组织行为

政府组织行为的主体包括了各级政府组织以及其中的工作人员，他们为了实现同一个目标，分配职务、职责。水库移民后期扶持工作中，政府确立扶持的范围及目标，组织和负责后期扶持直补人口的审核、项目扶持管理和资金管理，还负责管理机构设置、权责分配和人员配备。

一、组织行为和水利水电工程移民工作的组织行为

1. 组织行为的内涵

相对于其他的组织行为，政府的组织行为具有其自身的特点。政府组织行为具有政治性，不仅仅是因为其行为主体是政府机构，也因为其在公共决策地位当中突出的作用，这便左右了公民的行为并且造成了社会上其他组织利益的此消彼长。政府组织行为还具有权威性，因为这是代表国家所行使的权力，受宪法的保护。因此在某种程度上政府组织行为是具有强制性的，政府组织行为的对象必须将其作为合法的规定加以接受。政府组织是为了达成统一的目标而组成的，跟社会上其他组织相比，政府的组织行为更具有系统性，政府组织会按照分工的不同构建相对系统的组织结构，分为不同的部门和不同的层次，并且为了保证这个组织系统的平衡，必须要建成一个上下通畅、左右联系的严密有机整体。

根据巴纳德的组织理论，组织的实质是组织行为。组织行为学研究的是作为群体的人们在各类组织工作场合当中表现出的行为。美国学者罗宾斯是这样定义组织行为学的："一个研究领域，它探讨组织中的个体、群体以及结构对组织内部行为的影响，以便运用这些知识来改善组织的有效性。"[①] 而张德则认为，作为一门学科，组织行为学是研究组织中人的心理和行为表现及其规律，提高管理人员预测、引导和控制人的行为的能力，从而实现组织既定的目标的科学。[②] 因而，组织行为学实际上研究的是组织和群体为了同一个目标，安排相关人员，设置行动组织，在运转组织中不断提高和完善这个组织，以实现既定的目标。存在于现实中的人都是社会属性的人，处在生产生活中的人，不论是普通的员工还是管理人员，每一个人都是一些组织群体的成员，都会不可避免地与其他个人或者群体产生社会关系。社会上有许多类型的组织行为，这里只对政府的组织行为进行探讨。

政府组织行为是组织行为的一个分支，主要是指在政府机构范畴内的组织行为。在中国，各类政府组织由于其职能的不同，可以划分为：一，政权组织，包括执政党及各级参政党、人大、政府、军队、司法、人民武装；二，人民团体组

---

① 斯蒂芬·P. 罗宾斯，蒂莫西·A. 贾奇. 组织行为学[M]. 李原，孙健敏，译. 北京：中国人民大学出版社，1997：9.

② 张德，吴志明. 组织行为学[M]. 大连：东北财经大学出版社，2002：12.

织，包括工会、妇联、共青团、工商联、侨联、台联、科协、文联等；三，对外团体组织，对外友协、贸促会；四，国有事业组织，科、教、文、卫、体等各类国有事业单位。① 政府里不同的组织类型所发挥的职能不尽相同，因而这里探讨的政府组织行为当中的政府是一个广义上的概念。而政府的组织行为则是指为了达成一个确定好的共同目标，由政府组织人和机构并指引和把握行为的走向，以提升这个组织达成既定目的的执行效率。

2. 组织行为在水库移民后期扶持工作中的意义

水利水电工程移民的实施机构是政府以及各级别的移民管理机构，水利水电工程移民工作是由政府主导的，政府在其中扮演领导、组织以及参与者的角色。政府决定征地补偿和后期扶持标准、征地和项目扶持计划和目标，并负责处理安置和后期扶持过程中出现的各种问题。移民工作参与主体众多，除了政府以外，还包括项目业主、监理单位、金融单位等各方社会力量。因而这是一个政府领导、多方参与的系统过程，政府需要发挥组织作用才能使各参与主体各司其职，使得整个流程环环相扣，这一点在水库移民后期扶持工作中尤其重要。

（1）落实水库移民后期扶持政策的需要

中国的水利水电工程移民政策经历了从政策性移民到开发性移民的发展历程，前几十年的发展留下了大量的遗留问题，而水库移民后期扶持政策的实施为移民的基本生产生活带来了改变。只有政府发挥组织作用，把后期扶持政策落到了实处，才能把移民安置同当地资源开发、环境友好发展型经济紧紧联系在一起。

（2）保障移民后期扶持有序进行的需要

水库移民后期扶持工作实行的是政府负责制，国家由水利部（具体负责部门由水库移民开发局改为现在的水库移民司）主管全国各地区的大中型水库移民后期扶持工作，承担制定相关政策法规以及规范各地区移民工作的职责。政府还组织建立相应的地方层面的移民管理机构，同时将政府财政专款作为移民后期扶持的资金来源，并将其中的工作人员纳入公务员编制或参照公务员管理，以稳定水利水电工程移民工作人员的队伍，这样政府就从组织上保证了水库移民后期扶持工作的顺利进行。

（3）提升水库移民生产生活水平和建设社会主义和谐社会的需要

政府在搬迁安置水库移民后实施后期扶持政策，既能为安置区移民带来良好

---

① 徐全忠. 政府组织行为学[M]. 北京：对外经济贸易大学出版社，2010：3.

的生产生活条件，也体现了中国政府对移民群众负责任、带领移民共同分享改革效益的原则，这对提高移民生产生活水平和维护安置区的社会和谐起到了重要的作用。

政府的组织行为在水库移民后期扶持过程中的具体体现为，由政府组织移民的相关管理机构，由移民管理机构制定有关移民后期扶持的政策，包括确定移民后期扶持的目标和范围、设置移民管理组织机构的相关规定以及配备移民后期扶持相关的人员。

二、建立健全实施后期扶持工作的水库移民管理机构

1. 明确水库移民后期扶持管理机构的设置

为了适应水库移民后期扶持活动的需要，产生了被政府组织行为作用的水库移民管理机构，由政府构建该行政区域内专门从事水库移民后期扶持工作的机构。

中国的水库移民后期扶持工作是由政府主导的，作为实施水库移民工作的管理机构，其具有移民管理专门化特性。从水库移民后期扶持所涉及的项目管理来看，水库移民后期扶持项目的种类多、范围广，前10年以水利农田配套设施建设、基础设施建设、道路交通建设、医疗卫生及教育等项目为主，后10年以水库移民避险解困、移民增收、美丽家园等项目为主。对于这些项目，从申报到审批再到实施，最后至验收环节，均离不开专业化的组织管理。国家成立各级水库移民管理机构实施行业管理，明确具体职能。在国家层面，水利部设置了国家级水利水电工程移民管理机构；在地方层面，成立省、市、县级的水利水电工程移民工作领导小组及其办公室，或者组建"水利水电工程移民开发局""水库移民办公室""扶贫和移民管理局""移民事务中心"等，与地方水利部门、发展改革部门、国土资源部门和财政部门等配合进行水库移民后期扶持工作。从地方层面上说，水库移民后期扶持工作有一定的复杂性，因为其涉及的部门众多，因此政府需要积极整合地方相关部门的职能，以提高整体组织的行动力。中央与地方的水库移民后期扶持管理机构上下协同，共同进行水库移民后期扶持管理的工作。

2. 明确水库移民后期扶持管理机构的权责

合理设置政府组织，进行权责明晰的专业化管理，不但可以有效地分解工作任务，对水库移民后期扶持的资金、工作任务进行资源配置，还有利于水库移民组织的平稳运行。移民管理机构的基本职责是贯彻和落实水利水电工程移民的政策和法规，负责对水库移民后期扶持工作的监督和指导，编制水库移民后期扶持规划报告，制定水库移民后期扶持的具体管理办法，负责水库移民后期扶持资金管理。

以 Z 省 T 市 H 区的移民管理机构为例，首先由 Z 省移民办依照国务院颁布的水库移民后期扶持相关法规，根据 Z 省本地的实际情况编制实施办法。同时，Z 省移民办负责本省大中型水库移民安置规划大纲的初审工作，负责核定本省移民后期扶持人口的数量和编制本省移民后期扶持的工作规划。其次，H 区的移民管理机构负责编制 H 区的水库移民后期扶持规划，并组织对本区的水库移民后期扶持进行人口核定工作，组织实施对本区内移民的后期扶持规划，负责当地水库移民经济建设以及移民后期扶持资金的具体发放。同时，H 区的移民管理机构还负责组织配合第三方在本市的监测评估工作，至于对移民信访的接待和对政策的宣传也是由 H 区移民管理机构实施的。

3. 配置水库移民后期扶持管理机构的工作人员

针对水库移民后期扶持的专业性要求，政府不但要建立健全管理机构，还需要配置专门的管理人员。水库移民后期扶持管理机构的工作人员，应当具备法律、经济、管理、工程和政治等多种专业知识和能力。水库移民后期扶持的管理包括了水库移民后期扶持的规划以及实施管理和资金管理等。根据分工，可以将水库移民后期扶持工作人员划分为以下几种类型：一，项目规划管理人员，对水库移民后期扶持工作进行规划，组织项目实施、项目管理，监督项目的执行和结果；二，资金管理人员，水库移民后期扶持工作涉及大量的后期扶持专门资金，如何合理分配、使用这类资金需要专业财经审计类人才；三，法律工作人员，水库移民后期扶持工作会有一些关于财产或事故类的纠纷，需要专门从事法律工作的人员进行处理。Z 省政府为水库移民后期扶持管理机构配备以上三类人才，明确本省水利水电工程移民管理人才的职能。同时，Z 省还以各地方政府为单位，对参与水利水电工程移民工作的骨干进行专业的培训，从而加强水库移民后期扶持工作的力量。

水库移民后期扶持管理人员具有专业化特点，应将相关专业人员分配至合适的岗位上，建立起人才长效机制，以保证管理机构的长久稳定运行。

三、确定水库移民后期扶持的范围

根据《关于完善大中型水库移民后期扶持政策的意见》（下称"17 号文件"），各地区结合工作的不同阶段和当地的实际情况出台相关政策，以达到最佳的实施目的和效果。后期扶持的范围和目标涉及移民直补人口、资金发放和管理、项目实施和管理、稽查和监测评估等方面的内容。

1. 后期扶持移民直补人口

水库移民后期扶持直补人口的确定是水库移民后期扶持最基础的工作，不仅关系到整个水库移民后期扶持政策的成功实施，更是直接关系到移民的利益，对库区及安置区的社会稳定产生重大影响。

(1) 确定水库移民后期扶持的直补对象

大中型水库移民后期扶持的对象为经国家批准建设的大中型水库移民，要求其户籍在本区域的管辖范围以内，且2006年6月30日以前户口仍在农村。"17号文件"规定："因建造大中型水库而迁移的人群，目前仍是农村户口的移民；嫁入或者入赘进入农村移民家庭并且入户的人口；原本是农村户口，嫁入或者入赘至非农家庭的，但保留其原本农村户口的人；户口临时迁出去的大中专在校生、现役士兵或是其他符合扶持政策的依然算作后期对象；2006年6月30日前已经死亡和2006年7月1日后出生、婚入等新增加的人口不予登记。"

(2) 直补人口的核定程序

第一阶段，宣传动员。移民管理机构在库区和移民安置区宣传"17号文件"和相关配套的政策及精神，并公示核定的办法。以村为单位摸清原迁人口的变动和现状人口的分布。

第二阶段，直补人口核定登记。首先由各户申报，移民根据自身的身份条件按规定进行申报；其次是逐户登记，并将结果张榜公示5日，在无异议的前提下以户为单位填写移民人口核定登记表；再次是把结果上报给乡镇，由村组负责人员签字，以村为单位汇总上报到乡镇；随后是逐户核查，即公安机关管理户籍的部门以户籍册对照各村上报的成果，核实居民的身份，逐户审核，并签字盖章；最后汇总上报到县级移民管理机构审查。

移民直补人口核定登记工作是严格按照程序进行的，并且接受群众的监督。在对待扶持方式上，各个角色都从自身利益出发，移民更愿意接受直接发放直补资金的扶持方式，非移民认为自己也应当有所回报，而村干部则更愿意以项目扶持方式带动全村发展。

2. 政府负责发放后期扶持资金

在发放水库移民后期扶持直补资金时，人口核减情况由移民村及时上报给市、县（区）级人民政府及其移民管理机构，相关部门及时以书面形式通知到市、县（区）级财政局及农村信用合作联社，并在次月停发直补资金。这类被停发的直补资金在该市、县（区）财政局及移民办的安排下转为水库移民后期扶持结余资金。各乡镇政府，市、县（区）财政局，移民机构和发放资金的农村信用合作联社每年对当地直补资金的对象和人数进行一次审核。各乡镇政府建立涉及直补资金完整的移民个人档案和发放资金清册，将移民人数的核减情况及时报送当地的市、县（区）政府，并抄送市、县（区）移民办和财政局，通过审核之后及时变更农村信用合作联社的"活期储蓄"信息系统。

水库移民后期扶持直补资金直接发放至已经核实的人口，每人每年600元，共20年。具体的发放操作如下：首先，县级财政局、移民管理机构联合当地的农村信用合作联社签订大中型水库移民后期扶持资金的委托代发协议，为每一位移民开设个人活期储蓄账户，按照季度发放每年600元的直补资金；其次，为了确保资金运行的安全，采取短信绑定储蓄卡的方式通知移民个人资金发放的时间和金额；最后，建立资金发放的档案，在发放资金的同时，把本区水库移民后期扶持直补资金的代理发放责任书提供给各个乡镇的农村信用合作联社，形式为一式六份。在资金发放结束之时，各乡镇政府将资金发放表分别上交给财政局、移民管理机构及农村信用合作联社各一份，自己则留一份存档备案。

关于水库移民后期扶持项目扶持资金，先设立"大中型水库移民后期扶持资金专户"，该专户产生的利息计入项目扶持资金的本金。项目扶持资金由省级财政厅拨付县级财政部门，再由县级财政部门将后期扶持资金打入县级移民机构下的后期扶持资金专户，同时对扶持项目资金实行县级报账制度。即，项目实施单位首先提出报账申请，由村委会和乡镇负责人签署意见后，附上合法有效的支出凭证报给移民机构；经过负责项目的工作人员以及负责财务的工作人员审核并签署意见以后，再报给县级移民管理机构负责人；县级移民管理机构负责人审批通过以后，办理报账手续，实施单位得到这笔项目资金。项目扶持资金由乡镇或村建立移民项目库；乡镇、街道或村自行为选中的项目做前期准备工作；根据县级移民部门下达的项目资金额度，乡镇、街道或村对确定的项目进行公示；由乡镇汇总各个村的项目后以正式文件的形式上报给县级移民部门；经过县级移民部门审核汇总之后，再上报给主管部门审批；审批通过后，通过的项目会下达到各个乡镇或者街道；项目业主将复批项目的预算送到县级政府去评审，以评审后的预算为依据，在县级的公共资源交易中心发布招标公告，组织招投标；项目施工由乡镇、街道或村组织实施；项目完工以后由会计师事务所决算审计，乡镇、街道或村自行组织验收；再由县级移民机构组织县级验收，最后进行报账、拨付资金。

在整个项目扶持资金的拨付和使用过程中，作为责任主体的县级政府需要严格落实县级报账制度，地方政府需要认真做好年度水库移民后期扶持项目资金使用计划，按照严格的程序要求做好相应的有关项目资金申报计划，项目完工之后将项目有关的资料送至县级审计局进行审计。只有提供了县级审计局的审计报告且审定造价超过移民项目补助资金额度的项目才可以办理报账手续。

在水库移民后期扶持过程中政府应发挥组织行为，确定水库移民后期扶持的范畴，确定水库移民后期扶持具体的工作目标和任务，以国务院有关水库移民的政策规范为基准，建立健全专门的管理机构，分配好其中的权责和管理人员，并保证移民管理机构的长期有效运行。新时期水库移民后期扶持政策要求把水利水电工程建设和水库移民后期扶持工作放在同等重要的位置。基于中国的国情，政府在水库移民后期扶持工作中，应以移民的利益为根本立足点，确定水库移民后期扶持实施的目标和范围后，组织建立移民的管理机构，即实施后期扶持工作的主要实施者。由政府组织建设的各级移民管理机构是移民利益的维护者，为了顺利完成其维护移民群众利益的工作目标，最重要的是为管理机构组建有核心精神的专业团队，有着稳定组织结构的管理机构才能够保证组织目标的实现。

第三节　水库移民后期扶持的政府协调行为

水库移民后期扶持工作是一个由政府主导的规模大、涉及不同行业部门的工程建设活动。为了让利益主体不同的部门能够彼此配合工作，促进水库移民后期扶持工作的顺利实行，政府需要平衡协调各方面的关系。

一、政府协调及其对水库移民后期扶持的意义

1. 政府协调的内涵

协调行为在人类社会中无处不在，人类在相互作用中进行生产实践活动，其中难免会出现矛盾甚至冲突。为了避免冲突带来的损失，建立起良好的生产生活秩序，人类群体中的领导者应发挥领袖作用，使用一定的手段把活动的个体和群体纳入确定的行为轨道里，使得他们能协调和谐地发展。对于政府来说，为了实现其目的，需要与人民相互信任，相互合作。从国家政府职能的作用方式来看，政府实施协调行为是为了提高该行政组织的运行效率，从而更好地实现目标。政府的协调在政府的管理过程中引导组织和人员之间相互协作配合，建立起良好的关系，从而达到预先期待的共同目标。

政府实施协调具有广泛性和经常性的特点。只要是有政府机构和政府工作人员参与的活动，政府都会自觉发挥协调行为，各个机构单位或领导都会让协调行为渗入有政府机构参加的活动中，这包括了计划、实施和监督的环节。由于大环境是不断变化的，在政府活动过程中，政府的协调也处于一个不断发生改变的状态，所以政府的协调又具有经常性的特点。

(1) 政府协调的种类

政府针对不同的协调对象，采用不一样的协调方法。从实践的角度看，政府行使的协调有以下几种。一，政府组织机构内部的协调行为，即政府机构组织的内部，在不同单元之间的相互影响、沟通下，达成各单元之间的共识，共同实现这个组织的利益目标。二，与外部组织机构的协调行为，其目的是通过协调与外部组织之间的关系，得到外部各组织机构的支持和合作，为政府组织机构创造一个优化的运行环境，从而提高政府组织的效率。通常这里的外部组织机构包括社会团体和企事业单位等。三，纵向协调行为，指的是政府上下级之间的协调，具体包括中央政府与地方政府之间的协调、地方政府内部上下级之间的协调以及上级领导和下级员工之间的协调。纵向协调行为的目的在于充分调动上下级之间纵向的沟通和协商，以使得上下级的行动目标保持一致。四，横向协调行为，指的是政府平级的机构、部门及个人之间通过协商和交流达到的协调性行为。政府平级之间的横向协调不同于纵向机构之间存在的权威性协调，通常采用的方式是平等协商，以调节各机构、部门及个人之间的内耗和冲突。

(2) 政府协调作用的效果

政府协调的目的在于对不同主体之间的差异进行调整和融合，使得在各部分主体组成整体的时候能发挥出最大化的功效。政府协调的作用通常表现为三大效果。一，提高了政府组织的凝聚力。政府的协调作用使政府在组织工作当中能够强调各方在利益总目标上的一致性，以达到各部门在实际操作时的步调一致。政府的协调作用一方面体现在协调整个政府组织群体单位间的关系以及人与人之间的关系，另一方面体现在及时给予政府组织内部全部人员关于目标、任务的信息，使得各方在参与到政府协调行为的过程中能感受到信息共享的主人公意识，从而在之后的工作中能够从整体利益出发，与上级目标始终保持一致。二，提高了资源的合理利用率。有效的政府协调行为能够合理配置人、财等资源，预防出现不正当的竞争行为对资源的使用过度和无序的行为。三,提高了政府的工作效率。在政府工作的过程中,政府的协调行为能使政策规章制度相互配套使用,控制和减少组织系统内外部、内部的上下级和平级之间各单位的冲突损耗。

总而言之,政府协调的目的在于防止各政府组织单位之间、政府机构的工作人员之间以及政府机构内外工作人员之间出现矛盾,以降低内部损耗,高效达成该组织的行为目标。

2. 政府协调在水库移民后期扶持中的意义

现阶段的水库移民后期扶持工作是建立在市场经济条件下的,社会主义市场经济条件下的水库移民后期扶持工作涉及多个利益主体,而利益相关体恰恰是政府实施协调行为的核心。水库移民后期扶持工作涉及中央政府、地方政府、项目业主和移民群众,每一个利益主体都有各自不同的利益诉求,容易引发相互间的利益冲突。冲突或者对立会使各方利益有不同程度上的损失,可能会导致水库移民后期扶持工作失去重心,难以达到工作目标。为了更好地发挥水库移民后期扶持的效果,尽量避免不同利益群体之间出现矛盾,政府需要发挥协调作用,协调并整合不同利益主体之间的矛盾,促使所有的利益主体能够协调一致地进行水库移民后期扶持工作。

(1) 政府完成本职工作的需要

作为政府机构,上至中央,下至地方,虽然不同政府机构以及内部不同部门有着不同的利益追求,但一般来说,他们进行水利水电工程移民工作是为了完成本职任务,即为经济和社会事业发展做出成绩。

(2) 业主取得合法利益的需要

项目业主,即水利水电工程项目的法人主体,是追逐利益最大化的主体。不论是否有不利的影响,项目业主的经济利益诉求始终是建设后期扶持项目以获得预期的经济效益,即成本越低越好,建设效率越高越好,建设完成的项目投入使用越快越好。项目业主的政治诉求主要是其开发建设的项目能够获得政府的认可。项目业主社会方面的诉求则是树立良好的企业社会形象和履行其社会责任。

(3) 移民群众获得良好生活的需要

水利水电工程移民,其最大的利益体现在自身的需求是否能得到满足。从经济方面来说,移民希望能够得到足够多的安置补偿资金,能够恢复至搬迁之前的生产生活水平,最好能过上富裕安康的生活;从政治方面来说,能够参与关系自身的重大决策,能够顺利地表达诉求;从社会方面来说,移民要求有一个有条有序的村庄管理环境，有美好的生态居住环境；从文化医疗方面来说，移民要求子女能有很好的受教育机会，搬迁移民不破坏原有乡村的乡土文化，要有配套的医疗条件。

政府协调在水库移民后期扶持工作中有相当重要的地位。首先，政府的协调活动贯穿整个水库移民后期扶持工作的全过程，贯穿同水库移民后期扶持有关的各部门和行业。不论是内部协调行为还是与其他非政府机构之间的协调行为，从中央政府到地方各级政府再到移民管理机构，都需要实施协调行为。其次，现代社会中政府协调的难度高于传统社会，水库移民后期扶持工作由于涉及行业的多样性导致了政府管理也趋向复杂多样，且移民与相关社会组织也参与到各级政府和移民机构的管理工作之中，因而如何发挥政府的协调作用，使各部门同心协力地完成水库移民后期扶持的工作目标，有十分重要的意义。最后，政府的协调行为还提高了政府的工作效率，水库移民后期扶持工作的政府协调行为是提高各级政府工作效率的关键，全面的政府协调能够分清各部门之间的权责关系，有效防止在水库移民后期扶持工作中出现部门之间相互牵制以致影响整个工作进程的情况。

在市场经济条件下，作为后期扶持主要对象的水库移民是弱势一方，在残酷的利益竞争中很有可能被市场淘汰，进而引发社会矛盾。因此，政府必须出台宏观调控的手段和措施，制定相关制度，协调好项目业主和移民的利益关系。

二、政府协调与水库移民后期扶持项目业主之间的利益关系

水库移民后期扶持工作由政府作为主导力量，掌握资金拨付和项目建设的权力，项目业主需通过公开投标的形式与政府签订项目合同，承担政府项目建设工作受委托人的角色，政府与项目业主建立起委托者和受委托者的关系。

1. 水库移民后期扶持项目业主的利益

作为受委托者的项目业主经委托方政府的同意，对水库移民后期扶持项目的工程建设实行项目管理和资金管理。当地政府要依据中央政府出台的有关后期扶持政策和已经通过审批的移民后期扶持规划与项目业主签订包干协议，这是移民后期扶持工作能够顺利开展的保障。在项目建设过程中，项目业主应深入项目所在的移民安置区，及时跟进当地移民的情况，地方政府与移民管理机构应及时与项目业主沟通，以便发现问题并改正。

当地政府掌控着水库移民后期扶持资金的支付权，并依据水库移民后期扶持工作展开的情况，按照年度计划，采用分期、分批的办法拨付给项目业主。此时需要上级政府主管部门协调两者之间的关系，以避免地方政府和项目业主出现内耗冲突，保证拨付资金的顺利到位。除此之外，政府还应为项目业主带来相关政策及技术上的帮助，以便为项目的建设和管理带来优质的实施环境，从而切实保证水库移民后期扶持工作有序、有效地进行。

2. 政府实施协调的手段

水库移民后期扶持工作周期长，受众多动态因素的影响，如政策的变动、经济大环境改变、工程设计上的变动等，水库移民后期扶持工作无法顺利进行，而已有的政策和资金预算往往难以解决这类变动中出现的问题。政府此时应发挥协调作用，及时与相关项目业主沟通，适时调整具体规划及资金预算，以便达到项目建设的预期效果。

政府协调与水库移民后期扶持项目业主之间的关系，除了项目、资金等方面的行政手段协调，还可以通过经济手段加以协调，如对具有经营性质的大中型水库征收库区基金。项目业主的利益诉求在于项目的利润，而此时的政府作为一个"经济人"角色在这个利益互动的过程中也有利可图，即完成项目建设的政治任务。通常，在水利水电工程移民工作中，为了能使项目建设顺利实施，政府会通过协调手段对项目业主的利益需求作出让步。

以 Z 省 W 市为例，W 市移民管理机构为了便于项目管理，把建设地分散、类型一致、建设开发时期一致的小型种植业、养殖业以及农田水利等项目，以乡村为单位捆绑成一个项目。凡是国家投资 5 万元以上的工程项目，W 市政府要求其编报工程项目的设计，并且提供工程预算以及决算。同时，该市的项目实施管理推行项目法人责任制、招标投标制和建设监理制，当总投资达到或者超过 50 万元的基础设施项目，要求其通过招标确定实施单位并实行监理制度；当总投资在 50 万元以下，则由 W 市移民管理机构来确定具体的投资基础设施项目和其他项目。如此，W 市政府机构便能通过项目管理的方式协调平衡好自身与项目业主之间的关系。

三、政府协调与水库移民之间的利益关系

水库移民被强制搬出原住地前往一个陌生的环境，原有生产生活方式被破坏，原有文化习俗也不得不转变，此时的移民群体需要政府给予利益补偿以弥补损失感。在计划经济时代，政府使用自身的强制力在移民群众之中建构起政治动员的意识氛围，从而实现移民的搬迁安置。进入市场经济时代，原本的安置模式难以满足移民的利益需求，需要政府根据经济大环境进行相关利益的协调。

1. 水库移民的利益

政府与移民群众之间的关系具有与生俱来的不平等性，政府一方使用行政命令传达政策的行为具有强制性，而移民群众一方表达利益诉求的机会是有限的。水库移民后期扶持工作涉及的各行各业，同样需要政府的参与和领导。根据"17号文件"的精神，水库移民后期扶持的目的是改善和提高移民的生产生活水平，促进库区和移民安置区的经济发展。所以，水库移民后期扶持工作，需要政府时刻把移民群众的利益诉求放在首位，协调好政府与移民之间的利益关系。

2. 政府实施动员

水库移民的根本利益在于通过后期扶持得到稳定而富足的生活，如稳定的生产环境、充足的就业机会和安全有序的社会环境。政府在协调与移民的利益关系时，需要让移民充分发挥自身权力参与到水库移民后期扶持工作中来，此时，政府可以借鉴政治动员的方式采用移民动员的手段来激发移民的参与。

"政治动员在面对不同阶层的利益要求的背景下，做出不同的回应，及时动员的同时，减少行政干预，加强利益诱导，同时注意保护集体利益和国家利益不受损害。"[①] 在水库移民后期扶持工作中，政府应充分发挥积极沟通协调的作用，本着以维护移民利益为原则，在合适的时间和地点，调动移民积极参与到项目建设当中。同时在政府的动员下，移民也可充分意识到自身的权利，了解移民后期扶持政策，维护自身的利益，积极参与到水库移民后期扶持工作当中。

政府为协调与移民的关系而发动的动员过程，能够使水库移民了解有关自身利益的政策以及政策的执行过程和效果，并激发移民积极参与库区及安置区的经济建设，为自身所在区域的经济发展和社会稳定带来贡献。

四、政府协调项目业主与移民之间的利益关系

1. 政府协调的原则

从公共利益的角度来看，政府需协调项目业主与移民之间的利益关系。项目业主是以利润为导向的，而移民与项目业主之间的利益关系容易产生冲突，对于谋求完成项目建设的有着"经济人"角色的地方政府而言，此时容易偏向项目业主。但是，为了防止项目业主出现寻租空间，本着尊重市场经济规律的原则，政府需要及时协调项目业主与移民之间的利益关系，并且为两者创造一个良好的沟

---

① 陈华森. 转型期中国共产党政治动员模式研究[J]. 党史文苑，2004，(08)：82-84.

通渠道。在水库移民后期扶持工作中,项目业主和移民可以看作是利益的相关者,即能受到政府决策和行动影响的政府之外的相关者,协调好项目业主和移民之间的关系是两者建立起良好合作关系的前提。

2. 水库移民后期扶持项目业主与移民之间的利益关系

对水利水电工程移民而言,最大的心愿是能得到妥善安置和适当的经济补偿,从而使生产生活恢复至搬迁前的水平。水库移民的后期扶持资金一部分是以直接补贴的形式发放给移民,另一部分则实施项目扶持制。因此,移民的利益需求与项目业主是息息相关的。在水库移民后期扶持工作中,项目业主和移民需要保持民主商议的关系,以保障双方的信息交流,达到维护双方利益的目的。政府的协调作用体现在保证项目业主与移民之间的平等对话,使项目业主与移民能积极参与到水库移民后期扶持工作中来。政府协调项目业主与移民之间的利益关系的实质在于以移民的利益为导向,平衡项目业主与移民的利益关系,从而达到双方共赢的目的。政府在其中发挥协调作用的效能在于协助项目业主和移民建立起民主协商机制,加强两者之间的顺畅沟通,使移民能够充分理解后期扶持工作,并参与到其中,发挥积极主动的作用,同时也使项目业主意识到后期扶持的项目建设对移民的重要性。作为业主,应跟进移民的生产生活,保持对项目运行状况的跟进,保持以移民为主的工作重心。

总而言之,在水库移民后期扶持工作中,政府实施协调行为,贯穿于整个水库移民后期扶持工作。无论是协调与项目业主之间的利益关系还是与移民之间的关系,政府均以降低摩擦损耗,使项目业主高效率、高质量完成后期扶持项目,使移民充分发挥主观能动性参与到后期扶持工作中为最终目的。在项目业主与移民群众之间出现利益诉求冲突时,政府应充分发挥协调功能,为两者之间的顺畅沟通建立民主商议的机制,以维护两者的利益,达到共赢的目的。

第四节 水库移民后期扶持的政府监督行为

政府监督行为是为了对政府决策的实施状况进行检查和评价。一方面是政府内部监督,包括上级对下级的监督、审计监督、职能监督等;另一方面是由政府组织的外部监督机构对政府及其工作人员进行的监督,包括来自司法的监督、群众的监督和政党的监督。水库移民后期扶持工作的政府监督行为,具体表现在三个方面：对后期扶持项目实施的监督，对后期扶持资金拨付、使用和管理的监督，组织第三方机构对后期扶持全过程进行监测评估。

一、政府监督及其在水利水电工程移民工作中的功能

1. 建立政府监督体系

政府使用权力旨在维护统治阶级的利益，政府在执行权力的时候是依靠人来执行的，因此在权力运行过程中无法避免双重效应。也就是说，当权力发挥正效应的时候，会给全社会带来效益；当权力发挥负效应的时候，会因滥用权力而造成利益损失。因此，为了避免出现权力的负效应，应当建立起监督权力主体的制度。在今天的中国，国家权力的主体是人民群众，政府的监督行为应当是由人民群众委托国家权力机构根据相关的法律法规对个人和组织进行监察和控制的行为。由此可以看出，政府监督行为实际上是作为权力拥有者的广大人民群众和权力执行者——行政机构之间的保证环节。

政府监督必须依照法律法规实施，法律赋予了政府监督权，并为行使这个权力提供了保障，同时还确定了政府监督权行使的范围和执行过程。政府监督的对象是政府机构及其工作人员，从政府机构内部来说，上级政府机构与下级政府机构、政府领导与其中的工作人员既可以作为监督的主体，亦是被监督的对象；从政府机构外部来说，其监督对象是所有政府机构及其工作人员。政府监督的主要任务是对政府机构和其工作人员的行为进行检查和督促，通过监督政府组织机构的行为提高政府组织完成活动目标的效果。

政府监督的运行特征体现在以下两点。首先，政府的监督具有快速和直接的特点，具体表现是政府直接主动地对其下属部门的工作进行检查指导，发现问题所在并予以修正，各个下级部门对上级领导部门主动进行工作汇报。其次，政府监督力度及其成效比较明显，因为政府可以对其所属的部门进行直接行政检查，若发现不合法或不正当的行为会立即进行指正，并给予相关工作人员或单位行政处分。政府也可委托第三方机构对政府的部门行为活动和人员进行检查，以达到督促作用。

2. 政府监督在水库移民后期扶持中的功能

亚洲发展银行在其《移民手册》中提道："在中国，几乎所有移民方面的责任都交给市或地区政府。"因此，在水库移民后期扶持工作中政府行使的监督行为是引导后期扶持朝正确方向发展的重要因素。国务院颁布的《大中型水利水电工程建设征地补偿和移民安置条例》规定，水利水电工程移民的工作体制为政府领导、分级负责、县为基础、项目法人参与。① 政府的监督行为在水库移民后期扶持工作中具有重要的意义。

水库移民后期扶持工作涉及的管理机构众多，包括中央政府、地方政府、移民管理机构、后期扶持项目业主、规划和设计单位、监测评估部门和移民自治组织。在水库移民后期扶持工作中，政府按照项目所属不同把管理任务分配给不同的部门，再由各个部门分别制定具体的工作标准。如果各个部门的工作内容和标准都不相同，就会导致移民管理行为的不统一，这样容易带来后期扶持项目不合理的运营。因此，对于移民管理机构，必须要加强来自行政体系内部自上而下的制约和监督，同时为了加强公正性，政府还应委托第三方机构对移民管理机构及与移民后期扶持工作相关的政府部门进行监测评估。

（1）预防功能

政府发挥监督行为，能够让水库移民后期扶持管理机构的工作人员产生警觉，起到提醒教育的作用。政府对行使权力者进行教育，使权力的发起者，即移民的管理机构，能够与移民的利益时刻保持一致，从而达到预防权力滥用的目的。政府监督为移民管理机构行使权力提供了制约环境，使移民管理机构在政府的监控和督促之下，降低滥用权力的概率。政府的监督机制理应是一个周密而完善的机制，在对后期扶持项目进行监督的时候，政府能够通过监督手段促进项目市场公平公正地有效运行。

（2）纠正功能

移民管理机构在发挥作用时往往会出现不可避免的错误，而此时政府的监督行为能够及时做出反应并予以调整，从而降低移民管理机构带来的损失。首先，政府监督能够及时阻止错误的政策实施。移民后期扶持政策和规划的出台是有相关审批制度的，但是这并不能保证政策实施的绝对科学，因而要对经过实践检验证明为不适的政策及时终止实施。其次，政府的监督行为可以矫正执行活动的方向。由于现实中会发生不可预测的状况，在水库移民后期扶持工作过程中，可能会出现与规划相悖的情况，此时政府监督可以进行及时矫正，保证后期扶持工作朝着正确的方向前进。最后，政府委托的第三方监测评估机构也可以督促水库移民后期扶持中的不合理行为。

---

① 国务院办公厅. 大中型水利水电工程建设征地补偿和移民安置条例[R]. 中华人民共和国国务院，2006.

（3）制裁和惩罚功能

政府的监督行为对滥用权力者有制裁的效果，在对移民管理部门进行考核时，奖优罚劣，政府的监督行为可以促进移民后期扶持管理部门提高管理水平。

二、水库移民后期扶持政府监督的主要内容

传统的后期扶持资金发放方式使得移民没有了解有关后期扶持资金使用真实情况的渠道，这容易使个别从事移民工作的人员产生投机取巧心理，从而产生挪用或贪污移民后期扶持资金的行为。如前文，政府的监督行为能够给水库移民后期扶持管理机构的工作人员以警示，因此，移民后期扶持的资金使用和项目安排均需要政府发挥监督行为，同时政府应组织社会监督，雇佣第三方监测评估机构对整个水库移民后期扶持工作进行监测和评估。

1. 对后期扶持项目的监督

水库移民后期扶持政策的实施具体体现为后期扶持项目的建设，为了优化后期扶持项目，政府要对项目建设过程进行监督，建立起良性的管理机制，这就需要按照规定的标准和规定的程序进行项目申报，规范项目招标程序、施工合同签订程序，并明确项目施工监理方。从建设项目的立项、建设、完工和验收等各个环节，应做到积极探索，建立并且不断完善监督体系，坚持政府监督行为。

针对移民后期扶持项目的监督程序，首先是确定监督及考核的原则，明确上级移民主管部门监管下级移民机构工作的内容，包括对项目及项目资金的审批与管理；其次，确定监督与考核的条件，内容包括移民反馈的受理状况、后期扶持项目的预算和项目的质量以及对移民信息公开的程度；再次，实施上级部门对下级部门的监督行为，以确保各个水库移民后期扶持项目的正常运作；最后，依据监督和考核的结果，使用奖惩制度督促后期扶持机构提升项目管理水平。

以项目制为基础的水库移民后期扶持，政府首先要对项目建设的预算是否合理给予监督。在后期扶持项目工程建设之前，政府需要组织审查业主编制的项目预算，待后期扶持项目结束之后检查项目所用工程材料价格的会计凭证。项目的建设质量由移民监督，在项目建设完成之后，由移民所在村收集移民对项目建设的意见，移民管理机构负责整理反馈上来的评价和建议，以便移民项目主管部门随时翻阅，了解掌握后期扶持项目工程的实施效果，及时纠正不妥的行为。

2. 对后期扶持资金的监管

水库移民后期扶持资金的运行使用关系到整个水库移民后期扶持的效果。移民后期扶持资金的运行主要是指资金的筹集渠道、到位率、发放方式、投资项目管等几个方面①，资金运行的方式是影响资金使用效益的主要原因。

(1) 后期扶持资金的筹措渠道

对于后期扶持的资金，"17 号文件"当中有着明确的规定，要求全国统筹、地方核算，企业和社会联合中央和地方政府合理分担。国家对于后期扶持资金的原则是以城市支持农村、以工业反哺农业、以东部支持西部。根据这个原则，具体资金筹措渠道首先是提高省级电网公司在本区域内所出售抵扣掉用于农业生产的电量之后全部电量的费用，同时为了减少中西部人民的经济负担，在移民人口相对较少的省份，如黑龙江、内蒙古、吉林、河北、山西、西藏、云南、甘肃、新疆、贵州、宁夏和青海 12 个地区，电价加价的标准根据本区域移民人数一次性核定，原则上不再调整。其次，在中央预算安排的大中型水库移民后期扶持专项资金中，设置用来解决中央直属水利水电工程移民遗留问题的定额补助资金。再次，提高电费所产生的增值税部分专项用于水库移民后期扶持。最后，有着电费收入的大中型水库也是水库移民后期扶持资金的来源。

(2) 后期扶持资金的发放方法

后期扶持资金包括直补资金、后期扶持项目资金以及积余资金三个部分。直补资金令移民直接受益，按每年人均 600 元直接发放给移民，连续 20 年。后期扶持项目资金主要用在移民的安置区内，使移民的生产生活条件能得到直接提升，在保障全部移民受益的同时也能做到对困难的移民实施重点扶持。较前两者而言，周转金的补助更能提高后期扶持资金的使用效益，因为其不但能使移民在使用时候感到压力，而且资金在多次周转的过程中能够得到积余。

(3) 后期扶持资金的到位率

后期扶持资金的到位率是指后期扶持的资金从各省级政府到达库区的比率。后期扶持资金在拨付过程中环节较多，资金在途时间比较长，若是监督管理不当，很容易造成资金的传递不顺畅，若是长期出现后期扶持资金的流动不顺，会带来后期扶持资金使用效率的下降。

水库移民后期扶持资金使用界限广泛，涉及生产生活的各个领域，政府作为监督的一方，必须要做到全方位、多层次的监督和管理。这需要政府能够协调各方的力量，整合各方的监督资源，以实现联合监管。同时，还要把部门的内部审计监督同财务上的日常检查相结合；把部门的内部审计同政府审计相结合；把审

---

① 钱水祥. 政府投资项目效益审计评价指标体系的构建与应用[J]. 审计研究，2006，(5)：29-32.

计监督的方式同行政的监督相结合。Z省T市H区水库移民管理机构依法执行国家的监督制度,做到了三个结合。一,审计监督与财务常规检查相结合。由Z省移民办牵头,组织H区的移民管理机构有计划地开展全区移民财务大检查,在开展财务检查的基础上,结合所检查的地方情况对全区移民资金使用管理情况进行认真分析,安排审计单位,确定审计重点对象和内容。二,内部审计和政府审计相结合。内部审计负责对本级的专项资金进行审计,项目管理机构配备专职审计人员,做到一年审计一次。在抓好内部审计的同时,积极争取Z省审计厅、T市及H区审计机关的业务指导,把内部审计和政府审计结合起来,实现了信息共享、齐抓共管,强化了审计的权威性和整改力度。三,审计监督与行政监察相结合。Z省把移民审计工作和行政监察结合起来,纪检机关通过派驻纪检监察干部和联合检查介入移民审计工作,强化了审计人员依法行政的意识,加强了预防移民工作职务犯罪的力度。只有完善了移民资金监管联合机制,各级政府才能够更好地对后期扶持资金实施监督管理。

政府对后期扶持资金的监督不仅关系到移民群众的经济利益,还会影响库区社会环境的稳定。政府要做好对水库移民后期扶持工作的监督管理,不仅仅要求其建立起良好的项目管理机制,还要在后期扶持资金从筹措到发放乃至运用的全部过程中,发挥好多方位的监督作用,以实现后期扶持资金的良好运转,为资金带来最大的使用效率,为移民群众带来生产生活的和谐发展。

3. 政府组织水库移民后期扶持政策实施情况的监测评估

水库移民后期扶持政策实施情况监测评估是由政府所委托的外部机构进行的社会监督行为,所谓的社会监督行为是指宪法和法律规定的国家机构以外的社会团体、人民政协、新闻媒体和人民群众的监督。① 水库移民后期扶持政策实施情况监测评估是指政府委托第三方机构对水库移民后期扶持的政策以及政策的实施给移民或移民所在安置地带来的经济和社会效果进行持续观察、测量和跟踪记录,而后根据所得记录对后期扶持政策的实施效果进行评判的一种行为。

政府委托社会力量对水库移民后期扶持政策实施情况进行全程的监测评估,这一监督行为体现了人民民主的原则。人民主权理论和社会契约论告诉我们,公共权力来源于公民的权利让渡。② 组成水库移民后期扶持政策实施情况监测评估

---

① 沈亚平. 行政学(第二版)[M]. 天津:南开大学出版社,2006:299.
② 夏书章,王乐夫,陈瑞莲. 行政管理学(第四版)[M]. 广州:中山大学出版社,2008.

队伍的人员并不是从事水利水电工程移民的管理机构工作人员，而是有着各种专业背景的技术人员，他们依据国家宪法的基本精神，对水库移民后期扶持工作的全过程进行全方位评判，从而对政府机构及其他组织机构的行为形成制约，以达到预防和纠正出现不利于水库移民后期扶持工作效果的行为。作为外部社会监督行为，水库移民后期扶持政策实施情况监测评估的具体内容是对后期扶持政策的执行情况及效果、后期扶持资金的使用管理过程及成效的监督，最终是为了监督后期扶持政策是否给移民群众的生产生活水平带来了提升。体现在目标指向上，后期扶持的监测评估则是对库区和移民安置区经过扶持后的经济和社会发展、相关政策的执行效果的评判。

作为政府所组织的社会监督，第三方的监测评估使水库移民后期扶持的工作更加规范。通常来说，初次实施水库移民后期扶持的地区，由于缺乏经验，对水库移民后期扶持相关政策理解不透或对后期扶持资金的使用不太规范。此时的监测评估，能够及时发现问题并及时给予相关的合理建议，督促地方政府对水库移民后期扶持工作的重视，逐步完善水库移民后期扶持政策的可行性。

在水库移民后期扶持工作中，政府监督至关重要。在后期扶持项目管理上，从项目立项到项目建设再到完工和验收，政府监督起到保证水库移民后期扶持工作方向正确性的作用，保证了后期扶持项目的建设质量。在后期扶持资金的筹集、拨付和使用上，政府监督可以预防资金的流通不畅，并且能够预防和控制政府相关工作人员贪污腐败的行为。至于政府组织委托的第三方机构进行专业监测评估，也与政府监督行为有关，对相关政府机构、非政府组织均有制约作用。在政府的全方位监督下，水库移民后期扶持工作拥有良好的发展前景，为移民安定富足的生活提供了保证。

第五节　水库移民后期扶持工作中政府行为的优化

一、后期扶持工作中政府行为的问题

水库移民后期扶持工作持续时间长、工作量大、涉及范围广，政府行为在其中起着主导作用。政府实施组织行为，确定后期扶持的人口核定、后期扶持资金的发放范围，组建专门从事移民工作的管理机构，配备相关的工作人员，协调政府与项目业主、移民之间的关系，监督项目的建设情况，监督移民后期扶持资金

的筹备、发放和使用。然而，在实际工作中难免会出现问题，下面就后期扶持工作中政府组织行为、协调行为的问题做出分析。

1. 确定后期扶持范围存在的问题

（1）"17号文件"对水库移民后期扶持对象范围界定不明确

"17号文件"解决了以前针对不同类型水库移民扶持政策不一致的问题，规定的扶持对象范围有所扩大，但实际上扶持范围的规定有不明确的地方。

有人认为，直补资金移民范围过于广泛。"17号文件"，市、县（区）财政局、移民办（局）与当地的农村信用合作联社联合发放每位移民每年直补资金600元人民币。有些地方，按照每季度150元的标准发放至移民个人账户。"17号文件"明文规定，发放对象为"后期扶持范围为大中型水库的农村移民。其中，2006年6月30日前搬迁的水库移民为现状人口，2006年7月1日以后搬迁的水库移民为原迁人口。在扶持期内，中央对各省、自治区、直辖市2006年6月30日以前已搬迁的水库移民现状人口一次核定，不再调整。对移民人口的自然变化采取何种具体政策，由各省、自治区、直辖市自行决定，转为非农业户口的农村移民不再纳入后期扶持范围"。[①] 发放直补资金是为了给生产生活状况较差的移民一定程度的补助，帮助他们安顿好自己的生活，600元的直补费用对他们的生活来说有很大的帮助。但是对于经济状况比较富裕的移民来说，这笔直补资金并没有什么效用，政府拨付的这部分受益范围过于广泛的后期扶持直补资金，并没有达到资金使用效率最大化的效果。

移民之外有一些人企图利用水库移民后期扶持政策的漏洞，把自己纳入水库移民后期扶持范围之内，而水库移民后期扶持范围的界定方式给了这部分人可乘之机。因而应当更加科学地设定水库移民扶持范围，把不应当享受水库移民后期扶持政策的人群排除，减轻国家经济负担，提高水库移民后期扶持资金的使用效益。

水库移民后期扶持政策的制定存在着比较模糊的内容，部分地区政策以月收入1 500元为界，低于1 500元的被定为"贫困移民"并给予扶持，高于1 500元的移民则不予扶持。在实践中，这种划分标准并不科学，也不能给水库移民带来实际利益，有些移民月收入恰好刚过1 500元，也需要政府扶持才能得到更好的

---

① 国务院办公厅. 国务院关于完善大中型水库移民后期扶持政策的意见[R]. 中华人民共和国国务院，2006.

生活机会,却不符合政策中所谓的"贫困移民"。这种政策上的灰色地带排除了一部分真正需要帮助的移民。

扶持政策上的漏洞降低了水库移民后期扶持资金的使用效率,后期扶持范围为 2006 年 6 月 30 日以前已搬迁安置的水库移民,但是并没有区分贫困移民与经济条件好的相对富裕移民,这部分规定的不准确直接导致资金没有流向适当的群体。"17 号文件"中提到的后期扶持范围没能包括其他也为水库的修建做出贡献的群体,比如非农水库移民以及淹地不淹房人口等,他们的生活同样贫困并且需要得到帮助。

(2) 后期扶持资金发放和使用中的问题

后期扶持的补助标准偏低,后期扶持项目比较单一。移民生活水平普遍比较低,生活条件艰苦,自 2006 年起,每位移民每年 600 元的直补资金标准一直都没有变过,在一些条件比较差的移民安置区,这个标准尚且不能满足移民最基本的生活要求,更谈不上发家致富了,在实际操作中也没有专门人员的跟踪指导。

2. 移民动员协调性较差及移民的政策热情较低

(1) 移民动员的协调性较差

在实践中,政府为了协调其与移民的关系,会把水库移民后期扶持的相关政策用群众动员的形式展现给广大移民,然而移民的反应并不如想象中的热烈。在 Z 省的实际调研中发现,当政府进入乡村进行政策宣传时,移民多半是出于对政府"权威"的服从,而并非以个体的身份热情地参与到与政府的互动当中。对于地方政府而言,工作变成了纯粹地完成任务。若政府只是应付任务,就难以顾及移民的利益,也就谈不上协调与移民的利益了,而自身利益没有得到保障的移民也不会信任政府。这种不信任的局面一旦产生,就会影响到后期扶持工作的进行。整个动员并未达到让移民真正支持的目标,难以建立很好的群众基础,动员成了表面的工作而未能深入。

20 世纪 80 年代之后,中国已经开始重视水库移民是否充分参与移民后期扶持工作的全过程,并且把移民的参与纳入了后期监测评估的内容,但是现阶段移民参与依然没有达到理想的效果。如在 Z 省水库移民后期扶持的调查中,发现大部分移民对政策的了解并不深刻,觉得这是国家的政策,做到遵守即可,问到有何建议时,基本以只言片语应付,并未给出有价值的回答。

《大中型水利水电工程建设征地补偿和移民安置条例》中与宣传相关的如公示、告知和听证部分都有着明确的规定,但是涉及这部分的条例比较空泛,未能形成比较成熟的体系，没有对移民参与的范围、实施的途径及政策保障做出规定。在有关动员和参与政策制定上的不完善也是政府在行使政策宣传时不能达到预期效果的主要因素之一，甚至会有某些利益相关者希望从中攫取本不属于自己的利益，出现"搭便车"的现象。本意是为移民争取利益的政策却变成了打着民生的旗号随便应付移民的工具。移民参与机制的不健全直接影响到移民参与的积极性。

在实践中，政府机构在处理其与移民的利益关系时，采用的协调手段略显单薄。第一步基本上都是动员大会，发放政策宣传的小册子，目的是让移民有机会接触了解或者学习关于水库移民后期扶持政策，从而能够发挥自身的力量积极参与到水库移民后期扶持工作中来。但是大部分移民都更倾向于通过手机微信、电视或者其他动态媒介接触有关移民政策的信息。动态媒介有着强烈的感官刺激，比起开大会，发纸质文件更能吸引人的注意。与传统媒介比起来，电视、手机微信等更能造成信息的碎片化，碎片化信息的阅读可能造成对原本信息的曲解和误解。若是移民后期扶持政策没有被移民充分解读，会造成移民对政策的内容、目标的片面理解，这会对移民工作人员实施动员造成一定程度的阻碍。

目前政府处理与移民的利益关系的单调性很容易让人觉得政府仅仅是在空喊口号或者是以一种居高临下的姿态灌输其思想。移民是有理性的，若不以移民的根本利益为出发点，不在乎移民最需要的部分，只停留在价值观的传输或者是口号的呼喊上，是不能提高移民参与积极性的，这样会影响到移民后期扶持的最终效果。

（2）移民的政策热情较低

移民与政府之间的互动不热情，移民对参与比较冷淡，有的移民甚至不愿意去表达自身的利益诉求。这与移民参与途径不通畅有关，并没有一个真正的专门让移民表达自身诉求的地方。尽管信访办给了移民一个发声的窗口，但是地方政府一般都会担心移民上访，甚至采取"堵"访民的不恰当的行为。

二、优化策略

政府行为在水库移民后期扶持工作中占据十分重要的地位，贯穿了整个工作的始终，体现了国家对水库移民后期扶持工作的高度重视。水库移民后期扶持是国家对水库移民工作做出的符合市场经济规律的重要手段。因此，探寻并完善水库移民后期扶持工作当中的政府行为，充分发挥组织行为以明确后期扶持范围和目标，规范后期扶持资金的发放和管理，并继续发挥政府协调行为，让移民充分参与到水库移民后期扶持工作中，这对于做好水库移民后期扶持工作，为移民安置区的经济发展和移民经济生活水平的提高大有裨益。

1. 精准界定水库移民后期扶持的范围

政府需要继续发挥组织行为，为水库移民后期扶持的范围和目标做出更明确的规定。政府可以重新审核移民的身份信息，制定一套标准用来确定已经致富的水库移民名单。这部分移民生活富足，已经不再需要政府给予后期扶持资金，应当排除在后期扶持的范围外。这套划分标准可以使用国家的家庭住房标准，以此作为是否扶持的依据，把在这个标准之下的移民家庭纳入扶持的对象范围。目前，后期扶持范围中的"灰色地带"问题造成了不公平的现象，尤其会出现城镇移民冒充农村移民获得后期扶持资金的现象，因而要把水库移民的概念界定得更清晰。保障水库移民的利益是政府制定后期扶持政策的根本，对后期扶持范围进行重新界定，排除已经富裕的移民，把资金用在更需要的移民，让后期扶持资金发挥最大的效用，是做好移民后期扶持工作的需要

2. 加强管理移民后期扶持资金的拨付和使用

对移民后期扶持资金的拨付和使用管理，政府应该继续发挥组织行为，根据移民安置区的实际情况，结合后期扶持的相关政策，安排好后期扶持资金的发放和使用管理，使后期扶持资金能够专款专用，并达到资金使用效用的最大化。

(1) 后期扶持资金的流动

增加政策性资金的投入，培育出一些具备发展潜力的生产项目，吸引外来商业资金投入。与此同时，政府督促后期扶持资金向移民安置区转移的进度，以防后期扶持资金出现外流，确保移民安置区的经济发展。

(2) 后期扶持资金的使用

提升现有的移民补助标准，除了要量体裁衣制定出科学合理的项目规划，还要坚持项目扶持的多样化。现阶段后期扶持大多是无偿的扶持，虽然这确实给移民带来了实际好处，可是由于大多数后期扶持的项目收益不大，没有激发出移民的积极性。如果国家长期采用这样单一的扶持方式，最后只能培养出移民"等、靠、要"的思想，不利于市场经济下移民角色的转变。不一样的地区会产生不同的需求，从生产的实际状况出发，充分调动移民的生产积极性，可从三个方面加以改善。一，给予移民无偿帮扶的方式。给予移民生产项目开发资金或是其他生产资料等，如构建服务机构、在安置扶持前期举办培训机构，持续帮扶移民。

二，提供无息或低息贷款。政府鼓励农村合作信用银行等金融机构放贷给移民以便于其创业。如此，移民项目得以开发，移民便于就业。三，可以采用股份合作制的方法扶持移民。愿意办产业的移民合作开办开发性的生产项目，把库区基金作为移民股份投入，由移民持股，以村或乡镇组成移民单位。在这个由移民和政府合办的开发性项目中，政府与移民共担风险，政府同移民共享利益，调动移民后期扶持建设的积极性，并让他们积极参与到项目的经营和管理中。入股方式可使移民意识到自己是项目开发的主体，从而提高移民参与项目的积极性。如果项目取得成功，能够作为本地区的主导产业，则可以带动这一片水库移民的经济发展。

（3）后期扶持资金的管理

政府对后期扶持资金的管理要采用分级责任制，专款专用，同时还要对整个使用过程加强监督和管理。第一，要按照计划管理，移民安置区的居民需要把自身对生产生活的需求分年度、分项目进行规划，评审后报送上级机构审核。而后，政府根据审核通过的移民后期扶持规划及资金预算确定具体的后期扶持项目和资金的规划以及年度计划，并依照规划将项目分别下达至有关部门，后期扶持资金的拨付按照进度同时下拨，并给予实时监督和检查。对于计划的执行情况按年度总结，同时完成统计报表上报给政府管理部门以及相关建设单位。第二，建立专门的财务管理制度。政府发挥组织作用，为水库移民后期扶持设立专门的财务管理机构，并为其安排好相关专业的财务类工作人员，设立并且健全相关的财务制度。要做到按法律法规、按照计划和顺序拨付移民后期扶持专款，以达到专款专用的目的。对于水库移民后期扶持单位而言，要健全单位财会制度并编写报表送达拨付项目资金的单位。

3. 提升移民的政策热情

提升移民对政策的热情，密切政府和移民的关系，优化移民与后期扶持管理部门之间的利益关系。移民更加深入地了解后期扶持政策和相关项目，有利于协调其与后期扶持管理部门之间的关系。

政府协调策略的单一性是造成动员效果不佳的重要因素，因此政府需要拓宽协调中动员的途径和手段，在召开乡镇动员大会和发放政策宣传小册子的基础上，积极使用新兴传媒手段为政策宣传创造更多的路径。可以利用快捷方便的动态媒体（如电视和网络）提高移民与政策的接触率，使得移民加深对政策的印象。但是，动态媒体呈现碎片化的信息传播方式以及非官方媒体难以对政策有深入剖析的特点，会造成移民在对政策的理解上出现片面甚至曲解的情况。此时，在提高传播效率的基础上需要配备政府工作人员或者精英以个人的形象传播政策，保证政策解读方向的正确性。因此，移民干部的培训，除了加强专业能力的培训外还要加强政策宣传仪式的培训，要求移民干部不仅自己能掌握政策的内容和目的，还能用适当的方式传播，由党支部和移民机构合作培训移民干部，并使用自身的人际传播能力去社区发动移民，为移民动员创造一个良好的群众氛围。

除了改变单一手段外，内容上要强调移民的经济利益。移民动员通常会以经济利益为物质基础，水库移民因为国家建设而背井离乡，政府理应给他们经济补偿。为了调动广大移民积极参与，政府必须以移民的经济利益为导向，围绕移民的利益。只有这样，政府才能鼓励移民积极参与到库区基础设施建设和经济发展中去，才能发挥后期扶持资金的效用。

政府要帮助移民树立"主人翁"的意识。中国的水库移民后期扶持是以政府为主要引导者和指挥者的，在后期扶持工作全过程中政府要秉着以移民为本、以移民的利益为主要目标的原则。在制定和执行相关政策时，政府都要积极邀请移民参与，采用告知和公示的形式充分听取移民意见。

建立开放的渠道，使移民能与上级政府正常沟通。一方面，政府要做到信息公开透明，充分开展政策宣传活动，使用门户网站公示信息，让移民能够知道并了解政策。另一方面，定期在移民安置村召开座谈会，以座谈会的形式与移民沟通，使其有什么问题和建议都可以在座谈会上与政府相关移民工作人员畅谈。同时还应在门户网站上面设立联络政府的邮箱和电话号码，也可以建立起水库移民与其所在地的人大代表或者政协委员定期沟通的渠道，使移民的意见能够顺利上传。

加强对移民的文化和法律意识教育。政府要重视对移民的教育工作和资金投入，除了加强《中华人民共和国义务教育法》规定的普通教育外，还应当加强对成年移民的教育。一方面可以组织专业技术的培训班，另一方面也不应忘记对移民法律意识的培训。政府要积极加强制度建设，通过宣传教育增强村委会成员的法制观念和依法办事的能力，使村委会成员遵守法律，依法办事。通过制度建设，加大监督管理的力度，确保村民自治在法治的轨道上正常运行。[①] 这样不但可以培养移民参与意识，增强移民的效能感，还能有效防止移民用不利于自身利益的非制度化手段进行无效的参与。与此同时，政府还需要在移民安置区设置法律援助绿色通道，为移民带来法律援助和法律咨询。

---

① 唐震. 新时期农民政治参与问题透视[J]. 山西师大学报（社会科学版），2008，(5)：38-41.

第七章 全过程的水利水电工程移民动员

为了更好地理解水利水电工程移民工作中的动员,有必要对本章涉及的相关重要概念进行界定和厘清。在中国,水利水电工程移民最主要的生产生活来源——土地属于国家和集体所有,水利水电工程建设中的土地征收必然影响移民的利益及其生活,如果不加以关注,移民工作难以彻底进行和完善。水利水电工程移民工作需要政府从全局角度考虑,进行规划、协调、服务、监督,以使征地补偿和拆迁安置工作顺利进行。移民在安置过程中可能会产生一些不满和疑虑,政府需要宣传和组织动员,使移民了解移民政策和工作内容并配合政府的工作,积极回馈移民动员,参与到工作中来。

第一节 水利水电工程移民动员的利益相关者分析

利益是社会行动的指挥棒,"指挥"人们的主要行动。马克思曾经说过"人们奋斗所争取的一切,都同他们的利益有关",[①] 大众为实现自身利益会努力奋斗,政府作为主体可以通过维护群众利益进行动员,使其参与到指定的工作活动中。维护和实现水利水电工程移民自身的利益,不仅是政府的最终目标,也是政府主导的移民动员和移民参与的既定策略。

一、移民动员的利益相关者

1. 利益相关者理论

司马迁说:"天下熙熙,皆为利来;天下攘攘,皆为利往。"利益在社会领域

---

① 卡尔·马克思,弗里德里希·恩格斯. 马克思恩格斯全集(第一卷)[M]. 中共中央马克思恩格斯列宁斯大林著作编译局,译. 北京:人民出版社,1956.

中是最普遍的话题，更是人类社会行动的主要原因。同时利益也具有敏感性，是人们关注最多的问题。利益其实就是反映利益相关者之间利益关系的一种联系，利益关系是利益相关者之间联系的纽带。"利益相关者，指极其有可能受拟议中的某项干预活动（无论是积极还是消极）影响的或者指那些会影响到这项干预结果的人、群体和单位。"①

在国际上，利益相关者理论是一种扶贫和可持续生计问题研究的分析工具，是经济发展领域的理念，对社区资源和冲突管理具有重要研究意义，从1993年起，它成为世界银行参与式研究方法的一部分。

在中国，利益相关者理论主要研究企业利益相关者治理方面的问题，利益相关者分析运用协商、缓解的方法减少冲突，协调争论，该理论是理解一个项目或政策内容非常有用的工具。

楚永生认为："利益相关者通常具备三个条件：一，影响力，即某一群体是否拥有影响决策的地位、能力和相应的手段；二，合法性，即某一群体是否被法律和道义赋予索取权；三，紧迫性，即某一群体的要求能否立即引起管理层的关注。"②

在中国社会主义现代化建设新时期，水利水电工程建设在全国范围内大规模开展，在国民经济和社会发展过程中发挥了重要作用，并且形成了供电、防洪、供水、灌溉、抗旱、大小流域治理、水环境保护、旅游、水产养殖等多方面的综合效益，带动了一系列的资源开发和利用。水利水电工程建设不仅是规模较大的技术工程，也是一项社会工程，不但影响着区域经济系统的结构和发展，对库区及周边地区的社会系统也产生了深刻的影响，由水利水电工程建设而产生的移民迁移、安置和重新融入新社区的过程更是一个复杂的社会系统工程。水利水电工程移民的迁移安置涉及社会、政治、经济、人口、资源、环境、文化、工程技术等诸多方面，加之水利水电工程建设周期长、项目投资高、移民数量和影响范围大，以水利水电工程移民活动为中心形成了一个结构错综复杂、影响时间纵向延伸、影响范围横向扩展、参与主体多元、利益关系相互交织的水利水电工程移民利益相关体系。从动员和参与程度上来看，这个体系中的利益相关者不但来自水利水电工程移民活动的直接投资方、政府部门，也与间接参与其中的一些单位组

---

① 李勋华. 水电工程移民权益保障研究[D]. 咸阳：西北农林科技大学，2010：42.
② 楚永生. 利益相关者理论最新发展理论综述[J]. 聊城大学学报（社会科学版），2004，(02)：33 - 36.

织、团体、移民家庭和个人相关联。

利益相关者理论为水利水电工程移民工作提供了一个全新的视角，改变了过去"重工程、轻移民"的固定思维模式，强调了移民作为工程的利益相关者，拥有对移民项目的参与权、监督权和剩余索取权，也拥有和工程建设同等重要的地位。这对和谐移民、促进水利水电工程移民发展具有十分重要的意义。

2. 水利水电工程移民动员的利益相关者

水利水电工程移民工作中移民动员的利益主体在利益相关体系中存在不同的需求，这些需求的不同既源自不同主体在水利水电工程移民安置中动员的出发点和参与的目标不同，部分也取决于各利益主体间的地位差距和其社会资源拥有的多寡。需求不但体现了各利益主体的核心目标，也体现了不同主体的地位以及获得自己利益的能力。在计划经济时代，水利水电工程移民安置动员主体的利益诉求差异和冲突不大，特别是项目业主和工程建设者大多为国有属性，不同利益诉求可以通过高度一致的政治动员在行政框架内得到解决，从而减少了利益相关者的数量，也弱化了利益的分歧。

水利水电工程移民工作的利益相关主体之间构成了一个相互影响和制约的利益制衡体。在国家层面上，一方面需要开发社会发展所需要的能源，因社会发展需要而兴修水利水电工程，另一方面在环境可承受的范围内考虑对水利水电工程移民进行动员。在地方政府层面上，水电资源开发是带动地方经济发展的良机。对水利水电工程移民而言，作为国家意识下主要的受影响群体，希望借助水电资源开发的契机，实现脱贫致富，改善生活水平。对项目业主来说，经济理性决定了其追求经济利润和项目开发的效益最大化。因此，水利水电工程移民活动中存在着利益相关者各种需求的交织和制衡，在大规模开发的阶段有时矛盾更为激烈。水利水电工程移民动员的利益相关者之间存在着互动制衡关系，从利益相关主体间的相互需求及其关系来看，水利水电工程移民动员是基本途径（图7-1）。

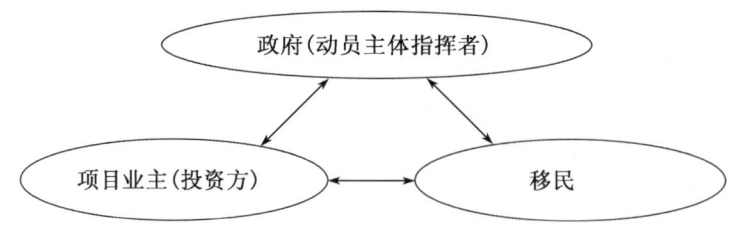

图 7-1 水利水电工程移民动员利益相关者

政府和项目业主之间是一种监督关系,水利水电工程大多由项目业主建设,政府一般不直接参与。但是政府是政策制定者和监督者,监督项目业主的投资和项目开展情况,而项目业主与地方政府是政企关系。从移民的角度来看,政府是移民利益的维护者,项目业主与移民之间是利益博弈关系。三者以移民为中心,建构了水利水电工程活动移民动员的利益相关主体关系。

（1）政府

"政府及有关部门（特别是地方移民办）主要贯彻国家有关水电移民工作的政策法规,创新区域水电移民安置理念和工作思路,指导下级政府做好移民安置工作。"[1] 政府需要低价使用土地,在此过程中要充分考虑和维护移民利益,在一定程度上满足移民合理的利益诉求。政府征收土地需要进行动员,利益关系的把握和处理必然会遇到重重困难。一是需要满足移民的利益补偿要求；二是水利水电工程在移民方面投入过低,导致移民利益得不到满足而产生矛盾；三是由于移民补偿费用不足以让移民致富,导致贫困移民产生,影响国家与地区的经济发展。在水利水电工程移民工作中,移民的利益并不可能随时通过移民动员完全表达出来,而需要通过政府以政治动员对移民进行思想和心理上的动员,使其支持和参与移民工作。政府的工作目的是在保障移民根本利益的前提下使移民更加富裕,避免产生上访等行为。在移民工作过程中,移民对政府的工作时常有些抱怨,导致政府不得不通过思想工作和移民动员引导移民以完成工作任务。尽管政府在处理移民工作问题上还存在很多不足,但是作为水利水电工程移民工作的决策和权力机构,仍站在移民的立场上进行决策。政府在移民工作中主持全局,动员移民,目标是实现移民的和谐生活,促进水电事业的可持续发展,维护水利水电工程移民自身权益,确保移民经济发展。

（2）项目法人

《中华人民共和国公司法》对项目法人的定义为项目开发建设为主的有限责任股份公司。项目法人不是投资者,是投标项目建设中的建设主体,项目法人项目建设行为非行政单位工作过程,必须遵循市场法则,因为这是政府授权的一种企业行为。有时项目法人被称为项目业主,是各类发展项目的组织实施机构,是通过政府赋权、移民参与的项目建设机构,同时也是政府通过项目业主的建设对

---

[1] 徐俊新,施国庆,郑瑞强. 水电移民安置利益相关者及其活动分析[J]. 安徽农业科学,2008,(25): 11102-11104+11131.

移民进行政治动员的一个环节。项目业主多从政府利益出发。

市场机制下对水利水电工程移民利益相关者的利益交换需要遵循市场法则，需要在对等的情况下进行。对项目法人来说，移民工作征地和拆迁作为一种政府赋权的企业行为，需要进行一定的动员，使移民配合工作，并从中获得期待的利益最大化，即快速完成工程建设工作。移民出于自身利益和长远考虑，希望从补偿中争取更高筹码，而项目法人则希望能以较少投资获取投资收益。由于这样的利益关系，只有通过动员进行协调处理才能发挥利益相关者各自的能力，而不是扩大相互间的矛盾，影响水利水电工程移民工作的进度。具体而言，他们存在如下利益诉求：一，在可行性上，无论不利影响范围多大，项目一定要建设；二，在成本上，项目法人希望花钱越少越好；三，在时间上，越快越好，以使项目尽快建成投入使用。项目业主为了控制成本，会尽量压低补偿标准，项目业主与移民之间的最大利益矛盾在于补偿标准。最终结果的确立是多方博弈和动员的结果，是移民的意愿和要求与项目业主开发的能力及其过程控制而做的综合权衡。

（3）移民

水利水电工程移民的普遍心理是难以舍弃现有利益，同时希望通过搬迁安置政策获得补偿。移民认为国家征收土地，使他们需要面临一个陌生的经济社会环境，导致对生产生活缺乏安全感，应该获得较高的补偿费用，水利水电工程移民普遍觉得自己属于"特殊民众"，需要特殊补贴和政策优惠。移民的利益是否得到满足，是移民愿意搬迁或者不愿意搬迁的最重要因素，而移民的行动直接影响着水利水电工程移民的工作进度。移民如果在搬迁安置中得到自己满意的利益补偿，通常会支持政府工作并协助和参与工作，相反，如果得不到自己满意和认可的利益补偿，一般情况下他们会抵制搬迁，出现不配合的行为或行动。所以移民是否支持和配合工作，不只需要利益满足的妥善处理，还需要政府一定的动员，动之以情，晓之以理，这样才能促进水利水电工程移民社会经济发展。一旦处理不好移民的安置问题，势必会影响水利水电工程移民工作和移民自身生活，在这种情况下必然会造成不稳定和社会矛盾的产生。

移民是动员工作的重要对象，同时也是移民工作的主要组成部分。政府部门和项目业主对移民进行一系列动员，主要是通过积极的宣传动员来维护移民自身合法权益不受侵害，并适当地通过利用工程建设和移民补偿机制所带来的资源和发展机会获得自身的利益。水利水电工程移民搬迁安置过程中，移民是动员的客体，同时又是参与的主体，移民的利益损失在水利水电工程移民搬迁安置过程中会分为有形和无形两个方面,有形的利益损失指的是移民搬迁之前的房屋、维持生计的土地和农作物、无法带走的物品等;无形的利益损失则是搬迁之前长期积淀下熟悉的环境、积累的人际关系、搬迁和生存成本增加等。比较而言,搬迁过程中移民无形的利益损失更大,更加难以进行数字化的计算。但是移民通过搬迁可以得到的利益收获也有两种,一种是经济利益上的补偿,这也是移民生活的基本利益需求;另一种是政府出台的移民搬迁安置的各种优惠政策,是移民搬迁过程中政府对移民动员的一种机制。移民会比较搬迁成本和搬迁收益,理性的移民会综合考虑自己的损失和可能获得的收益,对搬迁之后的生活和眼前的生活进行对比。在短期内,补偿的收益比现有利益快速方便,搬迁后的初期阶段生活水平不但不会降低,甚至还有可能提高,但从搬迁后的长远看,在整个社会经济生活水平不断提高的背景下,移民失去了赖以生存的土地,而补偿标准又偏低,这对失去土地的移民来说是不公平的。移民通过搬迁安置可以获得一定的补偿,获得更完善的生产生活保障,是一个改变现状以改善生产生活的契机。政府需要一定的移民动员,而在符合移民利益要求或者利益超过损失的情况下,移民通过利益权衡则会接受搬迁和安置。

移民在搬迁安置过程中的利益需求是移民工作的动力,移民安置后生活的根本需要是满足生产生活的补偿费用、就业机会、生产生活基础设施保障和稳定的社会保障机制等,在这些需求的基础上,移民更希望通过安置获得更多就业的机会,为自身的发展谋求有利的补偿和保障。当然,在移民动员的利益引导下,移民对安置工作出现抵触和不配合的情况也是会有的,这最终会影响移民安置的进度,因此需要进行移民动员以更大地发挥其作用,推进水利水电工程移民安置工作。

水利水电工程移民工作中移民的利益需求是移民动员的核心点,移民对利益的本质需求是移民动员中政府应该把握和注意的。移民通过安置的利益补偿保障自身生活、对动员采取积极心态并参与其中,是水利水电工程移民安置最理想的结果。移民最根本的需求,是与征地搬迁损失对等的补偿费用、与安置前期同样数量的土地面积、稳定的安置地区和住房、完善的保障机制、以供生产生活必需的基础设施以及更多的工作机会和参与机会。移民将安置过程作为发展自己、改变生活的一个机遇,他们希望通过这个机遇获得更好的生活以补偿搬迁损失。这样的移民心理成为移民搬迁安置动员的最大动力,政府可以在移民工作中关注这种心理动力,这会对移民工作的推进起到重要的作用。当然，我们不能忽视非自愿移民消极的心理以及对移民工作的不认可和不信任心理，很多时候，即使是利益诱导动员也无法使这些移民配合，有些移民甚至要求更高更优的搬迁安置待遇和补偿，而这是政府无法满足的要求。这些对移民工作是有负面影响的，所以移民动员需要一定的载体和机制，有目的性和针对性地对移民进行动员，既不损害移民相关利益，又让移民积极参与，这才是水利水电工程移民动员的目的。

总的来说，水利水电工程移民动员是一个多方参与的综合过程，是一个体现动员沟通和博弈参与相互妥协认同的过程，而作为其中的利益相关者，移民是最主要也是最需要关注的，移民与政府和项目法人之间有着千丝万缕的关系。

3. 小结

政府、项目业主和移民在水利水电工程移民安置工作中的利益是不同的，而且显现出一定的差异性。表7-1显示了不同利益主体的需求内容，通过利益诉求可以清晰地看到差异，为水利水电工程移民动员的内容与机制提供了依据。

表7-1 水利水电工程移民动员相关利益者需求分析表

利益	移民	中央政府	项目业主
政治方面	重大事项的公开化、透明化；参与机会的增加；满意的政治领导班子	良好的执政口碑和满意度；国家发展战略的实现	通过参与项目开发获得政府部门的认同；更广泛的社会网络资本
经济方面	获得足额安置补偿；更好的就业条件；生活补助；经济收入增长	开发清洁能源；发展可持续经济	获得预期的经济收益；严格控制成本；投资机会的增加
社会方面	生活质量的提高；有序的村庄管理	良好的社会治理状况；改善安置区社会发展能力	企业社会责任的履行；良好的企业形象和业界美誉度
文化方面	子女教育机会的增加；多元的社会资讯；乡土文化的保留	城市文化与乡土文化的交融；促进移民和非移民的文化融合和接纳	企业文化的进一步丰富
环境方面	满意的安置住房；良好的居住环境；良好的自然生态环境	库区生态环境的可持续性	改善工程影响区的生态环境

二、移民动员存在的利益关系

1. 利益相关者之间的利益博弈关系

（1）政府与项目法人"同盟—共赢"型关系

在中国水利水电工程移民工作中，政府是主办委托方，而项目法人是受委托建设方。水利水电工程移民工作由政府主导"包干"，并对项目建设方和征地搬迁移民拨付资金，对项目建设负责。项目法人通过政府公开招标与其签订建设合同，项目法人是政府对移民工作建设的委托人，政府与项目法人之间是一种委托建设关系。在水利水电工程移民工作中，政府作为主导者，有制定政策、发放资金等权力，而项目法人一般不参与这些工作，简单地说，项目法人只是受委托具体承担建设工作。

低价征地，能够为低成本发展创造条件；较高补偿征地，会增加水利水电工程建设的成本，使得发展成本较高，影响水利水电工程决策和建设速度。地方政府所承担的社会发展责任及自身的利益需求，短期内迅速拉动 GDP 的增长，而 GDP 的增长速度又是衡量地方政府官员政绩的重要标准。根据公共选择理论可知，政府也是由追求自身利益最大化的"经济人"组成，他们的行为很可能是为了追求自身利益的最大化。[①] 项目法人在移民工作中最看重的是利润问题，即作为移民工作利益相关者的需求，利润是项目业主最主要的需求，如果没有利润，单纯讲项目几乎是空谈。政府为了能够尽快完成移民工作所需的项目工程，会对项目业主的一些利益要求做出一定的让步，以使工作能够顺利进行。在水利水电工程移民工作中，政府和项目业主的利益具有很大的关联性，是利益共同体的表现，如果处理不善，就会导致其结成利益共同体谋求自身利益而损害另外一个利益相关者——移民的利益。所以相关部门对此制定了一定的保障机制，在移民动员过程中有了移民的参与，并由监督机构进行监督。在水利水电工程移民工作中，政府和项目业主属于各取所需、利益双赢的关系。

（2）政府与移民"强制—抵制"关系

在水利水电工程移民工作中政府属于主导者，是动员工作的主体。在现阶段，中国水利水电工程移民的利益资源分配是政府"包干"，移民工作政策制定也是由政府颁布和宣传。当然，水利水电工程建设作为公益设施是无法交由一般单位和个人制定相关政策并领导指挥的。中国是社会主义国家，水利水电工程移

---

① 谢识予. 经济博弈论[M]. 上海：复旦大学出版社，2007：279.

民工作由政府负责领导并制定相关的政策,这是无可厚非的。水利水电工程建设涉及多方利益,作为利益相关者的政府不仅要考虑国家利益,而且要维护水利水电工程移民的利益。但在实践中,很多时候实行移民任务和资金双"包干"原则,其目的在于控制水利水电工程建设成本,而每户移民都希望多得补偿费,政府则希望少付出补偿费,造成移民利益的损害。① 在水利水电工程移民工作中,政府作为政策和利益分配主导者,是"强者",主导移民的工作,这样的政治关系必然出现一定的矛盾和博弈。为了协调相互间的博弈关系,政府采取移民动员,充分体现合法性和民主性,能够使政府与移民之间尖锐的博弈关系得到一定的缓解。

然而有一些地方,因政府处于强势地位,被认为是"恃强凌弱"对待被征地的移民,采取强拆强行搬迁手段,使得移民的不满态度日益加重,相互之间针锋相对。这个问题的出现主要是因为一些地方政府过于强调对自身利益的追逐,失去其在水利水电工程移民工作中领导者和引导者公平的中立者地位,使移民对政府产生信任和支持方面的问题,移民工作很难进行,政府只能通过"亡羊补牢",逐渐弱化矛盾。

(3) 项目法人与移民"强占—抗争"关系

作为项目法人,追求利润是其要求,降低建设成本是其追求自身利益的行事手段,而这样的方式必然会威胁和侵占他人的利益,尤其是本身处于弱势的移民。在当今市场经济体制下,项目法人通常通过压低成本投入实现自身利益而侵占了移民的利益,在这种情况下,移民和项目法人的关系也出现了博弈,项目法人强占移民利益,而移民为自身利益抗争,这种关系在水利水电工程移民工作中体现出来。

土地对移民来说是赖以生存的生产生活保障,而面对土地征收,移民与项目建设法人关系明显对立。项目法人需要征地进行工程建设,而移民是被征失去土地的,尽管有一定的征地补偿,但一般来说,项目法人为了自身利益会尽量降低征地成本,导致移民自身利益不保。所以,项目法人和移民之间存在着一定的利益冲突,需要经过协调以保障水利水电工程移民工作的顺利进行。

2. "移民动员"利益关系的协调中介

水利水电工程移民不同的利益相关者存在不同的利益,这些利益有时一致、有

---

① 盖斌. 水电站水库移民补偿研究[J]. 乌蒙论坛, 2006, (1): 62-70.

时冲突。特别是当利益相关者的政治地位和能力处于不同层次时，其获得自身引导利益的能力也有差别。如何保证各方利益相关者的关系协调，需要以动员作为中介发挥合法、合理、有序作用，实现水利水电工程移民工作利益冲突的协调。

政府通过大规模的动员协调水利水电工程移民利益相关者之间的博弈关系，协调移民与政府之间因移民对政府的不信任导致的不配合，通过一定的动员手段引导移民，使其参与到水利水电工程移民工作中，帮助其切实了解政策机制和自身利益关系，认同政府领导和相关政策。政府与项目业主之间存在共同的利益追求，同时又有矛盾的关系，政府要随时站在移民的角度考虑问题，项目业主只是为了完成建设工作，所以相互之间的关系也需要政府进行调节。可以通过动员移民参与到项目建设中，消除移民的抱怨，避免其利益受损，项目业主也能尽快完成工作。项目业主和移民之间也需要政府协调，项目业主希望尽快完成低价征收土地，移民则需要维护自身利益，希望从补偿中获取利益最大化，政府进行调解，促使移民接受政府和项目业主的工作，帮助移民参与到项目建设和监督中，随时争取和保护自身利益，这样对项目业主来说也是一个利益实现的途径。

政府可以在水利水电工程移民利益相关者之间起到强力协调作用，水利水电工程移民工作牵扯利益者较多，也需要政府主导组织动员，协调利益矛盾关系，以使水利水电工程移民工作得到进一步发展。

第二节　水利水电工程移民动员的载体和机制

一、政治动员和水利水电工程移民动员

"政治动员"一词最早出现在1931年湘赣革命根据地《第一次全省区以上主席会议决议》中，中国学者因为研究侧重点不同，对政治动员的概念有着不同的界定。政治动员实质上是一种特殊的权力技术，动员主体主要通过宣传劝导等方式，辅以物质刺激和其他手段，引导动员客体接收和认同动员主体的价值主张，促使其开展特定旨向的集体行动，实现动员主体为之设定的各项目标。

水利水电工程移民作为一项漫长、艰巨、复杂的工作，工作过程中对移民原有土地的征收利用、水利水电工程移民淹没土地面积所应支付的补偿标准、水利水电工程移民安置方式和后期住所的确定、水利水电工程移民安置区域土地面积的调整、社会保障机制的制定、基础设施建设改造等工作，都需要政府管理机构

实施、监督、管理和协调，如此艰巨的工作任务依靠单独个体和一般组织是无法完成的。与此同时，水利水电工程移民工作具有经济利益交换、社会的重构和资源再分配的性质，这导致水利水电工程移民的公有制超过私有制。这就需要政府行为管理、监督和负责水利水电工程移民的各项工作，即中国水利水电工程移民的政治主导性质是移民工作的政府"包干"负责制。中国生产资料公有制的社会主义性质和特殊国情，决定了中国水利水电工程移民工作由政府全面负责，对于水利水电工程移民工作从规划的制定、组织实施规划工作到后期扶持等一系列相关内容，都由政府"包干"并进行全过程的监督管理，同时需要对移民工作进行一系列的动员，推动移民工作顺利完成。

水利水电工程移民工作是政府全权负责的工作，是进行合理动员的政府行为。政府通过移民动员，确保在国家财政能力有限的情况下，缓解财力、人力不足问题。政府集中社会各方面的资源实现对移民的支付，大力推动水利水电工程移民搬迁安置和水利水电工程建设的稳定发展和完成。移民动员在顺利完成水利水电工程移民的实物指标调查和补偿、搬迁安置和后期扶持的工作中，起到了关键性的作用。政府主导，通过对水利水电工程移民动员进行组织，使水利水电工程移民了解移民工作政策、认识自身权利并参与到水利水电工程移民工作之中，为政府工作进一步的开展和完成贡献自己的力量。

二、安置过程中的移民动员载体

动员一般通过主体对客体进行，动员过程中需要一定的载体，水利水电工程移民动员亦是如此。"由中国社会主义的性质和特殊国情决定，中国水库移民工作实行政府负责制，即水库移民工作的政府行为。"[①] 在市场经济体制下，政府对水利水电工程移民工作的开展需要动员的介入，而动员需要通过一定的载体实施。

在人类社会已经步入信息化时代的今天，大众传媒对人民的日常生活产生日益重要的影响。宣传教育是动员公众层次的表现形式，是一种单向的动员载体模式。为了推进水利水电工程移民工作的进程，必须获得移民的广泛支持，领导他们共同参与水利水电工程移民工作。然而，将移民转变为支持者和参与者不是一件简单的事情。尽管水利水电工程移民是在政府主导下的工作，但是缺少了移民的支持和参与，政府也无法将工作继续下去。另外，部分移民在心理上存在对政府不信任的想

---

① 冯金宝. 水库移民管理中的政府角色定位研究[D]. 南京：河海大学，2007：37.

法和等级观念，这些文化心理因素在很大程度上压抑着移民的积极性。政府在水利水电工程移民工作中运用宣传载体劝导移民，取得了一定的成果。

在水利水电工程移民前期工作中，为了让移民了解安置的有关内容，可以宣传动员为载体，发挥大众传媒的作用。首先组织新闻单位（如市、县广播电视局，报刊杂志社，教育平台等）开设水利水电工程移民安置专栏，对国家和地方水利水电工程移民安置的政策、各地水利水电工程移民安置典型、移民培训等进行专门报道。政府的政务公开载体本着"公开透明、阳光操作"的原则对征迁移民房屋及附着物进行评估；利用政务公开橱窗和宣传栏对移民进行宣传动员，对移民拆迁的房屋及附着物实行张榜公示，并根据实物量调查过程中填写的一户一表为各移民户建立档案资料。这样的动员可以给移民踏实安稳的感觉，使其认可政府的工作并配合政府安置工作。这些动员方式比较直观、形象，尤其适合文化素质比较低的移民人群。各种代表会、干部会、座谈会、展览会，各种新媒体、视频、幻灯、戏曲、音乐，各种标语、图片、讲演、小册子和传单，都是宣传动员的载体，可以取得较好的效果。

在调查中发现，很多移民主要通过电视、报纸了解水利水电工程移民工作，新媒体、电视、报纸在信息传播和政策宣传以及国家意识的培育方面起着重大的作用。为了加大移民安置工作政策的宣传范围，移民部门可以水利水电工程移民安置为主要内容举行各种比赛竞猜。各地移民部门可以联合新媒体、报刊发布移民政策，设计水利水电工程移民工作的内容和目的，将宣传材料寄到各乡村移民机构和移民家里，让移民和社会各界都知道并参与到水利水电工程移民这项社会事业中来。此外，可以利用村民大会、宣传手册、横幅、公告、告示、媒体公开等群众喜闻乐见的形式宣传水利水电工程移民工作（表7-2）。

表7-2　水利水电工程移民动员情况

动员方式	动员范围	动员内容
村民大会	项目、安置政策宣传，土地调整，宅基地分配和房屋重建，补偿资金发放	通过召开村民动员大会，告知项目情况、征迁安置的基本政策、实施管理机构等；征迁安置实施期间，告知可供选择的安置点、安置方式、宅基地分配和房屋重建方式；后期扶持政策、后期扶持的项目、信访和申诉渠道

(续表)

动员方式	动员范围	动员内容
宣传手册、横幅	项目宣传、安置政策宣传	移民条例； 项目移民补偿安置的法律法规； 简要信息告知、鼓励性标语
公告、告示	实物量调查、安置规划编制、补偿资金发放与管理、后期扶持规划	项目简介； 实物量调查结果； 移民安置、后期扶持规划报告简要； 补偿安置政策实施细则； 补偿安置资金、后期扶持资金到户情况； 施工情况； 后期扶持人口核定结果； 公布信访和申诉渠道
媒体公开	项目、安置政策宣传，移民安置规划编制	项目介绍； 补偿安置政策、移民安置进展； 项目招投标公告及结果； 公布信访和申诉渠道
监理、监测评估	全过程	实物指标复核； 征迁安置实施情况； 生产生活恢复情况

三、水利水电工程移民动员的机制

机制原指生物学和医学的机器构造与工作原理，动员机制是指在动员系统中，动员要素之间通过动员相互作用的方式。政治动员的机制过程是政治主体和客体之间互动的过程，是带有规律性的过程，是政治动员主体与客体之间趋于认同和实现一体化的过程。政治动员机制的实际运行过程是政治动员主体制定目标，然后运用各种动员策略、方法和手段影响动员客体，从而实现动员目标。[①]水利水电工程移民动员机制是由政府"包干"主导，运用政治动员方式在水利水电工程移民工作各个阶段以政府的合法性和民主化、以可持续发展作为目的进行的动员工作。

1. 宣传沟通动员机制

广泛宣传移民政策和法律法规，可以使移民对政策进行初步了解并逐步参与到移民工作中，使其积极回应政府的动员，对水利水电工程移民动员的效果做出一定的评价和建议。中国大部分水利水电工程建设在偏远地区，而偏远地区移民对民主观念的认识和理解是相对薄弱的，他们习惯对政府言听计从，可是又对政

---

① 宋佳蔓. 我国政府危机管理中的政治动员机制研究[D]. 长春：东北师范大学，2009.

策表示怀疑，导致水利水电工程移民工作很难开展。通过宣传动员，移民增强了认识，同时坚持以移民利益为中心，这样的动员指向民主化、合法化，是水利水电工程移民动员的大方向。在安置过程中，移民应从根本上转变观念，监督保障自身利益，提出合理建议和要求，对政府和项目业主的工作进行民主监督。政府的动员安置、项目业主的工作开展、移民的参与，可以促进移民安置的进程，并通过信息公开的方式巩固民主化和合法性。在移民工作初期，可以通过各种媒介，将项目政策和内容宣传告知移民；在征地补偿和搬迁安置阶段通过利益相关项目进行权益动员，使移民更进一步了解政府和项目法人的建设项目情况和移民自身权益，特别是政府发放补偿费用的数量和程序。在移民后期扶持阶段可以通过召开各种大会，宣讲动员，使移民对政府工作充满信心和期待，令政府和项目业主更好地完成工作；在监测评估阶段可以通过信息员简报形式告知项目进展。通过这样的信息公开，水利水电工程移民利益相关者之间存在的矛盾关系可以得到缓解。

沟通是社会与移民、政府与移民之间十分重要的纽带，沟通机制有效地传递信息，对移民工作的推进是很重要的。政府通过媒体宣传各种政策，通过沟通帮助移民对政府管理机构的性质、特征、现状等有所了解，对水利水电工程移民工作有一个真正的认识，以避免不良舆论的滋生和扩散，破坏移民心态，用可靠和全面的信息带动移民大众。

2. 教育动员机制

许多学者认为教育动员不管在任何时期都是动员机制中行之有效的形式。教育动员机制是把一些较新的思想观念、政策意识以及工作目标，以教育的方式灌输给大众，提高大众参与和觉悟。水利水电工程移民工作教育动员是对移民宣传移民政策和相关移民专业知识，激起移民受教育热情和参与度，目的在于提高移民对动员主体的认可。

以温州市为例，为了推动水利水电工程移民工作，温州市重视思想教育这种动员机制，以水利水电工程移民工作的政策、内容和目的为主要内容，针对移民进行教育动员。政府作为动员主体，通过发动各种教育活动，为水利水电工程移民营造一定的工作氛围，让移民明白移民工作是为移民自身谋求最大利益，目的是让广大移民过上幸福生活，做到让移民认可和支持政府的工作。龙湾区为促进移民工作和经济增长，提升"内驱力"，通过动员教育方式抓工作，结合企业抓培训，在龙华、永上、顺江创办来料加工点，为800多位移民解决了就业问题。这让移民在接受教育的同时认可政府工作，进一步增强劳动技能和专业本领，拓宽就业门路，强化移民就业。乐清市结合移民特点抓培训，举办种植、养殖、电脑、电工等实用技术培训班，每期受训人数200多人。

3. 政府带动创业致富机制

政治动员是中国建国立业的基础，目前政府一系列工作的开展都需要进行政治动员，其发挥的作用是不容小觑的。中国水利水电工程移民工作是典型的政治工程，是政府"包干"和主导的。因此，在水利水电工程移民工作中，动员是政府解决移民问题的重要工具。当然，政府必须以移民利益为基础，动员才能发挥最大作用。

如何使水利水电工程移民利益相关者之间的关系协调，最重要的还是政府的主导带动。首先，政府的带动给项目的利益相关者"项目业主"赋予一定的执行权，不仅保证了移民和项目业主的利益，还使得他们被动员起来，一起参与到工作的实施过程中，这样对项目业主的工作有了很大的推动力，也缓解了项目业主与移民之间的矛盾。其次，政府重点动员社会弱势群体，即孤寡老人、低收入者和妇女，通过宣传和教育动员以获得移民的认可和支持。这一举动的意义特别重要，旨在把被排除在社会边缘的弱势群体动员起来，为移民工作的民主化增添一分力度。这个重要举措对移民心理上的动员是十分强大的，能使移民自身觉得受到重视，更重要的是缓解了政府与移民之间的矛盾，并巩固了政府工作的合法化，这对所有水利水电工程移民利益相关者都是有益的。

在水利水电工程移民动员中，政府始终强调思想动员，并不断提醒各级工作人员"不能没有思想动员"，要坚持带动发展、互惠互利的思想，动员移民搬迁安置并创业致富。通过致富带头人的带动对移民进行思想和行动上的动员，让移民在为自身发展的背景下参与水利水电工程移民工作，在政府的带领和组织动员下发家致富，做到移民支持政府的政策。水利水电工程移民动员着眼于提高移民的思想觉悟，采取由骨干到先进分子再到一般群众的方法，进行层层发动，并注意按照移民的思想进行分类动员，对不同顾虑的移民分别进行动员，通过宣传教育让移民自愿投身于移民工作。在温州，移民发展生产的合作化动员采取了先个别试点示范、后逐步推广的做法。温州市水库移民工作加强基地建设，强化平台支撑，积极为移民构建经济发展新平台，发展高效农业，确保农业丰收与安全；扶持发展生产加工基地，形成笔业、眼镜、鞋业加工等七类来料加工的劳动服务基地；大力发展服务型三产基地，不仅实现了当地移民就业，而且成为经济发展新平台，品牌战略与规模化经营带来了更好更快的经济发展。

4. 激励动员机制

水利水电工程移民激励动员是一种正面的利益引导，政府通过一定的奖惩制度调动移民的思想和行动，激励其团结互助，无私奉献。对于危害水利水电工程移民工作的行为，政府也会相应给予一定的惩罚，否则很难维护其自身的合法性和移民大众的利益安全。

移民自身的利益追求和教育程度低导致其存在"保守心态"，以至对政府的工作有一定的抵触或出现漠不关心的行为。为了更好地推进水利水电工程移民工作，应组织移民动员工作，对特殊移民采取激励动员机制，因为应用一些激励动员机制可以使移民更加认可和支持政府工作，用激励机制可以引导移民参与并改变原有的保守思想。在实际动员过程中，激励机制发挥了重要作用。在温州市某水利水电工程移民安置示范区，政府在社区文化、社会安全、环境治理等几个方面进行评比，对表现优秀的地区给予示范村称号，以实物项目和资金进行奖励，并对示范地区的移民干部进行嘉奖。这样的激励动员使得广大干群在移民工作中明显增加了干劲。示范区道路宽阔整洁，未见垃圾和杂物，两旁留有下水道，安装有路灯；在社会安全方面，示范地区几乎没有偷盗事件发生；文明建设方面，示范点以"好媳妇""好公婆""五好文明家庭""优秀户"等评选活动为文明创建的切入点，激励群众争当好移民；在民主管理方面，示范点采取依法治理和以德治理相结合的方法，认真推行政务公开，专门成立移民理事会。这样的激励动员在移民中广泛推行，使得移民工作顺利开展，充满了新的活力。

5. 会议和文艺会演动员机制

在水利水电工程移民工作中，部分移民没有受过系统教育，文化素质比较低，政府需要通过通俗易懂的方式对移民进行动员才能获得较好的效果。会议和文艺会演中生动活泼的动员，能使移民直观、形象和乐观地接受动员内容。如在各个地区通过举行各种动员大会、移民代表大会、移民干部大会、座谈会、视频电视、音乐、戏曲、文艺汇演等各种方式对移民进行动员，可以取得较好的效果，这也是移民最喜欢的动员机制之一。

6. 健全听证动员机制

作为移民工作的主导者，政府在制定和实施政策过程中难免挂一漏万，可能会招致部分移民不满，严重的可能导致移民、政府与业主之间的矛盾被增大并难以控制，进而导致移民工作进展的缓慢和拖后，移民也没有了表达利益诉求的机会，移民对政府主导的移民工作抱有不信任和排斥心理，影响移民心理。所以，在水利水电工程移民工作中，政府应采用动员手段协调利益相关者之间的问题，在动员移民方面采取并健全听证制度，使移民在政府的主导动员下，参与到自己利益的维权中。随着市场经济体制的发展以及移民政治意识与政治参与度的增强，移民对切身利益的要求需要政府维护，这也是政府采取动员工作的重点。那么，如何使他们之间的利益冲突得到化解，就需要政府在移民的动员工作中健全听证。[①] 健全听证是一种在利益相关者利益博弈过程中政府采取动员而产生的民主实践。

健全听证是政治合法性的基础环节，水利水电工程移民工作本质是利益相关者之间的关系博弈和动员的协调，为了维护各方的权益，健全听证是必不可少的动员环节，它将利益相关者之间博弈尖峰的矛盾合情合理地化解。一般来说，政府在征地公告发出后，采取听证会形式，听取移民的心声，从而使移民保障其财产权利和其他利益。移民在政府主导的动员下，对政府充满信心，顺利调节了利益相关者之间的关系。

7. 组织保障动员机制

组织是水利水电工程移民工作各利益相关者实现利益诉求的重要途径，这些组织基本上是政府对移民进行动员后，由项目业主开展的项目工作，而移民为了自身利益得到保障，更是动员的积极参与者。在通过不同的组织形式实现和保障利益相关者的诉求时，动员发挥着重要的组织作用，相互间补充完善，共同构建水利水电工程移民利益保障的组织框架。

随着分工的细化，社会生活越来越复杂，移民工作需要协调和解决的实际冲突也越来越复杂。移民在新安置区不得不分享当地居民的公共资源和基础设施以及市场信息等软环境，这种单纯依靠市场机制或由项目业主实施不能解决的问题，只能在政府主导下进行组织保障。这种"大政府小社会"的格局在于政府通过一定的动员，对移民和项目业主的利益进行组织和保障。因此，在水利水电工程移民利益保障的组织框架内，动员是有绝对权威地位的，它是执行者和实际操作者手中的"法宝"。由此，可以在移民工作中灵活应用动员来协调和解决移民工作的难题。只有通过不同层次组织系统的合理运行，建立合理的组织机构并关注各利益相关者的基本利益，才能达到"搬得出、稳得住、能致富"的移民工作目标。

---

① 盖斌. 水电站水库移民补偿研究[J]. 乌蒙论坛，2006，(1)：62-70.

第三节 水利水电工程移民工作过程中的移民动员

水利水电工程移民工作是由政府主导的大规模组织动员以及多方参与的建设工程活动。水利水电工程移民工作可以分为三个重要阶段：安置规划阶段、征地补偿搬迁安置阶段和后期扶持阶段。其中每个阶段都有大规模的移民动员工作，以使移民工作顺利进行。

一、安置规划过程的移民动员

1. 安置规划动员的内容

安置规划是水利水电工程移民工作前期的必要环节，主要包括工程建设立项，安置规划可行性研究，安置规划编写、审批等多项工作。在水利水电工程移民安置规划阶段，政府通过大量的宣传动员，对移民进行思想教育，使其了解移民工作内容，编制合适的安置规划等。确定工程建设影响范围，对征地搬迁安置移民进行实物损失调查，其中包括土地征收、基础设施、公共设施以及移民房屋和通讯道路设施等多项指标。项目业主会同移民区和移民安置区的地方政府通过组织动员，编制水库移民生产生活安置规划大纲，按照审批权限经由省、自治区、直辖市人民政府或国务院移民管理机构审批，并根据已批准的移民安置规划大纲编制移民安置规划；投资主管部门确定水库淹没处理以及移民安置总投资概算及移民安置方案的总体评价；编写移民安置规划报告并按照审批权限经由政府管理机构审核。①

2. 安置规划的动员过程

学者林尚立认为政治动员是政治主体和社会主体通过政治宣传与鼓动，引导客体参与政治活动，目的在于实现特定的政治目标，如聚集力量、影响民众政治态度、获得民众支持等。② 水利水电工程移民工作通过政府主导的大规模动员，使移民对政府工作逐渐认可，并逐渐参与到水利水电工程移民工作中，对安置规划阶段的动员有了热情回应，并对政策表示支持。

实物调查是水利水电工程移民工作前期调查登记和核实实物量并制定征地补

---

① 冯金宝. 水库移民管理中的政府角色定位研究[D]. 南京：河海大学，2007：45.
② 林尚立. 当代中国政治形态研究[M]. 天津：天津人民出版社，2000：271.

偿和搬迁安置规划的重要环节，在实物量调查过程中，设计人员入场进行实物指标摸底统计和实物量调查结果复核等环节的工作，然后由政府主导，在村庄公示栏和其他重要地段进行调查结果公示，使移民了解具体情况。在实物指标调查的最初阶段，一般由政府部门成立征地补偿移民安置工作领导小组，分工到受工程项目影响的乡村开展工作，通过实地调研和考察预设水利水电工程建设的影响范围，预估影响的征地移民的物质和土地面积补偿，然后由政府主导组织大规模的动员活动，开展征地搬迁安置工作。在开展实物指标调查之前，政府项目办、移民安置规划设计人员应首先与受影响社区和村庄的负责人取得联系，对影响区域内的征地拆迁人口进行有理有据的宣传动员，并通过实地调研和考察对移民的需求和建议进行一定程度的了解，将会议精神和移民建议及需求作为规划编制的参照。

温州市珊溪水利枢纽工程建设前正式开展实物指标调查，每个村组选出三个移民代表，代表移民对政府组织的实物调查进行监督和检查，并对整村的实物指标进行统计。实物指标调查分为两部分，一是集体实物调查摸底，二是以家庭户数为单位的实物摸底调查。政府通过动员方式召开移民大会，选举代表参与移民工作，让移民了解政策和规划；移民和政府一起对受影响集体的土地和财产进行评估，并由移民代表确认核实后签字。移民参与实物调查的过程，充分满足政策合法性和动员民主化，让移民认可并支持征地补偿和搬迁安置工作。移民作为动员客体，不仅参与移民工作，还可以通过政府自上而下大规模的组织动员参与其中，提出自己的意见和想法。在移民工作前期，让移民与政府工作人员进行有效的沟通和协商，确认征地补偿和移民安置政策，在这个过程中移民代表全程监督。温州市对征迁移民户房屋的面积测量和附着物的调查摸底坚持"公开透明、阳光操作"的原则，评估后通过相关载体，如政务公开橱窗、宣传栏及其他媒介进行公开，让移民对政府的移民工作更加了解，倍觉受到重视。由于其获得的利益也是真实的，所以移民前期工作的动员非常有效。在实物指标调查过程中，政府对每一个用户建立一份档案资料，以便作为日后查询和保障移民利益的依据。在公示期间，所有政府人员和移民群众对有疑问的数据进行核查对照，政府对实物量有异议的征迁户上门进行复核确认。①

---

① 桑梓. 水利工程征迁安置移民参与研究——以南水北调东线 L 工程为例[D]. 南京：河海大学，2015：33.

3. 安置规划的动员

移民安置规划是水库移民征迁安置实施工作的操作指南，是征地补偿和移民安置工作得以顺利实施的基本依据，也是保障移民合法权益的重要参考材料。[1] 在移民安置规划编制阶段，在政府、项目办与设计单位人员的主导之下，对水利水电工程移民进行动员，使移民广泛参与其中。

首先，根据实物量调查结果编制移民安置规划。在移民安置规划编制之前，必须进行移民安置区的资源环境容量分析，即通过动员的多种形式了解移民各方面的情况：资源环境容量是否足够，移民是否能在安置地维持自己原有的生产生活。移民的资源环境容量在可持续发展的条件下，需要考虑安置区环境和人口的承载能力，移民环境容量是确定水利水电工程移民安置方案是否可行的重要依据。在移民安置规划中，需要对安置区移民的资源占有量、生产力、经济发展水平、地理特征等诸多方面进行特定分析；通过移民生产生活、经济收入和粮食等指标，进行移民安置人口容量的定量分析计算；根据"留有发展余地"的原则，进行安置区容量确认和安置区选择。[2] 根据安置区环境容量分析，对不同的移民点采取不同的安置动员方式，如有土后靠、货币安置等利益动员，无土安置政策动员等多种方式，使移民获得资源优势，认可政府的安置方式和安置点选择。

在开展移民安置意愿调查过程中，在影响区召开移民代表大会，移民与项目办、设计人员、村委会等多方讨论移民安置方式，乡村干部通过对移民总体情况的调查，进行安置动员。考虑到征收移民家庭耕地占其所有耕地面积的数量较少，对大部分移民的财产影响较小，移民可以选择集中安置的方式进行生产生活安置。部分希望采取货币安置方式的移民通过政府的宣传讲解，了解政策，调整安置思路。政府通过移民会议动员并确定最终的移民安置点，在移民会议上主要由移民部门代表介绍拟定的移民方案，介绍和宣传移民政策和法规，对移民安置点的选择提出意见和对策，进行安置动员。村民通过与政府互动，充分表达意见并确定最终的移民安置方案。移民部门、规划设计、监理监测（监督评估）等单位收集移民的意见，结合当地乡镇、村社的发展规划确定最终的移民安置方案。

其次，在移民安置规划编制完成以后，政府移民部门、设计单位和监理监测（监督评估）等单位还应该对未成型的移民安置规划文本进行听证，政府、移民

---

[1] 周建新. 浅谈农村移民安置实施管理[C]//中国水电工程顾问集团公司. 水电移民政策技术管理论坛论文集. 西安：中国水利水电出版社，2012.
[2] 傅秀堂. 论水库移民[M]. 武汉：武汉大学出版社，2001.

部门、移民代表、村干部、乡镇干部、规划设计部门、监理监测（监督评估）单位、各级人大代表、政协委员等相关部门参加。听证会上介绍项目建设的目标和意义、影响范围、补偿标准、补偿资金发放、移民规模、安置方式、安置去向和安置点等内容，同时听取移民的建议，并进行协商以得到广泛认可和支持。政府及其他利益相关者的广泛动员，使移民了解项目情况，避免和减少不必要的矛盾和冲突。

二、搬迁安置过程中的移民动员

1. 移民搬迁安置内容

水利水电工程移民项目业主与政府签订征地补偿和搬迁安置投资包干协议，根据移民安置规划，通过政府组织大规模动员，对移民情况进行具体了解，在初步设计阶段安置规划的基础上编制实施规划并获得批准。通过动员组织，政府根据实施规划主要负责移民迁出区和安置区征地补偿和移民搬迁安置的工作。签订移民安置协议的地方政府组织编制并下达本行政区的移民安置年度计划；工程项目主管部门与设计部门依照已批准的安置规划对移民安置实施的情况进行审查、监督；监督评估单位及审计部门对移民工程进行监理监督和移民安置资金拨付及使用情况的审计。[①] 移民安置完成阶段性目标后，政府和管理机构组织有关单位进行移民安置工程阶段性验收和竣工验收。

2. 移民搬迁安置的动员过程

当代政治动员随着改革开放的逐渐深化、民主法制的逐渐完善，其发动、运行、评价、反馈等过程愈来愈要求形成一套可操作的规范、合理的程序，愈来愈体现为一种体制性、程序性和合理性的政治动员。因此我们必须高度重视政治动员有关方面的立法，逐步实现动员的现代化、法制化、制度化。[②] 在水利水电工程移民搬迁安置方面，需要完善移民搬迁安置法律法规，运用各种动员手段和途径深入宣传移民搬迁安置政策，根据各地实际情况建立健全移民政策，完善安置措施，增强水利水电工程移民动员的针对性和可操作性。水利水电工程移民搬迁安置过程的动员可以保护移民的热情并增强其对政府工作的认可。

水利水电工程移民工作需要政府、业主和相关移民机构对移民开展系统的政策宣传和组织动员。在工作前期，政府部门召集移民干部群众进行沟通协商，做

---

① 冯金宝. 水库移民管理中的政府角色定位研究[D]. 南京：河海大学，2007：35.
② 武祥云，冯泽波. 信息化动员建设的几点浅见[J]. 国防，2005，(05)：23.

好动员工作。正式开展实物指标调查工作后，工作人员要进入村庄开展细致调查，项目业主、政府和参建单位工作人员通过召开村民代表动员大会、发放宣传册、张贴宣传单、悬挂项目宣传横幅、新媒体宣传等多种形式向移民宣传项目建设的意义以及移民征迁安置的相关工作。在征迁安置前期阶段，移民政策宣传投入较少，一般从移民征地补偿和搬迁安置规划编制及配套政策出台以后才进入大量、频繁的宣传和讲解工作阶段。

一般来说，在移民安置实施过程中设立政策宣传动员小组，制定信息公开制度并公开其他的宣传方式。有关政策宣传和告知的方式以公告和告示为主，内容涉及工程简介、移民安置规划的简要介绍、工程征地补偿标准实施细则、拆迁和移民安置管理机构、移民征迁实施工期、移民补偿安置资金发放等内容。这一阶段的移民政策宣传具有密集度高、持续时间长等特点，政府及移民部门采取宣传单、宣传小手册、告示、报纸、电视、网络等传播媒介进行宣传动员。移民管理机构在开展政策宣传的同时，一般还成立专门的动员工作小组，向移民群体和社会公众详细解答和说明移民安置政策。除此之外，村（居）委会成员还会召集村民代表或村民小组长，通过会议、面谈等方式沟通和宣传，"明白卡"、移民安置补偿协议等材料同样也是安置政策和项目信息宣传动员的重要方式。移民干部平等分工，每位负责15到20户移民的入户宣传动员工作，将制作的宣传手册发放至每个移民户，并细心为移民户解答政策。若移民提出的问题村干部无法解答，可以通过电话、邮件等方式向政策宣传小组进行咨询。项目宣传、实物指标调查吹风会、移民安置政策宣传、补偿标准调整和解释，以这些内容为主体的宣传大会都是移民动员的过程，可以让移民的安置工作又快又好地进行。

3. 移民搬迁安置实施的动员

政府在宅基地选择和房屋重建方面的动员是移民搬迁安置活动中极其重要的内容和环节，也是移民安置工作的关键和重点。

（1）在宅基地选择方面的动员

关于移民宅基地的选址，通过选派移民代表对拟定的移民宅基地地点进行实际考察，召开村民大会，商讨和确定宅基地安置点方案，明确要求全村至少三分之二的移民通过会议了解政府宅基地选址情况和内容。在会议上应提出移民安置点方案，动员移民自主选择安置区，并经过村民代表大会表决通过。集中安置意味着移民户宅基地聚集在一起，具体到各户宅基地的选择一般采取"抓阄"的方式。安置区规划方案和预算报水利水电工程移民领导部门审查，由工程建设处对集中安置小区建设工程进行公开招投标。安置小区建设完成后,由地方政府组织动员移民进行集体搬迁,移民在搬迁过渡阶段和搬迁进入安置小区阶段发生的费用均纳入工程实施阶段移民投资概算。宅基地选择采取政府组织动员、移民自由选择的方式尊重移民的意愿,采用"先划片、后抽签"的方法把宅基地落实到户,使移民的需求得到了满足。通过移民大会动员,采取"抽签"这种移民公认的方式,有效地解决了宅基地分配问题。

(2)房屋重建方面的动员

在移民建房时,安置区普遍坚持"两统一、一为主"的指导思想,即统一规划、统一平整场地。主要做法是加强管理,县、乡、村各级分工负责,移民局负责对各村进行动员,督促建房进度和规划指标的及时落实,负责协调和指导;乡镇和街道政府负责调整土地及协调好安置区工作,为新村建设提供良好的施工环境。政府在村里通过动员成立"移民建房指挥部",下设技术质量监督组、治安保卫组、协调组和财务组,分别负责技术质量监督,治安保卫,水、电、路三通,资金兑现等事宜,为移民统一建房提供各种服务。水利水电工程移民房屋重建在"两统一、一为主"基础之上,经过政府对移民的动员,采取统拆统建方式,之后由移民自主选择所需户型入住,或者采取村组选址建房或移民自建的方式。

三、水库移民后期扶持工作过程中的移民动员

陈华森认为政治动员在面对不同阶层的利益要求的背景下,应作出不同的回应,减少行政干预,加强利益诱导,同时注意保护集体利益和国家利益不受损害。[①] 在实施水库移民后期扶持工作动员时,政府要时刻考虑移民的利益,不得损害,协调和统一水利水电工程移民工作利益相关者的关系。只有在水利水电工程移民工作动员中维护移民利益,获得移民的认可和支持,对移民的利益要求给予合理的补偿,才能为以后的工作打好群众基础。

1. 水库移民后期扶持政策的主要内容

水库移民后期扶持的主要内容有后期扶持人口的核定登记、后期扶持方式、规划大纲编制及后期扶持规划的实施四个部分。

后期扶持人口的核定登记一般是由移民户籍所在地的县(区)人民政府负责,以村民小组为单位进行核定和登记,后期扶持人口核定的政策依据《国务院关于完善大中型水库移民后期扶持政策的意见》,原则上登记到户、到人,不能

---

① 陈华森. 转型期中国共产党政治动员模式研究[J]. 党史文苑,2004,(08):82-84.

登记到户、到人的则登记到村民小组。具体一般与所在村组采取的后期扶持方式有关，如采取项目扶持的村组，一般核定到村一级；采取资金扶持的核定到户、到人。后期扶持人口一经核定，20年不变。后期扶持人口的确定是一个反反复复的过程，也是关系到移民切身利益的事项，政府作为移民工作主体必须通过动员方式来动员人口核定的确认和完成，这是水库移民动员的重要环节。

后期扶持的方式大致可以分为三类：直接补助、项目扶持、直接补助＋项目扶持。其中，资金扶持标准为每人每年600元，项目扶持则是结合安置区基础设施建设和经济发展的需求，突出解决移民迫切关注问题的原则，以安排资金和项目。

水库移民后期扶持规划由安置区县级以上的移民部门负责编制，上报上级政府或者移民管理机构审核；地方各级政府及其相关移民管理机构负责对移民进行动员，动员移民学习并接受科学技能等；政府委托第三方对移民后期扶持后的生产生活情况进行监测评估；各级审计、监察机关对水库移民后期扶持资金的拨付、使用及管理情况进行审计、监察和监督。

水库移民后期扶持并非简单的经济补偿，而是关系到移民长远生计恢复和发展的重要问题。

2. 水库移民后期扶持动员的过程

后期扶持资金采取直接发放给移民个人的方式，在发放前需要审定移民人数、核实移民身份，并将核实的结果在乡、村两级进行张榜公示。通过张榜公示作为动员载体，以补偿利益作为动员诱导性物质基础，推动水库移民后期扶持工作的快速进行。在水库移民后期扶持规划制定和实施过程中，政府对移民的动员方式和渠道主要包括张榜公示信息告知、移民身份核定签字确认、后期扶持政策宣传、村民会议通过后期扶持项目选定、动员参与后期扶持项目监督工作等。

安置区所在县（区）政府需要进入移民村组开展后期扶持政策宣传，通过召开村民代表座谈会、面对面入户访谈等动员方式进行核定登记。在组织水库移民后期扶持人口核定过程中，村委会利用村务公开栏、发放政策解答手册进行政策宣传，使移民可以阅读公开政策，同时也可以就政策提出异议，政府水库移民动员工作有义务对移民提出的问题做出详细解答。后期扶持人口核定的结果需要在乡、村两级张榜公示，并且核定登记结果需经移民户（或村组）签字、盖章确认。后期扶持人口核定关系到移民切身利益，多个环节易发生问题，因此政府和移民关注度较高，工作较复杂，需要在动员基础上开展进行。

第四节 水利水电工程移民动员存在问题及对策

一、存在问题

通过对水利水电工程移民工作的实地考察，可以看出动员在水利水电工程移民工作中发挥的举足轻重的作用，其不仅推动了移民经济的发展，增加了移民的生活收入，促进了移民文化文明和民主的发展，也在一定程度上推动了移民工作的完善，增强了移民对政府的内心认同和支持。尽管已有很多水利水电工程移民动员经验，但是对水利水电工程移民动员的研究依旧还有很多不足之处。

1. 政策宣传动员不彻底

在对水利水电工程移民工作的研究中，笔者发现对于广大移民，当问及水利水电工程移民工作到底如何起步、工作应该怎么做、做到什么程度等这些移民工作的相关问题时，有些移民的意见很模糊，其心中没有水利水电工程移民工作的内容，对于安置工作也没有明确的想法，要求也不甚明了，只知道政府怎么说，只要和自己的利益不矛盾，自己就怎么做，既无支持也无反对。尽管县、乡干部几乎都能说出水利水电工程移民安置的要点，但他们大都认为水利水电工程移民安置不过就是让移民生活好一点。众多村干部和移民虽然几乎都知道水利水电工程移民安置这回事，但是能够完全而准确理解移民搬迁安置工作的却很少。即使在示范村，虽然"一个尽量，两个可以"的安置政策就写在安置计划书中，但是移民却不知道这方面的具体内容，更没兴趣了解这方面的内容。有的移民认为移民安置工作就是"移民住上楼房""房屋统一整齐、街道平整，水电暖齐全"。以上话语反映出移民对水利水电工程移民工作认识的表面化、片面化。对于水利水电工程移民到底该怎么安置，从哪里开始，大多移民并不知晓。这说明作为动员主体的市、县、乡（镇）政府和作为动员客体的广大移民群众对水利水电工程移民安置这一特定目标的认识都是模糊的、片面的。这与水利水电工程移民安置政策内容的笼统性、宏观性有关，也跟基层干部和移民群众对政策的认知和了解程度分不开。然而，这种认识的模糊性也势必影响动员作用的发挥和水利水电工程移民安置工作的实际绩效。下面是部分抽样移民对水利水电工程移民安置的认识案例（因本工程为水库建设，所以在访谈中使用了水库移民一词）。①

案例 1

笔者："水库移民安置工作到底应该是个什么样子和状态，您清楚吗？"

某镇党委书记："按照市、县的近期部署，抓好移民安置工作。"

案例 2

笔者："您知道水库移民安置工作的具体内容吗？"

某村书记："关心移民生产发展和生活水平，按照国家部署来安置移民。"

笔者："您觉得水库移民安置应该是什么样子的？"

某村书记："就是上面要求的样子啊。安置水库移民当然要按照县里和镇里的安排部署啊，上级负责规划，村里配合执行就行了。"

案例 3

笔者："您知道水库移民安置工作的内容吗？"

移民："知道水库移民安置，但是具体工作内容不清楚。"

笔者："您认为水库移民安置到底该怎么进行？"

移民："不知道，政府让怎么做就怎么做……"

2. 政府组织的动员协调功能时常削弱

通过对水利水电工程移民动员工作的实际考察发现，在长期移民动员工作中，整体动员协调能力普遍较弱，其在组织协调水利水电工程移民工作过程中发挥不出淋漓尽致的动员工作能力。当水利水电工程移民政策出台并通过动员机制向移民进行宣讲时，面对的经常是移民的消极回应或是被动的参与。长期的保守心态让移民工作难以开展，致使政府一些计划失效或者无法实施，导致移民在工作中缺乏配合。此外，基层政府也是有着自身利益的"理性人"，在执行国家政策和管理移民事务时，其经常进行政策变通（即我们经常说的"上有政策，下有对策"），导致"土政策"从中"搭便车"，严重的甚至为自身谋取利益。基层组织身兼多重角色，在实际工作中时常会出现角色冲突，影响基层组织的动员能

---

① 对温州地区移民村的访谈记录。

力。加之国家制度中没有移民干部的资源安排,直接导致移民基层组织行动的"合法性"降低,造成行动和组织能力的削弱。

3. 移民动员方式和策略单一

水利水电工程移民工作中,移民通过政府宣传动员了解移民政策,但对于政策的制定和应用的过程并不完全了解,导致这一现象的原因是移民动员工作的不到位。作为动员主体,政府组织虽然采取了宣传、激励、教育和带动等机制,但是大多数移民还是仅仅通过传媒获得一些移民工作信息。由于网络等新媒体的迅猛发展,电视传播的特征决定了移民不便深入了解传播的信息,甚至会因为其视觉传播的特点而导致群众对信息理解的片面性。① 移民通过报纸、广播和政府干部宣传等渠道获知、了解移民政策的比例不高。这种动员方式和传播渠道的单一化和僵化,直接影响到移民和干部对水利水电工程移民安置政策的了解,致使他们对水利水电工程移民安置目标和政策内容的认识模糊、片面。这关系到水利水电工程移民参与安置工作的意愿以及其积极性和创造性的发挥程度,还会影响到基层政府对政策执行的力度和速度等。

4. 移民动员忽视移民利益

利益是移民接受搬迁安置的最大动力,也是移民工作的最大推动力。政府组织的大规模动员工作如果忽视移民的利益,必然会影响移民工作的顺利进行,也会导致移民问题的出现,甚至会出现过激行为。有些地区的相关部门因为急于完成任务,不顾及移民的心声和利益需求,只看结果不看过程,导致移民问题的出现,这对移民后期工作产生了阻力。所以,需要通过动员机制协调移民与政府之间的利益。

二、对策

动员是水利水电工程移民工作的重要手段,探索完善的动员路径对充分领会动员在水利水电工程移民工作中的积极作用与功能是大有裨益的。

1. 加强组织领导,构建动员的组织基础

水利水电工程是利国利民的重大工程,由于其公益、准公益性质,这项工作由政府主导、移民作为客体参与,是一项需要组织动员以调动各方积极性协同完成的工作。动员作为整合的重要手段,在水利水电工程移民安置工作中的效果如何取决于组织力量的大小。因此,水利水电工程移民安置必须加强组织领导,确

---

① 叶敬忠. 农民视角的新农村建设[M]. 北京:社会科学文献出版社,2006:423.

立一套职能明确、上下通畅的"科层体制",以发挥其体制和组织整合功能。

在政治领域内,市、县级政府是水利水电工程移民安置的主导和组织力量,其组织能力的大小与组织建设密切相关。如多地成立市、县(区)移民工作领导小组,下设办公室,抽调专人办公,加强统筹协调。农村党支部是中国共产党的最基层组织,担负着团结党员、组织群众、把党的路线方针政策落实到基层的重要责任,同时也是水利水电工程移民安置的直接组织者和实施者。村委会作为移民自治组织,担负着移民自我管理、自我教育的重要职责。村委会在党的领导下,在组织移民、动员移民参与水利水电工程移民工作方面的作用重大。因此,加强组织领导,构建动员的组织基础,就必须加强基层党支部建设,增强党支部的活力。加强基层党支部建设可以从以下几个方面入手:一,选配好党支部书记。支部书记素质的高低直接决定着村级组织的战斗力,因此要选择那些群众威望高、有致富本领、真心真意为群众办实事的人当书记。二,选调年轻干部到村任书记,这样可以带去大量资金、技术和发展理念。三,采取多种途径,加强对农村党员尤其是年轻党员的培训,通过他们的致富本领发挥其先锋模范带头作用。①

2. 加大多种渠道和方式的宣传力度,营造动员的良好舆论氛围

不论是广大移民干部和移民对水利水电工程移民安置认知的模糊性、片面性,还是动员的实际效果,都与动员中的宣传有着直接关系。尤其是在已经进入信息化时代的今天,信息的传播和获取显得尤为重要。拓宽移民信息渠道,是水利水电工程移民经济社会发展的重要条件和保证。因此,加大多种方式的宣传力度,拓宽移民安置的信息渠道,营造动员的良好舆论氛围,成为水利水电工程移民安置的当务之急。重视对水利水电工程移民安置的政策宣传,既要扩大政策影响面,更要保证政策信息传播的客观全面。具体可从以下几个方面着手:一,发挥大众传媒的优势。要认识到不同形式传播渠道的特性,如广播、电视等电子媒介具有信息传播的快捷性,报纸、印刷的宣传资料等辅助渠道可以深化移民对政策的了解。二,注意发挥移民管理机构的组织传播作用。移民部门和基层组织通过开会、张贴标语、印刷相关宣传资料等多样化的方式加强其政策信息宣传和传播的能力;通过加强对移民干部的培训,培养其宣传能力,以在工作中更好地解

---

① 关兴. 新农村建设中的政治动员研究——以皖北T县为个案[D]. 武汉:华中师范大学,2008:6,30.

释、传播。三，发挥人际传播和社区组织动员的作用，即通过亲戚、朋友和基层干部等传播政策和信息。要避免人际传播对政策信息的误传与曲解，避免小道消息、谣言的产生和传播，还要注意自下而上的社区动员这一草根动员的盲目性和无序性，要借助正式传播渠道传递正确、客观和全面的信息，保证政策信息透明传递的及时有效性。① 积极引导移民的热情和参与行为，将其纳入制度和法制的轨道，以维持水利水电工程移民安置的稳定和秩序。

3. 注意利益因素的注入，奠定动员的理性基础

水利水电工程移民工作是一项政府主导、社会参与的事业，是一项集体行动。征地补偿和移民安置是水利水电工程建设为广大农村移民描绘的一幅美丽的生产生活蓝图，各级政府为此也做了大量的承诺和广泛的宣传。但是，移民也是理性的，如果水利水电工程移民工作只是停留在漂亮、空洞的口号宣传上，抑或是仅仅采用思想政治教育和价值信仰灌输的传统动员方式，忽视对移民自身利益的关注，是不能真正调动广大移民和社会各界的积极性的。即使参与了，由于缺乏参与动力，移民也只能是消极地、被动地参与，其效果必然不如人意。在水利水电工程移民工作的实际考察中，很多工作难以开展，甚至遭到移民的反对，根本原因就在于政府和移民干部在动员中忽视了移民的切身利益，没有注意移民最需要的东西。这必然会出现水利水电工程移民工作中有些工作的失败，也势必影响水利水电工程移民工作这一集体行动的顺利进行。所以，在水利水电工程移民工作动员中，注意水利水电工程移民相关者利益因素、奠定移民动员的理性基础就显得尤为重要。

4. 构建水利水电工程移民动员的合法性基础

众所周知，水利水电工程移民工作的主要对象是移民。政府对水利水电工程移民的动员其实是带动移民重建家园，政府通过投入大量的资金、物质保障和人力资源来建设项目和开展移民工作，不仅仅是为了补偿移民被征用土地上的损失，也是希望通过水利水电的开发利用造福下一代，所以移民作为主要对象也可以说是政府大规模动员工作的直接受益者。"建什么""怎么建"，移民最有发言权和话语权。政府作为水利水电工程移民工作的组织者，应在动员方面关注移民的心声和切身利益问题，在基础设施建设、教育、医疗、培训等方面加大完善力度，为移民生产生活做出贡献。动员应充分尊重移民的意愿和其主体地位，在此

---

① 叶敬忠. 农民视角的新农村建设[M]. 北京：社会科学文献出版社，2006：430.

基础上充分发挥资金分配、建设规划、人才投入等导向作用，而不是大包大揽、越俎代庖；政府要避免在水利水电工程移民工作中的错位、缺位和越位倾向，以实现政府与移民之间的良性互动。只有移民自身利益得到满足并且可以对目前状况提出个人的意见，这样的动员工作才能保障移民参与的积极性、政府号召和组织的合法性，移民工作才能取得成功，移民才能真正享受到水利水电工程移民工作的成果。

5. 构建水利水电工程移民动员的长效运行机制

辩证唯物主义认为任何事物的发生和发展都是其内外因相互作用的结果。水利水电工程移民工作是一项艰巨而长期的系统建设工作，水利水电工程移民工作的开展离不开移民内部因素和外部力量，作为一项政府主导、多方参与协作的大规模活动，水利水电工程移民工作的进行需要内部和外部因素有效的整合，发挥其作用，使水利水电工程移民工作顺利进行。水库移民的人力资源、土地资源、信息资源、文化资源、闲置资金等，都是水利水电工程移民安置的内生存量。[①] 然而，水利水电工程移民这些内生存量尚未得到充分的利用和显示，政府的动员、企业的参与、社会的融入等作为水利水电工程移民工作的外部增量，在当前还是重点倾斜的对象，是内生存量萌发的助推器。因此，应通过大力提高移民的文化素质和认知能力，确立其主体地位，以充分调动其参与积极性与创造性；充分发挥政府的组织者和推动者功能，加强其主导地位，以发挥有效的指导和监督作用；积极引导社会各界踊跃参与，激发其功能，以实现对水利水电工程移民工作的辅助作用。[②] 如此，在内生存量和外部增量的有效整合之下，形成"政府主导、移民主体、社会参与"的工作机制，才能进行有效的移民动员，也才能形成水利水电工程移民工作的长效运行机制，从而积极推动水利水电工程移民工作的开展。

[①] 王守智，王素华. 新农村建设的内生存量和外部增量分析——以河南 X 镇 Y 村的调查为例[J]. 东南学术，2007，(05)：28-33.

[②] 关兴. 新农村建设中的政治动员研究——以皖北 T 县为个案[D]. 武汉：华中师范大学，2008.

第八章 水利水电工程移民社会冲突及其调适

近年来，中国水利水电开发在持续高速发展的同时，依然面临诸多挑战，水利水电工程移民社会冲突问题是困扰中国水电开发的一个重要因素，引起了政府部门及相关学者的高度重视。地方政府的维稳和政绩工作与移民诉求的渠道需要会产生冲突，更有产生非制度化参与的可能。由于正规渠道的不通畅，移民可能会忽视参与规则和合法的参与渠道，转向使用非法的、扰乱社会秩序的手段。这样不仅使得移民本身利益得不到法律保护，也给社会带来了不安定因素。因此，对水利水电工程移民社会冲突进行全面的认识和分析是一项重要的工作。

第一节 基本概念

一、社会冲突

"社会冲突"这个概念是在1907年美国社会学会第一次年会上提出的。此后，韦伯、齐美尔、科塞、达伦多夫等学者都为冲突理论做出了重大的贡献。在当代西方社会冲突理论中，社会冲突和其他基本概念一样，其定义众说纷纭，比较有代表性的定义有五种。一，敌对本能说，其认为冲突是由人的敌对本能驱使，是人类的先天性生物因素。如德国社会学家齐美尔认为，冲突不仅是利益的反映，而且是敌对本能的反映，这种本能虽然受和谐关系和爱的本能制约，但是在利益冲突刺激下的发展是社会冲突的最大原因之一。[①] 二，心理对立说，其认为社会冲突是心理对立的主要表现形式。如美国心理学家冯克指出，人类的一切

---

① 侯钧生. 西方社会学理论教程[M]. 天津：南开大学出版社，2001：166.

冲突都是"两个或两个以上社会基元的一种极端的心理对立关系形式"。① 三，价值对立说，其主张包括利益冲突在内的社会冲突都是指"某个人或其他人或组织集团之间的不相容性""价值观念的较量"②。四，资源争夺说，其认为社会冲突源于资源的有效供给不足，是对权威或利益等资源的争夺。如科塞认为社会冲突是由于争夺社会地位、权力和资源及价值观不同而引起的斗争，在斗争中相互对立的诸方，旨在吞并、伤害或消除对立的一方。③ 五，环境互动说，其认为社会冲突是有机体与环境之间的一种互动。美国政治学家戴维斯从生态学角度提出，冲突行为是"有机体与环境之间互动的函数或产物……冲突不过是环境的互动"。④

以上对社会冲突的定义，揭示了社会冲突的互动性与对立性等外显特征，而且在一定程度上也反映了社会冲突的现实原因。当代西方社会冲突理论家把社会冲突与社会资源及其分布状况联系到一起，认为其反映了资本主义社会两极分化、分配不均等种种社会矛盾和政治矛盾，这说明西方冲突理论涉及了社会的利益及利益关系。⑤ 在中国学术界，一些研究者也对社会冲突做了各种界定，有代表性的观点如："冲突是指不同行动者之间互相反对或阻止对方意图的自觉行动"⑥；"冲突是指人与人、群体与群体之间直接的和公开的争斗，彼此之间表现出敌对态度或行为"⑦；"冲突是指人与人或群体与群体之间为了某种目标或价值观念而互相斗争、压制、破坏，以至消灭对方的方式与过程"⑧。这些定义没有根本性的分歧，都把社会冲突看作是一种有特定外部特征的互动方式。

通过以上介绍，本书认为社会冲突是冲突主体为谋求自身利益或者实现特定目标而产生的摩擦、对抗和斗争的方式与过程，它是主体之间矛盾激烈化的一种产物。当然，它不仅包括主体之间争夺、纠纷、对抗等激烈的社会现象，还包括一般意义上主体之间存在的竞争、分歧、观点不一致、行动不协调等相对温和的社会现象。

社会冲突有四个构成要素。第一个是冲突的主体，冲突的主体是指社会冲突

---

① 黄彬. 我国群体性事件预警指标体系构建及应用研究[D]. 南京：南京航空航天大学，2010.
② 王浦劬，燕继荣，毛寿龙. 政治学基础（第2版）[M]. 北京：北京大学出版社，2006.
③ L·科塞. 社会冲突的功能[M]. 孙立平，等译. 北京：华夏出版社，1989.
④ 同①.
⑤ 同②.
⑥ 陆学艺. 当代中国社会阶层研究[M]. 北京：社会科学文献出版社，2002.
⑦ 风笑天. 社会学导论[M]. 武汉：华中理工大学出版社，1997.
⑧ 周晓虹. 现代社会心理学——多维视野中的社会行为研究[M]. 上海：上海人民出版社，1997.

的发起者和参与者，没有冲突的主体，社会冲突无法实现。在此，冲突的主体既可以是个人，也可以是群体、组织、民族、阶层、阶级及国家。冲突的社会影响因冲突主体的数量、能力不同而有所不同。第二个是冲突的目标，社会冲突都是有目的、有意识的自觉行动，毫无目的的冲突是不存在的。社会冲突的目标具有多重性，既有政治、经济、文化目标之分，也有直接目标和间接目标之别，这些目标之间可以相互渗透、相互转化。第三个是冲突的手段，手段是冲突主体为了实现自己的目标所采用的方式、方法或借助的工具，所有的社会冲突都要借助一定的手段进行，并且具有很大的灵活性。冲突的手段总体上可以分为两大类，一是物质性的手段，如械斗中的棍棒、刀斧等；另一类是非物质性的手段，主要是语言，包括有声语言和文字。这两类手段在社会冲突中有时单独使用，有时综合使用。第四个是冲突的环境，环境对社会冲突起着重要的制约作用，它不仅影响冲突主体的目标和手段的选择，而且影响着社会冲突的具体形态。环境不同，社会冲突的目标和手段不同，社会冲突的具体形态也就不一致，甚至会迥然而异。上述四个要素相互制约、相辅相成，共同构成社会冲突。①②③

根据以上分析以及本研究主题，本书所指的社会冲突侧重于群际冲突，而不是社会心理学上所涉及的个人内心心理层面的冲突现象，强调群体基于利益需要、价值观念等方面的差别而相互矛盾和对立的行为。④

二、水利水电工程移民社会冲突

在有关水利水电工程移民社会冲突的界定中，有一种倾向偏重于治安性质或者刑事性质的角度，这种倾向在目前社会中普遍存在。然而，随着改革开放的不断深入，中国已经进入一个利益博弈的时代，水利水电工程移民社会冲突往往是利益表达和利益博弈的形式之一，同时其又是一种规范化程度很差的利益表达形式。因此，要形成处理水利水电工程移民社会冲突的新思维，必须要对这种冲突事件的政治化、刑事化的做法加以反思，从利益表达和利益博弈的角度去进行新的界定和分析。

目前，中国对水利水电工程移民社会冲突的概念是这样界定的：在水库移民过程中，库区移民与非移民之间、移民与移民之间、安置区移民与非移民之间以

---

① 宋立会. 论社会冲突与社会和谐——以冲突理论为视角[D]. 石家庄：河北师范大学，2008.
② 吴春生. 转型期中国社会冲突问题研究[D]. 长沙：湖南师范大学，2006.
③ 应红伟. 我国社会利益冲突化解机制研究——以南昌市为例[D]. 南昌：南昌大学，2010.
④ 谢建社. 地方权力的冲突——转型时期赣西村宗族与乡村政府互动关系[D]. 上海：上海大学，2005.

及移民、非移民与政府之间存在的各种不和谐现象。① 结合笔者自己对社会冲突内涵的理解,本书将水利水电工程移民社会冲突定义为在水利水电工程移民过程中,移民、非移民与政府之间因为社会具体利益的差异和对立而产生的具有外显性的对抗行为②。

第二节 中国水利水电工程移民的社会冲突

一、中国水利水电工程移民社会冲突的利益相关者

1. 几起典型的水库移民群体性事件

水利水电工程移民社会冲突一度成为中国群体社会冲突的主要现象之一。水利水电工程移民的群体性社会冲突事件多年来一直存在,并曾出现冲突利益主体多元化、类型和表现形式多样化、矛盾复杂化等现象。如 1997 年,南方某县三千多名移民集体静坐大坝示威 38 天,扬言要"炸坝放水,还我土地";2000 年,南方某镇水库移民连续 6 次冲击镇政府;2001 年,南方某市电站近万名移民先后 5 次聚众围堵国道和铁路;2002 年,西南某省电站少数"移民骨干"串联四百多名移民围攻闹事;2003 年,东南某县电站三千多名移民聚集工地阻挠工程建设;2004 年,西南某县电站数千移民聚集工地阻止施工。③ 从 2004 年的四川瀑布沟事件、万州事件到 2005 年的池州事件等,都是典型的水库移民群体性事件,造成了巨大的社会影响。水库建设本是利国利民的事业,缘何成为引发众多冲突的焦点,谁是冲突的参与主体,冲突以什么样的方式发生,具有哪些特征,为什么会产生冲突,怎样采取有效的方式去调适和化解这类冲突,都是要探讨的内容。

自 2006 年起,我国出台和实施了一系列解决水库移民问题的政策,基本解决了水库移民的社会冲突问题,保持了水库移民的社会稳定。

2. 利益相关者及其角色

根据水利水电工程移民社会冲突的界定,冲突的利益相关者主要有三个:地

---

① 廖蔚. 当前我国水库移民的社会冲突与整合研究[J]. 农村经济,2004,(11):71-73.
② 在实际的水库移民社会冲突中,每个利益相关群体,除了移民、非移民、政府和相关移民机构外,如涉迁企业、项目业主、项目施工方等,都有可能成为冲突的参与者。由于本研究篇幅的限制,现将移民、非移民与政府之间的社会冲突作为主要研究对象。
③ 许佳君(许加军). 水库移民后期扶持路径及政策支持系统研究[D]. 南京:河海大学,2008.

方政府、移民与非移民。其中，移民包括迁出区移民和安置区移民；非移民包括迁出区非移民和安置区原住居民。围绕着水库建设和移民的搬迁安置，地方政府、移民、非移民分别扮演着不同的角色，也分别具有不同的目标。目标具有一致性，也蕴含着冲突因素，一致性推动移民过程的进展，冲突则使得地方政府、移民、非移民之间形成不同程度的利益博弈。博弈（games），有策略、游戏、竞赛之意，是指两个或两个以上的参加者在相互依存、相互影响的条件下，通过判断其他参与者可能采用的策略来选择对自己最有利的行动方案。① 反映在水利水电工程移民过程中则具体为地方政府和移民、非移民之间的博弈，移民和非移民之间博弈，故水利水电工程移民过程也成为不同利益群体利用不同的力量争取权益的过程。但是，中国目前还未能充分形成利益博弈的环境，博弈各方掌控的资源不对等，这造成博弈的过程充满矛盾和冲突。

（1）地方政府角色分析

地方政府作为水利水电工程建设的首要负责人，应该扮演以下角色。首先，政府是整个社会公共利益的代表。其次，政府是水利水电工程移民搬迁安置政策的制定者和实施者，起着倡导、规划、决策、执行的作用。再次，政府是移民过程中相关者利益的维护方，尤其是移民利益的维护者。最后，政府是移民过程中各种利益相关者冲突的调解者。水利水电工程建设的根本目的理论上应该是促进公共利益，促进社会经济的发展，但现实中由于市场机制的引入，政府在水利水电工程建设过程中的身份及所代表的利益复杂化，利益在一定程度上决定了其行政行为。作为中央决策的主要执行者，地方政府直接管理着本辖区的移民和非移民，直接负责水利水电工程征地补偿和移民搬迁安置的具体操作，其更为关注的是怎样按时按量地完成任务以及如何为当地争取更多的建设资金和扶持项目。

（2）移民角色分析

水利水电工程移民是为国家建设"舍小家、顾大家"的群体，其具有以下几个特点。首先，移民是政府水利水电工程政策的实施对象，需要按照政府指定的政策进行搬迁、安置，这决定了移民的非自愿性。其次，移民的非自愿性使得移民不可避免地成为利益受损者，如水库库区的后靠安置移民，耕地数量剧减，水库建设使其生产生活条件恶化；外迁安置移民则面临着连根拔起、离乡背井的艰

---

① 唐忠义，姚科敏. 城中村改造中的博弈关系与战略选择[J]. 湖北社会科学，2009，(03)：32-34.

难抉择。另外，水库建设由于移民的搬迁安置而触及土地资源分配、就业机会等影响移民安身立命的因素，直接关系到移民的切身利益。随着中国步入社会转型时期，移民的自主意识普遍增强，也开始更加关注自身的权益。

(3) 非移民角色分析

非移民主要指库区没有搬迁的居民和安置区原住居民，他们不属于移民，但却是水利水电工程建设的利益受影响群体，有着自己的利益目标和期望，因此其行为对政府和移民都会造成影响。如水库库区没有搬迁的居民想通过水库的建设给自己带来新的发展机遇和增加收益的新项目，也想通过当地移民的搬迁在利益的调整和重新分配过程中获得更多的资源。安置区原住居民作为对移民群体的接纳方，首先关注的是移民的迁入会不会带来自身利益的受损，如就业机会的相对减少、基础设施分享程度的相对下降等，其次也希望移民能够为本地区带来新的发展机遇。

3. 地方政府、移民和非移民之间的利益冲突和合作

在整个移民搬迁安置过程中，地方政府、移民和非移民都根据自身的期望和诉求采取一定的策略，以争取自身的利益最大化。利益的不同、诉求的差异使得三者之间形成不同程度的博弈关系，同时引发了各种形式的社会冲突事件。

(1) 地方政府与移民之间的利益冲突和解决

搬迁前，为了水利水电工程移民搬迁安置的顺利进行，地方政府对移民进行积极的动员，同时配套大量的优惠措施。移民属于受损失群体，应该获得相应的补偿或赔偿，补偿费用的多寡直接成为影响移民配合搬迁与否的关键因素，由于移民可能会在搬迁后获得新的发展机会，因此在利益得失的权衡与对比中，移民与政府形成了一种博弈关系。由于水库建设多在偏远地区，搬迁前大部分移民处于贫困状态，移民个体都有脱贫致富的愿望。然而受到自身因素的限制，多数移民在衡量是否同意搬迁的时候首先考虑的因素是他们能拿多少补偿费，能不能弥补自己在移民过程中受到的损失，其次才会进行长远的打算，如生活能不能得到改善，发展机会、就业机会会不会增加，孩子的受教育条件能不能改善，期望在搬迁安置后能够得到政府和安置区原住居民的帮助和扶持。在与迁入地进行对比时，虽然移民也关心自然生态环境、土地资源条件和经济发展状况以及未来发展前景，但更多的是比较当前哪边更好挣钱。一些移民搬迁前能够凭借自己居住在城镇边上、交通发达的区位优势获得较高收入，而搬迁后这些优势将不复存在。搬迁前后两地的比较利益差异容易引起移民心理上的反差，加之补偿费用的不满

意,会导致移民采取拒绝搬迁的策略。移民拒迁,这是和政府的目标相违背的。地方政府及相关移民工作者由于追求地方利益、个人政绩、个人政治资本、个人利益等,常常采取粗暴的方式对待拒迁移民。有些地方政府,如果移民的直系亲属是国家公务员,会要求他们来做移民的工作,如做不通则让其停职、停薪,这使得移民和其亲戚的关系恶化,更有甚者,在集镇拆迁过程中,地方政府动用警力等强制手段进行强行拆迁。

搬迁后,部分移民通过搬迁安置让生产生活得到了明显的改善,然而还有相当一部分移民由于种种原因,生活变得困顿,由此产生不满和抱怨,引发了诸多问题。以往,水利水电工程移民是由国家建设而产生的非自愿移民,通过集体上访、请愿的形式来解决"移民问题"成了移民很自然的选择。很多移民区、库区都成了上访不断、闹事频繁而让政府颇感头痛的地区。特别是在 1978 年后,随着土地改革、人民公社的解体,国家对基层农村的控制发生了很大的变化,移民集体上访规模更大、次数更频繁。加上在现实案例中,确实有很多移民通过上访使自己的合理诉求得到解决,这使得"大闹大解决,小闹小解决,不闹不解决,越闹越解决"的反常心理成为移民的普遍心态,甚至发生部分闹访事件。对此,2006 年,国家对大中型水库移民实施了后期扶持政策,目前水库移民的经济发展水平从根本上得以改变,其收入增加,生活富足,社会稳定。

(2) 移民和非移民之间的利益冲突和合作

资源最显著的一个特点是它的稀缺性,在移民过程中,各种稀缺资源的争夺导致移民之间、移民和非移民之间的冲突时有发生。当移民的迁入影响到安置区原住居民的资源、利益分配,以经济冲突、政治冲突、文化冲突为形式的各种冲突在所难免。譬如,某个地区失业率上升时,人们不自觉地会把焦点集中于移民,认为是移民抢了他们的饭碗。①

在水库淹没区,由于土地等资源以及当地的公共财产被水利水电项目占用,移民获得了大量的经济补偿。因为将要被安置在新的社区而使其原所在地社区组织解体,社区原有的公共财产必然要在社区居民之间进行分割,移民在新的社区中进行土地和其他资源的重新分配,移民在新社区的组织要进行重构,原来生活在一起的大家庭可能因为新的宅基地而分裂为几个小家庭,家庭财产需要进行重新分配。移民活动打破原来的资源分配、参与和决策权力分配、公共财产和家庭

---

① 佟新. 全球化下的国际人口迁移[J]. 中国人口科学,2000,(05):53-58.

财产占有的格局,使得一部分既得利益者受到损失,不可避免地会增加社会成员之间、家庭成员之间因为移民及恢复重建活动而发生的冲突。①

在移民安置区,移民的迁入意味着当地经济和社会资源面临重组、再造,包括土地调整中的利益、基础设施及其他方面在内的众多利益需要重新"洗牌"。②由于移民新划拨到的土地是由政府通过行政协调和经济补偿相结合的方式从安置地社区调整出来的,移民迁入新社区后也必然要使用安置地社区的道路、水资源、学校、卫生设施,增加安置地社区的人口密度,降低安置区的土地等各种资源和公共设施方面的人均占有水平。特别是安置地社区资源和公共设施不能够及时得到合理的补偿时,移民与安置地社区原住居民极易发生冲突与纠纷。有些地方由于外迁移民安置手续不完备,地界不清,以迫赶移民为特征的山林、土地权属纠纷也屡屡发生。不难理解,移民在搬迁至安置区后希望尽快恢复搬迁前的生存环境,希望尽快建立新的生存环境格局,而安置区原住居民要努力维护长期以来形成的生存环境格局,由此移民与安置区原住居民之间不可能不发生矛盾。据调查,由于W市SX水库92%的移民是外迁安置,即从贫困的山区迁到经济发达的W市东部平原进行安置,移民安置对移民与安置区原居民的冲突估计不足,移民在生产技能、思想意识等方面与安置区原居民有一定的差距,在安置区引发了大量的社会矛盾与冲突,移民一时很难与安置区原居民融合。

二、中国水利水电工程移民社会冲突的表现形式和分类

结合水利水电工程移民实地调查和新闻报道,中国水利水电工程移民社会冲突的表现形式主要有移民之间、移民与非移民之间的矛盾纠纷;拒绝搬迁,集体返迁;集体上访、请愿、越级上访;在政府机关及相关移民部门门前聚集、静坐;聚众示威、游行;阻塞交通,破坏公共设施,扰乱社会公共秩序;围堵党政机关,甚至冲击党政机关、打伤工作人员、砸坏办公设施和交通工具;冲击施工现场;武装械斗。根据中国以往水利水电工程移民社会冲突事件的发生过程和相关研究经验总结,参考施国庆、余芳梅等人对水利水电建设群体性事件的分类和多年来学界的相关研究成果③,现对水利水电工程移民社会冲突做如下分类。

---

① 方泉尧,徐和森,施国庆. 工程移民整合通论[M]. 北京:人民出版社,2004.
② 马德峰. 中国工程外迁移民社区安置中的冲突及其解决——基于江苏省大丰市移民安置点的调查分析[J]. 调研世界,2007,(02):22-24+31.
③ 施国庆,余芳梅,徐元刚,等. 水利水电工程移民群体性事件类型探讨——基于QW省水电移民社会稳定调查[J]. 西北人口,2010,31(05):35-40.

1. 以规模大小为标准划分

按照事件规模大小可划分为：一，小规模水利水电工程移民社会冲突事件，由几个、十几个或几十个水利水电工程移民利益相关者参与的冲突事件，一般以村组、社区、乡镇为主要发生地和影响范围；二，中等规模水利水电工程移民社会冲突事件，由50~100人参与，一般以村组、社区、乡镇甚至县为主要发生地和影响范围；三，较大规模水利水电工程移民社会冲突事件，由上百人参与，一般以跨村（社区）、跨乡（镇）、跨县甚至跨省为主要发生地和影响范围；四，大规模水利水电工程移民社会冲突事件，由上千人参与，一般以跨乡（镇）、跨县甚至跨省为主要发生地和影响范围；五，超大规模水利水电工程移民社会冲突事件，由上万人参与，一般以跨县、跨省为主要发生地和影响范围，这类事件一般是在较大规模和大规模事件的基础上，各种矛盾长期积累，逐渐演变形成的。

2. 以事件参与主体构成划分

按照事件参与主体的构成状况可分为：一，单一型水利水电工程移民社会冲突事件，仅仅由水利水电工程移民利益相关者参与；二，混合型水利水电工程移民社会冲突事件，事件参与主体不仅有水利水电工程移民利益相关者，还有非利益相关群体参与。在这类事件的发生、发展过程中，存在两种情况：一种情况是参与事件的两类人员存在一定的关系，如地缘、血缘、业缘等关系，事件发生时，后者声援前者，这种情况在农村水利水电工程移民中较为常见；另一种情况是参与事件的两类人员无特定关系，亦无直接的共同利害基础，互不相识，在这种情形下，一般是由水利水电工程移民利益相关者聚集开始，后者在以往的生活中遇到过不公正对待，或者是经历了种种不如意，通过别人的遭遇，后者心底积累的"愤怒"和"不满"被激活，借此参与其中，宣泄心中的不满。

3. 以参与主体同质性与否划分

按照事件参与主体是否是同质群体可划分为：一，内向型水利水电工程移民社会冲突事件，指发生在水利水电工程移民利益相关群体之间的冲突事件。较为常见的是移民群体之间、移民群体与政府之间的冲突和对立。二，外向型水利水电工程移民社会冲突事件，指发生在水利水电工程移民利益相关群体与非利益相关群体之间的冲突事件。这类事件主要发生在移民与非移民之间，多是因为资源分配、公共设施使用和维护、风俗习惯和文化差异等因素引起的。

4. 以事件性质为标准划分

按照事件的性质可划分为：一，社会型水利水电工程移民社会冲突事件，指在水利水电工程移民过程中，移民与移民、移民与非移民之间因公共设施维护和使用、风俗习惯、宗族、民族与宗教等原因发生的冲突事件；二，经济型水利水电工程移民社会冲突事件，指在水利水电工程建设过程中，移民因实物量错登漏登、实物所有权和使用权权属纠纷、征地补偿和搬迁安置补偿标准、集体财产使用和分配、土地调整和分配、后期扶持资金分配和使用等与经济利益密切相关的问题引发的冲突事件；三，政治型水利水电工程移民社会冲突事件，指在水利水电工程移民过程中，由征地补偿、搬迁安置政策法规和后期扶持政策中不切实际的规定，水利水电工程移民利益或权益受到损害，库区和安置区的村、乡（镇）、县甚至更高级别的党政干部的工作方式不当，政策执行不力，权力腐败，挪用移民专项资金，玩忽职守等原因而引发的冲突事件。

5. 以表现形态为标准划分

按照事件的表现形态，即按照参与社会冲突事件的水利水电工程移民利益相关者是否采用暴力手段划分，依次可以分为以下两种类型：一，温和型水利水电工程移民社会冲突事件，亦称"非暴力型水利水电工程移民社会冲突事件"，参与事件的水利水电工程移民利益相关者采取群体性的集会、静坐、游行、呼喊口号、张贴标语、上访等形式，表情达意，提出要求，争取能与相关政府职能部门实现对话并得到解决，以获得相关利益，达到既定目的；二，对抗型水利水电工程移民社会冲突事件，亦称"暴力型水利水电工程移民社会冲突事件"，参与事件的水利水电工程移民利益相关者采用不同形式的强力手段，如因为资源、宗族纠纷等原因发生的群体性殴打、械斗，针对工程建设的冲击施工现场，针对政府的请愿静坐、示威游行、拦截领导车辆、堵塞交通要道、围堵冲击党政机关甚至与执法人员发生冲突等形式，以期解决他们的问题，实现他们的要求，或者发泄某种强烈的不满和对抗情绪，具有相当的破坏性。

三、中国水利水电工程移民社会冲突的基本特征

转型时期的中国水利水电工程移民社会冲突具有诱因的合理性、参与者的从众性、事态的易升级性和后果的严重性四个基本特征。

1. 诱因的合理性

水利水电工程移民社会冲突的诱发因素比较复杂，既有历史遗留问题因素，又有现存问题因素，涉及土地征用、拆迁安置、资源利用、权属纠纷等诸多方面。移民最初的动机大多是因为感受到了损失，要求获得一定的利益补偿、维护相应的权益或"讨个说法"，带有一定的合理性。事发前一般有个相对平和的酝

酿过程，一旦自身诉求不能得到及时合理的解决，心里便会产生相对剥夺感，现实和心理矛盾的逐步升级容易引发一定规模的冲突事件。

2. 参与者的从众性

就已经发生的水利水电工程移民社会冲突事件来看，混合型冲突事件占多数，即水利水电工程移民社会冲突事件常常伴随着"无直接利益冲突"的现象。这样一来，水利水电工程移民社会冲突事件参与者少则数十人，多则数百人，有的甚至上万人。事件的组织者比较松散，对群体行为的控制能力较弱。参与者在共同利益驱动下，情绪互动，容易出现一哄而起的局面。尤其是所提要求难以实现，有关工作又没有及时跟上时，发生严重过激行为的可能性较大。

3. 事态的易升级性

水利水电工程移民社会冲突事件的根源多是经济利益问题，制约因素很多，解决起来难度很大。事件大多涉及群众的切身利益，很容易被煽动利用，导致事态扩大，事件局部变质。处置这类事件往往要在维护法律尊严、维护人民群众根本利益与保护部分群众现实利益之间做出选择，政策性很强，稍有不慎就可能出现偏差。

4. 后果的严重性

暴力型水利水电工程移民社会冲突事件，具体表现为前面所提到的阻塞交通、破坏公共设施、围堵党政机关、冲击施工现场等，这些都会对国家和社会资源造成不同程度的破坏。这类事件一旦发生，就会造成较为严重的后果，轻则引起围观，干扰正常的工作、生活秩序，重则破坏交通、生产，导致重大经济损失甚至人员伤亡，危害局部地区社会稳定，甚至在国际上造成不良影响。

第三节　中国水利水电工程移民社会冲突的原因

对于中国水利水电工程移民社会冲突产生的原因，要从主、客观两个层面来进行分析。客观层面有：移民部分相对贫困和绝对贫困；搬迁安置条件差；移民补偿欠合理；移民政策不合理且落实不全面；移民信息不畅通；移民工作不完善；安置区居民的排他性和移民非正式群体的消极张力；地质灾害的突发。这些因素成为引发水利水电工程移民社会冲突的主要原因。主观层面有：移民的参与性动机；移民的心理期待失衡；移民攀比心理产生相对剥夺感；高依赖性导致的移民心理偏差。

一、客观层面的原因

1. 经济方面：移民多贫困，处于社会发展边缘状态

当前，国际社会普遍认可的贫困标准是"每天收入在1美元以下即为贫困"。据统计表明，在实施大中型水库移民后期扶持政策以前，2004年中国农村移民人均纯收入为1 557元，仅相当同期全国农民人均纯收入2 936.4元的53%。其中，人均纯收入在668元以下的绝对贫困人口有426.7万人，占农村移民总数的19.3%，占全国2 610万农村绝对贫困人口的16.3%；924元以下的低收入人口有1 015万人，占农村移民总数的45.8%，占全国7 587万农村低收入人口的13.4%。① 按当时的国家贫困线标准，多数移民处于相对贫困状态，部分移民处于绝对贫困状态。移民贫困不只反映在收入上，还反映在生产生活条件上。有些地方移民住房简陋、饮食较差、缺少家庭基本设施；移民拥有的土地和水等资源缺乏；生活的劳累使移民的身体状况恶化；移民缺乏精神文化活动，人际交往活动狭窄，获取外界信息的渠道极其有限；移民没有掌握一技之长；移民自身受到的教育有限，也无法为自己的子女提供更好的教育，移民好像处于被社会遗忘的角落。② 我们有必要分析一下造成移民贫困的因素有哪些，以便为探讨问题解决的方法提供依据。

（1）人地矛盾

由于中国人多地少的基本国情，人地矛盾十分尖锐。多数移民在搬迁以前以农业为家庭收入来源，搬迁后，安置区土地数量有限，直接造成移民的耕种土地减少（农业安置模式），有些移民家庭甚至完全失去土地（如非农安置移民），导致农村移民原来的生活来源被切断，进而陷入贫困状态。人地矛盾的程度与土地供求有关，它对移民生活的影响程度还取决于移民对土地的依赖程度，即搬迁前以务农为生的移民受该因素的影响较大，反之，受影响较小。

（2）环境适应性

部分移民在搬迁前居住在交通相对闭塞的山区，移民以种植果树或打鱼为生，生活收入不高，但生活支出也相对较低，过着自给自足的农家生活。搬到安置区以后，虽然生活环境有所改善，交通及基础设施更为齐全，但其失去了原有的生存依靠，并且由于对新环境不熟悉等原因一时难以找到新的收入渠道，加之

---

① 许佳君（许加军）. 水库移民后期扶持路径及政策支持系统研究[D]. 南京：河海大学，2008.
② 朱卫华. 移民集中安置区移民贫困的研究——对全国最大移民集中安置镇柴湖镇的调查[D]. 武汉：华中农业大学，2007.

在安置区的支出费用增加,生活负担加重,不可避免地陷入贫困。一般而言,对环境适应性较强的移民能够迅速摆脱窘境,找到新的就业机会,而环境适应性较差的移民容易陷入贫困。此外,环境适应性对移民贫困的影响程度会随具体情况而有所不同。①

(3) 劳动力整体素质

部分农村移民搬迁前住在较为偏远的山区,由于环境的限制以及自身意识的淡薄,多数移民受教育水平低,甚至从没有受过正规的教育。因此在进入相对发达的安置区以后,由于自身的劳动技能受到限制,文化程度又不高,再就业相当困难,这一因素通常是造成移民贫困的主要原因。另外,某些移民因为年龄大,没有专业技能,在搬迁后找工作更是处于劣势状态。部分移民存在懒散怠惰、害怕吃苦的劳动观,不求更好、只求温饱的消费观,悲天悯人、听天由命的人生观以及安贫乐道、得过且过的生活观,使得这部分移民的生活水平在搬迁后一直得不到改善,长期处于贫困的状态。

(4) 经济基础

贫穷也是部分移民更加贫穷的一大原因,即贫穷是因也是果。贫穷一般表现为缺乏资金,即缺乏经济基础。钱是流动的资本,有钱就可以购买设备,搞投资,就可以生产,可以买到技术。但是移民没有足够的钱,没有钱就没有投资,没有投资就没有发展,没有发展就无法脱贫。因为贫穷,资源开发没有足够的资金投入;因为贫穷,儿童失学甚至辍学;因为贫穷,人们的生产生活难以抵御自然灾害的破坏和影响;因为贫穷,不少人精神萎靡。②资金是很重要的生产要素,贫穷导致更加贫穷的恶性循环现象更加普遍、更加明显。

2. 政府方面:移民工作不完善,信息不畅通

对于水利水电工程移民社会冲突的发生,政府方面有着不可推卸的责任。首先,在移民工作中还存在有待完善的地方,如移民机构不健全、部分移民工作者的官僚作风导致失信于民;其次,移民了解相关信息的渠道不畅通,参与渠道不畅,容易导致移民对国家移民政策产生误解,同时也在很大程度上影响了移民参与与自己切身利益相关的公共事务的能力和水平。

---

① 黄莉,余文学. 珊溪水库移民贫困影响因素的模型分析与应用[J]. 安徽农业科学,2007,(10): 3075-3076.
② 李川南. 怒江州农村贫困原因透析及破解[J]. 中共云南省委党校学报,2008,(2): 93-95.

(1) 移民机构不健全，难树权威

有些地方工作部门对移民问题认识不足，对解决移民问题仍然停留在"移民不闹事就成"的认识上，无形中导致了移民机构的不健全，有的移民机构工作人员只有寥寥几人，甚至是兼职干部。① 另外，由于基层干部在执行移民政策中往往缺乏相应的决策知情权和宏观背景知晓度，因此在介入实际移民工作时缺乏主动性并难以树立权威感。搬迁前宣传动员攻势大，而搬迁安置后，安置补偿政策不透明，某些配套政策落实不积极，个别地方缺乏对移民后期发展的具体规划或措施，这些都成为造成移民不稳定事件的因素。

(2) 官僚作风导致失信于民

工作人员执法失范，恶化官民关系。同其他工作相比，水利水电工程移民搬迁安置工作具有时不我待、水赶人走的特点，时间紧、任务重、执行难度大。一些基层移民工作机构的工作人员为了尽快完成搬迁任务，片面追求速度，工作方式简单、粗暴、随意，不同程度地存在不当执法的现象。一些地方工作人员在动员搬迁时对移民政策宣传教育不到位，宣传内容前后不一，存在对移民任意承诺、欺骗宣传、威胁恐吓、逼迫就范、暗箱操作等违法行为；还有些人对移民有关政策的咨询了解答复不明确、与实际工作内容不相符；对财务财产等级、数量评估缺乏一个统一的尺度，显失公平；一些地方前期工作不抓紧，拖到最后明知违法也采取强制措施。移民工作人员这些不规范甚至违法的行为，无疑助长了水利水电工程移民的不满情绪，成为引发移民冲突的刺激因素。

官员不正之风严重损害移民利益。近几年，媒体频频曝光许多公务人员贪污腐败问题，这样的信息在大快人心之余也使许多民众对政府公务人员产生刻板印象，损害了政府形象，导致移民对政府的不信任。

> 我们感谢党和政府，他们给移民制定扶持政策、拨发专款，但事情到地方后就变味了。

这是S水库一位移民代表很无奈的感慨。在移民过程中，有地方反映移民资金使用透明度不高，政府与移民信息传播的严重不对称容易使移民对处于操作层的基层政府产生不信任。基层干部由于在当地的亲缘关系等，政策制定上往往存

---

① 曾建生. 水利工程移民专业化管理研究[D]. 南京：河海大学，2007.

在"近水楼台"的现象,优先安置自己的亲友,在民众中产生不良影响。政府在移民过程中有关承诺不能按时兑现,对移民反映的生产生活中的具体困难解决不及时。由于移民的敏感性,以上这些因素在移民时期也往往会被情绪化放大,由此加大移民对政府的不信任感。

(3) 信息不畅导致移民对相关政策的误解

众所周知,人们在接受外部世界的众多信息时,并不可能完全接受所有的信息,只会有选择地注意到和接受其中对自己最有益的那部分。一般来说,水利水电工程建设项目确立以后,移民对搬迁以后的生产生活的期望还是很高的,甚至期望值大大高于现实,这些期望被具体落实在搬迁后的住房、交通、就业、收入等各方面。当然,出现这样高期望的原因与政府在实际操作中有些官员为了能够尽快使移民搬迁出去而进行的"高调宣传"有关,另外移民自身的补偿心理也是重要原因。移民的这种高期望落实在行为上最为典型的就是容易形成攀比。在水库建设方面,中国一贯采用"一库一策"的做法,也使得每个水库建设的移民政策和安置补偿标准等方面存在不同程度的差异。然而待迁移民在没有获知明确政策的情况下面对众多模糊的信息,往往会"趋利避害",选择接受一些与自身期望值一致的信息并进行传播,同时回避一些不利信息。比如在补偿安置等问题上,他们往往会就高不就低,更容易选择接受补偿标准高的信息。当移民实际拿到的补偿金没有预想中的多时,难免产生不满情绪。以 2006 年前的宜宾移民为例,由于向家坝水库涉及四川、云南两省,依照现行的移民管理体制,具体安置补偿标准等问题是由两省分别与业主协商谈判来确定的,其间,四川方面的相关政策还没出台,而与宜宾只有一江之隔的云南水富县已经有了正式的安置补偿标准,并已为许多宜宾待迁移民所了解,并以此来作为自身补偿的底线。因此有移民官员认为宜宾的相关政策不能低于水富县,否则会引起移民的拒迁或聚众上访等。[①]

(4) 高依赖性导致信息解读偏差

一般认为,移民的非自愿性是他们高度依赖政府的主要原因。在认知归因上,移民认为自己是由于国家建设需要而搬迁的,牺牲小我而成全了大我,因此国家理应对他们的今后负责到底。造成这样倾向的原因除了移民的非自愿性之外,国家在移民工作中一贯采用"舍小家为大家"的宣传政策也是重要因素。这

---

① 翟玮炜. 水库移民中的信息传播与调控[D]. 成都:四川大学,2006.

样的宣传信息刚好迎合了移民的被动心理,他们几乎是不假思索地就接受了这样的信息导向,并将其作为自己一切损失的根源。从另一方面来看,移民群体的高依赖性也使得他们对一些移民事件相关信息的解读发生偏差。由于中国水利水电工程移民政策和体制上的问题而出现的群体性事件已数见不鲜,而政府往往都是采取"事后追加"的做法进行安抚和协调。对于移民而言,他们极易接受事后个体所得利益的信息而忽略整个事件的其他信息,在传播中往往也会不断重复甚至夸大这部分信息,这使得整个移民群体极易接受"越闹好处越多"的心理暗示,并可能在行为上进行效仿。此外,水利水电工程移民工作中政府一贯采用"家长式"负责到底的做法,比如政府在几十年后仍然在为三门峡水库、葛洲坝水库等水库移民的遗留问题延长后期扶持工作时间等,对于高依赖心理下的移民而言,他们更容易接受这样的信息,并在无形中坚定其对政府的依赖。

(5)参与渠道不畅导致移民采取非制度化手段表达意见

参与渠道不畅也是移民采取抗拒、上访、聚众示威等非制度化渠道参与的主要原因。参与渠道不畅是制约农村社会发展的一个普遍问题,在水库移民参与实践中也同样存在。水库移民应该在搬迁前和搬迁过程中对相关的政策和措施享有知情权、监督权和表达权,享有接受公正、合理、合法的安置及扶持的权利,可这些权利在执行过程中并没有得到落实,这使得移民不理解甚至误解政府实施的各项政策和措施,从而产生强烈的不满情绪。在移民管理中,各级地方政府和移民管理机关只是落实上级有关部门的具体政策;有些水库移民遗留问题解决的难度太大,地方政府没有解决能力和权限。虽然地方政府为解决移民遗留问题和促进移民发展做了艰苦细致的工作,但并不能从根本上解决移民问题。但地方政府和各级移民管理机关无疑是国家移民政策的代表,因此移民很容易把矛头指向地方政府和各级移民管理机构,进而指向上一级政府机关。同样,由于科层制度逐级申报的限制和官僚主义的弊端,现阶段移民参与的制度性规定并不能及时迅速地反映移民的具体要求,这使得移民对制度性参与失去耐心,转而依靠上访、示威等手段迅速地影响政策制定机构。

3. 政策方面:政策不合理,缺乏移民效益分享机制

(1)移民补偿欠合理

根据国务院《大中型水利水电工程建设征地补偿和移民安置条例》第十六条移民损失补偿规划,移民补偿主要包括青苗补偿、土地补偿、房屋补偿、安置补助费、搬迁补助等。征地补偿和移民安置资金包括土地补偿费,安置补助费,农

村居民点迁建、城（集）镇迁建、工矿企业迁建以及专项设施迁建或者复建补偿费（含有关地上附着物补偿费），移民个人财产补偿费（含地上附着物和青苗补偿费）和搬迁费，库底清理费，淹没区文物保护费和国家规定的其他费用。① 以移民原有财产和经济活动情况为基础，以恢复移民原有生活水平为目标，按照移民安置规划对移民进行合理的补偿，保证移民"搬得出、安得下、稳得住、能发展"。然而，一直以来的补偿方式主要侧重于对实物的补偿，只看到了损失的静态值而看不到损失的动态值。事实上，移民在搬迁安置活动中损失的不只是物质性的资源，还包括许多非物质性的东西，而且这种非物质性的损失也许将是永久性的，这种损失感将伴随着移民的终生。现行的补偿标准一般很难保证使移民在搬迁过程中受到的损失完全得到补偿，这使得不少移民在搬迁安置过程中产生了不同程度的心理失衡。另一方面，在实际的执行和操作中，移民补偿还存在标准低且不统一、移民补偿款落实困难等问题，导致移民存在不满情绪、失衡心理。对于移民尤其是外迁移民来说，在迁入新的安置区后需要经历一个对安置区的社会、经济、人文地理环境从不熟悉到熟悉、从无所适从到慢慢适应的过程，这个过程根据不同的移民自身情况花费的时间也不同。不能否认的是，这个过程是一个充满着艰辛、迷茫的阶段，在无形中导致了移民在搬迁后承担着许多无形损失。例如，许多移民在新的安置区由于地理环境和物产的变化，无法使用原有的生产工具和劳动技能，人力资本丧失，这样不但会影响经济收入，也会影响移民生产生活的信心和质量。所以在很多移民看来，他们不满足于单纯的一次性的补偿而要求更高额、更长久的补偿费用是合理的。尤其是那些家产不多、生活贫困的移民，由于在新的生活环境中可能会失去原有社区亲友的接济和帮助，往往会认为自己有更充分的理由获得特殊的补偿。但是，移民这种无形的损失往往不能被计算在补偿的范围之内，所以当移民在新的安置区面临种种无所适从的困境时，首先想到的是自己受到了莫大的损失，不仅仅是物质上的，更是精神和心理上的，而这种损失是由水利水电工程建设造成的，应该由投资建设方负责。

以中国的水库移民为例，补偿和扶持政策经历了一个循序渐进的演变过程。改革开放以前，由于国家经济状况的限制以及对移民工作不够重视，国家只对移民进行前期补偿，且补偿标准比较低。改革开放以后，移民的补偿、补助标准在

---

① 国务院办公厅. 大中型水利水电工程建设征地补偿和移民安置条例[R]. 中华人民共和国国务院，2006.

不断地提高，移民生活安置和安置区基础设施的建设取得了明显改善，但与移民生计息息相关的生产安置仍不够理想。原因在于国家不是按照市场价格对移民的损失进行补偿，而是采取"前期补偿补助、后期扶持"的政策，但是实际情况是移民所得补偿除了搬迁建房、公共设施费用外，用于恢复生产和发展的资金所剩无几。最根本的问题在于在水库工程建设中没有将水库建设和库区移民看作一个整体来对待，没有把工程建设规划和移民安置同步进行，以致出现"优质的工程"与"落后的库区""艰难的移民"并存的现象。移民为水库建设做出了巨大的牺牲和贡献，却未能从水库收益中得到利益分享，未能贯彻和体现利益公平分配的原则，这种现象在全国范围内普遍存在。

(2) 政策照顾面不统一，移民政策落实不全面

不患寡而患不均是人们传统的心理，在水利水电工程移民实践中，存在着既患寡又患不均的现象。各地在实施国家优惠政策和措施时，有些地区出于帮助移民尽快恢复生产生活的意愿出台了一些地方性的优惠措施，但由于地区之间没有协调好，反而引发了不少矛盾。比如有些经济发展较好的乡镇实施对当地移民免除水电费的照顾措施，附近其他乡镇没有享受此项优惠的移民与之攀比，拒交水电费并集体上访，对所在地政府施加压力，增加了移民工作的难度。[①] 同样，部分移民通过上访获得实际的利益后，会引起其他移民的模仿行为，要求享有同样的待遇。如在解决某水库移民遗留问题的过程中，为了解决库区后靠移民的交通问题，国家投入大量的资金修建道路，但却引起面上移民的上访。

政策落实不全面主要涉及移民的切身利益。如 H 省某水库在一次搬迁安置中，搬迁前有政府承诺移民到达安置地后的建房标准是"原标准、原工程，原拆、原建"，但移民分到各个农场、生产队后，由于资金不够，统一建成"合山墙、连烟筒"房屋，很容易发生火灾。同时由于缺少沿海建房的经验，移民新建的房子在经历风吹、盐碱、老化后成了危房，严重影响到移民的生活，引起部分移民上访。在二次外迁安置中，各级移民部门在落实移民政策上总体来说态度认真、行动务实，但确实存在着移民政策落实不全面的情况。如搬迁安置中的土地划拨、建房标准等。在散迁水库移民的安置过程中，有个别接收村在给移民划拨宅基地、耕地时，把村里不要的低洼宅基地、零散质差的耕地划给移民，不按村民同等待遇对待移民也造成了移民的返迁和上访。

---

① 王善坤. 三峡外迁移民社会融入问题研究——以江苏为例[D]. 南京：南京师范大学，2006：15.

(3) 移民后期生产扶持落实力度不够

中国水利水电工程移民采用的是前期补偿、补助与后期生产扶持相结合的方针,但从后期扶持政策的落实情况来看,相当一部分移民安置区的产业配套方案实施受阻,甚至流于形式,导致安置区经济发展缺乏活力,从而影响移民的就业和收入,部分移民生活水平有所下降。例如,某地规划的移民安置区社区建设,计划迁入上百家企业,新设车站、码头等作为产业支撑。但是在市场经济体制下,相当一部分计划迁建企业关闭、破产,车站建设也因规划调整而未实现。由于人口流动量不大,商业、服务业都比较萧条,移民通过安置补偿所获得的经营门面大多关闭,有些移民在搬迁安置前在迁出地以经营门面获得丰厚稳定的收入,但搬迁后因此失去了收入来源,生活水平大幅下降。搬迁前后生活水平的强烈反差,激起当地移民对安置补偿的不满,导致部分移民出现渴望重新安置的诉求。

4. 环境方面:自然环境的危机,人文环境的不融洽

(1) 自然环境:地质灾害的突发

某些移民安置地的自然条件本来就相对恶劣或者绝对恶劣,抵抗天气变化和自然灾害的基础很弱,滑坡、坍塌等导致土地数量减少,加剧了人地矛盾。特别是就地后靠安置模式,一旦如此,更容易成为引发移民冲突事件的导火索。有的水利水电工程移民安置区有河滩造地,很容易受干旱和洪涝灾害的影响。譬如南方某省水库外迁移民安置地地质灾害问题突出,正常经济发展和生活受到严重影响,当地政府采取了一些应急措施,但众多严重的遗留问题致使水库移民稳定形势严峻。从 1997 年起,陆续有移民到县政府、市政府、省政府和北京上访,其中进京上访 16 次,较大规模的有 2000 年 10 月 30 日 55 人、2001 年 7 月 15 日 67 人、2005 年 8 月 8 日 81 人等;到省政府上访 42 次,最多一次达 120 多人;到市政府上访 113 次,最多一次达 300 人;到县级政府上访 215 次,最多一次达 1 000 人。[①] H 省 PD 水库移民过程中,远迁到 TH、LT 两县的移民被安置在沿海稻田区,经过 20 多年的自我发展和国家扶持,生活水平已赶上当地居民的水平。但期间有几年连续干旱,稻田无法耕种,使他们的生活水平有所下降,便多次聚众上访,成为移民不稳定的一个因素。在二次搬迁安置中,新安置的移民也因干旱减产而上访;同样,山区的移民因为干旱造成的人畜饮水困难而频繁上访。

---

① 许佳君(许加军). 水库移民后期扶持路径及政策支持系统研究[D]. 南京:河海大学,2008.

(2) 人文环境：安置区原住居民的排他性与移民非正式群体的消极张力

安置区原住居民的排他性制约了移民在安置地社区的生存和发展。如在 S 水库，"17 号文件"明确规定"库区移民后期扶持资金将主要按每人每年 600 元的标准由中央财政直接拨付给具有移民资格的个人"，安置区的原住居民认为移民挤占了他们的土地和生产资料，又可以享受每人每年 600 元的后期扶持直补，自己土地被征用的补偿费却很低，明显吃亏了，进而长期上访。同时，安置区居民认为自己是原住民，自己才是真正的主人，从内心产生排斥移民的心理。为此，移民与原住居民的矛盾相当突出，发生过禁止移民耕种的打架斗殴现象。

移民非正式群体具有消极张力。在中国，同一安置区的水库移民基本都是曾经的同村村民，有着深厚的故乡情谊，移民之间，互通有无，相互帮助，有利于解决移民在生产生活中遇到的困难，增加移民的归属感和安全感。移民之间形成的非正式群体，可以成为移民重要的社会支持网络，但是据调查发现，移民的这种非正式群体网络也存在着一些消极的张力。当群体面临个人或者共同问题时，动辄采取非理性的集体行动，当个别移民与当地居民或政府发生矛盾时，移民的非正式群体往往聚集几十或者上百个移民，采用非理性行为，扩大事态。如有移民不愿意参与其中，其他人就会聚众到其家里吃喝闹事，一些移民害怕群体内部的挤压和排斥，不得不跟着行动。如南方某镇水库，自 2001 年 5 月到 2002 年 1 月，发生移民聚众闹事事件 13 起，冲击党政机关事件 9 起，哄吃镇食堂饭菜事件 7 起，严重影响了当地的社会安定，群众对此极为不满。

二、主观层面的原因

水利水电工程移民社会冲突的主观层面原因主要反映在移民的心理层面。心理是对生活世界的表现为一定的情感、态度、信仰、性格和价值取向的自发性主观反映，包括对事物所持的态度、兴趣、愿望和要求，它支配或调节着人的行为倾向。人的进取精神的本质是超越和前进的，包含有一定的否定性因素，这就使人们对他人、对社会具有一种自然的否定性倾向。[①] 人的进取精神促使人们接受和采纳有利于自己进取精神表达的价值观，否定和抑制不利于自己进取精神表达的价值观。人的进取精神决定了人的欲望无止境，而人的能力是有限的，两者之间的矛盾会导致一系列越轨行为的发生。

---

① 陈恢忠. 论社会分层的功能及社会冲突[J]. 华中理工大学学报（社会科学版），2000，(01)：60-63.

1. 参与性动机驱使移民争取追加利益

水利水电工程移民是因国家建设而产生的，因此很多移民认为搬迁本身就是对国家水利水电工程建设做出的巨大贡献，何况工程建成后为国家、社会创造了巨大的经济效益，所以国家和社会应该从工程建设后的收益中拿出相当一部分补助和改善移民的生产生活条件，让他们分享工程利益。这种非理性的、回报期望值过高的要求，使他们加大了从水利水电工程中追求利益最大化的力度。故，引发水利水电工程移民社会冲突的一个主要原因是移民想通过参与冲突获得追加利益。

水利水电工程移民社会冲突针对的对象多是各级政府部门。一般而言，政府职能部门在一定程度上掌握着对社会价值进行权威性分配的权利，移民冲突的根本动机就是为了影响社会价值的分配过程，以便这种分配对自己或对自己所属的群体有利。移民冲突的动力机制就是分配性参与动机。移民社会冲突动机的形成一般是移民对利益得失进行理智选择的结果。按照西方国家流行的"参与—回报理论"，如果 P（预期结果）＋B（利益）＋D（公民职责）－C（代价）＞0 时，公民就会踊跃参与。[①] 水利水电工程移民初期搬迁安置时，分配性参与动机受到意识形态的约束。在国家、集体、个人这三种利益之间，国家的利益处于第一位，其次是集体的利益，最后才是个人的利益。当三种利益发生冲突时，被牺牲的顺序则恰好相反。因此移民个人的利益要求是不被鼓励的，甚至安置地的地方利益在一定程度上也受到忽视。改革开放以来，利益原则逐渐在社会中得到普遍承认，加强了利益分配作为一种动机在驱动移民通过冲突获取利益的地位和作用。

冲突事件在中国是被严令禁止的，其代价也是极大的，但全国各地水利水电工程移民社会冲突还是经常发生。不管移民因为何种原因产生冲突和矛盾，冲突的根本目的是获得利益。国家为了解决移民遗留问题调整了水利水电工程移民政策，目的是为了解决移民生产生活中存在的困难。移民政策的调整对移民来说是获得更大发展空间的机会，并且作为一种政府行为政策调整并不是经常的事情，移民都会紧紧抓住这来之不易的机会，积极参与，影响政策的走向。因此凡是涉及移民有关的政策调整，移民都会参与其中，希望能够在政策的调整中获得更多的利益，影响社会资源的分配，使其向着有利于自己的方向发展。

---

① 陶东明，陈明明. 当代中国政治参与[M]. 杭州：浙江人民出版社，1998.

2. 心理失衡使移民产生相对剥夺感

尽管很多人都将水利水电工程移民看成是只关注直接利益的人,他们表达不满的理由往往是直接利益受到了损失,如补偿不合理、土地分配不均等。但是也有研究发现,移民的不满不仅仅是针对某一项直接的利益损失,甚至一些对补偿费用的抱怨和抗议也并非仅仅指向补偿本身,而是以此为契机传达一种更普遍的不满。① 单纯的利益受到损害不一定会引起移民普遍的不满和抗议,只有当这种行为违反了移民所公认的公正准则时才会引起公开的不满和抗议。他们的不满主要来自相对剥夺感与公平缺失感。相对剥夺感是指由于人们将自己的命运与那些既和自己的地位相近,又不完全等同于自己的人或群体做反向的比较而导致的一种矛盾心理状态。② 关于相对剥夺感,马克思有一段很形象的描述:"一座小房子不管怎样小,在周围的房屋都是这样小的时候,它是能满足社会对住房的一切要求的。但是,一旦在这座小房子近旁耸立起一座宫殿,这座小房子就缩成可怜的茅房模样了。这时,狭小的房子证明它的居住者不能讲究或只能有很低的要求。而且,不管小房子的规模怎样随着文明的进步而扩大起来,只要近旁的宫殿以同样的或更大的程度扩大起来,那座较小房子的居住者就会在那四壁之内越发觉得不舒适,越发不满,越发感受压抑。"③

按照社会学理论,相对贫困与绝对贫困表明了社会经济剥夺的两种形式,即相对剥夺与绝对剥夺。相对剥夺一般指处于被统治地位却又不算最低的社会经济地位的人们受到剥夺但又能够获得某种补偿的现象。有相对剥夺感的人的生活水平一般高于最低水平。绝对剥夺一般指处于被统治地位同时也处于社会经济地位的最底层的人们受到剥夺的现象。绝对剥夺使人生活于最低水平或"贫困线"之下。绝对剥夺主要涉及的是社会下层成员的生存保障问题,相对剥夺则更多地涉及社会成员的生活条件与发展条件的差别。比较而言,绝对剥夺并不总是产生反叛,而相对剥夺更可能引起不公平感,更有可能引起被剥夺者的不满与反抗。改革在普遍提高人们生活水平的同时,诱发了社会成员越来越高的社会期望,使之在期望程度和现实生活水平之间形成了越来越大的差距。这种差异的存在造成了相对剥夺感的不断产生和社会不满情绪的普遍蔓延,成为社会冲突和动荡的一个

---

① 马凯. 城中村改造中的利益群体冲突——以郑州市金水区城中村改造为例[D]. 郑州:郑州大学,2013.
② 李强. 转型时期中国社会分层[M]. 沈阳:辽宁教育出版社,2004.
③ 卡尔·马克思,弗里德里希·恩格斯. 马克思恩格斯全集(第一卷)[M]. 中共中央马克思恩格斯列宁斯大林著作编译局,译. 北京:人民出版社,1956.

重要因素。水利水电工程事关国家大局，移民是工程的需要，是政府行为，不迁不移是绝对不行的。移民心态处于"不得不迁"的压力下，常表现牺牲奉献精神。然而移民对安置补偿的期望值普遍过高，想通过移民"一搬即富"，但现实中搬迁移民只能通过自己的努力逐步致富，这必然会引起移民的相对失落感。另外，人的一切行为都同他们的利益有关，但是有些移民在进行外迁考察和论证时，往往只看眼前利益，他们首先关心的是能拿到多少补偿费。在与迁入地进行对比时，虽然移民也关心自然生态环境、土地资源条件和经济发展状况以及未来发展前景，但更多的是比较当前哪边更好挣钱。①②③④⑤ 搬迁前后两地的比较利益差异引起了移民心理上的巨大反差。

一些移民的攀比心理也使得他们滋生不公平感、相对剥夺感。他们喜欢采用多重比较标准，例如不少移民在房屋财产的补偿和新房子的规模、质量上与其他移民进行比较，认为某某家比自己家得到的补偿费多，盖的房子比自家的好；在房子的地理位置上与安置区居民比较，认为不如当地居民的位置方便、地势高等；在土地的质量、地形方面也与当地居民比较，认为自己家分得的地不如当地居民家的好；在劳动方式上又与搬迁前比较，认为目前从事的粮食种植劳动不如搬迁前果树种植轻松、劳动时间短，没有搬迁前的收入高。⑥ 因此，移民们产生种种不公平感、相对剥夺感和失落感，有些移民甚至片面提出和宣泄自己在搬迁后遇到的困难，对什么都指责，例如有的移民因无根据地认为村委会干部肯定会偏袒当地居民而义愤填膺。

> 既然我们为国家都做出了牺牲和贡献，就应该享受到同样的待遇和照顾。

一碗水端平是移民普遍的心理，平均分配是移民关心的问题之一。一旦出现利益分配上的不平衡，在巨大的心理反差作用下，移民一般会忽视分析产生这种不平衡的具体原因，而是采取冲突的方式争取获得追加利益。移民的这种不平衡

---

① 付金. 城市流动人口行为失范的治理研究[D]. 长沙：湖南大学，2013.
② 陈元启. 从冲突到和谐：马克思主义社会冲突理论及其发展[D]. 银川：宁夏大学，2010.
③ 陈小玉. 中国社会转型时期城市流动人口犯罪及其控制[D]. 桂林：广西师范大学，2000.
④ 王贤. "无直接利益冲突"群体利益表达与政府作为[D]. 上海：复旦大学，2009.
⑤ 黄晓霞. 三峡移民法规冲突研究[D]. 重庆：西南大学，2005.
⑥ 刘成斌，雷洪. 三峡移民的角色行为障碍[J]. 社会，2001，(08)：13-16.

心理不仅体现在政府针对不同移民问题采取的不同措施上，还体现在一些日常性的工作中。例如，很多水库在二次搬迁安置后，对于迁入的移民安置地，各级政府本着"高看一眼，厚爱一层"的原则，在政策之外都给予了一定的照顾。由于各地的经济实力不一样，对移民的照顾程度不同，那些没有得到照顾或照顾相对少些的移民误解了政策和照顾的界限，上访要求得到与别的移民一样的待遇，有时甚至为了一斤肉而上访，这就是"慰问的意外后果"。①

"水往低处流，人向高处走"乃人之常情，为社会成员提供可持续发展的机会是任何现代政府都必须面对和解决的问题，任何人都想过稳定和有前景的生活。当社会成员在政府提供的发展空间里不能实现稳定、持续的发展，容易导致心理上的失落、不满，进而采取过激的行为。移民遗留问题时间拖得过长，中间解决力度不够，造成了移民对政府的不信任、移民与政府间的紧张关系。当移民不能确定政府能够为他们提供可持续发展的空间时，便不会以支持的态度和行为处理和政府的关系，而是采取上访等激烈的措施。

"法不责众，越闹好处越多"的心理普遍存在。现阶段中国正处于社会急剧转型的关键时期，由于有些人没有为适应这种急剧的转变做好充分准备，从社会转型这趟"高速列车"上摔了下来。从当事人的角度看，这当然属迫不得已，但是生存的压力和发展的困难并不会因为这种迫不得已而自动离开他们，于是落伍的恐慌可能很快变成集体反叛的疯狂，产生具有极大能量的反社会立场和情绪。近年来，政府在移民安置后期处理移民问题时，片面强调和夸大经济手段的作用，认为只要给足钱就可以万事大吉了，移民上访一次，政府就给一次钱，上访无数次，就给无数次钱。这在无形之中助长了个别移民"越闹好处越多"的心态，使得移民的思想工作处于涣散状态。

第四节 中国水利水电工程移民社会冲突的调适

和冲突相对的是调适，调适是以不同的方式调节或缓和人与人、群体与群体之间冲突的一种互动方式。② 要寻求有效的办法解决水利水电工程移民社会冲突

---

① 王茂福. 水库移民返迁——水库移民稳定问题研究[M]. 武汉：华中科技大学出版社，2008：27.
② 周晓虹. 现代社会心理学——多维视野中的社会行为研究[M]. 上海：上海人民出版社，1997.

问题，需要建立"政府主导，移民主体"的调适机制，因为在移民活动的整个过程中，地方政府、移民和非移民都是活动的营造者、参与者。当今社会问题的解决，离不开政府和社会力量、社会成员的互助合作，要很好地预防水利水电工程移民社会冲突的发生，政府应该坚持敢于承担、勇于面对、不堵不压、重在疏导的工作思路。

一、加快移民经济发展，消除移民贫困

水利水电工程移民脱贫致富，政府有着不可推卸的责任，政府责无旁贷地成为移民重要的依靠力量。然而，水利水电工程移民脱贫致富是一项涉及国计民生的巨大工程，仅靠政府的支持是不够的。根据世界银行的经验总结，成功的移民安置要求及时将移民工作的责任从安置机构转交给移民本身，否则会增加移民对安置机构的依赖性，并使安置机构的人力和资金完全陷入有限的几次持续监督工作之中。[①] 因此，水利水电工程移民脱贫致富工程更需要将各种社会资源加以整合，如政府组织、业主、企业以及非政府组织。

1. 加大移民经济扶持和投入力度

冲突理论认为，社会总是处在对稀有资源的争夺之中。社会中的贫困现象主要是各种社会资源（特别是权利资源）分配不平等的结果。部分移民作为贫困人口，拥有的资源较少，容易受到忽视甚至歧视，无法维护自己的利益，从而陷入贫困，甚至是长期贫困。政府应该为其提供扶持政策倾斜，以有效地帮助移民摆脱贫困。

首先，应该大力发展库区和移民安置区的基础设施建设，搞好供水、供电、交通、学校、医院、通信等基础设施建设，为加快经济发展打下坚实的基础。在人多地少、土地资源有限的情况下，单纯的救济、补偿非但不能使移民脱贫，还会加重移民的惰性和依赖性。其次，改变固守多年的种植模式和理念，因地制宜，培养和种植棉花、花生、中药材等高产作物，在土地资源不能扩展的情况下提高单位面积土地的产量和利用价值。摒弃落后的生产方式，采用先进的生产工具和先进的管理模式也能够使得移民增产增收，进而提高移民收入。

2. 通过技术培训提高移民劳动技能

移民的劳动技能比较单一，在搬迁安置后还要面临原有的劳动技能失效的问

---

① 迈克尔·M. 塞尼. 移民与发展——世界银行移民政策与经验研究[M]. 水库移民经济研究中心，编译. 南京：河海大学出版社，1995.

题，脱贫的方法有限。因此应该从长远利益出发，切实解决移民谋生能力低下的问题。对移民弱势群体中有一定劳动能力的人员加强培训指导，发展科技扶贫，提高其劳动就业能力。在这个过程中应当充分发挥政府的组织协调作用，对能在资金、场地、技术培训等方面帮助移民成功就业达到一定标准的企业制定一些优惠政策，比如减免税收等，吸引企业积极加入帮助移民脱贫致富的工作中来。

3. 分流贫困移民，吸收先进理念

由于安置区容量的限制，移民的土地资源有限，会产生劳动力过剩的问题。对此，应该加快移民安置区二、三产业发展，将富余劳动力分流其中。一方面，移民要认识到劳务输出的实际意义已经超出了寻找生活出路本身，因为这可以使移民通过劳务输出广泛地接触外部世界，接受新的思想观念、新的生产技术、新的生活方式，摒弃原有的陈规陋习和落后的思想观念，培养现代的经营管理才能，形成移民安置区可贵的新生力量、新的社会生产力，对移民脱贫致富产生影响。

4. 大力发展教育，提高移民素质

可利用资源的多寡、劳动技能的高低影响移民的经济收入，但是移民要真正地摆脱贫困，教育是必不可缺的因素。政府应该为搬迁安置移民提供良好的教育环境，鼓励移民积极参与科学文化知识的学习，提高移民的整体素质，即使老一代移民已无力接受良好的教育和培训，也应该从子孙抓起，重视文化素质教育，从根本上打下脱贫的坚实基础。

贫困问题严重制约着移民的搬迁安置，进而影响国家的移民大业和安置区经济的长远建设。只有解决好了移民的贫困问题，才能让移民真正走上致富的道路，才能说真正做好了移民工作。经济上的补偿与扶持、劳动技能的学习与提升、精神心态的素质培育、文化教育手段的运用等都不失为解决库区移民贫困问题的良策。移民要想彻底地摆脱贫困，既要实现自身物质上的富足，又要得到精神上的升华。

二、政府发挥主导作用，完善移民工作

1. 实行信息公开，重视政策宣传

在进行移民搬迁安置活动的过程中，部分政府和移民工作人员对移民过程信息公开不够重视，甚至认为移民信息公开会造成社会的恐慌和移民情绪的不安。其实情况恰恰相反，如果政府对移民的相关信息进行封锁，更容易引起小道消息的盛行，造成移民的不信任，因此要对移民事务进行公开和定期更新。信息公开的内容主要涉及中国相关的移民法律法规、部门规章以及中央和地方规范性文件；本工程移民工作的进展和态势，移民资金使用情况，受淹没人口状况，土地及其附着物，房屋及其附属物等淹没实物指标的情况、补偿和安置标准，以及救济途径和方式等。政府要建立强有力的信息管理机构，保持政府信息的权威性，使政府发布的信息在移民接受的各种信息中居主导地位。另外，要坚持对移民信息公开的客观性，不能一味地宣传征地补偿和移民安置的正面影响，还应该对风险以及可能面临的困难进行客观的宣传，使移民在搬迁前有充足的心理准备，对其中的利害关系做出合理的判断，不至于在搬迁后感到巨大的心理反差，滋生不满情绪。

2. 建立开放顺畅的利益表达机制

社会冲突理论认为，当阶级、集团以及个人不同的利益和意见表达经常受阻的时候，社会就会累积冲突的因素。当社会冲突的因素累积到一定的程度，便会不可遏制地爆发出来，对社会的稳定造成影响。从"社会安全阀"的角度来看，对于化解水利水电工程移民社会冲突、缓解社会矛盾，重要的是构建利益诉求表达的多元化渠道，建立开放顺畅的利益表达机制。具体实施方式如下。

（1）提高移民的科学文化水平和政治修养，增强弱势群体的利益表达意识和能力

除了库区移民，移民群体还包括安置区原住居民，他们也是水利水电工程建设最直接的利益相关者，与政府和企业相比处于相对弱势地位，从"以人为本"的理念出发，他们有权表达自己的意愿、主张和建议来影响和改善关系自己前途命运的决策。然而对于整个移民群体，由于多数移民本身文化素质不高，缺乏一定的政治素养，在客观上造成移民群体无法参与对自己切身利益的表达和维护，难以影响公共政策的制定，因此让移民学会参与的技能是很必要的。通过培训，提高移民参与安置地社区重大决策的能力和水平，使他们尽可能跳出个人的圈子，公正地反映多数人的关键意愿和要求。同时尤其要注意启发移民把眼前利益与长远利益结合起来，使工程尽可能少留或不留后遗症。①

（2）有效的参与需要一系列相关的制度作为保证

要及时完善包括信访制度、投诉举报制度、社会舆论监督制度和民意调查制度等在内的利益表达机制、信息公开，使移民能够对相关法律法规政策等有充分的了解，能够根据自身环境提出合理、公正的要求和建议。在法律许可的范围内

---

① 石恒良. 水库移民政策机制研究——以宜宾市向家坝水库为例［D］. 成都：四川大学，2007.

自由地表达自己的意愿,能够理顺移民情绪,使其心理平衡。

(3) 决策前充分听取移民的声音,畅通社情民意反映渠道

政府建立民情汇集和分析机制,令政府能够及时、快速地掌握社情民意,对移民所反映的问题依法、及时、果断地做出反应,并能够及时根据移民群众的意见对相关政策做出合理的调整,制定更加公正的社会政策,建立社会保障体系,从各个方面为移民群体提供社会支持,保护移民的权利,维护移民的利益。[①] 构建利益表达的多元化渠道,相当于在政府与移民群体之间装上"安全阀",发挥其"缓冲阀"和"减震器"的作用,能够有效缓释社会张力,避免矛盾激化。

3. 完善利益补偿和协调机制

利益冲突是相关主体基于利益的差别和矛盾,在实现各自利益的过程中发生的利益争夺,而利益协调则是水利水电工程建设和移民安置顺利进行的核心内容和关键因素。因此,利益补偿和协调机制的完善,是水利水电工程移民社会冲突调适的重要前提。

在对水利水电工程移民具体利益关系的处理中,有关各方都要统筹兼顾,避免偏颇,实现利益的协调和均衡。一方面,应该承认移民的搬迁具有被动性,其是因为国家建设水利水电工程的需要,因此国家不能无偿"剥夺"移民的利益;另一方面,应该承认移民所受到的损失既包括有形的物质损失也包括无形的损失。合理公正的移民补偿政策应能保证移民的财产损失得到合理的补偿,失去的收入来源能得到恢复,在搬迁过程中的物质、精神损耗都能够得到补偿。[②] 为了建立起完善的移民补偿机制,应该让移民以投资者的身份参与项目工程效益的分享,建立起受淹区与受益区之间合理的利益分配机制。

另外,实行移民群体和非移民群体的利益协调发展战略也是一个值得有关政府机构研究解决的基本问题,是不容忽视的。在以往的经验和教训中我们得知,以往的移民安置工作往往照顾了非移民的利益而忽视了移民的利益,或者是侵占了非移民的利益来弥补移民的利益,抑或是非移民经济发展很快,而移民始终是落后的群体;反之,强调移民经济的发展,却严重影响了安置区居民的整体经济利益。以上状况都不是移民安置整合的理想状态。因此,想要实现移民个人生活水平的不断提高,应该不断提高移民群体和非移民群体的生产生活水平,实现移

---

① 钱再见. 中国社会弱势群体及其社会支持政策[J]. 江海学刊, 2002, (03): 97-103.
② 段跃芳. 水库移民补偿理论与实证研究[D]. 武汉:华中科技大学, 2004.

民和非移民群体的协调发展。缩小差距是解决移民利益冲突问题的重中之重。

4. 健全法律约束机制

移民实现目标的行动和手段合适或合法的与否,直接影响移民能否顺利地达到他们的目标。在争取搬迁安置补偿补助费的目标方面,移民工作人员应引导移民通过协商的方式进行解决。设计和建立透明、畅通的申诉渠道,让移民可以通过合法的手段维护自身利益,通过理性的方式表达自己的意愿,努力实现他们的目标。在发展生产、实现恢复经济收入目标的过程中,移民工作人员需要引导移民依靠诚实劳动达到致富的目标,而不是通过一些非法的手段获得收入。移民在搬迁后,花费了大部分的积蓄用于建房,这时候他们感到经济上的压力很大,部分移民就出现了想要暴富的心理,导致他们可能采取一些非法和极端的手段去获取利益。要特别注意这种不良倾向的发生,及时给予纠正。①

三、引入移民心理疏导机制

心理疏导机制主要是加强非医疗情境下的疏导机制,它是指能发挥心理疏导功能和"社会安全阀"作用的某种制度体系。有效的社会心理疏导机制是使移民的消极情绪得以宣泄和释放、保持库区和安置区社会稳定的重要条件。② 在移民心理疏导机制建立和完善的过程中,政府、移民自身以及非政府组织都起着不可或缺的作用。

1. 发挥政府目标导向作用

中国人自古乡土情结重,人们普遍存在着安土重迁的观念。移民搬迁安置后,原有的社区网络关系被打乱,同一个村镇的亲朋好友可能一下子搬到千里之外,甚至部分地区有些适龄青年搬迁后一时找不到结婚对象而将原因归咎于移民迁徙。移民群体在心理上有着不同程度的复杂感受,从远离故土的伤感到乔迁新居的喜悦,对未来的期望和对未来不确定的迷茫,各种情绪交织在一起,可谓五味杂陈。这一点是绝对不可忽视的。针对移民类似的心理特点,政府和移民工作人员应该在做好物质补偿和生产生活安置的同时,关注移民的心理和情感诉求,建立移民心理疏导机制。尤其是在涉及有关移民政策调整的关键时期,需要经常召集移民代表参加座谈会,及时掌握移民群体的整体状况,使移民在安置区遇到困难时,能有倾诉的渠道;移民工作做到以情动人,使移民在安置区也能感受到

---

① 李童航,周毅. 简析水库移民相应发展条件[J]. 城市建设,2010,(31):72-73.
② 唐贵忠,杨建设. 小浪底工程征地移民心理研究的启示[J]. 人民黄河,2005,(04):61-62.

家乡般的温馨,以"软件"方面的加强来弥补"硬件"方面的不足。

在移民实践中,要充分注意对安置区移民整体目标的培养和引导,使移民摒弃消极的、对安置区稳定不利的目标。在移民工作的不同过程,结合移民的实际情况引导和培养积极、正面的目标,使他们将奋斗目标定位在重建家园、发展生产、提高收入等积极方面。这是移民安置成功的一个重要因素。政府可以采用以下渠道对移民进行宣传和引导。一是移民工作者深入库区和安置区对移民政策进行宣传,与移民交谈,了解移民的真实状况和意愿,并在必要的时候回答移民的相关疑问。二是利用地方电视台、广播电台、报纸、专门网站和 APP 等对移民政策和信息进行宣传。同时要切实加强移民的思想道德和法制教育,提高移民的道德觉悟,增强其行为理性意识。尤其应该注意对青年和文化程度高的移民的教育,因为他们的心理期望值最高,心理承受力最弱,稍不如意就会滋生不稳定情绪。现阶段一些地方的水利水电工程移民冲突事件,呈现合理诉求和违法行为交织、多数人的合理要求与少数人的无理取闹交织、现实问题与历史遗留问题交织的复杂状况。必须清醒地认识到移民冲突和纠纷调处的复杂性与长期性,加强法制宣传教育,引导广大移民工作者正确处理个人利益和集体利益、局部利益和整体利益、当前利益和长远利益的关系,引导移民以理性合法的形式表达利益诉求、解决利益矛盾。[①]

2. 移民、非移民自身的心理调适

在移民冲突调适过程中,移民是活动的主体。因此,移民调适首先应该是移民理念上的转变,其次是自身素质的提升。在认识上,要淡化"特殊公民"身份意识,杜绝"等、要、靠"思想;在情感上,要将自己视为安置区新的主人翁,逐渐增强自己在安置区的归属感和认同感;在目标和动机上,应该将目标定位在自力更生、重建家园上,而不是依靠自己的移民身份一味地等待政府的扶持;在自身素质上,移民应积极学习科学文化知识,掌握就业所需的劳动技能。

(1) 角色转换调适

移民从原居住地搬迁到安置地并在当地扎根落户,其实是角色的转换和再社会化过程,实现从原来的定居者到移民再到安置区居民的角色,最后真正成为安置区的一员。根据角色理论,角色转换要经过四个阶段:角色认知、角色服从、角色内化、角色行为。认知是前提,服从是被动接受,内化是关键,只有经过内

---

① 陈雷. 妥善处理水事纠纷促进社会和谐稳定[J]. 中国水利, 2007, (19): 1-3.

化的角色行为才是稳定的、持续的，而内化的必要条件是理性认知的反复强化。①从某种意义上说，理性的角色认知直接影响角色转换以及角色行为的扮演。在实际情况中，大多数移民尚没有实现"移民"向"村民"的角色转换，他们总是把自己当作"特殊公民"。有些移民甚至依赖政府拨款和赞助生活，认为一切问题都应该由政府负责。这种意识更使得移民与安置区非移民在基础设施、工作机会等各种资源方面产生矛盾和纠纷。"既来之，则安之"，移民要有主体融入当地社会的愿望，增强自己在安置区的归属感和认同感，不能总认为自己是外来人，以当地居民对自己不友好无法进行沟通交流为由避而远之。应该积极主动地与当地居民进行交流，将自己作为安置区这个大家庭的新成员，在日常的生产生活中，有不懂的问题主动向当地居民请教，将自己在搬迁区所拥有的特长展示给当地居民，相互取长补短，共进共荣。

（2）目标动机调适

一般来说，水利水电工程尤其是水库工程建设，大都在经济社会发展比较落后的地区，水库移民的实施虽然破坏了原有的生产生活体系和社会关系，但移民搬迁和补偿也为区域经济发展和移民个人发展带来了一些机遇。在市场经济条件下，移民要将自己在移民活动后的主要精力放在重建家园和自立、自强、求富等方面，要有自强不息的精神，相互学习，共进共荣，使移民兄弟姐妹们安居乐业，而不是抱着自己"特殊移民"的身份，盯着政府的补偿、补助不放。即使在移民活动中感到利益受到损害需要维权，也要采取合理、合法、理性的态度，通过法律途径、政治途径或舆论途径来解决。

（3）自我素质调适

水库移民在搬迁至安置区后，就业是影响移民安身立业的重要因素。由于本身在库区所从事的行业和拥有的技能可能不再适应安置区新的局面，因此移民需要重新学习科学文化知识，掌握在当地就业所需的劳动技能。不应仗着自己的移民身份，要求政府为其安排适合自己的工作，因为这样会给政府和社会带来很大的负担，且容易造成非移民的不满和不平衡。换了新的生活环境后，调整自我素质以适应环境的变化，是移民乃至每个人都应该做的准备。

（4）安置区原住居民自我调适

毫无疑问，水库移民的大量迁入，势必会占据安置区的部分资源，引起移民与

---

① 刘成斌，雷洪. 三峡移民的角色行为障碍[J]. 社会，2001，(08)：13-16.

安置区原住居民之间利益的重新分配，因此引发利益冲突和矛盾是必然的。但是安置区原住居民应该看到并理解移民因为国家工程建设而做出的牺牲，应以宽厚的胸怀来接纳移民的迁入。应当摒弃那种"移民是外来人，是为国家建设而形成的，对本地的建设没有多大贡献，而且与己无关"的防范心态，克服非正确思想，在实际的生产生活中尽力协助地方政府做好移民安置工作，积极帮助移民，主动与移民交往。移民初到安置地，人生地不熟，难免有一种失落感、孤独感，安置区居民应换位思考，主动向移民传授生产技能、劳动方式，与移民多沟通，帮助他们解决生产生活中遇到的问题，引导他们适应新的生活，共同创建美好家园。

四、非政府组织的介入

对于非政府组织，较为流行的定义是美国约翰斯·霍普金斯大学莱斯特·萨拉蒙（Lester Salamon）教授提出的五特征法，即将具有以下五个特征的组织界定为非政府组织：组织性、非政府性、非营利性、自治性和志愿性。[①] 政治学者王绍光在此基础上又提出了第六个特征，即公益性。其中公益性和非营利性是区分非政府组织与利益集团的最重要区别。非政府组织具有民间性和自治性，仅仅意味着这种组织在体制上独立于政府，它们不属于政府建制的一部分，也不直接受制于政府的权威，但并不意味着非政府组织与政府或政治不发生任何联系。事实上，同其他利益集团一样，非政府组织也时常介入政治，力图影响政府决策，只不过它们通过政治参与传达给政府的政策意愿的性质具有某种公益性。非政府组织为了动员政府和各种社会力量对其所从事的公益事业进行财力和道义上的支持，往往通过各种途径影响政府公职人员的决策意向和社会舆论，如媒体宣传、组织集会、罢工、游行等。非政府组织常常采取的策略是通过影响社会舆论来向政府施压，从而获得政府在财力或政策上的支持。

在中国，完全符合西方标准的非政府组织几乎不存在，但又确实存在一些从行为和运作机制上不同于政府又不同于企业的社会组织，因而中国学者大多更倾向于从推动和促进非政府部门发展的角度出发，不将定义限制得过于严格。比如康晓光认为，只要是依法注册的正式组织，从事非营利性活动，满足志愿性和公益性要求，具有不同程度的独立性和自治性，即可称为"中国的非政府组织"。[②]

[①] 蔡立辉，王乐夫. 公共管理学（第二版）[M]. 北京：中国人民大学出版社，2018.
[②] 康晓光. 行为科学与管理[M]. 哈尔滨：哈尔滨工程大学出版社，2001.

基于以上非政府组织的特点和功能，笔者认为非政府组织介入水利水电工程移民社会冲突的调适是必要的。首先，非政府组织是联系政府和移民的桥梁。作为从事社会公共事务管理和服务的非政府的社会中介组织，在一定程度上能够成为移民的代言人，可以反映民间的呼声，能够作为政府和民众的良好沟通媒介。比如，在进行移民安置规划前，可先由非政府组织对移民的客观状况、愿望和要求进行调查研究，为政府决策提供技术支持和建议。非政府组织地位独立的特点，使其相较于政府和业主更容易获取移民的信任，同时也能更客观地反映移民的真实状况。这样既能维护移民的切身利益，又能减少在水利水电工程移民工作中出现的问题。

其次，从社会学角度来讲，非政府组织的介入能够有效地帮助移民进行再社会化，帮助移民尽快融入当地生活。根据人的社会化理论，所谓水利水电工程移民的再社会化，是指移民群体由于社会化的中断和失败引起的从一种生活方式向另一种生活方式急剧转变的过程，它要求移民群体放弃原来的社会规范和生活方式，接受一套对于他们来说完全是新的社会文化和生活方式，从而与新的环境中的社会成员结成新关系，进入新的社会生活。[①] 移民群体的再社会化是移民适应安置区社会环境对其自身的影响、整合新旧价值准则和行为规范的过程，同时也是移民主动适应新的社会环境并主观能动地反作用于社会环境的过程。但是由于移民自身对搬迁安置的抵触情绪以及外在环境的影响，移民并不能很好地去认同自己安置区主人翁的新身份，大多移民将自己看作"特殊公民"。这就需要非政府组织的介入，通过举办各种公益和宣传活动，帮助移民和当地居民交往、沟通，加大移民与安置区原居民之间的相互了解，消除移民和非移民之间的隔阂，同时更要培养移民在安置区自力更生、重建家园的目标和信心。

最后，非政府组织有着扩大就业渠道、增强社会保障制度能力等作用。非政府组织具有动员社会资本的优势，随着中国特色社会主义市场经济的发展，他们的介入可以引进一些有利于移民生活和发展的资源和援助项目，遏制一些贫困人口的产生，减少一些社会冲突，促进移民安置区社会经济的全面发展，从而提高整个社会的运行质量和水平，保证社会的良性运行。

当然，目前中国的非政府组织在诸多方面有待完善，其工作过程也需要政府的引导和支持。

---

① 王思斌. 社会工作概论[M]. 北京：高等教育出版社，2006.

第九章　水利水电工程移民的公众参与
——以南水北调工程东线 L 工程征地补偿移民安置为例

20多年来,"参与"一词被不断更新于各种政府文件及报告,也是学者们聚焦的重点,参与的普遍化关注折射出中国社会经济与社会互动发展内涵的转变。中国要发展与富强并实现提出的战略目标,离不开大规模的水利水电工程建设,因此中国的水利水电工程移民任务一直繁重。水利水电工程移民工作顺利进行的保障是有效的工程移民参与,但是在实践中由于缺乏相关的参与能力以及可利用的成果和参与模式,目前移民参与还停留在形式的层面。如果可以让移民逐步参与到水利水电工程征地补偿和搬迁安置的可行性研究、设计、调查以及规划与实施等工作中,并且对诸如补偿、搬迁、重建家园等有充分的选择权,那么将有助于整个移民工程的实施。

第一节　水利水电工程移民参与的概念和研究样本

一、核心概念

1. 公众参与

公众参与,狭义上可以理解为参与政治,一般意义的主体是普通公民,因为其有一定的方式与手段,比如民主选举、民主监督、民主管理以及民主决策。不同理论下公众参与的内涵是不同的,但无论是何种理论,都是支持公众参与的。如今的公众参与已经从精英民主理论下的参与选举扩展到多元民主理论下的影响决策、参与民主理论下的参与决策以及协商民主理论下的讨论等多个方面。① 广义上的公众参与还包括参与社会公益事业以及公益组织,并试图推动相关公益政策的施行等。

"公众参与"起源于西方发达国家,是一种现代兴起的民主形式。据蔡定剑考证,美国学者阿诺德·考夫曼在 1960 年首次提出了"参与式民主"(Participatory Democracy)的概念②。日本学者松下圭一认为市民内部的市民良知和专业技能在今天开始超越自治体、国家、国际机构的行政职员即公务员水平,这是市民参与的前提。③ 欧洲学者斯科特(Scott)曾提出"公共参与度"概念,按参与的深度,依次从低到高排序为信息告知、信息回馈、协商、共同规划和公民控制。④ 澳大利亚学者穆罕默德(Mohammad)认为公众参与的发展不能过于侧重体制改革,需要综合政治、社会和心理因素对公众参与意愿的影响。⑤ 美国学者奥斯汀(Arstein)认为让公众知晓他们自身的权利和责任,是朝合法化公众参与迈进的第一步。同时,奥斯汀(Arstein)还认为公众参与可以分为不同的层次,并在此基础上提出了"市民参与阶梯"理论(表 9 - 1)。⑥

表 9 - 1 市民参与阶梯

政府主导程度	参与阶层	参与特征	参与方式	公众参与度
由低到高	公民权利	不需要与政府沟通的公民行动	民众组织自愿组织,民众调查	由高到低
	权力分享	民众与政府共同解决问题	建立公民团体基金以雇佣技术顾问或制定执行方案;民众监督及纠察,政府及公民团体共同召开会议	
	咨询 2	政府要求民众有意义地投入,且愿意听取意见	公民顾问委员会;非正式会议;听证会	

---

① 罗爱武. 何谓政治参与——四种当代民主理论的政治参与观比较[J]. 云南行政学院学报,2012,14(04):19 - 23.
② 蔡定剑. 公民参与——风险社会制度建设[M]. 北京:法律出版社,2009.
③ 松下圭一. 政策型思考与政治[M]. 蒋杨,译. 北京:社会科学文献出版社,2011.
④ Scott W R. Organizations:Rational,Natural and Open Systems [M]. Hoboken:Prentice Hall,1981.
⑤ Mohammad S H S. Who participates and who doesn't? Adapting community participation model for developing countries [J]. Cities,2016,53:70 - 77.
⑥ Arnstein S R. A Ladder of Citizen Participation[J]. Journal of the American planning Association,1969,35 (4):216 - 224.

(续表)

政府主导程度	参与阶层	参与特征	参与方式	公众参与度
由低到高	咨询1	政府愿意民众有限地投入，但不愿意听取意见	听证会；对民众正式提案的要求有所反映；形式上的会议及咨询	由高到低
	告知	政府说，民众服从	听证会；新闻推介	
	政府权力	不需要和民众沟通	政府调查；强势行动	

中国是以生产资料公有制为主体的社会主义国家，人民享有宪法所赋予的知情权、参与权和决策权，目前已经形成了一个以宪法为主体、以其他法律规范为分支的公众参与法律体系，包括了宏观规定的参与权力和微观规定的具体措施、方式，以及立法层面的公众参与和行政层面的公众参与。目前公众参与主要有两种方式，一种是政府主动提出公共议题倡导公众参与，政府为主导并提供支持。这种公众参与的方式往往场面大，宣传到位，参与人数众多，组织有效，能够取得较好的效果。当然，其中也不乏走形式的参与行动发生，这些流于形式的参与导致规则被忽视，引发多种非法的参与方式。另一种是公众主动参与，政府被动应对，这种参与的效果具有不确定性。从效果上看，政府主导的程度对于参与效果影响较大。公众应不仅直接参与政府的政策构想、制定、实现、立案、决定和执行等各个阶段，其对问题解决方法的探索活动更是构建各层次政府行政的基础。

2. 水利水电工程移民的参与

水利水电工程移民参与的主体是特定的，专指移民群体，其主要出于经济利益的考量，积极参与可研论证、征地补偿和移民安置规划、土地征收、搬迁安置、移民经济发展和社会融入等多个阶段。这些参与涉及的内容及方式是不同的，内容比较复杂，而方式有互动、制度化的参与方式（信访）、表达或者抱怨等。

移民参与就是在移民工作中让利益相关者参与移民规划、搬迁和安置、资金使用和管理等方面，保证移民活动公开、公正、透明和民主。但现状是移民参与能力欠缺，导致移民与政府的互动性较弱。水利水电工程移民以农民为主，大部分移民诉求于最基本的生存生活条件，并无任何主动参与的意识，甚至有逃避的心态。尤其是偏远地区的农村移民，远离决策中心，就连对县级甚至乡镇的决策都不能产生影响，没有高涨的积极性参与到移民工作中去。

二、研究样本选取

本研究样本选取南水北调工程东线 L 工程建设影响的移民群体。工程从 2010 年 11 月开始启动征地补偿和移民安置工作，到 2013 年基本完成。以此为个案，按照三个阶段分别讨论移民参与问题。具体而言：一，征地安置实施前的移民参与，主要是实物指标调查和安置规划确定后的移民参与；二，搬迁安置实施中的移民参与，这个阶段移民安置已经开始进行，因为在移民安置实施中最主要的主体是政府，移民参与主要是与政府部门的互动；三，安置实施后的移民参与，主要是移民融入当地生产和公共生活的问题，以及对安置结果的表达。在此基础上，本书从移民参与的定义和范畴着手，根据水利水电工程征地补偿和搬迁安置移民在不同阶段的性质和特点探讨移民参与的问题，并从发展的角度提出切实可行的解决对策。

第二节　安置实施前的移民参与

移民参与是一个动态的变化过程，水利水电工程项目实施前就应加强移民参与，只有如此才能使得项目建设获得当地民众的支持。移民参与首先是实物指标调查中的移民参与，其次是移民安置规划确定过程中的移民参与。

一、实物指标调查过程中的移民参与

1. 实物指标调查的简略过程

L 工程征地补偿和移民安置的实物指标调查，主要是由相关移民机构和设计单位主持进行的。工程沿线市、县（区）南水北调 L 工程领导小组及下设征地办对工程红线范围内搬迁户的房屋及附着物进行前期的详细调查，并一一登记造册。在调查的基础上，省、市、区工程实施单位会同街道（园区）、村于 2010 年 9 月对搬迁实物量再次组织复核，工程实施单位会同街道（园区）、村的有关负责人及搬迁当事人等对复核实物量进行确认签字，保证调查数据的真实可靠。在这一调查过程中主要利益相关主体分别为村组代表、产权人及移民本身。

在其他各项调查中，根据县（区）L 工程征地搬迁补偿实施意见，选取有相应资质的评估公司，于 2011 年 1 月对搬迁户房屋及附着物进行评估。坚持公开透明、阳光操作的原则，2011 年 2 月利用村政务公开橱窗和宣传栏，对所有搬迁户的房屋及附着物实行张榜公示，实行一户一表并建立档案资料。公示期间，街道

(园区)、村负责人会同县(区)L工程建设处以及移民监理监测、评估单位的工作人员组成专门工作小组,深入现场,宣传政策,并认真答复搬迁户提出的各类搬迁问题,同时上门复核确认搬迁户有异议的实物量。

2. 实物指标调查过程中移民参与的内容与方式

从村组代表来讲,参与的内容具有双重性,在性质与职责上主要是保证受影响的集体财产和集体土地得以确认,就其个人来讲主要是保证其家庭及受影响的利益得以维护,比如家庭人口情况、生产情况及财产情况等。其他参与人的表达和立场相对比较中立,在没有其他因素影响的情况下只是见证人的身份。这是实物指标调查过程中移民对可见标的物进行确认的一种参与,这种参与和利益争取是密不可分的,否则移民可能从一开始就被排斥在整个工作之外。除了这种与自身利益息息相关的移民参与,移民还可就自身对这一工程的认识与看法进行表达,当然这一表达只是停留在意见的陈述上,这与移民参与的方式有关。当这一参与的利益表达寻求某种制度化的途径时,移民参与就发展成为一种参与行为,在中国政治体制中只有制度化的移民参与和表达才是有意义的行为。

这一阶段的移民参与方式主要为移民、政府和设计方等主体的直接利益表达,这种方式大多是直接交流,当然也有部分移民进行聚集以表达利益诉求。体制要求聚集方式的移民参与必须通过相关途径才能实现,而在工程可研阶段这一现象是不明显的。因此,这一阶段的移民参与方式是一种直接的、意义层面的移民自身利益的申述与争取。

二、安置规划确定过程中的移民参与

1. 移民参与安置规划方案的制定

移民参与征地补偿和移民安置规划的编制,涉及参与、讨论以及协商等系列环节,如果缺失这一过程可能会导致移民安置方案的失误。工程设计单位在编制移民安置规划阶段,应该广泛征求移民意愿,开展移民安置实施规划的编制,确定征地补偿和搬迁安置方案的终稿。此外,在设计单位、各级政府及移民迁出地社区与村落、安置地社区等共同的参与下,应综合较多相关主体的意见与建议,充分地征询移民、安置区群众及政府、工程设计单位的意见,较好地体现移民的真实意愿,科学确定移民安置点,编制征地补偿和移民安置方案。

2. 移民参与会议及调查

公众参与的重要表现方式之一是对涉及自身利益的各种会议的积极广泛参与。① 主要有村级会议、座谈会以及村民小组会议等。在提倡移民参与的理念下，从搬迁到安置再到后期扶持发展，移民积极参加基层组织的有关政策法规、补偿标准、安置方案等内容的讲解，村委会通过召开村民大会让移民早知道、早安排。② 在南水北调东线工程建设中，H区区委、区政府召开动员大会，主要负责同志到会做动员部署。L工程建设指挥部印发了L工程宣传提纲，大力宣传工程实施的主要内容及其产生的防洪排涝、引水航运、生态改善等方面的巨大效益，沿线街道（园区）、村通过召开会议、张贴标语、悬挂横幅等形式，向基层干群积极宣传工程实施的重要意义及有关土地补偿和搬迁安置的政策。据统计，有75.7%的被调查对象参加过村民大会，54.7%的移民参加过村民小组会议，40.6%的移民参加过座谈会。

三、本阶段移民参与的特点

这一阶段属于移民安置前期，项目的整体运作还没有正式开始，在实物指标调查阶段的移民参与更多的是一种意见表达。这一阶段移民参与的形式主要是直接与前来调查并进行实物量测量的主体（政府相关部门和设计方代表）进行交流，提出自己的意见与建议。这种意见表达只是一种浅层次的对工程观点的表述，对工程的决策有一定的影响，一般侧重移民自身的利益表达与诉求。在土地补偿和搬迁安置规划确定过程中的移民参与主要体现在以下两个方面：一，移民参与安置规划方案的制定；二，移民参与涉及家庭和财产的各种会议和调查。参与方式属于非制度化的移民参与，因为并没有法律法规对这一阶段的主要移民参与和方式作出详细说明，移民参与的主要方式更多的是几十年移民经验的积累以及各级政府的自身实践摸索。

这一阶段移民参与的内容绝大部分是关于移民自身财产的申述，比如对补偿标准的质疑和对工程安全性的质疑等，一般都与其自身利益息息相关。中国人看重落叶归根这一传统，安土重迁，移民在内心中对安置到其他地区是无法接受的，经常用一些并不符合法治精神的理由进行意见表达，这在少数民族聚居地体

---

① 毕霞，杨慧明，于丹丹. 水环境治理中的公众参与研究——以江苏省为例[J]. 河海大学学报（哲学社会科学版），2010，12(04)：43-47+91.

② 蔡萌生，蒋力，曹志杰. 水库移民安置不同阶段的公众参与研究——以A水库昌平县移民参与为例[J]. 河海大学学报（哲学社会科学版），2013，15(1)：26-29+90.

现得更加明显。此外，有一部分移民的参与是被动的，属于跟风性质，跟着一部分移民进行冲动式的参与，甚至有些移民的参与是为了发泄心中的不满。当然，在安置规划确定这一过程中，大多数移民是有序的参与，这种形式的参与是中国政治体制允许并且被国家大力提倡、被相关学者寄予厚望的制度化参与形式。这一阶段的移民参与主要体现在安置规划进行中，因为在安置规划实施前已经通过相关途径吸收了移民参与的相关利益者诉求，而且在实施阶段因工程的继续不断吸收新的移民诉求。

这一阶段的移民参与基本都能得到政府及相关部门的回复，同时也能通过各种会议及调查对移民的要求进行综合与平衡。因此这一阶段的移民参与在整体上是有成果的，有许多值得借鉴的经验与方法。当然也有一些移民参与失败的案例，比如移民质疑政府补偿标准的问题等，最后大多不了了之，因为对于标准质疑的移民只是少数，对此一般容易忽略，这是值得我们深思的，也是此阶段移民参与的一个重要特点。

第三节 安置过程中的移民参与——以互动和抱怨为主

在水利水电工程的建设中，政府部门、施工与设计单位对移民的一些不专业性问题一般采取不理不顾或者简单应付的态度。这种方式是不可取的，彼此尊重是沟通的重要前提，移民参与需要积极的回馈与认可，否则就会影响其进一步参与的意愿，只有充分地反馈才可以使其更加主动地进行意见表达，参与到安置规划以及整个水利水电工程建设之中。移民参与的形式在安置过程中是多元的，比如公众听证、全体村民会议与分组会议、村委会会议、各种基层的调研、安置规划征求意见会议等。在安置实施中，移民参与最重要的形式是互动与抱怨，而此阶段互动最主要的形式为信访，抱怨更多的是以一种非制度化的形式体现，具有一定的非正式性。

一、移民安置过程中的互动

1. 互动的内涵

当今世界有各种类型的互动，既有经济层面的，也有文化层面和政治层面的。在不同学科体系下互动的内涵亦不同，互动作为结构和文化层级与个体层次的中间面貌出现，在政治学理论中更加重要，然而在众多政治学相关研究中却缺失了政治互动这一非常重要的词语。一般来说，政治互动指的是各种类型的行为主体为实现一定的政治利益而围绕着国家政权所开展的系列活动。政治互动的类型划分为两个大类，即在两种不同政治体系中的政治互动。在合法化与制度化程度相对较高的政治体系中，主要是一种自愿角色间的互动，而在合法化与制度化程度低的政治空间中则是一种权力博弈的互动。

移民参与互动已经固定为所有互动行为主体中的某几个，主体主要为移民群体、当地政府、工程的施工方，主体并不独立地进行参与。由于水利水电工程具有特殊性，一般属于政府的大中型项目，牵扯众多国家和地方政府的利益，互动主体中的地方政府与工程施工方的利益是一致的，可以作为一个整体来看待。因此，水利水电工程征地移民的参与主体主要由移民与地方政府和施工方组成。参与互动在移民安置这一特定主题下主要表现为移民为了自身的利益与政府和施工方进行互动的过程。在移民安置前的实物指标调查阶段，移民参与互动并不十分明显或者还没形成，更多只是移民单方面的表达；在移民安置规划确定过程中，移民与其他主体间的互动参与并不频繁；在移民安置实施过程中的互动则趋于明显，但随着移民工程建设的逐步展开，各种主体间的矛盾不断凸显出来。这一阶段的互动主要是体制内的制度化互动形式，是被中国政治体制及政府所承认并容纳的参与互动，如信访。当然，只有得到政府机构明确的回复，才可以称之为一次完整的移民安置过程中发生的移民参与互动。

2. 安置过程中互动的主要形式——信访

信访一般是指公民、法人或者组织通过各种形式，包括邮件、电话及走访等，向各级政府提出意见、建议及投诉等，并由相应行政机关进行依法处理的系列行为。政府为了处理移民安置规划及其实施中的信访，确定由省、市、县三级信访部门处理相关问题。在确定征地补偿拆迁安置规划过程中，各种矛盾集中显现，其中还有一些矛盾与征地补偿和搬迁安置无关。如 L 工程涉及的 Z 村的信访主要由 5 户村民提出，主要包括：一，桥梁施工影响房屋安全问题；二，桥梁建成后存在遮阳、噪音、灰尘、尾气、安全、出行等问题；三，桥梁南侧几户门面房的经营收入受到影响。对此，以街道为主成立班子，专人负责协调。首先，为此专门召开了 2 次会议，区政府办公室、建设处（含分局）、公安分局、街道等相关部门参加会议，研究部署；其次，由区建设处委托专门机构对桥梁施工影响房屋安全问题进行鉴定，并告知正式鉴定报告，报告结果为桥梁建设是在规定的标准范围内，对房屋安全不构成大的影响；再次，由所在村素有威望的老干部和长者组成班子协调相关工作；最后，由街道组织相关单位保障施工，施工单位对阻止施工的村民采取措施，并由派出所介入，对阻止施工的村民进行告诫谈话；另外，由区工程建设指挥部向市房管局申请对5户村民的房屋进行了相关鉴定，并告知结论。

这一参与互动有两大主体，一为移民群体，即5户村民，另一为工程建设指挥部与区政府，这是一个制度化的互动参与，从村民提出质疑，到工程建设指挥部申请房屋鉴定，再到工程建设指挥部对相关问题的答复，构成了完整的信息输出、信息处理与信息反馈过程。当然，在移民安置实施过程中也有其他形式的参与互动，但是被移民普遍认可且具有相对较低门槛的最佳参与互动形式是信访，这是移民在合理、合法范围内的表达与参与。

二、移民安置过程中的抱怨

1. 抱怨的内涵及其互动

公众参与在发达国家已被广泛运用到各项工程建设中，渗入工程建设的各个阶段，并已被列为工程建设不可缺少的一部分。世界银行明文要求，工程建设要将移民参与的活动、时间、形式记录下来，编制成表，在规划报告中反映出来，同时还要求对移民申诉渠道的安排、形式做详细的报道。① 在安置实施中，移民的抱怨与互动参与是不同的，互动是一种不同主体之间良性的交流过程，是被政治制度所允许的，而抱怨则不同，抱怨是一种不满情绪的表达，是一种欠缺良性的利益诉求。目前，对于抱怨并没有较为明确的解释，对抱怨的研究是欠缺的，申诉与抱怨是工程征地补偿和搬迁安置中移民参与及意见表达的重要组成部分。互动是一个完整的过程，也可以将其理解为是一个完整的回路、一个完整的事件，而抱怨则不同，尤其是工程征地补偿和搬迁安置中的移民抱怨，如果不寻求有效途径去解决并得到申诉主体回复的话，是不可能形成一个完整的参与互动的。因此抱怨的结果是不确定的，可能是移民情绪的发泄，也可能是意见的表达。此外，抱怨的内容是丰富的，而互动的内容需要进行一定的筛选，抱怨的内容可以包含补偿标准、安置方式甚至施工与设计单位的态度，但是互动的内容则必须具有一定的价值，否则是无法真正形成互动回路的。

2. 移民安置过程中的抱怨内容与形式

移民在安置实施前后的抱怨内容是不同的，实施阶段的申述和抱怨内容主要

---

① 罗冬兰，傅春，鄢帮友. 公众参与水利工程决策浅议[J]. 中国水利，2003，(12)：13-14.

有以下三个方面：一，对房屋拆除及重建进行的申诉与抱怨；二，对生产安置的申诉及抱怨；三，对移民土地补偿费用管理与使用的申诉及抱怨。这三个方面构成了移民在安置实施中进行申诉及抱怨的主要内容，是工程移民必须要面对的问题，也是必须要解决的问题。只有解决好这些问题，才可以真正解决移民在安置实施中所产生的众多抱怨，才可以推进工程建设的正常进行。

对房屋拆除及安置重建方面的抱怨主要是对房屋补偿标准的质疑。如当前的征地拆迁政策和办法很多都是地方政府的规定，甚至是地方政府部门或者拆迁机构的一张拆迁纸，随意性大。除此以外，不少移民还抱怨征地拆迁用途不明，明明规划用作水利工程建设，结果反而用作其他用途。土地和房屋补偿标准牵扯移民的直接利益，移民中的个体对补偿标准的态度与意见都是不同的，很容易出现移民嫌补偿标准低的抱怨。此外还有对移民安置区域与安置方式的抱怨，由于涉及不同的风俗习惯，尤其是在比较特殊的民族自治区域和民族杂居区域，对于这一问题的抱怨更加明显。移民很可能对政府提出的安置地点不满，这种不满可能出于生活习惯与风俗习性，也可能是对安置区域的地理位置以及自然条件甚至是经济发展水平等一系列的不满与抱怨。

在生产安置方面涉及土地分配等各种福利政策给予的问题更加容易发生抱怨，因为生产安置关系安置区的利益，也涉及移民的利益，处理不好就会成为移民安置实施过程中的重点抱怨内容。比如安置区的土地分配如果只考虑移民群体或者向移民群体倾斜，会使安置区原有居民产生不满，如果对比加以调整则又会使得移民认为其本来应该得到的利益被生生抽离，如此产生恶性循环。所以对生产安置方面的抱怨处理不当就会发生安置区原有居民与移民的双重抱怨，这对水利工程的后期建设是不利的，由此带来的不仅仅是时间成本的浪费，还有计划项目的拖延，甚至会错过最佳时机而影响工程建设。

还有对相关土地补偿费用的使用与管理及具体工程建设方面的抱怨。一般意义上的土地补偿费用是归村组集体所有的，土地补偿费无论归属哪个单位都必须确保专款专用，资金的使用必须要受到监督，但是在具体操作过程中常有截留现象。工程建设以及相关设施的建造会带来一定的噪声污染、水污染、大气污染，这些会对当地的生产生活带来一定的影响，也会带来抱怨。

移民的抱怨通常是找村委会或者乡、镇政府进行处理，这也是移民抱怨的主要渠道。其次，移民可以通过监理监测（监督评估）或者相关评估人员直接将问题以及抱怨反馈到当地移民部门。除此之外，移民还可以通过信访局进行抱怨申诉,方式多种,包括书信、电话以及来访等形式。一般来说,中国的民间重乡土气息,移民抱怨与利益表达都是直接找政府去解决。

三、本阶段移民参与的特点

这一阶段的移民参与既有制度化的参与形式,即信访,也有非制度化的参与形式,而非制度化的参与则与历史传统以及农村地区的经济发展水平息息相关。制度化的参与只有信访这一种形式,而非制度化的参与形式主要体现为抱怨。这种移民的制度化参与是基于移民对一系列移民安置过程的参与而来的,只有移民对这一过程进行了充分参与才可以获得对移民安置政策、方针等方面的了解,移民才可以结合自身的利益诉求进行参与。而移民的抱怨主要是通过直接的上访、直接反映问题或者电话等手段进行的,这些手段都是中国农村社会所特有的公众参与形式,也是缓解中国农村抱怨的主要方式,对于中国社会的稳定发挥着重要的作用。尤其是在中国公众参与制度化程度较低的情况下,更加凸显其重要性。

在移民安置实施过程中移民参与及抱怨的内容与其自身利益息息相关,比如补偿费的高低、自建安置房还是集体交予政府建设更加有益等。利益不仅仅是物质上的某种客观需要,一定程度上也可以理解为精神上的某种需要,因此利益的争取一般会受制于不同群体的价值取向与行为选择。在移民安置实施阶段的移民参与及抱怨也可以这么解读:"人们之所以从事政治活动,其根本动因在于人们实现自己利益的要求,公众参与是公民运用自己的权利和资格,通过政治权力最终实现自己利益的主要环节。"① 因此对于移民在安置实施阶段的参与及抱怨,不能过分要求其不为自己的利益进行诉求而只为工程建设出谋划策,这是不现实的,也是超乎客观实际的。移民生活的经济背景、社会环境决定了其参与的表达内容。然而从参与的本身概念去理解,参与的最终目的并不只是简单的利益争取,当然不可否认,利益争取是非常重要的一个层面,但参与的目的在于试图分享权力,为了维护公共利益,为了实现本群体的利益最大化。这三者是相互包含的,如果只是为了其中一个方面,那么其持续性就不会长久。比如没有获得一定的权力,又如何保证本群体利益的最大化?而不从整个大背景下社会所认可的公共利益角度出发,又如何保证可以获得权力,保证群体利益的最大化?

此外,在安置过程中移民参与多是个体或者几个人的独立行为,比如上述案

---

① 杨炼. 从参政权的视角看社会弱势群体的利益表达[J]. 黑龙江社会科学,2009,(01):157-160.

例完整的互动中，信访的移民主体只有 5 个农户，而之后的非制度化参与中，移民的抱怨则是某个农户或者户主的自身行为。虽然村民委员会尤其是各种大会的召开以及小组会议的组织在移民安置过程中的作用不可忽视，但是实际情况是在移民安置过程中村民委员会往往被看作是乡镇政府的下属机构，甚至是派出机构，其地位比较尴尬。在移民安置过程中进行参与及抱怨的移民或个体一般很少去村委会表达他们的诉求，相反他们会直接去找负责方或者有能力处理此事务的高层级政府，比如乡、镇政府或者省、市级政府。例如在上述移民的抱怨解决过程中，移民直接去找工程建设指挥部寻求问题的解决，这种超越层级的政治行为既与农村社会的传统相关，与缺乏制度化移民参与诉求表达渠道有关，也与相关法律法规的不健全有关。

第四节 搬迁安置实施后的移民参与
——以社会融入和意见表达为主

移民搬迁安置实施后涉及一系列的问题，移民已经相对拥有较为稳定的生产生活方式，因此移民在安置区的融入问题尤为重要。

一、移民融入安置区的困境

1. 移民融入的内涵

国外将社会融入的概念与经常使用的社会适应、社会融合、社会同化及社会吸纳等概念联系在一起，而社会融合的概念相比之下则较为宽泛，一般是指移民融入安置区主流社会的情况，包括的层面甚多，但主要是移民的生产状况以及移民的生活水平等。就目前工程移民安置状况来说，对移民社会融入的理解并没有达成统一的共识，从社会学的角度来讲，工程移民安置中的社会融入是指处于相对劣势地位的主体进行能动行为的表现。这种能动行为的指向为特定社区，一般为移民安置区，主要对象为安置区原有的个体与群体，内容为反思性与持续性的互动过程。当前在移民安置实施后，政府采取了相应的措施促进移民在安置区社会公共生活的融入，但是效果却并不理想。其中一个重要原因是符合政府自身利益的行政惯性倾向使得其在解决移民社会融入问题上往往难以实现资源的整合与跨部门的合作。这与整体性理论是相违背的，整体性治理着眼于政府内部机构和部门的整体性运作，主张管理从分散走向集中，从部分走向整体，从破碎走向整合。① 整体性治理主要针对新公共管理在实践操作中的不足而提出，其理论与方法基础是整体主义和新公共服务理论。② 整体主义理论和整体性公共治理理论，与个体主义和管理主义相对立，后者造成了公共领域的破碎化，表现为公共产品供给的组织属性多样化、决策执行系统的持续分化以及公共行动者动力分散化。③ 虽然当地政府有关部门关于移民的融入出台了一定的政策，但是人力资源、社会保障、住房建设及教育等相关部门却没有真正地联动起来，缺乏一定的协作机制，各种政策之间也缺乏一定的配套与整合。移民社会融入涉及教育、就业、居住以及社保等多个领域，单一部门或者单项政策是无法解决这一问题的。

2. 移民经济待遇低于移民安置地当地居民

在职业选择上，移民安置后在劳动技能、就业期望、心理素质方面相较之前都有了巨大的改变。由于地区经济条件、卫生状况条件、教育设施以及风俗习惯的不同，移民安置地原居民具有一定程度上的优越感，甚至会有歧视的心理。移民中学历高的人不多，虽然相当部分的移民具有初中以上学历，但还是难以满足安置区对人才的需求，而大多数移民并不愿从事低层次工作，就业容易陷入困境。移民中从事体力劳动的人数实际不在少数，工作强度大，环境差，报酬低。同时，安置地的就业机会会向本地居民倾斜，减少了移民的求职途径，加剧了移民的求职难度，导致很多移民非正规就业，职业风险高，更无安全稳定的保障。有些用人单位将移民和安置地原居民划分为两类，以不同待遇对待，使得移民得不到与安置地居民同工同酬的平等地位；在面临劳动纠纷时，移民时常处于被动的弱者地位，这不仅侵犯了移民的合法权益，也与当前构建社会主义和谐社会的现实要求不符。④ 移民在所享受的经济待遇上，大多数移民的劳动报酬与其实际劳动付出并不对称，且享受不到相应的劳动保护措施。移民的整体工资水平偏低，虽然移民工资水平较以往来说已提升至更高的空间，但在横向比较中，移民的经济待遇仍然比较低，与安置地居民同工不同酬的现象时有发生。

---

① 竺乾威. 从新公共管理到整体性治理[J]. 中国行政管理，2008，(10)：52-58.
② Christensen T, Lægreid P. 后新公共管理改革——作为一种新趋势的整体政府[J]. 张丽娜，袁何俊，译. 中国行政管理，2006，(9)：83-90.
③ 曾维和. 当代西方"整体政府"改革：组织创新及方法[J]. 上海交通大学学报（哲学社会科学版），2008，(5)：20-27.
④ 黄赛燕. 新生代农民工城市融入的社会管理研究——基于城镇化视角[D]. 镇江：江苏大学，2014.

3. 移民难以融入当地公共生活

社会认同度使得移民群体难以融入当地的社会生活。一方面，从移民的意识角度来看，由于从原来的生活环境突然进入一个新的生活环境，却依然保留着原有的生活习惯，导致移民安置地原居民对其评价或好或坏，面对移民安置地原居民大相径庭的评价结果，移民产生巨大的心理落差，同时认知也产生了偏差，对移民安置地的认同感较低。如此一来，现实状况使得他们更倾向于通过移民内部资源来实现自己在移民安置地的人际交往。此外，移民安置地原居民对移民的情感疏离和社会偏见，使得移民安置地原居民同移民之间的心理距离进一步拉大，从而使得移民更倾向于自己组成单独的小群体，在自己的群体中完成日常的人际交往，并且不愿再扩大群体规模，愿意再加入安置地原居民群体的移民甚少，移民的情感诉求和通婚意愿在相当程度上也局限在自己所在的群体范围内。这样一来就进一步加大了移民对安置地原居民的疏离，减少了移民对安置地的归属感，移民通常会形成一个封闭的内部圈子，这给移民安置地的城市社会管理带来一定障碍和难度。

在政治方面，插花分散安置点的移民人数影响其政治参与和管理权，虽然移民享受参与基层选举活动的权利，但由于移民人数少，原住村民排斥，移民很少有机会在村级选举中获胜。这在一定程度上说明安置区的移民人数影响着移民共享政治参与和管理权。在经济方面，移民共享原住村民积累的集体经济存在较大的困难，甚至遇到"一村两制"，虽然同住一个村庄，但对移民是一种政策，对本村原居人口又是一种政策。移民在村庄内仍被看成是外来户，难以实现真正的融合。在文化方面，移民无法共享安置区原有的公共文化设施，在南方乡村，一方面移民无法享用祠堂，无法祭拜祖先，这在一定程度上影响移民对安置点的归属感和认同感，另一方面移民无法共享原住居民的文化活动。

二、移民对于安置结果的表达

当前，移民对安置事宜意见表达的方式主要有走访、信访和电联等方式。比如南水北调东线工程在移民安置后期对移民的意见表达十分重视，凡是来访的群众都被热情接待，讲清政策。在工程收官阶段，沿线某县来信、来访相对减少，10年工程建设期共接待来访群众61次219人，2014年接待来访群众8次11人、电话咨询2次。不论是走访、信访，还是电联，对征地补偿和搬迁安置移民来说还存在着相当大的局限性，一方面，无论是通过走访、信访还是电联的手段，都要花费许多人力、物力和时间成本，对于亟须救济而生活条件又相对落后的移民来说，仅限于这些途径还远远不够，还不足以解决实际问题，依旧存在着一定的局限性。另一方面，征地拆迁移民和整个安置区居民法律意识薄弱等因素都在相当程度上影响了移民表达机制的有效性，即使移民通过上述途径进行利益的维护表达，也存在着困境与阻碍。因此，要想实现这一机制，国家必须通过有力的援助制度来保障移民利益表达渠道的畅通，要完善与移民利益相适应的法律援助与救济制度，要在涉及移民利益方面的政策与法律的制定层面充分考虑移民的利益需求，最大限度地减少其利益损失。

这一阶段主要为移民对政府的直接表达，大多是直接的交流，也有部分移民的聚集。当前的体制使得聚集起来的移民表达必须通过相关途径才得以实现，在移民安置阶段这一现象并不明显，所以这一阶段的移民表达方式依然是一种直接意义层面的移民自身利益的申述与争取。

三、移民对于安置结果表达的内容

移民表达的内容包括补偿金额没有达到预期、工程管理不当对生活造成困扰、家庭内部矛盾和地方操作不当、移民后期补助管理不善等。在南水北调工程建设中，J航道工程移民某水上加油站原在征地红线范围以内，然而在拆迁过程中，要求补偿金额的标准比较高，使得征地红线发生变更。在工程完成后，水上加油站法人代表认为加油站因地面下沉和驳岸下沉无法经营，多次反映情况。省级管理机构进行了协调，方案为委托有资质的工程勘测设计公司对码头沉降位移等情况进行定期观测分析。经过1年观测，2014年10月，工程勘测机构出具工勘报告，报告显示13个监测点中只有2个监测点可能受外力影响出现不规则变形，码头整体结构稳定。基层管理单位及时将报告送给水上加油站法人，使得这一事件得到较为圆满的解决。再如，2014年1月13日，J航道工程涉及某农场W姓居民上访反映，工程管理界址桩埋设的不合理使其鱼塘围堰倒塌，造成了一定的损失，省级南水北调办与农场了解了情况，并告知其解决问题渠道。6月10日W姓居民再次来反映迟迟没有结果，现实缘由为补偿金额没有谈拢。9月16日省南水北调办出面协调，并于9月20日与W姓居民签订了补偿协议，问题得到了解决。此外，T市H区Z姓居民系H区渔行造船厂法人代表，其原有造船厂进行了搬迁安置，然而新址造船厂在工商营业执照地址变更时遇到困难，为此来省进行了政策咨询。省南水北调办对其咨询进行了解答，对其反映的问题进行梳理分析，并与H区拆迁指挥部联系协调解决具体要求，帮助他通过法律途径最终解决了问题。2014年12月16日，TX市H镇D村Z姓居民来电反映妻子一直未能享受南水北调移民后期补助,由于 TX 市没有相应的移民机构,移民办与水利厅移民处联系,将解决时间和联系方式告知上访人,问题得到了及时的解决。

四、本阶段移民参与的特点

这一阶段,移民参与的特点与安置实施"前"和"中"的特点都是不同的,移民安置实施前期更多是标的物的测量,而安置实施中期则是不断出现的一些新问题,具有突发性。移民安置实施后的移民参与问题具有一定的集中性,这种集中性体现在移民可能有某些共同问题需要表达,比如就当地的教育或者基础设施的不完善进行的诉求表达。此外,此阶段移民参与表达的内容也具有一定的独特性,可能是对安置结果的表达。即使进入安置实施后期,也很可能有一些安置实施前或者安置实施中出现的问题暴露出来,此时重新被移民作为一种诉求进行表达。因此,安置实施后移民表达的内容具有非常明显的叠加性,这种叠加性体现在其很可能是不同阶段问题的综合。这一阶段的移民参与方式更加倾向于制度化的途径,这里的制度化途径不是安置实施中的政治抱怨,而是互动形式——信访。这一阶段的移民参与方式具有独特性是有原因的,因为在整个工程的实施中,随着安置前和安置中移民的参与,移民对于整个安置政策已经有了充分的了解,对于一些问题的诉求应该去找哪个部门解决已经有了一定的认识。因此在安置实施后的移民参与方式具有更加清晰的指向性,这种指向性更多是指向一些与移民相关的政府部门。

此阶段移民参与的内容与安置实施前及安置实施中的内容就属性而言都是涉及移民的切身利益,比如安置补偿等。这种切身利益的范围不仅仅局限于经济层面,还集中在安置区的配套基础措施、安置区的福利政策、移民在安置区选举的占比等。就表达方式而言,此阶段的移民参与是前两个阶段的移民参与的经验与认识的积累,移民的表达方式更加顺畅且具有效率,同时更加倾向于制度化的表达方式,而不是一时找不到诉求途径的抱怨。

第五节 移民参与存在的问题

移民是一个缺少组织与代言人的群体,想办法解决其参与问题对于工程建设是必要且迫切的。可以通过相关移民负责部门或者科室组织施工方与移民进行对话,倾听其对于安置的意见,形式多样,但是要确保参与者的广泛性与代表性。

关键在于无论是政府部门还是施工单位，都必须真正地重视移民意见，这样才能帮助移民进行真正有意义且有效的表达与参与。

一、移民参与的影响因素

1. 移民参与的意识

随着社会经济发展水平的不断提高，整个社会参政议政的意识不断增强，参政的领域也在拓展。这反映了新形势下政府对公民权利的尊重，是对公众参与热情的积极回应。公众参与在行政治理过程中的作用日益凸显，并逐渐成为现代公共行政和治理的核心理念与形式。公众心理是通过认知产生情感、引发动机和明确态度这一系列过程，对在社会生活中最直接的表层心理反应。研究表明，专业知识的缺乏、在公众参与的成本和收益中更看重前者、公众参与者素质较低等因素都是公众参与意识不高的原因。[①] 提升移民参与意识必须从根本问题上入手，培养移民的素养和公共精神，营造移民迁出区和安置区健康的社会环境。移民作为参与主体，具有参与意识是必要的前提。参与意识可以激发移民对项目的责任感，使其自觉、积极地参与其中，同时在参与过程中也可以促进和加深移民的公共精神。

移民在工程建设中参与的难点在于各种利益的博弈，移民参与从权利层面来分析是基层群众逐渐被赋权的一个过程，在工程建设中可以理解为是对移民权利的逐渐赋予，这些权利包括其争取自身合法利益的权利以及某些建议与意见权。在市场经济的大背景下，参与主体多元化，施工单位、评估单位以及各层级政府很可能为了某种目的而达成某些方面的一致。这种一致很可能损害移民群体的利益，使得这一群体处于劣势地位，因此当形成这种局面时，再期望移民群体可以公平地争取自身利益则成为一种空谈。一旦移民的利益受到侵害，容易导致矛盾的激化，发生过激行为。这种激化或带来社会风险，或影响政府的形象，同时也会使政府的行为受到一定的抵触。经济上的最优解已经表明解决不同主体利益争端最好的方法是合作，只有通过合作才会使竞争性博弈转变为合作博弈。

2. 移民参与的方式

从宏观角度来看，可以从帮助移民脱贫致富、促进库区与安置区经济发展等方面扩大移民参与的途径。移民参与的水平与移民所在安置区的经济、社会水平密切相关。当移民仍然负债累累，疲于生计，处于贫困阶段时，其相对缺乏时间

---

① 候海军. 公众参与社会稳定风险评估机制研究[M]. 南京：河海大学出版社，2016.

和精力参与到移民工作程序之中。同时,贫困会滋生出更多的矛盾和问题,衍生出一系列非法的参与行为。所以解决移民的温饱问题,帮助移民脱贫致富,促进库区与安置区的经济发展,可以最大化地扩大移民参与的路径。

要保障移民的参与权,不仅需要宏观的制度保障,也需要微观参与机制。水利水电工程移民工作中移民参与的方式多种多样,包括听证会、座谈会、开放式听取公众意见、公告等,但是示威游行和抗议等个人或者集体的行为不能构成移民参与的方式。移民参与应该是合法有序的,是一种民主制度和行使民主权利的正规方式。

移民参与作为一种方法来理解,可以解释为一种参与式方法。这种参与式方法是一种发展主体积极、全面地介入发展过程或发展项目有关决策、实施、管理和利益分享的方式方法。从20世纪80年代末期开始,参与式方法作为一种工作方法和手段,在中国一些国际发展援助项目的规划、设计及实施中逐渐得到应用。这种应用对于改进项目方案设计并取得项目各有关利益群体的理解、支持与合作起到了积极的促进作用,有利于提高项目各参与方的社会责任感,减少社会矛盾和纠纷,防止负面社会影响和不良后果的产生。①

3. 移民参与的效能

移民和政府的互动参与可使参与事半功倍。移民参与应当是实质性的参与,而不仅仅是做表面文章。各级政府和移民管理机构应充分尊重移民的意见和建议。如果移民提出的意见或建议不够合理未经采纳,也应该公开并与移民沟通有关后续处理事宜,以得到多数移民的认同。同时,移民也应当努力提高自身素质,形成科学、理性的思维方式,使移民参与更能够解决实际问题,从而改善社会整体环境,提高移民参与的效能。

二、移民自身存在的问题

通过对南水北调东线L工程移民参与案例分析,目前移民参与存在的问题主要表现如下。

1. 移民参与权利意识淡薄

移民安置规划和移民安置实施前,移民参与及表达是移民参与的起点,这一阶段所体现的移民参与和表达的特点将影响之后每一个阶段的移民参与,且这一

---

① 周建,施国庆,李菁怡. 城市建设征地拆迁中的公众参与——以某机场扩建工程为例[J]. 技术经济与管理研究,2010,(01):73-76.

阶段因为各种主体尤其是以施工方、政府为代表的主体都会进行移民调查与走访，因而这个阶段的移民参及表达应该是形式最多且影响最大的。在这个阶段参与的内容也是广泛的，移民的参与及表达更多的是涉及自身利益的诉求和对工程安全性等问题的质疑。在移民安置规划过程中，移民的主要参与形式是参加各种座谈会和村委会组织的多种类型的会议，在移民安置规划方案确定过程中，移民群体明显处于劣势，只能提出一些建议或者补充，对整个移民安置方案的具体细节以及安置点的选择都没有充分的参与权。同时移民一般很少质疑自己为何没有权力参加移民安置规划方案的具体起草，只是将大部分的诉求聚焦于自身利益；对于补偿标准确定的依据是否科学，移民很少去真正寻求答案，只是更多地质疑已经产生的结果，这充分反映了移民权利意识的淡薄。

不可否认，移民权利意识的强弱受多种因素的影响，比如传统文化的价值取向，中国的传统文化一直缺失公民文化内容，西方的文化一直尝试以权利作为文化的导向，中国的文化更多的是一种义务，一种为集体利益的服从，这种方式的长期存在导致了中国公众权利的消失。① 此外计划经济也是一大影响因素，在中国之前的计划经济体制中，国家、政府及社会具有一体性，公众的地位微不足道，基本没有向国家和单位提出权利的能力，个人的政治生活空间很狭小，政府的权力被无限制放大。市场支配能力不足必然导致两个结果：一，不受约束的行政权力和首长权力；二，难以内生对权利的普遍要求。② 移民在整个工程进行过程中的利益诉求是存在的，而且这种诉求会不断发展，逐步表现在工程进行的各个阶段以及移民生活的多个领域。在传统的移民安置工作中，移民群体往往处于弱势的支配地位，其表现多为被动地执行相关政策，无法充分地将自身的意见或者建议反映到公共政策的制定与执行过程中，这也导致了移民对参与的漠视，也在某种程度上加大了移民参与的成本。成本的高昂（包括时间、精神和物质）与实际取得的效果（看到自己的意见无法得到反映，而且还有"搭便车"的问题）的不匹配也是移民参与公共决策过程中积极性不高的另一个原因。③

2. 移民的整体素质较低

大多数移民的文化素质还不是很高，导致其参与各种类型的安置规划会议时

---

① 符晓薇. 电子政务时代公共政策制定中的公民政治参与[J]. 商业时代，2006，(17)：42-43+47.

② 陈戈寒，曾伟. 试论中国人权保障面临的双重矛盾[J]. 湖北商业高等专科学校学报，2000，(04)：53-56.

③ 同①.

缺乏应该具备的知识与技能,这直接影响了移民表达与参与的广度和深度。教育发展水平的低下对移民群体的影响表现如下:一,移民参与的知识、手段的缺乏。移民参与的知识和能力是决定其参与效果的重要方面,只有具备一定的知识与能力,才可以充分维护自身利益,而文化程度和受教育水平直接影响其参与政策过程的民主意识和参与的实际效果。① 二,不了解移民安置整个政策过程,对安置政策所要解决的主要问题及背景缺乏科学的认识,对由移民安置政策的制定及利益格局的调整引起的各种冲突不能很好地预知。三,移民群体占有信息的不完备,导致其无法预知移民安置政策所带来的资源配置结果。四,移民参与安置政策及整个工程过程的理性不足,绝大部分的移民参与及表达都不是基于自身的责任感,也不是出于自己对义务与权利的重新定位。有的是跟随大家的申诉,有的是在欠缺考虑的前提下做出的行为。由于移民参与的方式并没有法律赋予的规范和地位,因此政府在此问题上也同样存在诸多问题,这使得移民参与形式显得杂乱。

3. 移民的表达与参与能力不足

移民参与及表达虽然方式多样,比如各种会议、向各个利益主体进行诉求等,但是都难以发挥大的影响。安置实施前的移民参与途径相较安置实施过程中的参与途径是更丰富的,在整个工程移民项目中,移民参与方式最丰富的表现处于水库移民安置实施前以及安置实施后的后期扶持中,然而总体的影响力却很一般,这也从侧面反映出移民参与能力的不足。移民整体素质偏低,加之参与政策的不透明,导致移民对安置政策的理解能力不够,使得现实中移民参与的能力不足,有效性低。例如黄河小浪底水利枢纽工程 H 省 X 县一个移民村,对于全村是否搬迁至开封县(祥符区)这一问题,通过全村参与形式多次对安置村进行实地考察,投入了大量财力和人力,但最后由于个人评判的价值观点不同,始终未达成一致意见。②

4. 移民参与的动机较为简单、狭隘

移民参与及对有关安置的抱怨都与自身的利益息息相关,或者说移民是基于利益这个关键词进行参与的,否则移民是不会参与到工程各项事务中的。他们更加关心的是自身的生产与生活,移民的政治觉悟还没有高到通过对安置工作的参

---

① 孙永怡. 我国公民参与公共政策过程的十大困境[J]. 中国行政管理,2006,(01):43-45.
② 余文学. 水库移民引入参与机制的障碍[J]. 水利经济,2006,24(1):77-80+84.

与来配合国家的方针政策,使国家的水利水电工程建设政策及决策更加科学化与民主化。移民参与和抱怨以及诉求具有一定的功利性,移民期待通过这种参与和抱怨改变当前的安置政策所带来的利益不均,或者期待通过这种参与和抱怨来维护自身本应具有的合法利益。正因为如此,移民参与主要集中为低层参与,这种低层参与往往影响的是政府决策的执行过程而不是政府决策的制定过程,其狭隘的个人利益动机导致其在参与过程中往往采取非正规甚至是非法的参与手段,很难在参与过程中对政府行为形成有效的压力,影响了参与结果的有效性。[1]

三、移民参与的渠道不足

1. 移民参与缺乏组织性与连贯性

移民在安置过程中的参与人数一般都是几个人,很难有组织地进行。在上述案例中的制度化参与,5 户村民的信访相对来说有一定的组织性,即 5 户村民联合起来通过制度化的参与表达自身的利益诉求,而其余移民非制度化的抱怨则相对没有组织性,只是单个移民的自身行为,是为了维护自己的利益或者因为自身利益受损而进行的参与。此外,移民参与还缺乏连贯性,制度化参与具有回路,非制度化抱怨通过走访或者电话投诉等手段进行参与,也是有反馈意见的。但是在现实生活中存在很多移民通过一定的参与渠道进行表达却没有收到反馈的情况,而且从开始参与就是失败的,缺乏应有的连贯性。移民的意见输出了,但就仅仅是输出而已,在输出时就已经停止了,没有反馈意味着只是单方面的输出,而移民在安置过程中的参与应是一种参与—反馈—再参与的循环过程。如果只是成为政府或者被申述单位的材料收集过程,那么这种参与是失败的,也是低效的。此外,对移民反馈意见的处理缺乏公正性,有关管理机构过分注意正面、有利于项目建议书审批或者文化素质较高的公众意见,对不利于水利工程建设或者文化层次较低的公众意见置之不理,这种厚此薄彼的做法影响了公众意见的真实性。[2]

2. 移民参与的方式较为单一

绝大部分的水利水电工程项目召集公众进行参与的方式都是自上而下的,比如施工单位或当地政府组织的会议、各项调研、村民大会及村民小组会议等,这

---

[1] 彭小霞. 被征地农民非制度化政治参与:特征、成因与制度化转向[J]. 求实,2014,(03):84-88.

[2] 罗小勇,邹颖. 论水利水电工程环境影响评价中的公众参与[J]. 水电站设计,2007,(02):105-107.

使得移民整体上处于一个相对比较被动的态势。移民在这一阶段的互动，主要是通过信访进行的。信访属于中国政治体制内被认可的制度化参与路径，而移民非制度化参与主要是通过向有关单位进行申诉或者走访进行的。总体来说，无论是制度化参与还是非制度化的抱怨，移民在安置实施中的参与路径都是相对单一的，造成这一现象的原因既包括移民本身的素质、知识结构、政治素养与能力，也包括目前中国工程移民法律法规的不健全，尤其是移民在安置过程中参与的法律法规的缺失。目前，中国移民参与工程项目系列环节的内容仍然处于探索阶段，比如目前移民参与最常见的方式是问卷调查，而大部分的问卷调查结构及题目设计存在缺陷。

第六节 加强移民参与的对策

为让移民能够全面、充分地参与土地征收补偿和移民搬迁安置实施的整个过程，需要相应地在多个方面采取措施。在个人层面，需要提高移民的参与能力；在参与渠道层面，需要建构多元化的渠道让移民充分地参与其中；在政策保障层面，需要为移民积极参与提供良好的平台与完善的保障措施。

一、提高移民的参与能力

移民参与能力直接关系到移民参与的实际效果，关系到工程建设能否顺利地进行。移民参与的中心是人，参与者必须具有一定的知识与才能才可以高效率地参与到工程建设中。移民参与意识、对工程知识的了解直接影响其参与的质量，也影响着移民的参与热情，必须加强对参与者能力的建设与培育。移民参与的能力体现在以下两个方面：一，参与意识，应不断鼓励移民参与，通过接受移民提出的合理建议和要求激发移民的参与热情，对移民安置前及安置规划方案的确定进行民主监督，转变思想观念并培养合作精神，促进移民参与，让工程项目的目标群体意识到项目关系到他们的切身利益，让移民了解参与是一种应承担的责任；二，移民安置知识，结合移民受教育程度可以采取多种生动有效的宣传形式增强移民对安置的了解，提高其参与的能力。①

1. 强化法律意识，促进移民合法参与

加强对有关移民政策的研究。首先，中国大部分水电工程都建在偏远山区；

---

① 刘洪波. 公众参与水利工程的参与机制研究[J]. 安徽农业科学，2009，37(11)：5180-5181.

其次，中国农村村民都习惯了听从，不会对参与决策表示怀疑与不相信，更何况是移民参与；最后，有些政府人员习惯了发号施令，对让民众参与感到担忧，付诸行动更是难上加难。因此，要向移民积极宣传法律知识，培养移民的权利意识，不断鼓励移民进行参与，通过接受移民提出的合理建议和要求来激发移民参与的热情，鼓励移民对政府人员的工作进行民主监督，目的是要从根本上转变观念，培养移民与政府的合作精神，促进公众参与。[①]

具体而言，施工方及地方政府等可以采用多种形式将移民信息传递给移民群体，包括电视广告、宣传册、网站及 APP 等。互联网覆盖面及其影响力的扩大值得水利工程主体的关注，创新与移民沟通交流的手段，扩大移民参与范围。同时不可忽视传统的方式，尤其是在经济发展水平较低的区域，比如深入村落进行移民知识的宣传、政策的解读，对相关标的物的补偿标准进行专门的听证，发放移民家庭财产登记表及意愿登记表等也是十分有效的。在保障移民的充分知情权时必须要注意语言的可理解性，移民的素质决定了其不可能与专家相比，因此对移民安置前的有关政策及工程概况要通俗易懂地宣传与讲解，把较为专业性的移民问题真正转化为普通民众可以较好理解的大众语言。

2. 建立一个对称的信息渠道，加强移民对工程常识的了解

建立一个与工程相关的开放信息渠道，使利益各方进行有效的协商、对话与决策，提高移民参与工程建设的积极性，使移民工作决策过程透明化，预防弄虚作假等行为。同时，移民的能力、文化素质、对工程知识的了解等因素会直接影响移民参与的程度与质量，进而影响整体移民参与的热情。考虑到中国农民的文化素质整体有待提高，应该采取各种生动有效的宣传形式，充分发挥各种媒体的力量，帮助移民提升对工程建设的知识，提高移民参与工程建设的质量。

3. 正确引导，提高移民参与意识

由于中国历史及社会经济发展的不平衡性，导致中国移民基本属于相对落后、受教育水平偏低的群体，从而决定了现阶段移民水平与能力较弱的现状。因此需要完善和构建增强移民参与能力的机制，改善社会的配套环境，包括提高移民受教育水平和文化知识水平、开阔移民的视野、提高认知能力、提倡性别和种族平等、发挥移民代表作用等。

参与意识是产生情感、引发动机、明确态度从而形成价值观的前提。各级政

---

① 王丽婷. 农村征地移民参与研究[D]. 南京：河海大学，2007.

府和移民管理部门都应明确移民参与的主体性,发挥公众参与制度保护移民群众合法权益和诉求的作用,通过实际行动正确地引导移民积极参与,提高其参与意识。各级政府和移民管理部门应该经常深入到移民中去,加强与移民之间的联系与互动,使移民产生"安全感",愿意参与、敢于参与、乐于参与。同时,要对移民参与加以指导,根据移民的自身情况,通过耐心细致的讲解让移民了解参与的途径,真正有效地提高移民的参与意识。要重视移民政治心理能力建设,提高移民的参政热情与公共精神,让移民群众认识到现实的政治参与他们的自身利益是密不可分的,从而实现其被动政治参与向主动政治参与的转型。①

二、完善参与渠道,明确移民参与的路径

1. 构建移民参与途径的多元化与有序化

目前,移民的制度化参与途径一般以信访为主,通过信访表达自身的利益需求,但是信访也有可能得不到应有的回复,出现这种情况则无法构成一个完整的互动过程,这样移民会诉之于抱怨。抱怨的途径可能是通过村委会或者上访到能解决问题的层级对象。因此需要促进移民参与途径的多元化,疏通移民的利益表达渠道,同时要推进安置决策的民主化与科学化。然而实现移民参与途径的多元化与有序化并不容易,至少在目前的制度安排下是非常困难的,因此有必要进行大胆的创新,可以尝试建立移民调解工作室。工作室应是独立运行的,由政府、工程方及移民代表组成,将其衔接于乡镇政府一级,在盘活政府资源、限制工程方自利性的同时,在很大程度上促进移民参与、解决抱怨问题。

(1) 移民调查

移民调查就是使用问卷调查的方式选择具有代表性的移民,针对移民政策相关问题或政府管理活动的意见和态度进行调查。调查问卷需要提供具有概括性和开放性的问题,允许移民按照自己的真实意愿表达看法并提出补充意见。问卷中所提出的问题一定要结合移民工作及其实施中的问题,并且体现出政府决策和管理的核心内容。这种参与方式的优点在于通过对移民的随机调查可以推断较多移民的意见。

(2) 公众听证会

听证会制度最早来源于国外的司法实践,是一种将司法审判模式引入行政管理和立法程序的制度。听证会制度模拟司法审判模式,由对问题持相反意见的双

---

① 巨英,嵇雷. 论水库移民的政治参与[J]. 经营管理者,2011,(1):55-56.

方互相辩论,对辩论双方都具有较强的约束力。① 在移民工作中引进听证会制度,可以了解和收集移民对某个政策、某项决策或某项管理活动的意见和反馈信息。听证会的最大优点在于在一个公平公正公开的环境下,移民和政府都可以充分阐述自己的主张,从而使所得信息真实有效。

(3) 咨询委员会

咨询委员会制度是目前世界上许多国家政府和社会公众进行沟通、公众参与国家决策和治理的有效途径。由移民问题研究专家、社会各界精英代表和移民代表组成的咨询委员会可以为移民工作的政策制定,库区和移民安置区政治、社会、经济发展的战略定位,以及中长期发展规划和后期扶持政策实施中的问题提供咨询,出谋划策。移民通过这种有序的机制,对政府处理移民的各项工作进行评判,对移民利益的集合、维护和分配提出自己的意愿,加强移民和政府间的沟通和交流。

2. 完善畅通移民的利益表达机制

只有畅通移民的利益表达机制,才可以形成良性的循环。畅通的机制、参与途径的多元化、参与途径的有序化三者之间是相互联系的,没有畅通的表达机制,参与途径的多元化就会成为泡影,有序化也成了空谈。利益表达机制是移民参与机制的基础,建立畅通的利益表达机制是实现移民参与的重要途径,也是保障移民的合法利益诉求得以有效传达的制度基础。水利水电工程移民的利益表达机制应在制度上确定移民的利益主体地位,地方政府应转变"强势行政"的管理思路,向"服务型"政府转变,从而保障移民的利益诉求得到充分表达。

建立畅通的利益表达机制需要水利水电工程移民和地方政府的相互协作来完成,同时为了保障利益表达的合理性和有效性,地方政府应定位于"服务管理"机构,出台相应的移民利益表达制度,为移民开辟利益表达通道,促使移民参与到表达机制中。工程实施方应结合工程建设的具体情况,与移民进行充分的沟通,使移民理解工程建设的影响和效益。移民在与地方政府的沟通中应形成相互理解、相互支持的友好对话局面,增强合理表达自己合法权益的意识,减少采取激进表达行为的概率,从而形成完整、和谐的移民利益表达机制。② 在具体的实施过程中,地方政府出台有关水利水电工程移民权益的政策法规时,应先听取移

---

① 候海军. 公众参与社会稳定风险评估机制研究[M]. 南京:河海大学出版社,2016.
② 桑梓,洪剑陵. 水利工程失地农民的社会参与机制探讨——基于失地农民的社会参与意识与参与行为的分析[J]. 辽宁农业科学,2015,(01):38-42.

民的集体意见,采用如听证会之类的征求民意制度,让移民有充分表达自己利益诉求的机会;移民可以依靠制度保障参与地方政府的相关实施行为,有效维护自身的合法权益,实现由低效参与向高效参与的转变(图 9-1)。

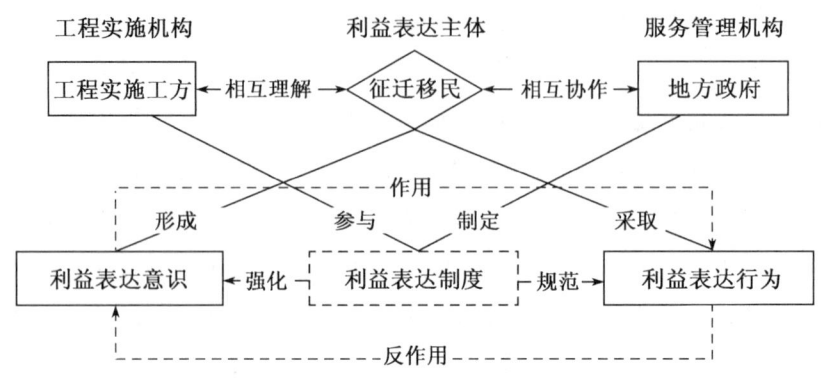

图 9-1 畅通的水利水电工程移民利益表达机制

3. 完善信息系统,构建信息交换网络平台

随着互联网渗透率的提升,近年来社会环境的变革增显了公众参与的重要性,而科学技术的发展为公众参与的途径提供了更多可能。[①] 互联网快捷、自由、开放、互动、创新的优势彻底改变了人们传统的生活与交往方式。构建信息搜集、传输、智力系统,建立绿色的信息交换网络平台,有利于水利水电工程移民表达自己的诉求,实现信息对称,完善政府决策的智力系统。通过制度化的设计,移民信息交换网络平台便于移民参与其中,使政府、移民、专家学者均可以在这个平台上直抒胸臆,交流对移民政策及其实施情况所产生问题的意见、建议和思考。政府及时发布信息、移民积极表达态度和意见、专家提出专业建议,信息交换网络平台可以用最少的参与成本和最便捷的沟通渠道促进移民参与的建设与发展。当然,设计精良且维护较好的信息交换网络平台的确可以赢得民众的满意和认可,但是如果没有到位的宣传和推广,没有真正发挥较大的作用,民众也未必经常使用。因此,政府部门不能"一厢情愿"地提供"互联网+政务服务",应考虑所提供服务与移民的需求是否匹配,其能否得到普及和应用。

三、保障移民参与的政策环境

1. 建立健全移民参与的法律法规

水利水电工程移民参与及抱怨之所以会无秩序且缺乏组织化,很大程度上是

---

① Dutt P, Mitra D. Inequality and the Instability of Polity and Policy[J]. The Economic Journal, 2008, 118(531): 1285-1314.

因为相关法律法规的不健全,而法律法规的健全有利于建立一个相对一致的信息渠道,这个对称的信息渠道有利于保护移民的利益,同时可以使各方利益主体依法进行有效的协商与对话。要从法律上明确移民的参与权,水利水电工程建设必须要有一个有关各方利益都可以平等和自由对话的平台。通过这个平台去进行移民参与及抱怨的协商与谈判,最后达成妥协。同时要完善信访制度,这是移民主要使用的制度化参与途径;要完善质询制度与举报制度在移民安置法律法规中的作用,促进移民参与途径的多元化与有序化。通过相关法律法规的完善,为移民提供一个较为可靠且有效的参与空间与渠道,使移民可以通过行政与司法程序有效地保护自身的合法权益,进而进一步向维护公共利益的层次迈进,最终达到移民决策权的拥有而不是简单的参与。要适时健全移民参与工程决策的法律法规,使工程决策的移民参与规范化和法制化,从而可以为移民参与决策提供一定的制度保障,使移民参与工程决策过程得到保障。中国是人口大国,要想稳住基础就要制定合理的人口政策并不断加以完善,如家庭福利政策、计划生育政策等。与此同时,还要完善劳动就业政策,充分保障水利水电工程移民在安置地的合法权益,保障其劳动权不受侵害,使得这一"特殊群体"的权益能以法律的形式得到更好的保护。①

2. 完善救济或公共救助政策

要完善救济或公共救助政策,保障水利水电工程移民的基本生存能力。同时完善移民就业政策,移民安置地的就业政策应该平等惠及移民,不可偏向移民安置地原居民,忽略或不重视移民的就业需求;应当不断拓宽移民的就业渠道,进一步提升移民的就业能力,改善其就业难的状况。完善社会保障政策,移民应该享有与安置地原居民同等的社会保障和社会救助权利,享受同等的失业保险、生育保险、医疗保险,享受同等的各种福利待遇、子女教育等权利,消除差别对待,消除不平等的社会体系,改善移民在安置地的生活状况,维护移民的尊严,增强其归属感。②

3. 构建公平良好的社会语境

由于受到一系列因素的限制和阻碍,大多水利水电工程移民在安置地的生活

---

① 何嵘. 三峡库区移民安置补偿制度的缺陷及完善——来自湖北省郭家坝镇的调查报告[D]. 重庆:西南政法大学,2008.
② 黄赛燕. 新生代农民工城市融入的社会管理研究——基于城镇化视角[D]. 镇江:江苏大学,2014.

状况不好，甚至成为安置地生活中的"特殊群体"，会跟安置地原住居民产生利益冲突，二者之间的社会关系处于矛盾之中。一旦移民将自己不如意的境遇归结于安置地原住居民的剥夺，就存在潜在的冲突危险，甚至会引发移民抱怨的扩散。倡导社会公平不应该仅仅停留在口头上，关键的是要落到实处，真正地对当前的利益结构做一个完整而彻底的调整，最大限度地减少双方的利益冲突，减少收入财富分配中的不公正现象，不断完善社会保障制度。[①]

[①] 黄赛燕. 新生代农民工城市融入的社会管理研究——基于城镇化视角[D]. 镇江：江苏大学，2014.

第十章　移民村"空心化"现象及其治理

改革开放以后，中国农村剩余劳动力逐渐转移到城市，尤其是近年来，农村开始出现人口空心化现象。刘彦随等指出，农村空心化的出现是农村推、拉力及城市的推、拉力相互作用的结果。城乡发展不平衡，农村教育、医疗等整体发展水平较为落后，以致大量作为农村建设中坚力量的青壮年农民选择进城务工，老幼群体留守村中。① 中国农村空心化现象逐年加剧，人口大量外流使农村劳动力短缺，导致农村产业发展愈发滞后。中国农村从人口到产业的空心化现象给乡村振兴战略的实施带来了重重阻碍。水利水电工程农村移民作为农民的一部分，尤其是集中安置的移民村也难免出现了这种现象。党的十九大报告首次提出乡村振兴战略，旨在建立健全城乡融合发展机制体制和政策体系，同时加快推进农村现代化进程。② 这是为解决农村发展不充分以及城乡发展不平衡而制定的重大战略决策，事关国计民生的"三农"工作也将遵循这一战略调整方向，进入一个崭新的历史阶段。作为这一战略的关键主体，农民群体有着不可替代的作用，水利水电工程移民问题也在其中。

第一节　移民村"空心化"现象调查

一、移民村空心化的基本特征

学术界关于农村空心化的现有讨论普遍认为经济理性因素是农村空心化的主

---

① 刘彦随，刘玉，翟荣新. 中国农村空心化的地理学研究与整治实践[J]. 地理学报，2009，64(10)：1193-1202.

② 习近平. 决胜全面建成小康社会夺取新时代中国特色社会主义伟大胜利——在中国共产党第十九次全国代表大会上的报告[M]. 北京：人民出版社，2017.

要原因，农村的人口、产业、土地、文化及社会网络等多重要素相互影响并向城市进行偏移。由于我国长期运行城乡二元经济体制，经济收入的剪刀差使得大量农村人口从农村流向经济收入高的地区从事非农工作。除此之外，农村宅基地政策管理落后、现代农村家庭结构功能变迁及地理区域资源优劣等自然因素也是导致农村空心化的重要因素。在这种形态中，集中安置的水利水电工程移民的重要就业途径是进城务工，在农村空心化的状态下，移民村的情形基本上是一样的，尤其是集中安置的农村移民，产业空心化和人口空心化是两个较为突出的特征。

1. 移民村产业空心化

虽然采取了种种措施，尤其是国务院自2006年开始实施的大中型水库移民后期扶持政策取得了一定的成效，但支持产业发展的一系列生产要素难以在移民村中长期稳定存在，造成了产业的空心化状态，如产业技术、产业发展所需要的经济支持和及时的信息资源。多数生产要素向移民村外流动，使得移民村传统产业即农业的生产效益低下，导致部分移民选择放弃土地耕种外出打工，传统农业逐渐衰退。与此同时，在移民村中可以代替农业使移民获得经济优势的产业又难以产生，新产业和新模式发展较为缓慢，资源配置效率低，导致留在移民村的移民就业机会逐渐减少，移民经济难以维持生计。产业空心化导致移民的生产潜力难以发挥至应有水平，致使移民村劳动力短缺，以致移民村资本无法进行增殖和累积，加剧了移民村劳动力价值低水平的困境，形成产业空心—劳动力价值难以实现—移民村资本无法累积—产业空心的恶性循环。

2. 移民村人口空心化

移民村人口空心化是指移民村优质劳动力大量转移出移民村，致使移民村人力资源流失和青壮年人口比例下降。农村人口空心化带来诸多问题，例如留守儿童教育与心理问题、农村家庭养老问题、土地资源合理分配问题和农村基层治理问题等。由于国家供给侧改革成果较为突出，不断释放出改革成就的经济活力，城市就业机会持续增加，开启了农民以自发形式开展新的离乡务工热潮。[①] 移民村留守人口结构失衡，留下的多是老人、妇女和儿童。移民村人口流出的发展历经从就近地区短距离迁移到经济发达地区，再到经济发达地区的大中小城镇，这是一个流动合理调配的过程，移民村人口呈现出大规模单向从移民村流出至城市

---

① 李罗. 二元经济背景下我国农村的空心化特征与治理策略[J]. 内蒙古财经大学学报，2017，15(02)：26-28.

的空间特征，且呈现出逐年增加的趋势。

二、移民村人口向外流动与移民村村庄变化——基于 H 村的调研

改革开放以来，我国逐步放宽了农村人口流动政策，伴随着城镇化进程的推进，农村人口持续地向外流动。首先，农村人口流出经历从以附近短距离流动为主，到以长距离跨区迁移为主，再到大中小城镇流动协调分布的发展过程；其次，农村人口流出表现为大规模单向流出、城镇人口大规模单向流入的空间特征；最后，农村人口流出呈现出规模大、年轻化、受教育水平低且以自发形式为主的特点。伴随农村人口流动而来的是农村的各种社会问题，比如农村地区青壮年劳动力、资金、消费主体大量向城镇流动，农村人走屋空和土地荒废带来的资源浪费，农村人口流动使老人养老和农村儿童受教育等问题日益凸显。中国目前正处于城乡转型与重构的关键期，城乡人口流动、社会经济发展要素重组与交互作用加速，城乡转型过程中农村人口非农化引起乡村地域系统剧烈演化，以农村人口流动导致的农村凋敝问题已成为影响中国区域平衡发展的主要问题。移民村的情况类似，呈现出同样的特点，本书选取 H 移民村进行了田野调查。

本调查旨在弄清移民村流动人口向外流动的大致方向以及背后的逻辑关系、人口向外流动的原因、人口流动对移民村的方方面面带来的影响，判断是否会带来新的改变。

1. 研究方法及村庄概况

运用观察法和半结构访谈法相结合的方式收集第一手资料，一方面依据在移民村中的日常观察以及对村庄中发生的事情的客观描述进行分析，另一方面在访谈的过程中采取半结构化访谈。在访谈前根据对方身份及研究需要获取的信息类型，对需要询问的问题做简单的访谈目录，在访谈中与被访谈者进行日常交流，交流的内容围绕访谈大纲展开，偶尔也会偏离访谈主题说一些题外话，这样有利于获取新的发现，最后将访谈记录进行整理归纳和分析。

移民村空心化调查将调查对象的情况置于其所处的生活背景环境，可以更好地掌握研究对象的情况和信息。由于 H 村是集中安置移民，村落较小，在其所属的管辖县政府官网详细介绍中该村的信息较少。不过，H 村是本调查团队中一个成员从小生活的村子，对其基本情况有大致的了解，并且容易进入调查。H 村位于 H 省 J 市 H 县，距离县城 40 公里，有一南一北两条线路通向县城，全村约有 253 户，1 010 口人，共有耕地 12 300 亩。该村庄为水库移民集中安置点，地理位置较为偏僻，在 Q 河和 E 河的交汇处，水资源丰富，适宜水稻种植。H 村多数村民的主要收入来源为农业,全村以水稻种植为主,也有部分村民种植黄豆和玉米。由于 H 省冬季可长达五个月,其种植周期为一季,即春天播种秋季收获。该村是一个以农业为主的传统自然村,村民曾经的日常生活紧紧围绕着土地,极少有第二产业和第三产业。村庄总体经济水平在全县偏低,而 H 县在 2014 年被评级为贫困县。自 2006 年国务院实施大中型水库移民后期扶持政策后,村庄的基础设施情况才有所改变,2016 年全面安装自来水系统,而此前都是每户村民自家打井取水用。村内在 2005 年之前设有小学,后经县里对村镇教育的统一安排,该小学被废除,学生需前往 15 公里外的另一个村庄接受小学和初中教育。

2. H 村人口流动的基本方向

除继续留在村中从事农业生产活动的移民,H 村流动人口大致有以下四个去向。

(1) 陪读

上文提到,H 村并无小学和初中,孩子接受九年义务教育必须前往其他村子。由于上小学和初中的孩子年龄尚小,较少有家长选择让他们住宿,只有部分劳动力较少、家里农活忙不过来的家庭在不得已的情况下会让孩子寄宿,其他大部分家长会选择陪读。家中未成年人继续升学,开始就读高中。H 县共有 H 县第一中学和 H 县第二中学两个高中,其中 H 县一中教学质量较好,升学率高,H 县二中教学质量差。如果孩子考高中的时候考到 H 县二中,一般家长就不会进行陪读,因为普遍认为考上二中的孩子以后难上大学本科,陪读也失去了"让孩子学习更好"的意义,并且孩子成长到了高中阶段,已经被认为有了一定的生活自理能力,所以考到二中的孩子鲜有陪读。考入 H 县一中的孩子的家长,即使在家里农活分身乏术的时候也会选择陪读,其认为这是孩子学习生涯的关键三年,要提供好的生活条件,让孩子的日常生活后顾无忧。

> 我来这陪着孩子,他平时就能专心学习,这几年可是关键,不能耽误了他,我来这陪着他就不用愁每天吃什么饭,也不用自己洗衣服,能安心学习。在这陪着他看着他点也好,省的和别的小孩学坏、打架、去网吧啥的。他也知道我们过来陪着他不容易,会更好好学习的。

一个刚上高一的男孩的妈妈对调查人员这样说道。同时调查人员也了解到,在高中附近有很多楼房就是专门用来租给高中陪读的家长,看每年的行情不同,租金也不一定，但是租金上下浮动不大，大多数都是一租租三年，三年的租金共为33 000元左右。

通过滚雪球的方式，本调查团队也接触到了更多的陪读家长，得知陪读的模式基本有两种情况。一种是让祖辈过来陪读，一般是奶奶来陪，这种情况多是由于父母为生计在外地忙碌，不得已离开孩子，总的来说还是占小部分。另一种是孩子父母来陪，多数情况母亲陪，而父亲会因为农业工作在村里、县里两头跑，如果实在是农活忙不过来了，母亲也会回家一段时间，等清闲一些再过来陪伴孩子，或者趁周末的时候回到村里帮家里干活。这些陪读妈妈因为同在学校附近陪着孩子，又会建立起新的人际网络关系。

(2)"80后""90后"在城市工作

在移民村子长大的"80后"和"90后"在完成九年义务教育后，有些人读了中专、大专和本科，有些人则直接进入社会，选择返回家乡种地的很少。一方面，因为已经见识过大城市的好处，如交通便利、购物方便、业余生活丰富、娱乐场所多；另一方面，在城市摸爬滚打多年，也逐渐拥有了一技之长，可以在城市立足。关于"80后"的个案，调查人员访问到了一位有两个儿子的母亲，问及两个儿子都在哪里发展时，她如此回答。

> 大伟读完中专之后，就去上海闯荡了，这不也闯了十多年了吗，现在在上海当酒店经理呢，一个月也能开一万多工资。亮亮现在在北京给人看饭店呢（管理饭店的意思），就是非诚勿扰那个孟非，他开的饭店，也能挣不少钱了。他们刚出去的时候，那我们当然担心啊，在外面能不能生活好啊，那能咋办，他俩也不愿意回来种地，好歹算闯出名堂了。俩人也都结婚了，就是不愿意要孩子，说不好养，现在的年轻人好像挺多都这样，大城市就是压力太大，没有孩子也行，省的还得操心，我还挺乐意抱孙子的，他俩不愿意生孩子也没办法。

由于调查者就是"90后"，村子里的"90后"和调查人员是互相认识的，他们这些人也分布在各地，有在长春销售汽车的，有在无锡当护士的，有在哈尔滨当客服的，有在广州当列车乘务员的，有在部队当兵的，也有在深圳从事心理咨询行业的。一位团队成员回到村子调查时，其一个朋友也恰好回村探望父亲。她是1995年人，上完中专后就直接进入所处的县城工作，开始时当饭店服务员，后来当了县城某企业的会计，仔细一想，她已经在社会闯荡八年。在聊到结婚这件事的时候，她这样表示。

> 本来以前我以为我 24（虚岁）就会结婚，没想到现在已经 24 了，我再给自己三年时间。
>
> 以后当然不可能在这发展，在这养老还有可能，那也得看这小村以后啥样了。

(3) 弃耕打工

曾经从事农业耕种的移民，近几年开始有了去外地工厂尤其是浙江和深圳工厂打工的趋势，主要从事流水线工人的工作。据了解，这份工作不需要什么专业技能，只要手脚麻利、眼神好就能做得来。去流水线打工的女性村民居多，调查人员访问了一位于 2017 年在义乌工厂待过一年的妇女，她今年 52 岁，2017 年和妹妹还有妹妹的女儿一同在义乌工作，同行的还有村里几个妇女，她向调查人员介绍了她当时在一家衣服加工厂工作的原因。

> 那几个小媳妇说在那面打工不错，她们也挣了点钱，叫我和我妹妹也一起去，我们仔细想了下，我身体本来也不太好，干不了种地的重活，种地还有我丈夫，平时我也帮不上什么忙，还不如出门打工挣钱。

由此可见，也是由于有熟人在那里打工，她们才能放心去那里工作的，农村传统的熟人社会在现代化的进程中仍然起着一定的作用。她的主要工作内容是筛钻和服装烫钻，即筛选合格的钻饰和在衣服上粘贴这些钻饰，并且用熨斗溶胶后烫出相应图案。

> 要是在工厂住，就给包吃住，不在工厂住，包吃然后每个月给三百块钱的房补，我们当然是在那里住。每个月保底工资三千，多劳多得，我一个月能挣四五千。

问到为什么这两年不去那面打工了，她这样回答。

当地有的工人心眼坏，和我不对付（相处不和谐的意思），不如在家过得舒坦，等什么时候想去，再打听一下换个地方去。

后来和其他同去打工的知情人闲谈时，得知是她性格太直来直去，在外打工防备心也有些重，就免不了和他人产生矛盾。

（4）去西藏开餐馆

近几年，去西藏的旅游区开餐馆开始在H村掀起热潮，H村的人开始陆续朝这个方向发展。村里现在约有二十余户前往西藏开展餐饮事业，多是夫妻为一个单位共同经营，也有少部分是兄弟一起经营。餐馆主要营业内容就是家常菜和饺子，营业地点集中在日喀则和阿里地区的旅游区附近的村镇，交通枢纽或国道、省道交界处，主要靠旅游的人流量盈利，旅游淡季挣得少一点，旅游旺季挣得多一些。旺季时不扣除成本一天可挣一千元左右，每年可盈利十万余元。一般是每年三月出发，到十二月回到村里，第二年再根据现实情况考量是否继续开餐馆。

村里最早开始这项事业的可以追溯到2014年，一对夫妻听说其他村的人在西藏开餐馆特别挣钱，就多方打听去西藏开餐馆的条件，如需要准备多少资金、店铺如何租赁、开店需要办什么营业执照等前期准备，并且前往西藏当地进行实地考察，认为这条赚钱的路子可行之后，就在第二年的春天出发前往西藏日喀则市的某旅游区所在村镇。虽然初期时磕磕绊绊，但餐馆事业也逐步走向正轨。这对夫妻去西藏开了两年饭店，就换了十几万的新车。因为村子是一个熟人社会，做出不同行动的人会受到村里的普遍关注，在西藏开餐馆真的可以作为一条致富之路的消息也传入大家的耳中，于是有这种打算的人就以请吃饭的方式去那对夫妻那里讨教方法和经验，越来越多的人开始了西藏之行。

虽然去西藏开餐馆给村民的生计带来了很大的发展，但村民前往西藏经营饭店也会遇见一些困难。首先，西藏和H省是有时区差别的，国家为统一时间计量标准，统一使用东八区的区时，但我国跨五个时区，每个地区都有一定的时间差别。H省J市位于东九区，而村民前往的西藏日喀则和阿里地区位于西藏西北部，属于东五区，日出日落时间相差4个小时左右，早饭、午饭、晚饭相应也有时间差别。其次，前往西藏的村民长期生活的H省是平原地带，而经营饭店的地点多处于高原地带，海拔可达到4 000米以上，当人们从平原进入高原地区时，通常需要2~3个月的时间慢慢适应当地的低氧环境，这样才能进行一般正常或接近正常的脑力及体力活动，给村民适应当地生活带来了一定的困难。最后，西藏的日照时间长，太阳辐射强，高原空气稀薄清洁，尘埃和水汽含量少，大气透明度比平原地带高，太阳辐射透过率随海拔高度增加而增大，强紫外线和太阳辐射容易造成皮肤、眼睛的损伤。在西藏因开餐馆待过几年的人相比于一直生活在村子中的同龄人已经出现了明显的衰老迹象，去西藏开餐馆难以作为一项长久的事业，多数人还是想趁能干得动的时候多赚一些钱，之后根据每家自身情况再决定在何处发展。

3. H村人口流动的原因分析

在研究人口流动迁移的规律中，推拉理论显得尤为重要，这一理论最早可以追溯到列文斯坦分别于1885年和1889年发表的两篇同名论文《人口迁移之规律》[1][2]，然后巴格纳对推拉理论进行了系统的归纳。这一理论认为，在市场经济和人口自由流动的情况下，迁出地必有种种消极因素形成"推力"把当地居民推出原居住地，同样的，迁入地必有种种积极因素即"拉力"将其吸引。前者的因素有自然资源枯竭，经济、收入水平较低等，后者的因素如较多的就业机会，较好的生活水平、教育、交通条件等。人口迁移就是在这两种力量的共同作用之下完成的，迁移者总是在比较两地的利弊后做出流动的抉择。该理论由于在解释人口流动迁移的动因方面较为贴切，受到学术界关于人口迁移的广泛推崇。由于本次研究的主题是水库移民村的农村人口流出问题，本章节对H村流动人口的推力进行分析。

(1) 教育因素

上文已经提过，H村人口流出的原因之一是陪读，为保证孩子的受教育质量，多数家长会选择陪读。读了好的中学，才能读好的高中，读了好的高中，才能读好的大学，要在孩子中学阶段照顾好他们，让其无后顾之忧地学习，尽量保证他们考入理想的大学，接受高等教育。与其他手段相比，教育作为个体获得技术资源及文化资源的主要手段，有更强的公平性。获得教育资源的途径是接受中高层次的教育，与获取经济、组织资源相比更加容易。文化、经济资源之间越来越大的相关性使得教育能够成为个体获得更多经济资源较为有效的手段。在谈及中国教育对社会阶层流动的影响时，必定避免不了和中国的传统文化发生联系。

---

[1] Ravenstein E G. The Laws of Migration [J]. Journal of the Statistical Society of London, 1885, 48 (2): 167 - 235.

[2] Ravenstein E G. The Laws of Migration [J]. Journal of the Royal Statistical Society, 1889, 52 (2): 241 - 305.

中国作为一个文明古国，地域文化源远流长，自古以来就有"万般皆下品，唯有读书高""书中自有黄金屋，书中自有颜如玉"等一系列古人对教育与社会阶层定位的论断，又有"学而优则仕""官本位"等教育与职业倾向以及职业与社会层级地位的论断。国家公务员是移民村家长眼中好的出路之一，在他们的眼中，这个职业是吃公粮的铁饭碗。不难看出，它们都与"学"即教育发生着联系，在中国，受教育程度对社会阶层流动产生了重要的影响。

随着时代的发展，教育的重要性越来越被人们所承认。教育可以促进代际阶层流动从而打破阶层固化。代际传递是学术界长期关注的问题，父代会通过直接和间接两种方式影响个体未来的生活，其中直接作用意味着父代收入对子代有直接影响，父代拥有较高收入，能够使其子代拥有更好的生活条件，这增加了子代未来获得更好生活条件的机会，而来自贫困家庭的子代未来更有可能陷入贫困。但是由于生在农村，父代的收入和阶层地位都不会高，打破阶层固化，使子代阶层能向上流动的最好方式就是提高孩子的受教育水平。学术来源于生活，即使他们不会想到阶层流动这么远的问题，但总会说两句"多读点书准没错""想要出农村、有出息就要好好上学"。

（2）追求个体发展

移民村受过教育的年轻人多数不会主动选择留在农村。知识改变命运，这是农村学子坚守的信条。很多农村孩子读书的目的就是为了走出农村，农村家长也是这样认为的，读好书之后去大城市发展才能多赚钱。他们把在城市立足、过上和城市人一样的生活作为自身的追求。城市与乡村本身存在着很大的差距，例如在城市购物更加便利而在农村都不一定会有快递点，本次作为调研地点的 H 村就是如此，居民要想在网上购物需要到隔壁大一点的村里取快递，经常是邻里之间互相转告通知帮忙捎一下物品。农村生活娱乐的丰富性更不及城市，在城市可以紧跟时代潮流，接触新鲜事物。最关键的是目前农村给予年轻人挣钱和发展的机会太少，在农村建功立业的概率不大。

在这种背景下，从移民村走出的年轻人难以热爱自己的家乡，也无法劝说自己留在农村，这成了一种主导方向。思想上认为"农村"是"落后"的代名词，因为城乡差别的客观存在，农村青年内在精神与城市贴得很近，与乡村、土地隔得很远。他们对土地、对乡村、对自身的文化没有兴趣，即使出生在农村也不愿意当农民。农村青年在接受的教育上也远离农村，当前的农村教育无论在目标、体系建设还是内容设计上，都存在着强烈的"离农化"倾向。从教学内容上看，被传授的知识与农业、农村、农民缺乏联系，而农村家长将孩子托付给学校之后，主观上也认为孩子暂时学不到种地的知识，学校也不会教授这些。农村学生缺乏对农村的认同感，不熟悉农业的基本知识，不懂得如何耕种。从农村走出来的年轻人的目标是背离农村，读书就是以远离家乡在城市立足"有出息"为标准，越有能耐越远离自己的家乡。乡土社会总体来说仍然是一个人情社会，习惯了城市中公平竞争的年轻人不愿意靠着父母的面子找一份在县城的工作，情感上也不希望在这样的工作环境下生活。

(3) 经济理性因素

农民求利欲望不断增强，但逐利能力有待提高。在计划经济时代，农民追求利益的欲望在一定程度上是受到压抑的，大公无私的道德原则将对私人利益的追求划进了"封资修"（封建主义、资本主义和修正主义）的行列。改革开放之后，邓小平同志提出"贫穷不是社会主义"的著名论断，肯定了个人追求正当利益的道德合理性，释放了我国农民追逐个人正当利益的热情。尽管大多数农民在经济动机上具备了充足的经济理性，但这种经济理性却明显受制于农民薄弱的经济能力和农民所掌握的除农业技术之外的个人技能。由于我国长期运行的二元经济社会结构和工农产品价格剪刀差机制，农民实际上处于整个社会的最底层，农民的库存知识、资源传承以及所处的社会环境是最恶劣的，农民在市场经济中的获利能力远低于其他社会阶层。从20世纪90年代开始，我国沿海发达地区出现了众多的劳动密集型企业，改革开放的影响和农民逐渐对新思想的接受使农民安土重迁的思想逐渐改变，大量的农村剩余劳动力被城市生活以及外出打工的收入所吸引。当不同地区存在就业机会、经济收入和社会福利保障等方面的差距，且没有对人口流动强制限制时，趋利的动机就会吸引人们从经济收入低的地区向经济收入高的地区流动。人口的流动迁移是有成本的，包括货币成本和非货币成本。

一方面，目前H村的农业生产效益低，移民种地的收入太低，完全靠种地很难维持一个家庭的基本运转，所以很多人成了"离土又离乡"的外出打工者。对于那些打工人的土地，村民这样表示。

> 有些地好（地理位置好、土壤较为肥沃），就可以租给别人或者卖出去，没租没卖的就放在那撂荒，说不定什么时候就回来种了。有的人也不是不想种，实在是因为不挣钱种不起咯。

另一方面，村民放弃种地、选择外出打工或是去西藏开饭馆的理性判断也是出于对自然因素判断的现实考量，那就是庄稼容易遭受洪涝灾害。H村庄在Q河和E河的交汇处，水利资源丰富。H村主产水稻，受降水因素影响非常大，在夏季时一到汛期就容易发生水灾。2008年、2011年、2013年、2014年H村均受到洪涝影响，农作物受到严重损坏，移民甚至入不敷出。新闻资料显示"2014年7月21日，YC市、TL市、SN县、ZD市、JM市、A区遭受暴雨袭击，据初步统计，受灾人口达63 309人，农作物受灾面积12 291.3公顷，倒塌房屋17间，损坏房屋530间，折断树木360棵，冲毁桥涵57座，直接经济损失7 468.4万元"。新闻报道展现的仅是数字，而数字背后所代表的是农民每年的心血。2019年，H村所在H县又遭遇洪涝，H县人民政府在官网发布的《H县农技中心关于洪涝灾害后农业生产技术指导意见》称："受台风'利奇马'和'罗莎'外围云系影响，我县连降大雨，部分地块积水量大、持续时间长，给农作物生产带来诸多问题。为科学有效应对强降雨影响，切实做好洪涝灾害后的应对工作，加快农作物生育进程，确保农作物安全成熟。及时根据农作物受灾情况，迅速开展田间管理，采取相应技术措施，最大限度减少灾害损失。"H村仅有地势较高的土地没有被淹，而这种土地只占一小部分，其他大部分庄稼都因为地势平坦受到洪涝破坏，2019年种地再次赔钱。有一家高姓夫妻，今年刚出发去西藏开餐馆，村民认为其运气好。

> 以前发大水的时候没淹到他家，今年出去开饭店了，地租出去了，地被淹了也没影响到他们。

（4）土地轮作休耕

在与村民交流的过程中，调查人员从村民口中听说了"休耕政策"。据移民讲，这个政策就是不种地国家也会给发钱，引起了研究者的兴趣，于是在县政府官网和相关新闻上搜集到了这一信息。"土地轮作休耕"一词出自2016年我国农业部出台的《探索实行耕地轮作休耕制度试点方案》，休耕是指先让耕地休养生息，待地力恢复后继续耕种，休耕期间只耕不种、只种植绿肥等作物，改善土地肥力。实施休耕制度不仅有利于恢复耕地地力、保护生态环境，而且能解决农产品季节性过剩问题。休耕是实现"藏粮于地，藏粮于技"的需要，是保障粮食安全和农产品质量安全的需要。

H省在2019年3月发布了《关于印发全省2019年耕地轮作休耕试点实施方案的预通知》，通知表示："对2018年开始并已实施水稻休耕试点的区域，按照要求继续开展试点，试点任务依据2018年12月份各地农业部门和财政部门实际核查并上报省农业农村厅的面积进行落实，保持政策的连续性。2019年全省新增水稻休耕试点任务实施期限为1年，以S平原第三、四积温带地下水下降区、井灌稻区及2018—2019年灌区田间工程建设项目区为试点区域，县（市、区、场、局）在分配试点任务时，要优先考虑集中连片地块，鼓励水稻休耕试点以乡（镇、场）、村（屯、站）为单位整建制推进。"H县政府官网也表示："开展耕地轮作休耕制度试点，是党中央、国务院着眼于我国农业发展突出矛盾和国内外粮食市场供求变化作出的战略安排，是中央深改委一项重大改革任务，是加快生态文明建设的重要措施，是实施乡村振兴战略的重要内容。为贯彻落实党的十九大精神、中央文件和《H省2019年耕地轮作休耕制度试点实施方案》要求，扎实推进耕地轮作休耕制度试点，探索形成可复制可推广的组织方式、技术模式和政策框架，加快构建轮作休耕制度体系，助力生态文明建设和乡村振兴战略实施，结合我县实际制定方案。"

以承担试点任务的新型农业经营主体或自主经营的农户作为补助对象，原则上"一定三年"不变，即承担试点任务起始年份是2017年的，补助到2019年。暂定轮作试点每亩每年补贴150元，水稻休耕试点每亩每年补贴500元，最终以中央财政核发标准为准。是否休耕属于移民自愿，休耕轮作政策的开展使有意外出挣钱的移民无后顾之忧，使移民从繁重的农业生产工作中得到喘息，让他们能够寻找其他发家致富的道路并且得以实行。同时也有放弃休耕的移民，他们认为地种着会比休耕增加更多的收入。

三、H村人口向外流动状态下的村庄变化

1. 土地闲置问题

移民人口向外流动造成的农村土地闲置是指在农村地区由于各种自然或人为因素，无法使土地发挥其有效性能或使用价值，未能实现真正利用或仅实现低效利用的土地闲置，一般认为农村闲置土地包括农村闲置宅基地、闲置建设用地以及低效用地等。农村流出人口大部分为青壮年劳动力，留守农村从事劳动生产的多为老弱群体，他们的劳动技能和文化水平较低，只能采取比较粗放的生产方式进行农业经营，简单省事、糊口式的种地方式造成部分耕地有效利用率下降。农村流出人口在城市生活后，由于缺少社会保障，他们仍然把土地作为后路，同时

随着一系列土地政策的推行，土地红利逐渐显现，农民更不愿意放弃土地。他们既不想种地又不想放弃土地，造成了农村土地的闲置，存在土地资源浪费的问题。农村里大多数房屋老旧破损，基础设施建设落后，农民外出务工，形成相对意义的空心村。这种宅基地空置现象，一定程度上加剧了村庄土地的闲置问题。H村居民点地理位置偏僻，劳动力的逐年流失造成了周边附近更大面积的土地闲置。

2. 留守儿童问题

移民外出务工造成的留守儿童问题是不可忽视的，主要包括留守儿童的教育问题和心理健康问题。尽管H村已经很重视对子代的教育，但部分移民出于经济理性的综合考量，仍然会选择夫妻共同外出务工。外出务工的父母不得已把孩子留在原籍，交由孩子的祖辈们照顾，或寄宿学校。在生活中，爷爷、奶奶是留守儿童的主要监护人，但因为隔代监护人多数思想传统、文化水平不高，不能为孩子进行有效的辅导，缺少对孩子个性发展的及时关注，导致农村留守儿童的学习状态令人担忧。其中，未上过学的隔代监护人表示，他们的主要任务是保证孩子有饭吃、有衣穿，对孩子的学习不知所措，并且其认为孩子如果能学习好是孩子的命，学习不好也只能这样。对于曾经上过学的隔代监护人而言，他们可以为低年级的孩子辅导功课，但进入高年级之后也变得有心无力。在这样无力的家庭教育环境下，农村的留守儿童极易对学习失去兴趣。家长出于对孩子的愧疚心理，会尽可能地满足孩子的玩乐需求，团队成员观察到村里很多留守儿童都有智能手机，有时候小男孩们聚在一起讨论玩手机游戏。

父母角色处于缺席的状态，造成了家庭结构的不完整，留守儿童在心理成长方面缺少及时、正确的引导，因此很容易产生心理健康问题。农村留守儿童较其他孩子更容易出现脆弱、敏感、自卑等负面情绪。他们自我保护意识较强，容易对外界产生戒备心理，不愿信任他人，偶尔在同龄群体内部意见不同时他们还会打架。但从内心需求看，他们往往更渴望得到大家的关注和认可，小孩子总期望受到家长的表扬，但是由于父母不在身边，无法得到及时的情感反馈，会导致留守儿童长大后存在一定的性格缺陷。

3. 趣缘群体对老人的情感支持

在H村，老人们会在村子的中心地带扭秧歌，活动时间一般开始于晚上5点，大约一个小时结束。每到傍晚，老人们就会穿起统一的服装，左手拿着绿色的扇子，腰上系着红色的绸带开始扭秧歌。后经调查人员询问，得知是在某天一位老人突然感叹"好多年没有扭过秧歌了",而大概在十年前村庄还比较热闹,经常会有扭秧歌的活动,几位聊天的老人纷纷表示赞同,于是大家开始自发组织扭秧歌的活动,并且让儿女去县里购买统一的服装和需要的秧歌道具。开小卖部的D大娘无偿提供音响供老人们使用,她的小卖部就是老人们扭秧歌的地点。参与活动的老人类型各不相同,有子女、孙辈平时都不在身边的,有和儿女共同生活的,也有和孙辈共同留在村庄的,但这项扭秧歌的活动无疑给老人们的生活带来了新的欢乐。调查人员访问了一位独居老人,她是扭秧歌群体中的一员,身体健康,老伴已经去世。她本和二儿子一家一起生活,而二儿子两口子都在西藏开餐馆,孙子也毕业在其他地方工作,大儿子和女儿平时都生活在县城,儿女偶尔会回来看看她。问及她一天的生活是怎样的,她说上午和下午都会去打麻将(麻将一直是H村老人们的主要娱乐方式),晚上去扭扭秧歌,和大伙在一起也就不会那么没意思。

人们组合成群体可能出于多种原因,社会学将个体构成群体的纽带大致分为以下三种:血缘群体、地缘群体和业缘群体。老人们打麻将、扭秧歌已经组成了新的趣缘群体,趣缘群体虽然在人类生活和社会结构中的地位尚难与前三者相提并论,但是在社会转型期的现代环境下,趣缘群体的社会功能也在逐渐凸显。趣缘群体即个体因共同的兴趣爱好而构成的社会群体,其不仅是社会成员追求精神生活的成果,也是社会不断向前进步的产物,存在于各个年龄段的社会成员之中。虽然现有情况下仍然是家庭养老方式,但传统的养老方式也发生了改变,出现了"在家养老"与"子女养老"的分离。随着移民外出务工,留守老人需要子女进行照料的时候子女不能及时回到他们身边,生活的压力由留守老人默默承受,不能及时地和子女进行面对面的沟通。血缘关系带来的情感慰藉由于地理距离的存在,远水解不了近渴,难以随时带给老人情感支持。若是村子里缺乏生机与活力,文化活动也相对匮乏,就会进一步增加留守老人的精神空虚。长此以往,农村留守老人容易心里抑郁。麻将和秧歌带来新的趣缘群体,使老年人的生活变得丰富。或许H村该个案的出现提供了一个老年人文化娱乐的新思路,即加强老年人趣缘群体的建设。在加强移民社区建设的时候,要特别重视提高留守老人的社区活动参与度,举办那些符合移民村留守老人口味的文化娱乐活动,如扭秧歌、戏曲表演等,这样有利于老年人"老有所为""老有所乐"。

4. 家长权力的弱化

问及一位爷爷他的孙子在哪里发展时,他只知道在北京读研,而问到读什么专业和读到研几时,爷爷表示并不清楚。联想到传统乡村社会的权力和人际关系,便可发现其问题所在。费孝通认为:"自己推出去的和自己发生社会关系的那一群人里所发生的一轮轮波纹的差序,就是伦。"农村社会这种传统亲属关系建立在血缘伦理之上,父子关系是这一亲属关系的核心,其他所有关系都是父子关系的延伸或补充。传统的乡土社会是通过父系血缘关系的远近来维系"男权至上""长幼尊卑"的等级制度。但是由于社会转型以及具体到农村社会表现为村庄中的人们向外流动,农村家庭结构进一步小型化与核心化,由父权制产生的人际关系网络也逐渐弱化,甚至出现爷爷不知道孙子在哪里从事什么工作或专业的情况。传统的家长制已经发生了一定的变化,而家庭中的权力也随之变迁,不再是曾经最高等级的父亲拥有最高的权威。亲属网络中父权制和传统伦理观念不再成为构建人际关系的原则,个人可以保持自己的自主性与独立性。

当乡村的年轻人不再依靠传统农耕在社会立足后,以血缘为主导的亲属关系尤其是核心家庭成员还是会为个体提供相应的精神支持,但父辈们依靠传统农耕得出的知识经验难以给年轻人提供在现代社会关于职业发展层面的帮助,即农村年轻人虽然从传统父权制的压力下获得一定的解放,可以离开农村去城市追求自己想要的东西,父辈们也会考虑选择支持或不支持,但农村的年轻人们同时也失去了在农村拥有的以父权制为核心的亲属关系网络保护伞,遇到困难时无法再依托曾经牢固的亲属关系网络。从传统的共同体脱离出来以后,个体将独自面对复杂、多变以及高度不确定的流动性现代社会,只能依靠个人的努力和学习到的科学文化知识谋求自己的发展。身为父辈的前人没有在非农社会"栽树",在非农村社会的子代也就无法"乘凉",个人在现代社会中边总结经验教训边独自前行,独自一人承担每个关键选择下难以预料的后果。现代社会赋予了人们一定限度之内的自由,同时也使个体面临着前所未有的孤独与寂寞。

5. 随礼的变迁

赠礼现象是一种几乎在所有农村都会存在的礼物交换习俗,在 H 村的叫法是"随礼"。"随礼"这一术语在调查地的文化语境中一般指在仪式性场域和一些非仪式性场域(如探病、乔迁、生日等)向主家随出礼金、礼物、礼节等的行为实践,是用以表达随礼者感情的方式。"随礼"一词有别于当地文化语境的另一个词汇"凑份子","凑份子"在当地单指仪式性场域需要大家随出礼金的行为,为每个随礼者出一份钱帮助主家圆满办成仪式之意。随礼者在人生仪礼、重大节日、亲友乔迁或身体抱恙等场域和时空,出于自主、自愿向受礼者随出各种礼,这种礼包括实物形式、礼金形式、人力物力以及相应的语言、情感表达等。礼物交换表面看来是不同场域时空的物物交换，本质上却是通过人与人之间情感道义、信息资源的不断循环流动，获得个人社会网络、社会支持和社会资本的行为表现方式。值得注意的是，长期在外打工的人，仍然会收到关系好的主家的邀请，这时由于空间距离人过不去，但是礼金仍会托人带到位，这也是为了巩固人际关系，以便日后回到村里后有一定的稳定人际关系网络。本次调查人员参加了两次H村村民的典礼活动，即"随了两次礼"，一次是高考的升学宴，在村里办的，另一次则是婚礼，在县里办的。

随着时代的变迁，随礼形式的变化带来了人情互动的减弱。以前村里有人家办事，主家会提前告知村民们。办宴席的主要活动是吃饭，饭菜都是请村子里会做大锅饭的人来烧的，多是家常菜。要满足来随礼的人的饭食是一项巨大的任务，与主家关系好的人，包括主家的亲戚、互帮互助的朋友和邻居等之中的女性会主动前来帮忙打下手，比如洗菜、择菜、上菜和宴席的善后等工作，因为她们知道自己家也会办事，这次不来，下次轮到自己家也没人来帮忙了。在H村的说法这叫"捞忙"，妇女们会围在一起聊家常。一般宴席在中午，而当天晚上主家也还会邀请帮忙的人去家里吃饭作为本次捞忙的答谢，主家也会特意记住来帮忙的人，如果以后有需要帮忙的地方也会义不容辞地前往。捞忙的存在促进了村中的各个家庭之间的信息交流和情感交流，也增强了帮忙的人的家庭与主家的关系维护。人情是一种维护社会团结的机制，对于村庄社会秩序的生产和维护有着重要意义。在乡村社会中，每个人与其他人之间都有着"人情"上的"给予"与"亏欠"。而现在，村里向外流动的人越来越多，留下的人越来越少，随礼在仪式上能到访的人也随之减少，现在主家办事都是将做饭这一环节承包出去，请专门的人来摆宴席，不再需要有人来捞忙，村里互相帮衬的大场景又少了一项。现在，随礼的活动流程主要是来赠一下礼金然后吃个饭，这种随礼形式逐渐转变为"随份子"，使得村里的"给予"与"亏欠"关系减少，即人情来往开始减弱。不过，随礼本身带来的人情交换仍在持续。

随礼功能也产生了异化，表现为从人情关系的互惠互助到资源交换的转变。在传统社会中，人情本是一种互助机制，人们基于这种互助机制可以将伴随着生命周期变化而来的"办大事"的压力，如嫁娶、孩子满月、给老人办丧事等，较均匀地分布到日常生活中去。在这种情况下，人情往来增加了彼此之间的感情，也巩固了双方的关系。但是近年来随礼这件事出现了奇怪的现象，一是人们不再局限于传统的办事理由,以各种各样的理由办事收人情。比如有一次办事的人家给出的理由是给老人过生日,可是相熟的村民都知道老人的生日根本不在那个月份;还有参加孩子的升学宴,可是孩子的录取情况还没明确;更有甚者,一声吆喝自己要办事,师出无名也办起来了。二是办事周期的缩短,一般来说正常的家庭办事需要隔三年,要不面子上也过不去,按村民的话来说就是像要钱一样。可是还真的有人连续两年办事,如某户去年因为在县里开了一家店,办事帮助资金周转,今年又办了一次,理由是孩子的升学宴。升学宴不是必须要办的,这不涉及孩子的面子问题,主要是家庭的决定,按村民的说法这是不地道的。举办酒席和庆典的事情本是约定俗成的,是出于道德的帮助而非私利的谋划。利用各种并不重要的事件来制造相邻时间较短的庆典,是纯粹向他人讨礼使自己受益的行为,是违背随礼的道德性的,会引发人们的嫌恶和道德非议。为了得到礼金而办事,传统互惠互助的人情在经济资源的交换中已经变成了巧立名目,原始的"人情味"也逐渐消散。

第二节 移民村空心化对乡村振兴的影响及化解

在城乡二元化进程中,由于农村整体教育、医疗水平落后,城乡公共服务悬殊,务农与进城务工收益的差距大等多种因素的相互作用,越来越多的农村人口流入城市。空心化严重影响了移民村经济社会的发展,严重阻碍了中国村镇建设进程,其不良影响需要引起高度关注。[①]

一、移民村空心化对乡村振兴的影响

1. 劳动力短缺,人才流失严重

乡村振兴关键在人才。首先,农村青壮年劳动力外出务工,大规模向城市转移,造成留守农村群体性别及年龄结构失衡,农村劳动力大量缺失,农业生产及劳动失去主要承担者。其次,当外出务工人口解决温饱问题之后,在条件允许的情况下,生活质量成为其关注的重要问题,农村教育、医疗水平远不及城市,部分外出务工农民选择将留守在农村的子女接入城市享受更高水平的教育,外出人员与农村关系逐渐弱化,实施乡村振兴战略主体不足。最后,农村中能力较强的

---

① 单胜道."空心村"问题及其对策研究[J]. 农村经济,2000,(03):24-25.

人员及高素质人才本应成为乡村振兴的主体力量，然而实际上文化程度越高，流入城市的倾向越严重，接受高等文化教育成为部分村民实现社会阶层转变的主要途径。大量青壮年外出求学，这部分人员的流失，导致大部分留守村民的知识水平较低，农村精英断代。

H村虽然是个移民村，但作为中国农村千千万万个村庄中的一个，在时代快速变迁的今天也发生着改变，主要表现为H村人口的大量向外流动，其主要有以下几个方向：一，上学适龄子代在外求学和妇女的陪读，这是为了增加子代未来获得更好生活条件的机会，使家庭的阶层得以向上流动；二，村中的年轻人都不再愿意留在农村，更加希望去大城市打拼以获得更好的职业发展和较高质量的生活环境；三，村民看到同村的人在外打工挣钱较多，而种地却由于"靠天吃饭"和村庄的地理位置容易发生洪涝颗粒无收，出于经济理性的考量选择去外地打工，有一定经济能力的村民也开始前往西藏开餐馆寻找发家致富的道路。

2. 产业发展停滞，移民增收陷入困境

当前农村产业多属于初级加工阶段，现代农业技术的投入不足以支撑农业发展，大量青壮年流入城市，农村专业技术人员不足，从事农业生产的劳动力整体素质不足，为农业现代化发展带来严重阻碍。现代农业多以种植业为主，忽略了二、三产业的发展，农业发展产业结构不合理，效率低下、获利空间不足，农民增收困难。同时，农产品结构单一且唯产量是重。虽然农业单产实现了较大幅度的提升，但是农产品种植成本也有所增加，形成了增产不增收的困境。再加上农作物种植具有季节性，农民利用较长的农闲时间两地往返，农闲时进城打工，农忙时返乡耕种，导致生产成本大大增加。长此以往，农村人口空心化造成房屋的空心化及半空心状态，农村土地资源配置失衡，土地闲置浪费。

人口外流也给移民村带来了一些变化。一是土地闲置的问题，包括生活用地即宅基地的闲置和生产用地即土地弃耕的现象，虽然国家已经出台土地轮作休耕的政策，在一定程度上缓解了农民经济上的压力，但在H村是第一年试点，且被选中的土地有一部分本来就是外出打工移民弃耕不种的，将来农村的生产用地会如何人们无从知晓。二是移民的外出打工和开餐馆使年龄尚小的孩子成为留守儿童，不管祖辈如何好，也终究无法代替父母亲对孩子的教育作用，H村的部分小孩已经隐约有沉迷游戏的趋势。

3. 移民村级组织失范，乡村自治弱化

乡村自治，即农民可以依照法律直接行使民主权利，实行自我管理。村民自治概念提出至今已有近 40 年，其核心内容是进行民主的选举、决策、管理与监督，实现乡村振兴。乡村自治重在农村社区与自治主体，前者是指自然村落，后者是指农民群体。由于各种因素共同影响，村民自治不论从制度还是体制上都不能发挥应有的功效，其中农村空心化现象是制约农村自治组织发展的关键。首先，空心化会造成自治主体缺失。城市与乡村收入的巨大差异及农村工作前景不足导致农村劳动力向城市过度转移。首先，在长期二元分割之下，城乡资源分配不均，乡村公共设施建设水平不足，为追求更高的生活质量与社会保障，部分村民举家搬迁。农村人才、资金的持续流失又导致农村发展潜力进一步被削弱，离家村民扎根城市并融入城市生活，失去与农村的利益牵连，再难返乡。其次，留守人员能力不足。自治主体中高素质青壮年理应占据多数，但城乡教育水平悬殊，文化程度越高越倾向于追求高等教育，部分农村人才进城求学，村庄人口凋零，留守村民大多为妇女、儿童及老人①，造成自治主体素质偏低，自治能力不足，严重影响组织的凝聚力。良好的村民自治是农民积极参与其中，与村级干部形成良性的博弈，而由于农村空心化现象，外流人员回乡动力不足，留守村民参与自治不够积极，不足以对村级干部产生权力的制约，使村级组织存在不同程度的弱化，职能发挥受限，进而影响自治成效，成为乡村振兴的阻碍。再次，子女外出打工，留在村里的老年人面临着独居寂寞的危机，不过他们已经开始寻找出路，自发组织扭秧歌这种娱乐活动，这种趣缘群体的出现给老年人带来了一定的情感慰藉。最后，农村的年轻人背井离乡去城市打拼后，父辈靠传统耕种积累的经验难以供子代职业发展参考，家长的权力开始弱化，权威有所松动；年轻人们失去了熟人社会亲属关系网络的保护伞，虽得到了一定的自由，但是要独自面对生活中的困境。另外，是在随礼方面的问题，在现有人口外流的情况之下，随礼的流程出现了一些变化，村里的"给予"与"亏欠"关系减少，即人情来往开始减弱，相比于以前，不利于人际关系网络的巩固与发展。

二、移民村空心化困境的化解路径

劳动力和人才短缺使乡村振兴缺乏内生动力；移民增收困难导致移民村经济受损，阻碍农业现代化进程；村民自治弱化影响自治组织职能的发挥，使移民村管理失去秩序。这些困境使移民村空心化现象逐渐加重，陷入恶性循环。为实现

---

① 郑粟文. 农村"空心化"的现状及治理对策——基于山东省禹城市农村的实地调研[J]. 安徽农业科学，2017，45(4)：215-217.

城乡平衡发展及乡村振兴的目标,建议从以下几个方面着手解决移民村空心化现象。

1. 明确移民村振兴的主体

乡村振兴战略的实施指向的是亿万农民,依靠的也是亿万农民。只有明确乡村振兴的主体,才能确保各项任务的精准实施,保障乡村工作的长久稳定。为实施农村发展建设的战略性安排,必须坚持农民的主体地位,但仅依靠农民发挥作用是远远不够的,还应当构建强有力且更加多元化的主体系统。

(1) 坚持包括移民在内的农民主体地位

农民是农业农村发展的主体,只有尊重农民的主体地位,才能激发乡村振兴的内动力、持久力,应当充分尊重农民意愿,切实发挥农民在乡村振兴中的主体作用,明确农民群体是乡村振兴战略的受益人和承载人,要让广大农民成为乡村振兴的主体力量,而不是旁观者和跟随者。① 农民只有培养出公民意识,摒弃小农思维,调动参与积极性,才能充分发挥自身主体地位的作用,使农村生产力得到充分发展。习近平总书记曾强调,新形势下深化农村改革,主线仍然是处理好农民和土地的关系。② 然而在当前时期,农民主体还遭遇诸如城乡收入差距、城乡居民基本权益不均衡等问题,导致农村人口空心化及产业空心化,这些都对乡村振兴和农民的主体地位产生了不良影响。

(2) 发挥移民村基层党组织作用

村级组织有不同的分类标准,可划分为行政组织和非行政组织,是农民表达利益需求最直接的渠道。首先,村级党组织是保障党事业发展的凝聚力量和坚实基础,是党的执政之基。由于农民个体分布较为分散,因此需要农村基层组织将他们结合到一起,让基层党组织成为党和人民群众之间的纽带和桥梁。基层党组织需要深入群众内部,深刻体会农民的需求与意志并及时反馈给上级组织,以保障乡村振兴战略的高质量实施。其次,除基层党组织外,农村地区也存在很多非行政组织,如村委会、社会工作组织等。要同时加强这些组织的发展,建设以党建引领村民自治的新型模式,让村民自治在乡村振兴中发挥作用。集中安置的水利水电工程移民村一般是整体迁移,村级基层组织建设非常重要,离开基层组织,不仅移民安置目标难以实现,也会影响乡村振兴的基层组织。

---

① 黄祖辉. 准确把握中国乡村振兴战略[J]. 中国农村经济, 2018, (4): 2-12.
② 新华社. 习近平在小岗村主持召开农村改革座谈会[EB/OL]. (2016-04-28)[2021-11-26]. http//news.cnr.cn/native/gd/20160428/t20160428_522016371.shtml.

(3) 重构移民村居民主体,解决人才困境

要想解决人才短缺困境,关键在于重构科学合理的农村居民主体。合理的规划是做好空心村改造的基础,也是完善新农村建设的前提。① 乡村振兴要有足够的内源动力,即从农村内部着手,提高留守妇女、儿童、老人的教育水平,培育新型农民。地方政府需建立健全培训体系,制定严格的培养对象选拔标准,了解农民的基本需求,并充分利用各种社会组织等培训主体,对不同年龄群体的农民因材施教。同时,村民主体也需要新鲜血液,要加大对新型农民创新创业的政策扶持力度。在制度层面,应加快城乡改革的步伐,建立更为合理的人口流动机制,使其更加符合市场规律,不再被城乡户籍制度所制约,调节进城农民与下乡市民的平衡。此外,中国的优良传统文化和乡村建设的需要促进了新乡贤文化的产生,政府理应搭建沟通平台吸引乡贤下乡。② 在这方面,移民村要让新乡贤的回归成为乡村振兴的巨大推动力。吸引乡贤下乡,要建立合理的激励方式,给予其足够的经济支持,完善乡贤治理模式和监督制度,充分发挥新乡贤及乡村能人的引领作用,带动村民实现共同富裕。

2. 实行产业融合,解决移民增收困境

农兴则天下安,乡村振兴重在产业兴旺,地方政府应加强财政投入与科技扶持,切实保障其投入落实在乡村振兴目标之上。通过分析市场方向,改变传统单一种植结构,大力培育新型农业,发展绿色农业。政府给予乡村足够的技术支持,对留守村民统一进行种植和管理技术培训,提高农产品质量和加工层级,以绿色有机、自然无公害的产品来增加产值,打破增产不增收困境,提高农民收入。聚焦各个乡村特色产区,因地制宜,发展绿色生态小镇或农家乐,并利用互联网进行宣传,发展观光、体验采摘农业,打造绿色乡村休闲路线。同时统一对村民进行电商知识教育与培训,吸引大学生人才返乡创业,利用线上销售渠道,打造电商平台,帮助农民实现增收。在城乡一体化进程中,融合一、二、三产业是解决城乡割裂、利益分配不平衡的重要途径。整合农业现有资源,不局限于通过资本下乡带动发展,要制定科学的发展规划,建设配套基础设施,培养新技术人才,健全信息渠道,使得扶贫资金最大限度地发挥效用。水库移民后期扶持工作在这方面有了很大的成功,取得了丰硕的成果。

---

① 冯薇,杨丛山."空心村"治理措施研究[J].河北农业科学,2010,14(3):144-145+164.
② 徐永伟,潘溪.发挥新乡贤作用推进新时代农村法治建设[J].中国司法,2017,(12):45-49.

3. 完善运行机制，解决移民村治理困境

破解移民空心村治理困境，重点在于建立、完善现有管理组织，提升自治主体质量及参与积极性。通过破解农民增收困境，发展新型农业，提高经济水平，完善农村基础设施建设，缩小城乡公共服务水平差距，改善农村环境，吸引外流农民返乡创业与新乡贤的回归，帮助、引领改善乡村自治现有机制，实现两委和乡贤共同治理模式。① 同时建立高效的人才引入机制，根据不同区域发展现状，乡村基层需要定向培养留守村内的人才；鼓励大学生深入乡村基层，将理论知识与实践紧密结合，扎根农村一线，提高乡村治理主体的综合素质。提高留守人员的参与热情，保障良性治理的运行。引导留守人员认识乡村治理的重要性，利用现有渠道深入各家各户宣传教育，普及治理知识；利用社会组织等平台，结合村民实际情况开展各类相关文化活动，建立相应激励机制，切实解决广大留守村民的现实需要，建立健全村民信息来源与反馈渠道，保障村民的个人利益，从而提高其参与治理的能力与责任意识。

---

① 王海平，周江梅，林国华，等. 产业升级、农业结构调整与县域农民收入——基于福建省 58 个县域面板数据的研究[J]. 华东经济管理，2019，33(8)：23-28.

第十一章 结语

水利水电工程移民的很多要素和公共政策的基础理论具有天然的"黏性",自作中介体而自然切合。水利水电工程建设是人类改造自然以适应生产生活需要的重要举措,水利水电工程移民是伴随社会经济发展而进行大规模水利水电工程建设产生的人口迁移现象和行为,涉及重要的公共政策基础理论。根据中国的国情,水利水电工程移民问题不能完全依靠市场机制来解决,需要借助政府强有力的领导和管理,以保证水利水电工程移民工作在整个国家发展进程中顺利进行。水利水电工程移民嵌合公共政策理论旨在研究和界定水利水电工程移民管理中的公共政策要素,以公共政策原理为基础,揭示其内涵与特征,明确其范畴,主要包括公平公正、政府角色、政府组织、政策要素、移民动员、政府协调、社会冲突、社会稳定、政府行为和移民参与等要素。这种嵌合是由水利水电工程移民以下几个特性决定的。

一、明确了水利水电工程移民公共政策的研究范围

1. 破解水利水电工程"双刃剑",一改"重工程,轻移民"为两者并重

水利水电工程是人类改造自然以适应生产生活需求的重要举措,建成并运行后发挥着防洪、发电、供水、养殖、航运、旅游、调节河川径流和当地气候等多种功能,具有重要的经济、社会和生态意义。同时,水利水电工程"双刃剑"的效应也很明显,在其带来巨大社会效益和经济效益的同时,也带来了大量的建设征地和人口搬迁安置问题,有些移民甚至远迁他乡,一定程度上改变了当地的经济结构和社会结构,对其原有的生产生活造成影响,损害了工程项目影响人口的切身利益,这是许多国家在兴建水利水电工程时遇到的共同问题。"新中国成立后的几十年内,陕西省关中平原地区的居民受到这一工程的影响,被迫转变为移民,背井离乡迁往千里以外的甘肃、宁夏等地区,由于缺乏必要的生产生活资料,这部分外迁移民逐渐成为贫困人口。截至1998年,工程影响区内仍有31.8万移民

生活在贫困线以下。"① 造成这种现象的原因主要是我们常说的"重工程，轻移民"，即在进行水利水电工程建设时，过分重视工程自身的建设，忽视工程建设的系统问题，无视或忽视其中的征地补偿和移民搬迁安置问题。

影响水利水电工程移民的要素是多重的。水利水电工程建设既涉及移民的土地资源（永久征地和临时征地）、房屋拆迁、工矿企业搬迁、城（集）镇和公共基础设施迁复建等实物型损失，也涉及移民家庭财产、经营性资产、就业机会、经济收入和获得财产机会等经济型损失，还涉及移民因丧失教育、医疗卫生、文化娱乐、商业消费等公共服务机会而导致的人力资本、政治地位、劳动技能、生活环境等社会损失。为支持中国的水利水电建设事业，移民们贡献了自己的家园，为社会主义经济的发展做出了重要的贡献。

水利水电工程移民与重建问题已引起了国内外的广泛关注和重视，在移民工作中必须综合考虑多种因素，保证移民搬迁安置后生产生活得以恢复和提高。在计划经济及其向市场经济过渡年代，国家实行的是单纯的补贴，即一次性把补贴发放给移民，以补偿他们的经济损失。此时，中国的各级政府并未足够重视移民工作，移民安置手段较为简单，导致许多水利水电工程移民遗留问题的产生，现今的大中型水库移民后期扶持政策就是由此而出台的，自2006年开始连续实施10余年。在中国进入市场经济之时，水利水电工程移民安置为了顺应社会主义市场经济的发展发生了转变，政府并非仅仅给予直接补偿，而是强调移民的经济发展，采取以发展移民经济为主的可持续性移民安置政策，把移民的生产发展同库区和安置区的经济建设结合在一起。2006年出台的移民后期扶持政策，在提高水库移民基本生活水平的同时，把重点放在了帮助移民寻找发展致富的新路径上。

近几年，国家对工程建设和移民工作的认识不断加深，提高了工程移民的补偿标准，并且加大了水库移民的后期扶持力度，努力提高移民在安置地的政治和经济地位，力争最终实现水库移民"搬得出、稳得住、逐步能致富"的目标。

2. 水利水电工程移民是一项政府主导，多方参与的系统工程

水利水电工程移民活动综合需综合考虑社会、政治、经济、文化、环保、就业、安置区公共设施以及移民与安置区原有居民的融合问题，若有偏差，就可能带来经济损失和社会影响，严重的可能会伤害移民的心理和情感，给移民工作带

---

① 顾茂华，荀厚平，范治晖，等. 水库移民遗留问题处理——规则·管理·探索[M]. 南京：河海大学出版社，2000：32.

来困难。

　　中国的水利水电工程移民问题不仅是工程、管理和经济问题,而且是重要的社会问题,是一项包含自然科学和社会科学在内的复杂系统工程。水利水电工程移民工作中,移民作为移民动员的客体被自上而下地组织起来进行大规模的搬迁安置和生产开发,政治关系取代血缘、地缘关系而成为主要的社会关系,"移民逐步摆脱了以自然经济的孤立分散为基础的'人的依赖关系',成为兼具自然经济、计划经济为基础的'政治的依赖关系'的移民,并在计划经济与强制性的政府权威的控制下,表现出极大成分的自觉自愿的接受"[①]。传统的政治结构也随之发生变化,移民首先打破了孤立无援的境地,与整个社会政治经济政策有机地联系起来,变成了国家政治生活的一部分,然后在越来越大的程度上被吸引到全国性、整体性的经济发展和政治运动中。因此,尽管水利水电工程移民不是自愿的,甚至可能是盲目的,但是他们具有政治性质,移民群众不仅成为新的国家政权中的重要一员,而且成为中国经济建设中的不可或缺的参与者,在政府的领导动员之下他们表现出了一种团结、献身、创造精神,表现出了纪律性和坚持性等特点。

　　水利水电工程移民过程中产生了众多矛盾和冲突,亟待解决。中国水利水电工程移民经历了六十多年的实践,积累了众多的经验,取得了巨大的成就,但由于对水利水电工程移民的复杂性、科学性认识不足,工作重心偏于简单的生活安置和资金的一次性补偿,产生了许多遗留问题。虽然中国已多次提高移民补偿标准,但水利水电工程移民问题依然突出。究其原因,除长期存在的"重工程、轻移民"的倾向和"以农为主"的移民模式外,采取一次性补偿方式也是一个重要因素。由于生产生活状况得不到改善,加上搬迁安置标准又不够统一,一些地方移民不满情绪增加,部分移民频繁集体越级上访,情况严重时甚至引发群体性事件,给国家和人民造成了巨大的经济和社会损失,成为影响社会和谐稳定的一个重要因素。如何快速发现异常,及时预报、预警水利水电工程移民社会冲突是各级政府和移民主管部门高度关注的重大课题。目前,国内学术界和移民工作者对水利水电工程移民社会冲突的专门研究还比较少,而且大多停留于现象的描述或技术层面的研究,本书试图通过对中国当前水利水电工程移民社会冲突的基本状况进行归纳总结,以经典社会冲突理论为指导,对水利水电工程移民社会冲突进

---

① 乔晶.重构农村:"农业学大寨"运动中的政治动员[D].上海:华东师范大学,2010:46.

行系统研究,从而探寻长效的移民冲突调适机制,为中国水利水电工程移民的顺利开展提供参考。

3. 完善移民参与机制,实施移民后期扶持,助推移民增收致富

当前,社会各界对于工程建设中的移民参与愈加重视,移民群体的参与意识也越来越强。由于中国关于移民参与的法律法规尚不完善,完整的移民参与机制尚未建立起来,使得水利水电工程移民实施过程中的移民参与效果并不理想。部分水利水电工程由于忽视普通移民的利益与意愿,整个移民过程过分依赖于行政力量,"移民回迁及次生贫困等现象时有发生,造成了政府机构与移民及工程实施方之间产生了很多矛盾与冲突,移民群体很可能对项目产生非理智的抵触情绪导致反对项目的建设,这会大大推迟项目实现工程效益的时间,甚至会导致项目投入资金的浪费,对政府的公信力和执政形象也有很大的负面影响"①。基于此,本书认为,针对工程移民过程中的移民参与进行研究意义重大。

进入新时期以来,移民问题的严峻现实引起了社会各界的思考和关注,政府及相关部门对移民工作高度重视,不断进行审视和反思,为此颁布了一系列政策文件,采取了系统配套措施,努力保障广大移民的合法权益和利益,促进水利水电工程移民的顺利开展和可持续发展。2006年发布的《大中型水利水电工程建设征地补偿和移民安置条例》与《国务院关于完善大中型水库移民后期扶持政策的意见》明确要求要完善水库移民后期扶持政策,提高水库移民后期扶持标准,以达到解决移民温饱问题等近期目标和改善移民生产生活条件、增加移民收入等中长期目标。2011年5月11日,国家发展和改革委员会、财政部、水利部联合发布了《关于开展大中型水库移民后期扶持政策实施情况监测评估工作的通知》(发改农经〔2011〕1033号文件),要求对后期扶持政策实施情况进行跟踪监测,评估实施效果,保障资金使用安全和后期扶持政策顺利实施,以维护广大移民的合法权益,保护库区和移民安置区社会稳定,促进经济发展。

水利水电工程移民具有非自愿性特征,极易引起社会矛盾和冲突,是社会经济发展中的重要问题。② 相当一段时间内,由于历史和思想观念等方面的原因,中国对水利水电工程移民问题重视不够、处理不到位,对水利水电工程移民的补偿和安置不够公平、不够全面,使其生产、生活秩序受到破坏和影响,生活水平

---

① 余文学. 水库移民引入参与机制的障碍[J]. 水利经济,2006,(1):77-80.
② 朱东恺,施国庆. 水利水电移民制度研究——问题分析、制度透视与创新构想[M]. 北京:社会科学文献出版社,2011.

未得到提高甚至下降，部分移民遗留问题众多，陷入次生贫困状态，社会矛盾凸显，群体性事件时有发生，成为影响社会稳定的重要因素，同时也制约了工程建设的进程。

本书尝试将公共政策学引入移民研究领域。水利水电工程移民公共政策研究的科学性是指构建过程需要遵循一定的学科原则和逻辑框架，反映和支撑要素体系的结构，且构建出的要素体系可运用信度、效度等科学标准来衡量，并按照一定的规律和流程来进行，同时结合实际情况和具体条件进行选择，使体系具有指导性。从公共政策学角度分析工程移民问题是一个新的尝试，缺乏成熟的研究范式，有待学术界进行深入研究。

二、丰富水利水电工程移民公共政策理论

1. 构建水利水电工程移民公共政策理论体系

本书尝试将公共政策理论引入水利水电工程移民研究领域，对水利水电工程移民涉及的公共政策理论进行了归纳和梳理，提出了一套较为科学、合理的水利水电工程移民公共政策理论体系。以社会经济环境发展为总目标，构建了一个包含政府管理（包括政府领导的先进性、政府决策、政府组织的效能、政府协调效能、政府沟通系统的完善程度、政府监督六类要素）、政策要素（包括各项政策法规的完善程度、各项政策法规与实际情况的匹配程度、各项政策法规的执行落实程度三类要素）、社会稳定要素（包括社会信任、不稳定行为方式两类要素）、公众参与（包括移民参与意识、移民参与途径、移民参与效能三类要素）在内的水利水电工程移民工作的公共政策理论体系。

2. 公共政策理论体系构建的科学性与艺术性是统一的

水利水电工程移民的公共政策理论体系的构建既有科学性，又有艺术性。其科学性是指构建过程需要遵循一定的科学原则和逻辑框架，反映和支撑公共政策理论体系的结构，且构建出的要素体系可运用信度、效度等科学标准来衡量，体系的构建过程需按照一定的规律和流程来进行。其艺术性是指构建过程时常受对象、目的的制约，受构建体系主体的非理性因素的影响，需要结合实际情况和具体条件进行选择，使体系具有指导性。

3. 对水利水电工程移民公共政策理论的实证分析

基于本书中水利水电工程移民公共政策理论的主要内容，对水利水电工程移民的经济社会层面的问题进行了调查研究。在对移民组织机构设置、行政人员能力建设与培训、制度保障、监督保障、政策落实、宣传与信息公开、公众参与以及信访和维稳工作等公共政策理论进行考察的基础上，对现阶段水利水电工程移民工作提出了建议，并将调查结果作为实证案例进行研究分析，形成理论—实践—理论的研究路径。

4. 进一步提升水利水电工程移民的参与度

在目前水利水电工程移民工作过程中，移民参与的总体效果不够理想，移民的参与积极性不高。其原因主要在于移民参与意识薄弱，需要大力提升。移民参与行为能够消除移民对公共事物参与和对公共利益诉求表达的冷漠与消极，使移民在公共生活领域能够超越小我，并表现出其应有的热诚与关心。提升移民的参与意识，首先应该加强移民的素质培养，提高移民的受教育水平。当移民各个方面受到良好的教育，思想水平上升到一定高度时，视野就会开阔，参与的积极性也会增强，移民在参与过程中会更加具有公共精神和社会责任感。

加强对移民的教育主要应做好以下几个方面：一，注重移民的文化素质和政治素质培养，不能厚此薄彼，使移民在参与过程中具有独立和理性的思维方式，合理地表达移民的诉求；二，营造健康的移民参与环境，这样有助于减少和杜绝行政人员对移民权益的侵蚀，使移民乐于参与、敢于参与、勇于参与；三，健全移民参与的配套保障机制，以人为本，这样可以增强移民参与的有序性，减少无序参与的不稳定性。

5. 加强组织领导，落实工作责任

应牢牢把握"干实事、抓落实"的核心要求，把水利水电工程移民工作摆上重要议事日程。开展水利水电工程移民工作必须突出科学管理，首先要清晰界定与移民工作有关的行为主体的职责及相互之间的关系。水利水电工程移民工作领导应加强对移民的组织协调工作，各成员单位应加强配合，各负其责，形成合力，切实将各项工作落实好。要明确当地政府是水利水电工程移民工作的责任主体和实施主体，认真落实主体责任。各市、县（区）要建立相应的工作机制，根据水利水电工程移民工作需要，加强水利水电工程移民工作队伍建设，配备充足的工作力量，杜绝"以包代管"和"一包了事"的现象，并将相关工作经费纳入同级财政预算，统筹抓好水利水电工程移民工作。

6. 完善机制，强化监督管理

要重视移民行政纠纷中体现的新型"官民关系"，构建多元化的纠纷解决机制。① 要进一步完善和落实督查机制,将水利水电工程移民工作开展情况作为工作的重要内容,纳入政府工作督查范围和考核目标。尤其是需要加强对项目建设计划管理、资金使用、实施进度等方面的监督检查。在水库移民后期扶持工作中,制定出台水利水电工程移民项目管理和资金管理操作规程等制度,规范水利水电工程移民项目管理和资金管理。对重要情况要进行公示,提高透明度,确保移民群众享有知情权、参与权、表达权和监督权。

7. 完善沟通途径,营造良好氛围

各地充分利用报刊、广播、电视、网络等各种媒体,及时更新政府网站信息,提升政务公开性;大力宣传水利水电工程移民各项工作以及相关政策,提高移民的积极性,动员移民积极主动地参与到工作中来。全面运用新媒体平台将政府信息和移民意愿进行互动整合,在增强政府执政的创新性的同时充分了解广大移民群众对各级政府和移民管理机构工作作风和服务质量的认可度和满意度,为促进库区和移民安置区政治、社会、经济、文化发展营造良好的氛围。

三、从公共政策角度对水利水电工程移民进行了专业性的探讨

1. 探讨了水利水电工程移民公平共享安置地资源

本书以R市为例,重点分析了移民共享安置地资源的不公现象,并且从实践层面分析了这种状况出现的原因。造成这种状况的原因并不是单一的,是政府、移民、原居民三个行动主体之间相互影响、相互作用的结果,社会环境的变迁也在一定程度上影响移民安置地资源的公平共享。

水利水电工程移民在共享安置地政治、经济和社会福利资源方面理论上是公平的,但事实上却存在不公。水利水电工程移民应拥有与移民安置区居民基本相当的土地等农业生产资料,然而其共享安置地资源的状况却不容乐观。在政治资源方面,共享安置地选举权和管理权不公,出现了移民的户籍性质、参加选举的人数、原居民的违规操作以及缺乏实质性的村庄管理权等方面的问题;在经济资源方面,共享原居民积累的集体经济的不公;在社会福利资源方面,安置地的文化设施和活动以及就业机会难以公平地共享。政府制定政策是否完善以及在政策执行中是否存在偏差等会导致上述这些问题产生;移民在安置地资源分配中的公平感问题也是造成这种状况的重要因素;原居民在安置地分配中的排斥阻碍了移民公平地共享安置地的资源;土地资源的升值、经济发展的不平衡、移民支出的

---

① 黄东东. 发展、迁移与治理——工程性非自愿移民法研究[M]. 北京:法律出版社,2013.

增加等社会环境的变迁也具有一定的影响。因此，需要探讨工程移民公平共享安置地资源的机遇。①

对于解决移民共享安置地资源不公问题的对策需要考虑具体的原因，政策执行中的偏差需要政府完善水利水电工程移民扶持政策，协调各方，切实执行相关政策；为了消除移民在安置地资源分配中的不公平感，要尽量帮助他们获得当地安置地资源，增加他们的收入，并且积极引导原居民改变对移民的认识，积极面对两者之间的问题，增加对安置区的资金投入和政策倾斜。

2. 探讨了水利水电工程移民工作中的政府角色

本书以水利水电工程移民工作中的政府角色为研究对象，总结政府的应然角色和实然角色，并分析出现角色偏差的原因，提出了合理的建议。作为一个世界性的难题，水利水电工程移民是一个涉及政治、经济、文化、心理等多个学科领域的问题，具有特殊性、复杂性、长期性。政府需要发挥积极的作用，例如制定科学合理的移民政策、设立独立完整的移民管理机构、审核水利水电工程移民安置规划、监督淹没区土地征收、确定补偿标准、监督移民资金的运作等。因此，政府应该成为宏观上的指导者、公共利益的代表者和公共事务的监督者。但是在实际工作中，有时或者部分地区政府角色定位不清，着重体现在缺位、越位、错位这几个方面。政府角色定位出现问题的成因主要是思想观念不合时宜、政策执行低效、行政行为失范、缺乏公众参与这几个方面。在明确政府角色设计的基础上，必须调整实际工作中缺位、错位、越位的问题，并且需要引入独立完整的监管机构、加强移民资金管理、提高移民参与成效、创新社会管理、探索利益共赢的策略来保障政府角色的落实。

虽然水利水电工程移民管理工作的政策性很强，但也不代表政府在移民工作中应充当全能的角色。在新时期中国水利水电工程移民工作中遇到的很多新问题，不一定能从过去的经验中找到解决的办法，不能以惯性思维来处理一切问题。为妥善解决水利水电工程移民问题，中国部分水电工程已尝试采用城镇化、养老保险和复合安置等无土或少土的移民安置方式，这对于缓解移民区高度紧张的"人地矛盾"、加快移民区城镇化建设步伐、加快移民搬迁进度、促进水电资源开发具有积极意义。优化移民区的产业结构，建立扶持发展机制，以加快发展移民区的优势产业、培育市场、扩大就业门路，对移民安置区的社会经济进行重

---

① 侯欢欢. 水库移民公平共享安置地资源问题研究[D]. 南京：河海大学，2013.

新构造，实现移民区可持续发展。理顺政府、企业、移民等利益主体之间的责任与权利，积极探索移民安置长效补偿机制，对水利水电工程建设的顺利推进以及充分发挥工程建设的社会经济效益都有积极作用。

从政府角度研究水利水电工程移民管理，明确政府的角色定位，厘清政府职能，规范政府行为，创新社会管理，可以有效保障移民的权益和生活质量，实现移民社区的安定团结，建设社会主义和谐社会。进一步贯彻落实科学发展观，坚持以人为本，构建和谐社会，为水利水电工程移民管理工作注入更多的社会力量，可以促进移民的可持续发展，保障移民的安定生活，推进安置区的区域经济、社会协调发展，对建设稳定团结的移民社区具有深远意义。

3. 探讨了水利水电工程移民工作中的政府行为

水库移民为了国家建设而牺牲自己的家园和生产资料，并被迫搬迁至一个陌生的地方重新开始生产和生活，他们急需各方的帮助。从国家的角度来看，大量非自愿移民的产生容易造成社会问题，如果政府不能及时适当地采取一定的措施进行处理，便会导致社会冲突，进而阻碍水库移民安置及其经济发展，这是违背水利工程建设初心的。鉴于中国的基本国情，对于水库建设而产生的移民，国家在给予其安置之后，政府用后期扶持的方式帮助移民改善生活、发展经济。政府全程参与由其组织发起的水库移民后期扶持工作，时刻以移民的利益为基本出发点，协调后期扶持工作发展的方向，并发挥监督的作用，以保障水库移民后期扶持工作的顺利完成。

政府行为贯彻于整个水库移民后期扶持工作的始终。从移民后期扶持工作的开始，政府便发挥组织行为作用，具体体现在确定后期扶持的范围和目标以及组建专门处理水库移民后期扶持工作的移民管理机构上，并在其中进行权责分配和配置相关工作人员。在政府的组织作用之下，移民的后期扶持工作得以开展，从此也由政府政策性强制移民方式过渡到开发性的移民方式。开发性移民政策是以政府为主导，强调政府与移民共同参与、帮扶移民恢复和发展生产生活的移民政策，在这个过程中涉及众多利益主体。主要分析了政府、移民管理部门与移民三者之间的利益关系，指出政府发挥的协调行为在平衡三者关系之间起到的关键作用。作为权力执行者的政府机构需要对权力的使用及其发挥的效能进行监督，以防止出现损害移民利益的行为。政府机构的监督行为又可以分为自身的内部监督和组织外部机构进行的社会监督两种，本书在分析水库移民后期扶持工作中的政府监督行为时，具体结合了移民后期扶持的项目和资金的管理，社会监督部分则结合了政府委托第三方进行监测评估这一方式进行分析。政府的监督行为保证了后期扶持项目的质量以及后期扶持资金的使用效果的最大化。本书通过分析三种政府行为，强调政府行为在具体水库移民后期扶持工作中发挥的作用及其对发挥实际正向的效能有着重大的意义。

4. 探讨了水利水电工程移民工作中的移民动员

在科学技术快速发展的今天，水利水电工程是中国经济发展的重要基础之一。开发水利水电工程造福社会和人民，不可避免地产生了水利水电工程移民和移民问题，如果不能及时适当地处理这些移民问题，会影响地区的社会经济发展。应以合法性为目的，对水利水电工程移民进行有组织的动员活动，妥善安置移民和处理移民问题，化解移民心中的不满和不信任。政府可通过动员的号召和带动，以各种动员载体和动员机制开展水利水电工程移民工作，最终整合社会发展策略，动员移民积极参与到水利水电工程移民工作中，合作共赢，发展水利水电事业。

水利水电工程移民动员是实现政府、移民、业主、社会之间的信息沟通桥梁，也是他们相关利益的协调机制。通过对水利水电工程移民动员的分析可以发现，动员工作使政府和移民建立起信任互助的关系，化解利益相关者之间的矛盾和冲突，寻求共同利益，提高了移民参与度、对政府的认可度以及政府移民工作的合法性，促进了水利水电工程移民工作发展并保持社会的稳定。政府以动员机制为主体，发挥其作用，维护移民的利益和基本权利，达到有序协调的目的，建立政府和移民之间良性的互动关系，充分有效地整合社会资源，提高水利水电工程移民工作效率。

水利水电工程移民工作一直是关系社会发展进步的重点工作，动员也是中国历来常用的手段，通过分析水利水电工程移民工作中的动员，加强政府管理，加强理论与实践的结合，对水利水电工程移民的政府工作和政治意义有着很大的帮助。

5. 探讨了水利水电工程移民社会冲突及其调适

（1）基本结论

纵观水利水电工程移民过程中出现的各种冲突，本书初步得出这样的结论：无论是出于主观原因还是客观原因，无论移民采取什么样的形式参与冲突，所有的问题都离不开这两个主题——相关主体对利益的关注和人们心理上的失衡感。因此，在寻求有效调适办法的过程中，也主要围绕这两个因素展开讨论。

另外，通过较为全面的总结和分析，本书对水利水电工程移民社会冲突也有了一个基本的认识，即水利水电工程移民社会冲突属于现实性冲突，它是具有外显对抗性表现形式的实质非对抗性冲突，故水利水电工程移民社会冲突具有很大程度的可调适性。在探讨水利水电工程移民社会冲突调适办法的过程中，尤其应重视对移民、非移民的心理调适。从水利水电工程移民社会冲突的发生机制来看，移民的心理状况在移民冲突的产生和调适过程中起着至关重要的作用。移民由于存在攀比心理、失落心理、依赖心理，导致严重的心理失衡，产生强烈的相对剥夺感，从而不能将自身定位在安置区主人翁的身份上，发生角色冲突。要有效地化解水利水电工程移民社会冲突，政府责任重大。除了大力发展移民经济、及时调整移民政策、提高移民工作效率外，还必须加强对移民社会心理状况的调适，消解移民不良社会情绪，整合移民精神结构，培养移民积极健康的心态。政府和社会都应该重视，引导移民将自身发展目标定位在提高自身素质、艰苦奋斗、重建家园上，而不是一边抱怨，一边等待政府的救助。

水利水电工程移民社会冲突是一把双刃剑，既影响到移民社会的安定，又能通过对问题的解决推进移民社会的发展。水利水电工程移民社会冲突的产生，既有政府方面的责任，也有移民自身的因素，自然也需要政府、社会和广大移民共同来应对。而当今社会问题的解决，离不开政府、社会力量和社会成员的共同参与、互助协作，持有公正理念的政府从来不惧怕广大人民参与到自己的决策过程中去。

(2) 讨论

根据以上结论以及前文的探讨，本书对水利水电工程移民社会冲突在性质、发生范围、基本功能上都有了一个基本的认识。

首先，应给水利水电工程移民社会冲突一个客观的定位。如齐美尔在他的经典著作《冲突论》中所主张的，社会是一个有机的整体。在这个有机整体中，冲突是普遍存在和不可避免的。只有认识到这一点，方能使我们以客观的立场去分析和对待中国的水利水电工程移民社会冲突，而不是仅仅将其认定为威胁社会和谐稳定的"动乱分子"。另外，我们不难从水利水电工程移民社会冲突的表现形式得出这样的判断，冲突即使再激烈，也摆脱不了移民对政府的依赖和信任。很明显，移民一有问题就自然而然地找政府解决，希望自己的问题能够得到政府的重视，坚信"政府一出面，问题就好办。"基于这一点，我们可以确信广大移民对政府是非常期待的，他们相信政府有能力去维护老百姓的利益。然而还是会有不和谐的现象出现，说明联结政府和人民的中间环节出了问题。所以在分析水利水电工程移民社会冲突根本原因的时候，我们应该从联结政府和移民的中间环节去寻找答案，冲突仅仅是移民问题的表现形式，或者可以将其理解为移民为达到自己利益目标而采取的一种方式和手段。

从性质上说，水利水电工程移民社会冲突虽然是具有外显的对抗性活动，但是同中国其他多数类型的冲突一样，在本质上是属于非对抗性的冲突，即水利水电工程移民社会冲突是在根本利益一致的基础上因各自具体利益的差异和矛盾引起的。这种冲突发生在具有一致根本利益的群体内部或者群体之间，从根本上不是那种争个你死我活、鱼死网破的对立关系，而是一种相互协调的关系，即此类冲突具有可协调性。产生冲突在很大程度上是利益分配失调的表现，它要求双方进行利益的重新调整和分配。

从发生的范围来讲，水利水电工程移民社会冲突属于社会主义社会的人民内部矛盾。内部冲突是一个社会系统内各个群体之间的不和现象。中国水利水电工程移民社会冲突是在社会主义社会这个大系统中产生的，无论是移民之间、移民与非移民之间的冲突，还是移民、非移民与政府之间的冲突，都属于人民群众内部的矛盾和冲突。从社会学的角度来看，这种内部冲突具有双重功能：一方面，增强群体生存、稳定及整合，群体内部冲突可导致新的团结和平衡；另一方面，当这种内部冲突由于某些不法分子的操纵而涉及事物的根本基础时，就更容易导致根本利益一致这种关系的破裂，无法形成新的和谐。就具体的实际经验来看，中国的水利水电工程移民社会冲突不涉及冲突双方关系的基础，即任意一对冲突双方的根本利益是一致的，只是具体利益有所差异。所以中国水利水电工程移民社会冲突的发生是有一定的正功能的，通过这种非对抗性的内部冲突，水利水电工程移民问题可以引起政府和社会的广泛关注，促使政府及时、迅速地采取合理的调节措施，协调不同利益群体之间的关系。从而加强移民、政府之间的联系和团结，促进整个社会系统的稳定和谐。

另外，应全面认识中国水利水电工程移民社会冲突所表现出来的功能。关于社会冲突的功能，齐美尔认为社会冲突的作用并非都是消极的，并非在所有的情况下都必然会引起社会有机体的崩溃或者是社会的变迁。实际在一定程度上，社会冲突也是促进社会有机体团结和统一的过程，是保持社会整体或者某些子系统完整的过程。这是本研究分析移民冲突所带来的影响以及探索合理的调适机制的理论依据。我们看待水利水电工程移民社会冲突带来的影响，不能只看到移民冲突对社会带来的不稳定,对政治、经济系统的破坏,还要看到在冲突的背后隐藏着更深刻的社会变迁。长期以来,中国水利水电工程的大批兴建带来众多的移民问题,移民不稳定事件在各个工程都常有发生。亲身经历冲突事件的人们会感到移民社会冲突给社会带来的危机感,政府以及相关部门都在惧怕水利水电工程移民社会冲突的产生,因此也在积极努力地制定合理的政策和措施改善移民的生产生活。历数这七十多年来中国移民政策的逐步完善,水利水电工程移民搬迁安置政策和水库移民后期扶持政策变迁,征地补偿、移民安置补偿和后期扶持标准一再提高,移民的生产生活环境不断得到改善,我们不得不承认这其中大部分都是水利水电工程移民社会冲突的"功劳"。因此,认识到水利水电工程移民社会冲突的正面功能,有利于我们勇敢地面对水利水电工程移民社会冲突事件,努力去引导其对中国社会、政治、经济的影响。

(3) 研究展望

任何一个社会系统都不可避免地存在冲突现象,完全和谐的社会是不存在的,同时和谐也不是一种孤立的、静态的和谐,它是一种动态的和谐,是在不断化解矛盾冲突的过程中达到的。水利水电工程移民是一个涉及政治、经济、社会、文化、宗教等多学科、多领域的复杂问题,移民冲突的发生机制也是综合而又复杂的。本书研究试图根据相关理论,将有关水利水电工程移民社会冲突的表现形式和原因做全面而深刻的理解和分析,从而寻找有效的调适机制。但由于自身研究能力有限,对所获资料的驾驭能力不强,对当前水利水电工程移民社会冲突的现状仅从其分类、表现形式、基本特征做了简单描述,对原因的分析也较为肤浅,理论指导实践的能力不强;对于有些问题仅就理论分析还远远不够,还需要大量的实证材料。在这两个方面都还做得很不够,有待完善。同时对于有些问题尚未涉及,需继续思考并设法解决。此外,关于水利水电工程移民社会冲突的调适,不仅关涉到移民与政府的关系,还涉及历史因素等各个层面,是一项艰巨复杂的系统工程,需全社会的共同努力才能达至大成。

不难理解,水利水电工程移民社会冲突从酝酿、发生、发展,到高潮、结束,是一个错综复杂的过程。其中涉及方方面面的关系和利益,过程中每一个小小的细节都能够引起我们的思考。思考角度不同,产生的观点也会不同,然而归根结底水利水电工程移民社会冲突问题是一个发展的问题,牵涉到移民的发展、组织的发展、政府的发展,乃至整个国家的发展。如何在冲突中求发展,这是一个值得深入探讨的话题。本研究只是其中的一小部分,亟待完善。

提及发展，本书谈到非政府组织对移民社会冲突的介入。在水利水电工程移民社会冲突的调适探讨中，非政府组织被视为政府有效的"减压阀"和"稳定器"，有着不可忽视的功能。然而这只是一种理想的状态，现实中我国在多个领域都有非政府组织组织，种类不同，发展的水平也参差不齐，而非政府组织在中国水利水电工程移民这一块更是少之又少，这就注定了非政府组织介入水利水电工程移民社会冲突要面临巨大的困难和挑战。如何构建良好的非政府组织介入环境，如何完善非政府组织自身，如何健全非政府组织在介入移民冲突时的各种功能，这将是下一步要深入探讨的内容。

6. 探讨了水利水电工程移民参与

各种工程项目的建设所引起的征地补偿和移民搬迁安置会造成移民生活上的困难，也会破坏当地的经济结构，带来一些社会的不安定因素。本书以水利水电工程移民参与为切入点，将整个移民参与依工程建设程序划分为移民安置实施前、移民安置实施中以及移民安置实施后三个阶段。结合案例，分析移民参与的内容及特点，提出整个过程中移民参与存在的问题主要有移民自身存在的问题、移民参与渠道的不足两个方面。针对这两个方面的问题，提出了相应的对策：提高移民参与的能力、强化移民法律意识、完善移民参与渠道、保障移民参与的政策环境。

工程建设过程中移民参与是安置活动顺利进行的保障，但是在实际工作中由于缺乏相关的参与能力以及可借鉴的成功参与模式，移民参与还停留在形式的层面。如果可以让移民参与到项目的可行性研究、设计、调查以及规划与实施等决策中，参与到与其自身利益相关的环节中，并且可以通过互动协商来达成相关共识，将有利于减少移民抵触心理，有助于整个工程实施和相关政策的贯彻与执行。可以在实际工作中探索移民参与模式，并进行示范、试点，进而推广与应用。

应充分重视移民表达，吸纳移民的意见以持续提高移民参与的兴趣。如果把移民的利益诉求仅仅当作一种形式或修饰，会在很大程度上伤害移民参与的热情，并最终影响到工程施工的顺利开展。移民参与可以激发移民进行表达与参与的热情，可以拉近政府、施工单位与移民的距离。当然，还需要对良好的移民表达进行内心的倾听，需要当地政府部门及时将移民安置等相关方面的有形结果告知移民，形成移民表达与参与的良性反馈。

7. 探讨了水利水电工程移民村的"空心化"及其治理

最后,本书就水利水电工程移民村的"空心化"及其治理进行了讨论。乡村振兴战略能有效改善移民乡村衰落现象,是解决"三农"问题、实现全面建成小康社会的关键所在。日益严重的水利水电工程移民村空心化现象对移民乡村振兴带来了主体缺失、增收困难和自治弱化等现实困境,只有从移民村内生和外生两方面同时入手,重构移民村主体结构,解决主体缺失困境;调整农村产业结构,破解移民增收困境;完善自治组织管理运行机制,破解自治弱化困境,才能有效保障移民村实现多元化的持久振兴,从而解决城乡发展不平衡问题,推动建设"产业兴旺、生态宜居、乡风文明、治理有效、生活富裕"的新型移民村。

参考文献

一、著作

1. 基础理论著作

[1] 彼得·德鲁克. 彼得·德鲁克管理思想全集[M]. 赵雪章,译. 北京:中国长安出版社,2006.

[2] C. I. 巴纳德. 经理人员的职能[M]. 孙耀君,等译. 北京:中国社会科学出版社,1997:29+43+80.

[3] 卡罗尔·佩特曼. 参与和民主理论[M]. 陈尧,译. 上海:上海人民出版社,2006:97-103.

[4] 陈振明. 政策科学:公共政策分析导论(第二版)[M]. 北京:中国人民大学出版社,2003.

[5] 程同顺. 当代中国农村政治发展研究[M]. 天津:天津人民出版社,2000:240.

[6] 蔡定剑. 民主是一种现代生活[M]. 北京:社会科学文献出版社,1988:56.

[7] 戴维·波普诺. 社会学(第十版)[M]. 李强,等译. 北京:中国人民大学出版社,1999.

[8] 丁煌. 西方行政学说史(修订版)[M]. 湖北:武汉大学出版社,2004.

[9] 费孝通. 乡土中国[M]. 北京:生活·读书·新知 三联书店,1985.

[10] 林毅夫. 关于制度变迁的经济学理论:诱致性变迁与强制性变迁[M]//R. 科斯,A. 阿尔钦,D. 诺斯,等. 财产权利与制度变迁:产权学派与新制度学派译文集. 上海:生活·读书·新知 三联书店,1994.

[11] 毛里西奥·帕瑟林·登特里维斯主编. 作为公共协商的民主:新的视角[M]. 王英津,等译. 北京:中央编译出版社,2006:139.

[12] W. 阿瑟·刘易斯. 经济增长理论[M]. 梁小民, 译. 上海: 生活·读书·新知 三联书店, 1990.

[13] 王浦劬, 燕继荣, 毛寿龙. 政治学基础(第2版)[M]. 北京: 北京大学出版社, 2006: 166-168.

[14] 王子平, 冯百侠, 徐静珍. 资源论[M]. 石家庄: 河北科学技术出版社, 2001.

[15] 文森特·奥斯特鲁姆. 美国公共行政的思想危机[M]. 毛寿龙, 译. 上海: 生活·读书·新知 三联书店, 1999.

[16] 徐衫. 前进中的动力: 中国共产党政治动员研究(1921—1966)[M]. 北京: 新华出版社, 2007: 13.

[17] 詹姆斯·E. 安德森. 公共决策[M]. 唐亮, 译. 北京: 华夏出版社, 1990.

[18] 张创新. 现代管理学概论(修订版)[M]. 北京: 清华大学出版社, 2005: 58.

[19] 珍妮特·V. 登哈特, 罗伯特·B. 登哈特. 新公共服务: 服务, 而不是掌舵[M]. 丁煌, 译. 北京: 中国人民大学出版社, 2004.

[20] 朱光磊. 当代中国政府过程[M]. 天津: 天津人民出版社, 2008.

2. 移民专业著作

[1] 傅秀堂. 水库淹没处理设计[M]. 南京: 河海大学出版社, 1998.

[2] 雷亨顺. 中国三峡移民[M]. 重庆: 重庆大学出版社, 2002.

[3] 刘拴明, 赵世来, 余文学, 等. 东平湖水库移民与区域发展[M]. 郑州: 黄河水利出版社, 2004.

[4] 迈克尔·M. 塞尼. 移民·重建·发展——世界银行移民政策与经验研究(二)[M]. 水库移民经济研究中心, 编译. 南京: 河海大学出版社, 1998.

[5] 任柏强, 方立明, 奚从清, 等. 移民与区域发展: 温州移民社会研究[M]. 北京: 人民日报出版社, 2008.

[6] 施国庆. 移民迁建与发展: 百色水利枢纽云南库区移民实践与探索[M]. 南京: 河海大学出版社, 2012.

[7] 世界银行. 1997年世界发展报告: 变革世界中的政府[M]. 蔡秋生, 等译. 北京: 中国财政经济出版社, 1997.

[8] 王应政. 中国水利水电工程移民问题研究[M]. 北京: 中国水利水电出版社, 2010.

[9] 徐乘, 唐传利, 杨建设, 等. 三门峡水库移民社会经济发展战略[M]. 郑州: 黄河水利出版社, 2000.

[10] 许佳君,李艳艳.谁占主导:政府抑或市场——浅议水库移民劳动力培训管理的主导力量[M]//李建民,黄乾.中国劳动力市场:前景、问题与对策.天津:南开大学出版社,2010.

[11] 杨文健.中国水库农村移民安置模式研究[M].昆明:云南美术出版社,2004.

[12] 姚凯文.水库移民安置研究[M].北京:中国水利水电出版社,2008.

[13] 应星.大河移民上访的故事——从"讨个说法"到"摆平理顺"[M].北京:生活·读书·新知 三联书店,2001.

[14] 余文学,范云.城乡统筹背景下的水库移民安置方式[M].北京:中国水利水电出版社,2010.

[15] 余文学.城乡一体化背景下水库移民政策创新[M].北京:社会科学文献出版社,2018.

[16] 张宝欣.开发性移民理论与实践[M].北京:中国三峡出版社,1999.

[17] 张宝欣.三峡外迁移民工作回顾与思考[M].北京:中国三峡出版社,2008.

[18] 张穹,矫勇,周英.大中型水利水电工程建设征地补偿和移民安置条例释义[M].北京:中国水利水电出版社,2007.

[19] 朱代忠.库区资源开发与利用[M].南京:河海大学出版社,1997.

[20] Cernea M M. Involuntary Resettlement in Development Projects: Policy Guidelines in World Bank-financed Projects[M]. Washington, D. C.: World Bank Publications, 1988.

[21] Cernea M M, Guggenheim S, Soeftestad L T, et al. Resettlement and Development: The Bankwide Review of Projects Involving Involuntary Resettlement 1986 - 1993 [M]. Washington, D. C.: World Bank Publications, 1996.

[22] Cernea M M, McDowell C. Risks and Reconstruction: Experiences of Resettlers and Refugees [M]. Washington, D. C.: World Bank Publications, 2013.

[23] Chen S, Shi G Q, Zhu W L, et al. Participatory Resettlement: Key Issues and Processes in Resettlement in Xiaolangdi and Hexi[M]//Plummer J, Taylor J G. Community Participation in China: Issues and Processes for Capacity Building. London, 2004.

[24] Coombs P H, Hallak J. Cost Analysis in Education: A Tool for Policy Making and Planning[M]. Baltimore: The Johns Hopkins University Press, 1988.

[25] Fernandes, W. From Marginalization to Sharing the Project Benefits[M]//Cernea M M, Christopher McDowell. Risks and Reconstruction: Experiences of Resettlers and Refugees. Washington, D. C.: World Bank Publications, 2002: 205-225.

[26] Hansen A, Oliver-Smith A. Involuntary Migration and Resettlement: The Problems and Responses of Dislocated People[M]. New York: Westview Press, 1982.

[27] KettlD F, Milward H B. The State of Public Management[M]. Baltimore: The Johns Hopkins University Press, 1996.

[28] Penninx R. Integration of Migrants: Economic, Social, Cultural and Political Dimensions[M]//Miroslav M, Alphonse L, Werner H. The New Demographic Regime Population Challenges and Policy Responses. New York and Geneva: United Nations Publication, 2005: 137-151.

[29] Wolff J. An Introduction to Political Philosophy[M]. New York: Oxford University Press, 2006.

二、期刊论文

[1] 蔡益群. 安定有序和谐社会的政治测量指标体系探析[J]. 江西师范大学学报（哲学社会科学版），2007，(05)：23-26.

[2] 曹洪升，赵世来，陈洪山. 东平湖库区移民贫困与反贫困[J]. 人民黄河，2003，(10)：29-33.

[3] 曹姣星. 生态功能区建设中政府行为失范的具体表现与诱发因素分析[J]. 云南行政学院学报，2015，17(03)：50-55.

[4] 陈垚森. 基于扶贫开发目标的水库移民后期扶持监测评估机制研究[J]. 中国水利，2015，(15)：58-60.

[5] 陈建林. 外迁型移民与移民文化融合——丹江口水库之淅川县移民迁置荆门研究[J]. 中南民族学院学报（人文社会科学版），2000，(03)：53-56.

[6] 陈家喜，刘王裔. 我国农村空心化的生成形态与治理路径[J]. 中州学刊，

2012,(05):103-106.

[7] 陈庆云,曾军荣.论公共管理中的政府利益[J].中国行政管理,2005,(08):19-22.

[8] 陈绍军,叶彩霞.工程移民社会保障问题探讨[J].水电能源科学,2003,(04):85-87.

[9] 陈绍军,施国庆,朱文龙,等.非自愿移民安置活动中的公众参与[J].水利水电科技进展,2003,(06):24-26+65.

[10] 陈文理.信息基础设施领域政府行为偏差的现实和理论逻辑[J].湖北社会科学,2009,(10):36-40.

[11] 陈艳,陈绍军,王松.水库移民社会风险评价[J].水利经济,2005,(02):62-64+68.

[12] 陈宇.土地征用过程中的政府角色定位[J].黑龙江教育学院学报,2006,(04):16-18.

[13] 邓宁宁.水库移民心理问题及对策探讨[J].魅力中国,2017,(31):280.

[14] 邓培全,谈采田,李临杰,等.垣曲县小浪底水库移民生产开发模式的建构[J].水利经济,2002,(03):18-22.

[15] 邓伟志.政治资源的配置问题[J].民主,2000,(02):4-7.

[16] 丁宇,涂明亮.中国对外贸易政策演变中的政府行为[J].商业经济研究,2015,(26):104-106.

[17] 段文明.水利水电工程移民安置方式的研究[J].科技创新导报,2019,16(14):34+36.

[18] 段跃芳.创新水库移民补偿与安置模式的思考[J].三峡大学学报(人文社会科学版),2013,35(01):12-16.

[19] 段正梁.水库移民管理运行机制创新[J].水利规划与设计,2008,(03):20-24.

[20] 风笑天.生活的移植——跨省外迁三峡移民的社会适应[J].江苏社会科学,2006,(03):78-82.

[21] 风笑天,王小璐.我国三峡移民研究的现状与趋势[J].社会科学研究,2004,(01):107-111.

[22] 傅秀堂,李世荣.我国水库移民政策的回顾与思考[J].人民长江,2007,(12):5-9+120.

[23] G. E. 舒赫,容致旋. 大坝的社会和环境影响——世界银行经验[J]. 人民长江,1989,(12):44-52.

[24] 高新宇,许佳君. 权变式反向运动:社会转型期农民环境抗争的社会学阐释——Q村个案研究[J]. 河海大学学报(哲学社会科学版),2015,17(03):39-44+91.

[25] 高新宇,许佳君. 空间重构与移民社区融入——基于"无土安置"工程的社会学思考[J]. 社会发展研究,2017,4(01):73-93+243.

[26] 高小永,唐玮玮,张关. 公众参与式水库移民安置点选址决策的博弈分析[J]. 人民长江,2013,44(03):97-100.

[27] 缑元有,王君华. 论水库移民的社会适应性调整[J]. 华北水利水电学院学报(社科版),2000,(03):77-79.

[28] 顾海燕. 乡村文化振兴的内生动力与外在激活力——日常生活方式的文化治理视角[J]. 云南民族大学学报(哲学社会科学版),2020,37(01):52-57.

[29] 谷玉良. 农村人口外流与农村养老困境[J]. 华南农业大学学报(社会科学版),2018,17(01):114-122.

[30] 谷满意. 当前我国农民政治参与意识研究[J]. 泰山学院学报,2013,35(02):97-102.

[31] 郭程,汪洋. 三峡外迁移民角色特征与转换的分析——对迁至山东省的三峡移民社会角色的研究[J]. 中国社会医学杂志,2010,27(01):1-4.

[32] 郝索. 论我国旅游产业的市场化发展与政府行为[J]. 旅游学刊,2001,(02):19-22.

[33] 何深思. 政治资源公平分配的作用[J]. 求知,2008,(10):46.

[34] 何雄. 大型工程中基于协商的参与式决策[J]. 中南财经政法大学学报,2008,(05):42-46.

[35] 侯旭平. 论建立社会主义经济公平运行机制的途径和方法[J]. 产业与科技论坛,2006,(01):12-15.

[36] 胡大伟. "权利贫困"及其纾解——水库移民利益补偿的困境与出路[J]. 大连理工大学学报(社会科学版),2012,33(02):114-118.

[37] 黄冠军,吕元礼. 公共行政精神回归的时代背景、内在要求及路径依赖[J]. 长沙大学学报,2007,(7):37-38.

[38] 黄展钊. 水利水电工程移民补偿机制的发展与改革[J]. 建筑工程技术与设

计，2018，(22)：3464.

[39] 孔元刚，郑勇. 从被征地者视角分析各行业间征地补偿安置政策差异[J]. 云南水力发电，2020，36(02)：41-47.

[40] 姜雯. 水库移民后期扶持中公众参与的方式及问题与对策[J]. 贵州农业科学，2018，46(04)：152-155.

[41] 金太军，赵军锋. 政治资源配置与和谐社会构建——和谐社会的政治社会学分析[J]. 理论探讨，2008，(02)：1-6.

[42] 乐昕. 新生代农村流动人口理性迁移选择——基于"推—拉"理论的探讨[J]. 社会福利(理论版)，2013，(08)：20-23.

[43] 雷洪，刘成斌. 角色的二重建构——个人与社会连接点的探讨[J]. 社会，2003，(05)：19-22.

[44] 李杨，刘龙. 做好新时期水库移民信访管理工作[J]. 管理观察，2014，(28)：49-51.

[45] 李长武. 巴纳德管理思想述评[J]. 吉林大学社会科学学报，1985，(01)：19-24+13.

[46] 李方方，许佳君. 农村土地"三权分置"政策的法理规制逻辑[J]. 山东社会科学，2017，(07)：174-179.

[47] 李奋生，李娜. 我国农业技术引进中政府行为优化对策研究[J]. 科技管理研究，2015，35(10)：26-31.

[48] 李华，蒋华林. 三峡工程外迁移民的社会角色转换[J]. 河海大学学报(哲学社会科学版)，2002，(02)：58-61.

[49] 李晖，陈绍军. 水库移民利益表达的行为逻辑——以G市水库移民为例[J]. 中国农村水利水电，2013，(7)：89-91.

[50] 李景鹏. 后全能主义时代的公民社会[J]. 中国改革，2005，(11)：38-39.

[51] 李庆，黄诗颖. 水库移民社会治理创新研究[J]. 人民长江，2016，47(14)：98-103.

[52] 李天碧，张绍山. 我国水库移民政策与实践[J]. 中国水利，2001，(05)：38-39+5.

[53] 李维雨. 辽宁省大中型水库移民后期扶持对策研究[J]. 内蒙古水利，2018，(09)：72-73.

[54] 梁福庆. 水库城镇移民安置稳定问题研究[J]. 三峡大学学报(人文社会科学

版),2007,(06):13-15.

[55] 廖桂莲,张丽华,张体伟. 生态移民农地确权与流转行为的影响因素分析——基于贵滇宁3省区的调查[J]. 云南社会科学,2020,(05):157-163.

[56] 廖蔚. 当前我国水库移民的社会冲突与整合研究[J]. 农村经济,2004,(11):71-73.

[57] 林晖. 从小浪底移民项目管理看业主负责制[J]. 中国水利,2003,(05):55-56.

[58] 刘辉武,吴晓萍. 论促进扶贫移民社会适应的政策选择[J]. 贵州师范大学学报(社会科学版),2019,(04):42-50.

[59] 刘静,陈美球,刘洋洋,等. 易地扶贫搬迁社会风险及其防控对策[J]. 江西农业学报,2017,29(06):141-145.

[60] 刘灵辉. 水库移民共享安置区土地补偿性质研究[J]. 中国土地科学,2012,26(06):15-19.

[61] 刘甫朝. 水利水电工程建设对移民社会系统的影响与重建[J]. 建筑工程技术与设计,2018,(28):2155.

[62] 刘启春. 资源公平与社会和谐[J]. 湖北行政学院学报,2006,(2):80-83.

[63] 刘希泽,王春艳,王巧芬. 浅谈大运河水利旅游效益[J]. 商业文化(下半月),2012,(12):128.

[64] 刘永飞,许佳君. 可行性:非自愿水库移民社会整合的社会工作介入[J]. 西南民族大学学报(人文社会科学版),2013,34(04):45-49.

[65] 刘永飞,徐孝昶,许佳君. 西部民族地区水库移民帮扶研究[J]. 重庆大学学报(社会科学版),2013,19(06):31-35.

[66] 刘永飞,温丙存,徐孝昶,等. 水库移民社会管理中的"法场域"研究[J]. 中国海洋大学学报(社会科学版),2013,(06):92-96.

[67] 刘永飞,徐孝昶,许佳君. 断裂与重构:农村的"空心化"到"产业化"[J]. 南京农业大学学报(社会科学版),2014,14(03):16-22.

[68] 刘振兴,潘梦雅,岳梦然. 南水北调中线工程移民政策的回应探讨——以河南省淅川籍农村移民为例[J]. 农村经济与科技,2012,23(04):157-158.

[69] 龙江英. 政府投资工程项目可行性研究阶段的管理[J]. 贵州社会科学,2006,(04):45-46+8.

[70] 龙新庭,晏英,马武君,等. 金融支持水库移民工作的实践与探索——以广西

水库移民典范桂林市恭城县黄竹岗村为例[J].区域金融研究,2014,(02):61-64.

[71] 罗冬兰,傅春,鄢帮友.公众参与水利工程决策浅议[J].中国水利,2003,(12):13-14.

[72] 马德峰.三峡外迁农村移民社区适应现状研究——来自江苏省大丰市移民安置点的调查[J].市场与人口分析,2005,(02):62-68.

[73] 马磊,刘欣.中国城市居民的分配公平感研究[J].社会学研究,2010,25(05):31-49+243.

[74] 马喜亨.重塑公共行政精神:完善社会公共服务体制的新视野[J].长沙大学学报,2013,27(3):43-44.

[75] 毛子明,李童航,凌晨.水利水电工程建设征地移民安置问题及对策分析[J].科技与创新,2016,(23):26+28.

[76] 欧阳庆芳.水库移民法律关系性质之认定[J].三峡论坛(三峡文学.理论版),2012,(01):54-58+148.

[77] 潘信林.文化治理的基础与可能——以建国以来农村行政权力治理变迁为例[J].湖南财政经济学院学报,2016,32(05):110-118.

[78] 彭雄权.水利风景区在水利经济发展中的作用与功能分析[J].广东科技,2012,21(07):78+85.

[79] 齐美苗,蒋建东.三峡工程移民安置规划总结[J].人民长江,2013,44(02):16-20.

[80] 齐杏发.政府行为的内在逻辑研究——复合利益的视角[J].江西社会科学,2008,(08):183-186.

[81] 钱俊君.论公众参与理论在我国公共政策制定中的应用[J].文史博览(理论),2007,(10):34-35.

[82] 秦明海,许佳君.南水北调工程与社会稳定[J].水利经济.2004,(05):40-41.

[83] 秦明海,许佳君,刘雪.南水北调工程风险识别及其控制[J].河海大学学报(哲学社会科学版),2004,(03):29-32.

[84] 施国庆.水库移民学初探[J].水利水电科技进展,1999,(1):47-48+59.

[85] 施国庆,陈阿江.工程移民中的社会学问题探讨[J].河海大学学报(社会科学版),1999,(01):23-28.

[86] 宋海朋,赵旭. 水库移民与建设征地农民补偿安置政策比较研究[J]. 人民长江,2018,49(08):103-106.

[87] 孙国栋. 几种社会形态的国家模式研究[J]. 浙江社会科学,1995,(2):89-96.

[88] 孙静. 论政府在公共安全危机管理中的政治责任[J]. 中国人民公安大学学报(社会科学版),2008,24(06):97-101.

[89] 孙向军. 全面建设小康社会中的社会公平问题[J]. 天府新论,2004,(02):14-17.

[90] 谈采田,许佳君,李临杰,等. 县内安置水库移民社会整合研究——以山西省垣曲县小浪底水库移民为实证[J]. 河海大学学报(哲学社会科学版),2002,(02):54-57.

[91] 谭平,彭豪祥,张国兵. 湖北三峡移民社会适应性的调查及其思考[J]. 三峡大学学报(人文社会科学版),2009,31(03):15-18.

[92] 唐利平,马德峰. 三峡水库外迁农村移民社会适应的社会学解读[J]. 水利发展研究,2007,(12):21-24.

[93] 陶林,蔡达然. 论水库移民政治参与:兴起、困境与推进路径[J]. 云南行政学院学报,2016,18(06):9-14.

[94] 田舒. 从全能主义到后全能主义:政治动员模式的变迁[J]. 理论界,2013,(04):21-24.

[95] 铁锴. 论乡镇政府行为及其规范[J]. 理论导刊,2011,(12):60-64.

[96] 万金红,张葆蔚,刘建刚,等. 1950—2013年我国洪涝灾情时空特征分析[J]. 灾害学,2016,31(2):63-68.

[97] 万秀丽. 精准扶贫视野下"空心化"农村治理探析[J]. 甘肃社会科学,2017,(02):118-122.

[98] 王非,许佳君. 社会冲突视角下农村水库移民的社会融合问题研究——以杭州市青田村为例[J]. 湖南农业科学,2012,(23):125-127.

[99] 王慧斌,董江爱. 文化治理:乡村振兴的内在意蕴与实践路径[J]. 山西师大学报(社会科学版),2020,47(02):14-20.

[100] 王进. 三峡工程外迁移民社会整合过程中的文化融合[J]. 江汉论坛,2006,(03):126-128.

[101] 王理平,许佳君,王晓怡. 灾区居民恢复重建的社会资本构成及其形式——

对 L 安置社区的考察[J]. 河海大学学报(哲学社会科学版),2013,15(01):39-42+90.

[102] 王沛沛,许佳君. 社会变迁抑或非理性选择:自谋职业移民的困境[J]. 华南农业大学学报(社会科学版). 2010,(04):148-154.

[103] 王沛沛,许佳君. 水库移民创业的困境与对策——基于温州地区的分析[J]. 水利发展研究,2013,13(01):51-55.

[104] 王沛沛,许佳君. 生计资本对水库移民创业的影响分析[J]. 中国人口·资源与环境,2013,23(02):150-156.

[105] 王沛沛,许佳君. 社会变迁中的水库移民融入——来自章村移民融入经验[J]. 河海大学学报(哲学社会科学版),2013,15(03):46-50+92.

[106] 王平荣. 政治资源平衡及其路径选择[J]. 探索,2010,(06):67-69.

[107] 王晓芬,饶篁. 乡土重建视阈下的精准扶贫路径研究[J]. 云南社会科学,2018,(03):115-119.

[108] 王锡锌. 利益组织化、公众参与和个体权利保障[J]. 东方法学,2008,(4):24-44.

[109] 王振海. 政府公共性的历史演进[J]. 中共福建省委党校学报,2002,(10):14-19.

[110] 汪雁,风笑天,朱玲怡. 三峡外迁移民的社区归属感研究[J]. 上海社会科学院学术季刊,2001,(02):129-136.

[111] 吴理财,解胜利. 文化治理视角下的乡村文化振兴:价值耦合与体系建构[J]. 华中农业大学学报(社会科学版),2019,(01):16-23+162-163.

[112] 吴睿. 我国农村制度变迁的家长制模式初探[J]. 社会科学家,2013,(08):105-109.

[113] 魏先超,吴壮海,董静娟. 水库移民遗留问题及处理措施初探[J]. 人民珠江,2010,31(04):45-47.

[114] 翁定军. 冲突的策略 以 S 市三峡移民的生活适应为例[J]. 社会,2005,(02):112-136.

[115] 夏明勇,程军. 妇女自组织参与三峡库区移民后扶项目的探讨[J]. 人民长江,2014,45(19):105-107.

[116] 谢伟光,陈绍军. 尼尔基水库移民社会保障的设想[J]. 水利经济,2005,(03):63-64+68.

[117] 解雨巷,解垩. 教育流动、职业流动与阶层代际传递[J]. 中国人口科学,2019,(02):40-52+126-127.

[118] 熊易寒. 整体性治理与农民工子女的社会融入[J]. 中国行政管理,2012,(05):79-83.

[119] 许佳君,王沛沛. 中国非自愿移民研究的回顾与分析——基于CSSC(I1998—2008)的研究[J]. 西北人口,2010,31(03):106-109.

[120] 许佳君,余文学. 水库移民与安置区原居民的社会整合——以小浪底水库移民为例[J]. 学海,2001,(02):56-59.

[121] 许佳君,施国庆. 三峡外迁移民与沿海安置区的经济整合[J]. 现代经济探讨,2001,(11):3-6.

[122] 许佳君,刘艳. 水库移民经济研究综述[J]. 水利经济,2009,27(01):71-74+78.

[123] 许佳君,施国庆. 三峡外迁移民与沿海安置区社会整合的难点探析[J]. 河海大学学报(哲学社会科学版),2002,(01):17-19+78.

[124] 许佳君,施国庆. 南水北调工程社会适应性解读[J]. 江海学刊,2003,(06):81-86+207.

[125] 许佳君. 公司制农场:我国农村土地规模经营的路径选择[J]. 经济纵横,2006,(09):5-6+61.

[126] 许佳君,彭娟,施国庆. 三峡外迁移民与浙江安置区的社会整合现状研究[J]. 西南民族大学学报(人文社科版),2006,(07):35-40.

[127] 许佳君,李方方. 经济适用住房的政策性排斥[J]. 学海,2009,(01):79-83.

[128] 许佳君,陈梦扬,董维武. 农村水库移民专业合作社运作的实践逻辑——以温州市水库移民创业实践为例[J]. 水利经济,2014,32(06):65-68+72.

[129] 许佳君,王理平,张丽. 水库移民土地调配的政府协调探究[J]. 河海大学学报(哲学社会科学版),2015,17(05):41-45+104-105.

[130] 许佳君,李方方. 地方政府绩效治理的合法性悖论与政策网络控制逻辑[J]. 河南师范大学学报(哲学社会科学版),2017,44(06):27-30.

[131] 胥天星. 水利工程建设征地移民安置规划问题及解决对策[J]. 大科技,2020,(20):77-78.

[132] 荀晓鲲. 政策性引导视域下的水库移民可持续发展基金研究[J]. 中国农村

水利水电，2016，(12)：198-200．

[133] 严存生．和谐社会构建与社会资源的公平控制[J]．山东社会科学，2007，(06)：51-54．

[134] 颜玉凡，叶南客．文化治理视域下的公共文化服务——基于政府的行动逻辑[J]．开放时代，2016，(02)：158-173+8．

[135] 姚玉琴．水利水电工程征地移民70年[J]．水力发电，2020，46(05)：8-12+55．

[136] 姚德全．公平与效率关系重新审视及经济发展战略调整[J]．财经理论与实践，2001，(02)：7-11．

[137] 虞泽，杨涛．水库移民后期扶持政策实施管理决策探讨[J]．中国水利，2012，(20)：35-38．

[138] 余文学，高渭文，张云．水库移民问题社会经济分析[J]．河海大学学报(哲学社会科学版)，2000，(04)：1-5．

[139] 余文学．水利工程建设引起的社会问题及对策[J]．河海大学学报(哲学社会科学版)，2005，(4)：53-56+94．

[140] 袁纯山．土耳其 埃及的水利工程征地移民概况[J]．东北水利水电，2003，(12)：46-48．

[141] 袁君刚，李佳琦．走向文化治理：乡村治理的新转向[J]．西北农林科技大学学报(社会科学版)，2020，20(03)：42-49．

[142] 袁松龄．小浪底水库移民项目业主管理[J]．水利经济，2002，(03)：1-7．

[143] 张昌华，曹波．浅论水利水电工程征地移民安置规划工作中的问题与对策[J]．四川水利，2017，38(04)：61-63．

[144] 张华忠．三峡工程水库移民综合监理实践及思考[J]．人民长江，2010，41(23)：1-4．

[145] 张家荣．工程移民后扶持监测评估指标体系及评估方法[J]．项目管理技术，2015，13(12)：85-88．

[146] 张平，韩建美．20世纪90年代以来国内政治动员问题研究述评[J]．燕山大学学报(哲学社会科学版)，2007，(03)：54-58．

[147] 张云武．当代农村人际关系变迁的实证研究——以结婚礼账的宾客记录为依据[J]．浙江工商大学学报，2019，(04)：90-101．

[148] 郑瑞强，沈顺生．大中型水库移民后期扶持监测评估行为的分析[J]．水力

发电，2013，39(01)：12-15.

[149] 赵勤.东北地区乡村产业空心化及应对策略[J].智库理论与实践，2019，4(06)：30-36.

[150] 赵姚阳.我国水库移民权利保障发展评析[J].中国农村水利水电，2011，(02)：152-155+158.

[151] 郑殿元，文琦，王银，等.农村人口空心化驱动机制研究[J].生态经济，2019，35(01)：90-96.

[152] 郑娜娜，许佳君.政策执行与基层治理——基于水库移民后期扶持项目的案例分析[J].河海大学学报(哲学社会科学版)，2019，21(04)：89-96+108.

[153] 郑娜娜，许佳君.易地搬迁移民社区的空间再造与社会融入——基于陕西省西乡县的田野考察[J].南京农业大学学报(社会科学版)，2019，19(01)：58-68+165.

[154] 郑娜娜，许佳君.清前中期汉中地区招民垦荒政策与移民迁移[J].中国农史，2019，38(03)：104-113+103.

[155] 郑娜娜，许佳君.易地搬迁移民社区文化治理的实践逻辑——以陕南G社区为例[J].云南大学学报(社会科学版)，2020，19(01)：87-95.

[156] 中国行政管理学会课题组.我国转型期群体性突发事件主要特点、原因及政府对策研究[J].中国行政管理，2002，(5)：6-9.

[157] 周忠伟，祝昌鸿.从三峡移民到江西居民——江西三峡移民社会融入状况调查[J].农业考古，2011，(06)：140-143.

[158] 周建，施国庆，李菁怡.城市建设征地拆迁中的公众参与——以某机场扩建工程为例[J].技术经济与管理研究，2010，(01)：73-76.

[159] 周生祥.试析水库移民与水利工程效益共享的安置模式[J].河南水利与南水北调，2017，46(11)：89-90.

[160] 朱东恺，施国庆，张彬.水利水电工程移民问题的经济学研究现状与展望[J].中国软科学，2005，(03)：55-60.

[161] 朱晓萌，商崇菊.分析和探讨我国水旱灾害危险性的时空格局[J].科技资讯，2014，12(21)：212.

[162] 朱文龙.水库移民社会良性运行与发展条件探讨[J].河海大学学报(哲学社会科学版)，2002，(02)：50-53.

[163] 祝灵君，聂进.公共性与自利性：一种政府分析视角的再思考[J].社会科学

研究，2002，(2)：7-11.

[164] 左萍，杨建设，杨涛，等. 水库移民后期扶持监测评估研究[J]. 人民黄河，2011，33(11)：141-143.

[165] 邹丽兵，许佳君. 大中型水库移民扶持政策的介入与干预[J]. 浙江水库移民，2012，(1)：32.

三、学位论文

[1] 安旭强. 明朝前期入迁河西地区移民研究[D]. 兰州：西北师范大学，2010.

[2] 安庄. 我国城镇化进程中失地农民权益保护研究[D]. 保定：河北大学，2016.

[3] 陈进博. 系统视角的水库移民城集镇迁建项目实施组织关系研究[D]. 宜昌：三峡大学，2015.

[4] 陈铭. 我国城市建设征地拆迁利益冲突及调整[D]. 南京：河海大学，2005.

[5] 陈善. 农村征地移民权益保障研究[D]. 南京：河海大学，2007.

[6] 陈晓超. 水库移民管理机构组织建设研究[D]. 郑州：华北水利水电大学，2014.

[7] 陈晓庆. 公众参与与移民利益获取——L站移民安置案例研究[D]. 南京：河海大学，2007.

[8] 陈祖国. 我国工程性移民权益保护法律问题研究——以三峡工程移民为例[D]. 重庆：西南大学，2009.

[9] 成跃. 政治参与视角下的公民信访[D]. 福州：福建师范大学，2006.

[10] 丁晓璐. 我国非政府组织在公共危机治理中的参与研究[D]. 呼和浩特：内蒙古大学，2009.

[11] 段跃芳. 水库移民补偿理论与实证研究[D]. 武汉：华中科技大学，2004.

[12] 冯敬杰. 内蒙古生态移民社区归属感的影响因素分析[D]. 临汾：山西师范大学，2019.

[13] 高笑霜. 人口过程中的国家和个人间权力实践——关于A群体被动迁移的实证调查[D]. 北京：中国社会科学院，2013.

[14] 郭磊. 水利工程移民可持续发展研究[D]. 西安：西安理工大学，2011.

[15] 郭丽朋. 水利水电工程移民政策性补偿研究[D]. 郑州：华北水利水电大学，2013.

[16] 郭铁. 巴纳德行政管理思想评析[D]. 长春：吉林大学，2014.

[17] 郭姗姗. 水库移民补偿政策及实证研究[D]. 郑州：华北水利水电学院，2012.

[18] 郭雪凝. 东平湖移民安置政策的绩效评估[D]. 泰安：山东农业大学，2019.

[19] 韩建美. 论网络政治动员心理机制及其应用[D]. 沈阳：东北大学，2008.

[20] 胡小媛. 应对自然灾害中的政治动员问题研究——以汶川地震为例[D]. 苏州：苏州大学，2011.

[21] 黄海艳. 发展项目的公众参与研究[D]. 南京：河海大学，2004.

[22] 黄海燕. 城镇安置模式下生态移民可持续发展研究——基于贵州省移民户调查数据[D]. 成都：西南财经大学，2016.

[23] 黄健. 水库移民资金支付方式研究[D]. 成都：西南交通大学，2009.

[24] 黄建明. 中国非自愿移民补偿制度变迁研究[D]. 宜昌：三峡大学，2007.

[25] 黄小锋. 陕西省水库建设移民研究[D]. 西安：西安理工大学，2015.

[26] 贾锐. 云南省水利水电移民后扶资金管理监督问题研究[D]. 昆明：云南财经大学，2012.

[27] 孔令强. 中国水电工程农村移民安置模式研究[D]. 南京：河海大学，2008.

[28] 李波. 水库移民参与问题研究[D]. 南京：河海大学，2008.

[29] 李晗锦. 易地搬迁移民社区治理研究——以陕南Y社区为例社[D]. 咸阳：西北农林科技大学，2019.

[30] 李红梅. 库区移民后扶工业园规划设计研究[D]. 绵阳：西南科技大学，2015.

[31] 李科. 少数民族地区水电开发移民安置问题研究——以四川甘孜两河口电站为例[D]. 西宁：青海民族大学，2016.

[32] 李凌云. 三峡就近外迁移民生活现状、满意度及后期扶持对策实证研究[D]. 宜昌：三峡大学，2017.

[33] 李鹏. 水库移民中弱势群体贫困风险分析[D]. 保定：华北电力大学，2014.

[34] 李融. 水电工程移民社会网络状况的比较研究——以龙开口库区"周城"和"五点灯"安置点为例[D]. 昆明：云南大学，2014.

[35] 李勇. 四川大竹县土地滩水库移民迁建场镇规划研究[D]. 绵阳：西南科技大学，2014.

[36] 李雨薇. 山区扶贫移民安置点选址研究[D]. 宜昌：三峡大学，2019.

[37] 梁磊. 云南省水电项目移民城镇化安置经济融入问题研究——以向家坝水电

站移民安置为例[D]. 昆明：云南大学，2014.

[38] 廖蔚. 水库移民经济论[D]. 成都：四川大学，2005.

[39] 刘娟. 社会工作视角下的失地农民城市适应问题研究——以苏州市青苑社区失地农民为例[D]. 苏州：苏州大学，2012.

[40] 刘灵辉. 水库移民安置区土地流转补偿研究[D]. 武汉：华中农业大学，2010.

[41] 刘心. 移民的安置模式与社会适应——以河南省南阳市淅川县D村为例[D]. 北京：中央民族大学，2013.

[42] 刘艳. 我国失地农民养老保险研究[D]. 长沙：中南林业科技大学，2012.

[43] 路泽亮. 大中型水库移民后期扶持项目管理模式研究[D]. 郑州：华北水利水电大学，2014.

[44] 罗用能. 科学发展观视域下的水利水电工程移民长期补偿机制研究——基于GZ省实践[D]. 武汉：武汉理工大学，2016.

[45] 罗欣. 我国农村非政府组织发展问题研究[D]. 郑州：郑州大学，2007.

[46] 吕元龙. 小浪底水利枢纽工程移民安置研究[D]. 郑州：郑州大学，2014.

[47] 马玉凤. 生态移民行政补偿研究——以宁夏为例[D]. 银川：宁夏大学，2012.

[48] 毛志勇. 互动式治理：政府管理与社会参与的"互联互动"——以广东云安社会管理实践为研究对象[D]. 武汉：华中师范大学，2013.

[49] 宁耀磊. 转型期我国政府权威重塑研究[D]. 郑州：郑州大学，2007.

[50] 牛晓柯. 通山县水库移民后期扶持基金政策公平性研究[D]. 武汉：华中科技大学，2009.

[51] 卜蝴蝶. 精准扶贫视域下宁夏灵武市生态移民可持续发展研究[D]. 银川：宁夏大学，2017.

[52] 阮和平. 三峡库区移民心态现状、成因及对策研究[D]. 重庆：西南大学，2010.

[53] 桑梓. 水利工程征迁安置移民公众参与研究——以南水北调东线卤汀河工程为例[D]. 南京：河海大学，2015.

[54] 史静. 多项目管理在后期扶持项目管理中的应用研究[D]. 郑州：华北水利水电大学，2016.

[55] 史晓静. 农村社会关系网的嬗变研究——基于Y村人情变迁的调查[D]. 武

汉：中南民族大学，2018.

[56] 时珂. 水库移民工作政治动员研究——以温州市水库移民为例[D]. 南京：河海大学，2016.

[57] 田松. 异质性农业转移人口流动经历对城市融入影响研究[D]. 贵阳：贵州大学，2020.

[58] 田生才. 酒泉市移民政策完善对策研究[D]. 兰州：西北师范大学，2015.

[59] 王晨蕾. 彭山区农村跨区域征迁移民集中安置社区治理对策研究[D]. 成都：西南交通大学，2018.

[60] 王大川. 水利水电工程移民补偿资金运作方向研究——以金沙江中游龙盘水电站移民为例[D]. 昆明：西南林学院，2008.

[61] 王黎平. 工程社会冲突研究[D]. 南京：东南大学，2007.

[62] 王灵慧. 公共利益的界定及其实现机制——以土地征收中的公共利益为例[D]. 上海：华东政法大学，2012.

[63] 王鹏. 宁夏生态移民村人文地理过程及其调控研究[D]. 银川：宁夏大学，2019.

[64] 王应政. 基于复杂系统科学的水工程移民生存与发展关键问题研究[D]. 武汉：武汉理工大学，2012.

[65] 翁定军. 冲突的策略[D]. 上海：上海大学，2005.

[66] 魏帅. 云南水利水电建设对工程移民收入的影响研究[D]. 昆明：云南财经大学，2013.

[67] 吴俊瑶. 阿拉善生态移民后续产业发展对策研究[D]. 北京：中央民族大学，2013.

[68] 吴帅琴. 三峡农村外迁移民文化适应研究——以湖南省C市一个移民安置村为例[D]. 济南：山东大学，2007.

[69] 夏永侠. 三峡农村外迁移民生活满意度研究——以山东省广饶县移民安置点为例[D]. 济南：山东大学，2009.

[70] 肖黎明. 集体土地征收法律制度研究[D]. 武汉：中南财经政法大学，2018.

[71] 肖振猛. 中国社会管理理论与实践研究[D]. 武汉：武汉理工大学，2013.

[72] 徐俊新. 西部水电开发移民管理创新研究[D]. 南京：河海大学，2008.

[73] 徐龙梅. 自然观光地旅游从业移民与本地居民社会冲突型态、过程及融合机制研究——以九寨沟为例[D]. 芜湖：安徽师范大学，2016.

[74] 杨飚. 三峡移民适应状况研究——对宜昌市猇亭区移民适应状况的调查[D]. 武汉：华中师范大学，2005.

[75] 杨帆. 水库移民安置监测与评估方法研究[D]. 天津：天津大学，2006.

[76] 杨帆. 关于定黄县、南丰县水库移民后期扶持政策实施调查报告[D]. 南昌：江西农业大学，2011.

[77] 杨立昆. 工程非自愿移民贫困风险防范研究[D]. 成都：西南交通大学，2008.

[78] 杨婧瑜. 旧城改造中的政府角色分析[D]. 上海：华东师范大学，2009.

[79] 杨南南. 水库移民生存权保障研究[D]. 济南：山东大学，2019.

[80] 杨晓菊. 城市拆迁中的政府行为研究[D]. 南京：河海大学，2007.

[81] 杨志军. 当代中国政府"运动式"治理模式及其转型研究[D]. 昆明：云南财经大学，2010.

[82] 叶文娟. 利益分享：工程移民建设中利益相关方的均衡研究[D]. 南昌：南昌大学，2014.

[83] 尹媛媛. 武侯区农村集体土地征地拆迁中存在的问题及对策研究[D]. 成都：电子科技大学，2018.

[84] 于贝. 非自愿移民中的公众参与问题研究[D]. 成都：西南交通大学，2010.

[85] 原枫. 新疆吉木萨尔县东大龙口水库工程移民安置项目后评价研究[D]. 乌鲁木齐：新疆农业大学，2018.

[86] 张健. 转型期扩大公民有序政治参与问题研究[D]. 苏州：苏州大学，2008.

[87] 张晶晶. 小浪底水库移民的社会适应研究——以济源市移民为例[D]. 苏州：苏州大学，2008.

[88] 张莉娣. 农村公共服务供给中基层政府的角色定位研究——以江苏 H 市 Y 镇为例[D]. 上海：华东理工大学，2014.

[89] 张龙. 小浪底水库垣曲移民迁置问题研究[D]. 太原：山西大学，2013.

[90] 张茹. 晋陕两省扶贫移民村内搬迁模式研究[D]. 临汾：山西师范大学，2015.

[91] 张若婷. 城乡统筹视角下陕南移民搬迁规划与实施研究[D]. 西安：西安工业大学，2018.

[92] 张舒悦. 自然灾害与移民互动——以 1930—1937 年间的黄河三角洲与鲁西地区为例[D]. 桂林：广西师范大学，2019.

[93] 张小明. 西部地区生态移民研究[D]. 咸阳：西北农林科技大学，2008.

[94] 张尧. 南水北调移民的社会支持现状及社会工作介入研究——以南阳市A村为例[D]. 武汉：华中农业大学，2012.

[95] 赵冰. 三峡移民的习俗文化变迁研究——基于湖北省S村的田野调查[D]. 武汉：武汉大学，2012.

[96] 赵任. 我国政府能力建设研究[D]. 长春：吉林大学，2005.

[97] 郑媛. 社会转型期群众动员体制的探究[D]. 南京：南京师范大学，2009.

[98] 钟苏. 水库移民参与对后期扶持项目产权归属的影响分析——基于鄂中地区迎接村调查[D]. 武汉：华中科技大学，2010.

[99] 周静. 当前我国水库移民安置问题研究[D]. 南京：南京师范大学，2012.

[100] 周义. 巨工程项目冲击下移民的福利变迁、能力补偿和博弈分析[D]. 重庆：重庆大学，2014.

[101] 朱春辉. 三峡库区移民工程中的政府管理行为研究[D]. 哈尔滨：哈尔滨工业大学，2010.

四、会议论文

[1] 蔡伟. 关于移民安置工作若干问题的思考[C]//中国水电工程顾问集团公司. 2012年水电移民政策 技术 管理论坛论文集. 北京：中国水利水电出版社，2013：440-446.

[2] 曹柱盛. 水库移民安置与农村小城镇建设相结合实践与探讨[C]//中国水力发电工程学会. 水库经济论文集（二〇〇三年）. ［出版地不详］：［出版者不详］，2003：156-161.

[3] 黄德林，张华忠，刘永贵. 浅谈水工程移民管理体制[C]//中国水力发电工程学会. 水库经济论文集（二〇〇五年）. ［出版地不详］：［出版者不详］，2003：112-116.

[4] 黄凯. 关于强化水库移民工作行政监督的思考[C]//水利部水库移民开发局. 中国水利学会2005学术年会论文集——水库移民理论与实践. 北京：中国水利水电出版社，2005：10-14.

[5] 施国庆，许佳君. 农村移民外迁安置土地调整与分配模式[C]//唐传利，施国庆. 移民与社会发展国际研讨会论文集. 南京：河海大学出版社，2002：162-169.

[6] 施国庆,许佳君,周建.移民与社会公正[C]//[作者不详]."社会公正与政府责任"国际学术研讨会论文集.[出版地不详]:[出版者不详],2006.

[7] 王斌,张一军,彭幼平.改进水电工程移民安置规划设计适应新的移民法规政策环境[C]//中国水力发电工程学会.2008中国水力发电论文集.北京:中国电力出版社,2008:75-80.

[8] 杨涛,周建,施国庆.水利水电工程移民管理决策探讨[C]//水利部水库移民开发局.中国水利学会2005学术年会论文集——水库移民理论与实践.北京:中国水利水电出版社,2005:128-136.

[9] 余文学.水库移民与反贫困[C]//唐传利,施国庆.移民与社会发展国际研讨会论文集.南京:河海大学出版社,2002:678-681.

[10] 张丽华.对我国水利水电移民前期补偿资金中独立费用管理与监督的理论思考//中国财政学会.中国财政学会2012年年会暨第十九次全国财政理论讨论会论文集.[出版地不详]:[出版者不详],2012.

[11] 张祥富,宋华涛.移民迁(复)建工程项目征地补偿政策方式初探[C]//中国水力发电工程学会电网调峰与抽水蓄能专业委员会.抽水蓄能电站工程建设文集2016.北京:中国电力出版社,2016:72-74.

[12] Gill M. Dam and Involuntary Resettlement with Development: Good Practice[C]//Proceedings of International Sumposium on Resettlement and Social Development. [S. l,]: [s. n.], 2002.

五、外文文献

[1] Arnstein S R. A Ladder of Citizen Participation[J]. American Institute of Planners Journal, 1969, 35(4): 216-224.

[2] Bishop G F, Oldendick R W, Tuchfarber A J. Interest in Political Campaigns: The Influence of Question Order and Electoral Context[J]. Political Behavior, 1984, 6(2): 159-169.

[3] Brighouse H. Equality of Opportunity and Complex Equality: The Special Place of Schooling[J]. Res Publica, 2007, 13: 147-158.

[4] Cernea M M. Risks, Safeguards and Reconstruction: A Model for Population Displacement and Resettlement[J]. Economic and Political Weekly, 2000, 35(41): 3659-3678.

参考文献

[5] Cernea M M. For a New Economics of Resettlement: A Sociological Critique of the Compensation Principle[J]. International Social Science Journal, 2003, 55(175): 37-45.

[6] Chappells H, Medd W. What is Fair? Tensions between Sustainable and Equitable Domestic Water Consumption in England and Wales[J]. Local Environment, 2008, 13(8): 725-741.

[7] Conybeare J A C. Efficiency, Entitlements and Deservingness: Perspectives on International Distributive Justice[J]. Review of International Political Economy, 2007, 14(3): 389-411.

[8] Deutsch K W. Social Mobilization and Political Development *[J]. American Political Science Review, 1961, 55(3): 493-514.

[9] Downing T E. Creating Poverty: The Flawed Economic Logic of the World Bank's Revised Involuntary Resettlement Policy[J]. Forced Migration Review, 2002, 12: 15-18.

[10] Ellingsen W. Social integration of ethnic groups in Europe. How can concepts of place and territoriality help explain processes, policies and problems of socially integrating different ethnic groups in a European context? University of Bergen Department of Geography, 2003.

[11] Ennis H M, Keister T. Government Policy and the Probability of Coordination Failures[J]. European Economic Review, 2003, 49(4): 939-973.

[12] Ge X Y, Xu J J, Zheng N N. Analysis and Empirical Research on the Influence of the Accompanying Education on the Social Relations in Urban and Rural Families[J]. Educational Sciences: Theory and Practice, 2018, 18(6): 3368-3375.

[13] Huang Q D, Xu J J. Scales of Power in Water Governance in China: Examples From the Yangtze River Basin[J]. Society and Natural Resources, 2017, 30(4): 421-435.

[14] Huang Q D, Xu J J, Qin H, et al. Understanding Land Use and Rural Development in the National Scheme of Village Relocation and Urbanization in China: A Case Study of Two Villages in Jiangsu Province[J].

Sustainability, 2018, 10(9): 3227.

[15] Huang Q D, Xu J J, Wei Y P. Clan in Transition: Societal Changes of Villages in China from the Perspective of Water Pollution[J]. Sustainability, 2018, 10(1): 150.

[16] Huang Q D, Xu J J. Rethinking Environmental Bureaucracies in River Chiefs System (RCS) in China: A Critical Literature Study [J]. Sustainability, 2019, 11(6): 1608.

[17] Isaac R M, Mathieu D, Zajac E E. Institutional Framing and Perceptions of Fairness[J]. Constitutional Political Economy, 1991, 2(3): 329-370.

[18] James C. The Concept of Equality of Educational Opportunity[J]. Harvard Educational Review, 1968, 38(1): 7-22.

[19] Johnston V. Social policies and refugee resettlement: Iraqis in Australia[J]. Critical Social Policy, 2009, 29(2): 191-215.

[20] Junger-Tas J. Ethnic Minorities, Social Integration and Crime[J]. European Journal on Criminal Policy and Research, 2001, 9(1): 5-29.

[21] Kanbur R. Development Economic and the Compensation Principle[J]. International Social Science Journal, 2003, 55(175): 27-35.

[22] Mathur H M. Resettling People Displaced by Development Projects: Some Critical Management Issues[J]. Social Change, 2006, 36(1): 36-86.

[23] Marens R. Returning to Rawls: Social Contracting, Social Justice, and Transcending the Limitations of Locke[J]. Journal of Business Ethics, 2007, 75(1): 63-76.

[24] Rasinski K A, Scott L A. Culture, Values, and Beliefs about Economic Justice[J]. Social Justice Research, 1990, 4(4): 307-323.

[25] Schneider F. Public Attitudes toward Economic Conditions and Their Impact on Government Behavior[J]. Political Behavior, 1984, 6(3): 211-227.

[26] Singe J, Watanabe T. Reducing Reservoir Impacts and Improving Outcomes for Dam-forced Resettlement: Experiences in Central Vietnam[J]. Lakes and Reservoirs, 2014, 19(3): 225-235.

[27] Stouten J, Cremer D, Dijk E. Managing Equality in Social Dilemmas: Emotional and Retributive Implications[J]. Social Justice Research, 2007,

20(1): 53-67.

[28] Weymark J A. Generalized Gini Indices of Equality of Opportunity[J]. The Journal of Economic Inequality, 2003, 1(1): 5-24.

[29] Wood D G. Public Management and Public Participation[J]. Lake Simcoe Region Conservation Authority Presentation, 1999, (1): 1-25.

[30] Wuthnow R, Hackett C. The Social Integration of Practitioners of Non-Western Religions in the United States[J]. Journal for the Scientific Study of Religion, 2003, 42(4): 651-667.

[31] Xu J J, Wang M Z. Empirical Study on the Influences of Rural Land Circulation on Grain Security[J]. International Journal of u- and e- Service, Science and Technology, 2016, 9(12): 175-186.

[32] Zeager L A. The Role of Strategic Threats in Refugee Resettlement[J]. Rationality and Society, 2002, 14(2): 159-191.

六、科研报告

[1] 傅秀堂、王思乔，唐登清，等. 清江高坝洲水利枢纽初步设计库区移民安置规划报告[R]. 武汉：水利部长江水利委员会，1993.

[2] 许佳君，廖卷清，陈金伟，等. 浙江省水库移民后期扶持政策"十二五"规划及2014、2015年度计划实施情况监测评估报告[R]. 南京：河海大学，2016.

[3] 施国庆，章仁俊，许佳君，等. 南水北调工程经济社会问题研究[R]. 南京：河海大学，2002.

[4] 施国庆，许佳君，陈绍军，等. "征地拆迁移民社会稳定与社会管理的机制研究"（国家社科基金重点项目07ASH010）[R]. 南京：河海大学，2010.

[5] 施国庆，余文学，陈绍军，等，刘冬顺审定. 新时期水利水电工程移民安置创新机制课题研究报告[R]. 北京：水利部水库移民开发局. 南京：河海大学，2013.

[6] 童崇德，王理平，许佳君，等. 三峡工程完成初步设计建设任务阶段三峡工程体制创新和政策体系总结性研究成果报告（三峡工程建设总结性研究系列成果编号：2009SXZJ11）[R]. 南京：河海大学，2014.

[7] 王理平，许佳君，刘远新，等. 三峡工程完成初步设计建设任务阶段移民工程体制创新和政策体系总结性研究成果报告（三峡工程建设总结性研究系列成果

编号：2009SXZJ11）[R]. 南京：河海大学，2011.

[8] 许佳君，徐和森，等. 创新水库移民项目及资金管理研究[R]. 南京：河海大学，2012.

[9] 许佳君，徐和森，等. 新建水库移民安置方式研究[R]. 南京：河海大学，2012.

七、其他

[1] 俞可平. 公民参与的几个理论问题[N]. 学习时报，2006-12-20（12）.

[2] TheWorld Bank. Operational Directive 4.30：Involuntary Resettlement[S]. Washington，D. C.：World Bank Publications，1990.

后　记

又值金秋十月，自北疆乌市返还金陵，多种缘由，心中忐忑，新冠疫情肆虐已两年，虽说对工作和生活影响甚大，抗疫之余也不断东奔西走，但去年全国各地和今年南京疫情时日不短，还是有着充裕时间进行书稿整理和修改的，结果却是自2018年12月初稿已成并签订出版合同，至今一拖再拖。汗颜，深感无法交代，辜负了大家，自是利用此次身处中风险疫情之地而闭门简出之际，一鼓作气，改得此稿！

本书从10多年前就开始筹划，断断续续积累了一些素材，写了一些章节。如今凝望这些页面时，心里发怵，一些材料总觉碍眼，计划再去调研，待补充新材料后继续修改。但有劝说说，水利水电工程移民工作非常重视程序和过程，动态性强，历史感厚重，目前的研究倒能反映当时的真貌，作为移民的曾经，也是难得，改了就失原汁原味了。想想确实如此，不是安慰和解脱的诳语，于是就将将就就地硬生生呈现给大家了。

自1994年夏秋随河海大学移民研究中心的老师和同事们一起参加水利部长江水利委员会设计院主持的长江三峡水利枢纽工程巫山县农村移民安置规划工作以来，在20多年的时间里得到国务院原三峡工程建设委员会办公室（移民局），水利部原水库移民开发管理局，浙江省水库移民安置办公室，温州市及县（区）移民安置办公室（移民服务中心），衢州市、建德市及浙江其他一些地区的水库移民管理机构，水利部长江水利委员会设计院、长江工程监理咨询公司，湖北省原移民局，重庆市原移民局，新疆维吾尔自治区及伊河、额河流域移民管理机构，泰州市水务局等众多单位的大力支持和帮助。移民工作者们无私分享其宝贵的经历，使我们从中汲取了丰富的水利水电工程移民知识，积累了大量实践经验，得以支撑我们多年从事水利水电工程移民的教学和实务工作。经年间，无数熟悉的面庞经常浮现在眼前，限篇幅无法一一列出，对此心怀感激，定当终身铭记！

全书由许佳君、罗元华筹划、起草和拟定大纲，河海大学研究生陈子薇、侯欢欢、王思琪、王毓莹、时珂、徐利民、桑梓、孙安琪等参加了讨论和调查，并分别负责或参加了第三章、第四章、第五章、第六章、第七章、第八章、第九章、第十章（成真参加了部分工作）的资料收集、整理和写作。其间，许佳君、罗元华多次讨论修改、写作，直至定稿。

感谢南京大学出版社杨金荣编审和田甜编辑的支持和帮助，谢谢他们在出版条件改变的情况下，耐心地给了我们三年的修改时间！

天赋不敏，竟思蛇口吞象，难免贻笑大方，还请海涵并多多指教，不胜感激！

著者

2021 年 11 月 25 日

图书在版编目(CIP)数据

水利水电工程移民：公共政策视野下的研究 / 许佳君等著. — 南京：南京大学出版社，2022.6
ISBN 978-7-305-25635-6

Ⅰ.①水… Ⅱ.①许… Ⅲ.①水利水电工程－移民安置－研究－中国 Ⅳ.①D632.4

中国版本图书馆 CIP 数据核字(2022)第 063422 号

出版发行	南京大学出版社
社　　址	南京市汉口路 22 号　　邮　编　210093
出 版 人	金鑫荣
书　　名	**水利水电工程移民：公共政策视野下的研究**
著　　者	许佳君　罗元华　等
责任编辑	田　甜　　　　　　编辑热线　025-83593947
照　　排	南京南琳图文制作有限公司
印　　刷	徐州绪权印刷有限公司
开　　本	787×1092　1/16　印张 20.5　字数 385 千
版　　次	2022 年 6 月第 1 版　2022 年 6 月第 1 次印刷
ISBN	978-7-305-25635-6
定　　价	98.00 元

网址：http://www.njupco.com
官方微博：http://weibo.com/njupco
官方微信号：njupress
销售咨询热线：(025) 83594756

* 版权所有，侵权必究

* 凡购买南大版图书，如有印装质量问题，请与所购
　图书销售部门联系调换